서양고대철학 2

서양고전학 연구총서 · 2

서양고대철학 2
아리스토텔레스부터 보에티우스까지

강상진 · 김재홍 · 박승찬 · 유원기 · 조대호 외 지음

도서출판 길

서양고전학 연구총서 · 2

서양고대철학 2
아리스토텔레스부터 보에티우스까지

2016년 8월 25일 제1판 제1쇄 펴냄
2018년 2월 20일 제1판 제2쇄 펴냄

2022년 3월 15일 제1판 제3쇄 찍음
2022년 3월 25일 제1판 제3쇄 펴냄

지은이 | 강상진 · 김재홍 · 박승찬 · 유원기 · 조대호 외
펴낸이 | 박우정

기획 | 이승우
편집 | 권나명
전산 | 최원석

펴낸곳 | 도서출판 길
주소 | 06032 서울 강남구 도산대로 25길 16 우리빌딩 201호
전화 | 02) 595-3153 팩스 | 02) 595-3165
등록 | 1997년 6월 17일 제113호

ISBN 978-89-6445-133-5 93100

서양고대철학의 시작에서부터 전성기라 부를 수 있는 기원전 5세기와 기원전 4세기까지의 발전은 거의 직선적이며 집중적이다. 아테네를 중심으로 그리스어를 사용하는 지중해 연안의 그리스 식민지들 안에서 그리 길지 않은 시간 동안 우리가 지금 철학(philosophia)이라고 부르는 지적 활동이 수행되었다. 플라톤까지의 발전을 다룬『서양고대철학 1』에 이어 이 책은 아리스토텔레스와 이후 전통을 다룬다. 아리스토텔레스까지의 발전이 지역적으로나 언어적으로 뚜렷한 선을 중심으로 진행되었던 데 반해, 아리스토텔레스 이후 서양고대철학의 전통은 크고 작은 여러 선들로 복잡하게 구성되며, 훨씬 넓은 지역에 펼쳐진다.

이것은 다른 무엇보다도 서양고대철학의 문명적 기반이었던 고전 그리스 세계가 알렉산드로스 대왕 이후 엄청난 역사적 소용돌이 속에서 겪어야 했던 일련의 역사적 사건들과 관련이 있다. 알렉산드로스 대왕의 사망 소식이 아테네에 전해진 후 아리스토텔레스는 아테네가 철학에 두 번 죄를 짓는 것을 면하게 하기 위해 도시를 떠났다고 전해진다. 정치적 망명에 가까운 이 탈출은 서양고대철학의 역사에서 이 폴리스가 가졌던 지위와 향후 겪게 될 운명에 대한 전조처럼 들린다. 알렉산드로스의 제국에서부터 서로마 제국의 멸망(기원후 476년)까지 지중해 지역은 제국이 통치하는 곳이지, 더 이상 아테네와 같은 폴리스들이 민주적으로 자신의 운명을 결정할 수 있는 곳이 아니게 된다. 제국적 통치는 기존의 철학과 문화에 일종의 초지역적 성격을 부여하기 시작했고, 제국의 패권이 마케도니아에서 로마로 넘어감에 따라 언어적으로도 라틴어와 같은 비(非)그리스어로 수행하는 사유 활동에 수용되는 일을 낳았다. 또 기원후 2세기부터는 고전 그리스-로마 문명과는 전혀 다른 문명적 뿌리를 가진 유대-그리스도교 전통과 만나면서 아테네와 예루살렘이 무슨 상관이 있는가라는 질문이 제기되기 시작한다. 아테네라는 민주정 폴리스 안에서 그리스어로 수행하던 독특한 사유 활동은 더 이상 민주정을 전제할 수도 없고 폴리스라는 고전 그리스 고유의 정치 단위가 제국이라는 정치적 단위에 의해 와해된 역사적 환경에서, 반드시 아테네에서만 가장 잘 수행되리라고 기대할 수도, 그리스어로 해야 가장 잘 수행되리라고 기대할 수도 없는 상황에서 다양한 비(非)아테네적·비그리스적 요소들을 수용하며 발전하기 시작하는 것이다. 이 책이 주로 다루는 아리스토텔레스와 이후의 역사는 후대에 서양고대철학의 사유 전통으로 남을 것들이 여러 우연적 요소들의 체에서 걸러지는 시대라고 해도 좋을 것이다. 이러한 외적이고 우연적인 요소가 철학의 자기 이해에 어떤 영향을 주었는지, 그런 변화에도 불구하고 여전히 변치 않는 요소는 무엇인지를 살펴보는 것도 이 책을 읽을 때 염두에 두고 시도해볼 만한 사안이다.

플라톤과 아리스토텔레스까지의 서양고대철학의 발전은 가파르지만 하나의 큰 길을 올라 정상에 도달하는 격이었던 반면, 아리스토텔레스 이후의 전통은 완만하고 여러 갈래로 나뉜 크고 작은 길을 내려가는 형국이다. 항상 정상을 준거점으로 삼지만, 정상에 비해 얼마만큼 내려왔는지를 가늠하기도 쉽지 않고, 다른 봉우리와 연결되는 길을 언제 어떻게 만나는지도 불분명한 복잡한 길들인 셈이다. 시작을 잡는 것도 어려운 일이지만 끝을 얘기하는 것은 더욱 어려운 문제이다. 정말 훌륭한 것은 죽지 않고 불멸한다는 생각 때문인지 아니면 끝을 얘기하고 싶지 않아서인지 모르겠지만 말이다. 하지만 책에서 다루는 서양고대철학의 끝점에 관해서는 비교적 일치된 합의가 존재한다. 이 책의 마지막 저자인 보에티우스에서 그리스-로마 문명이 막을 내리고 이후 중세 그리스도교 문명을 위한 숨 고르기에 들어간다는 이해를 받아들이면, 서양고대철학의 끝점은 일단 확보되는 셈이다. 어려운 것은 아리스토텔레스로부터 이 끝점에 이르기까지의 서양고대철학을 어떻게 서술해야 이 복잡한 시기가 제대로 조망되는가에 관한 합의였다. 저자들은 통상적인 접근법에 따라 알렉산드로스 대왕 사후(기원전 323년)부터 기원전 31년까지의 헬레니즘 철학을 한 부분으로 하고, 신플라톤주의 철학과 교부철학 전통을 다른 한 부분으로 잡아서 고대 후기의 철학을 조명하기로 했다. 교부철학 전통은 서양의 다음 문명이라 할 수 있는 중세 그리스도교 문명의 핵심이지만, 서양고대철학의 사유 전통의 수용과 변형을 살펴볼 수 있다는 측면에서, 또 이러한 수용이 이후 천년을 지속하는 중세 문명의 고대철학 이해의 터전을 이룬다는 측면에서 포함하기로 결정했다.

『서양고대철학 1』에 비해서 다루어야 할 시기는 늘어났으나, 이 시기를 연구하는 학자층은 절대적으로 부족했던 편이라 이 책을 기획했을 때 생각했던 것만큼 충실하게 시기와 주제를 소화했는지에 대해서는 자신하기 어렵다. 마지막 순간에 아리스토텔레스 주석 전통을 빼게 된 것도 아쉬운 대목이다. 기획에 따라 원고가 마감된 이후에야 국내 연구자층에 합류하게 된 전문가들을 활용하지 못한 점도 당분간 아쉬움으로 남을 것이다. 집필진들은 서양 고대 후기라는 긴 시기를 나눠 맡으면서 서로에게 배운다는 심정으로 토론에 임했으며, 지금 이 책에서 성취한 수준이 이 시기와 주제에 관해 당분간 표준적인 서술이 되도록 최선의 노력을 다했다. 『서양고대철학 1』을 기획할 때 플라톤에 대해서는 이미 단행본 수준의 연구서들이 나오고 있고, 향후 플라톤 철학만을 다루는 기획들이 시도되면서 『서양고대철학 1』에서 달성한 수준을 넘어설 것이라고 기대했었다. 다만 소크라테스 이전 철학에 대해서는 비견할 만한 시도를 기대하기 어렵다고 판단했었다. 이번 『서양고대철학 2』에서는 아리스토텔레스 철학 연구에서 조만간 단행본 수준의 연구가 지금 이 책이 제공하는 글의 통찰들을 대체하거나 더 풍부하게 만들 것이라고 기대하는 동시에, 아리스토텔레스 이후 철학에 대해서는 그런 기대를 갖기가 어려울 것이라고 판단했다. 현재 가용한 수준에서 역량을 집중해 아리스토텔레스 이후 서양 고대 후기 철학에 관한 표준적인 서술을 만들어내고, 향후 연구 논문들을 통해서 상당한 축적과 진전이 있을 때, 비로소 지금 책이 달성한 수준을 넘는 기획이 가능할 것이라고 믿는다.

필자들은 2012년 9월의 첫 발표 모임을 가진 후 일정에 따라 학기 중에는 2개월에 한 번, 방학 중에는 1개월에 한 번 정도 만나면서 초고에 대한 토론을 진행했다. 발표된 원고에서 기대되는 바는 무엇인지, 주변 시기나 주제와의 연결은 서로 어떻게 이해하고 진행할지에 대한 문제에서부터, 독자에게 과도한 선지식을 요구하는 것은 아닌지와 같은 논점에 이르기까지 하나의 책으로서 통일성과 완결성을 갖출 수 있도록 노력했다. 2014년 2월의 최종 모임까지 필자들은 초고, 수정본, 최종본에 이르기까지 평균 2~3회의 발표와 토론을 가졌다. 아리스토텔레스 철학의 경우 특히 번역어에 관한 논의들이 지속적으로 제기되었으나 연구의 수준이 필진들 간의 합의를 이끌어낼 정도까지는 아니라는 판단에 이르게 되었다. 무리하게 번역어를 통일하지 않기로 결정했고, 이에 따라 아쉽게도 색인을 만들지 않기로 결정했다. 아리스토텔레스 전통의 연구에서도 색인은 요긴한 도구이긴 하나, 워낙 긴 전통을 통해 다양한 맥락에서 수용된 개념들이라 국내 연구자들의 왕성한 연구를 통해 일정한 수준의 합의를 도출하기 전까지는 해당 문맥에 따라 번역어와 사태를 이해하는 수준으로 만족해야 할 것 같다.

이 책은 서울대학교 인문학연구원의 HK문명연구사업단 후원에 의해 처음 기획되었고 서양고전학연구소의 도움으로 진행될 수 있었다. 이 자리를 빌려 두 기관에 감사를 전한다. 필자들의 토론을 위한 최적의 공간을 제공해준 사단법인 정암학당도 여러 가지 방식으로 책의 출판을 위해 도와주셨다. 관심 있는 독자들과 연구자층이 넓어져서 지금 이 책이 메우지 못한 것을 메울 수 있게 되기를 희망한다. 출판까지의 긴 시간 동안 수 없는 노고를 감당하고 인내해준 도서출판 길에도 고마움을 전한다.

서양고대철학의 사유는 아테네를 떠나서도 여전히 자신의 고유한 삶을 살아가고 있는 중이다. 이 사유는 광범위한 지역과 다양한 언어를 거치고, 긴 세월 동안 성격이 확연히 다른 문명들을 숙주로 삼아 발전해왔지만, 여전히 방법적·내용적 관점에서 고전적 사유의 전범으로 인정받고 있다. 철학적 사유의 지평이 좁아질 때마다 새로운 모색을 위해 반드시 조회해야 할 준거로서의 기능을 수행하고 있는 셈이다. 우리말로 사유하는 지평에서도 그런 역할을 수행하는 데 『서양고대철학』이 도움이 된다면 더 바랄 나위가 없을 것이다.

2016년 8월
필진을 대표하여
강상진

■ 차 례

■ 일러두기

1. 외국 인명·지명은 외래어 표기법에 따라 표기하는 것을 원칙으로 하되 그리스어의 경우는 예외를 허용하였다.
2. 소크라테스 이전 철학자들에 대한 연구는 독일의 고전문헌학자 헤르만 딜스가 편집한 Diels, H. & Kranz, W., *Die Fragmente der Vorsokratiker*, 3 vol., 6th ed., Weid-mann, 1952(1903)를 주요 전거로 삼고 있다(DK로 약칭). 또한 '소크라테스 이전 철학자들'이라는 말이 애초에 이 책 이름에서 비롯되었으며, 이 책의 저자별 분류 체계를 따르는 것이 연구의 관행이다. 이를테면 DK14A7은 피타고라스에 대한 간접 전승을 담은 문헌 전거의 일련번호 일곱 번째 것을 지칭하며, DK28B2는 파르메니데스 저술을 직접 인용한 것으로 추정되는 단편의 일련번호 둘째 것을 지칭한다.
3. 플라톤 작품의 특정 구절을 지칭할 때는 전통적으로 1578년 Henricus Stephanus (Henri Estienne)가 출간한 플라톤 작품의 쪽수인 '스테파누스 쪽수'(Stephanus pagination)를 기준으로 삼는다. 이를테면 『소크라테스의 변론』 29d에서 29d는 그 쪽수이다. 한편 30a7은 30a면의 일곱째 줄을 가리키며, 이와 같이 특정 쪽의 줄 수를 지칭하는 방식은 1900~07년에 존 버넷(John Burnet)이 간행한 옥스퍼드 고전 텍스트(Oxford Classical Text)의 편제를 따른다.
4. 아리스토텔레스 작품의 특정 구절을 지칭할 때는 1831년 독일 학자 이마누엘 베커(Immanuel Bekker)가 편찬한 판본의 쪽, 단, 줄 수(Bekker numbers) 형식을—이를테면 『영혼론』 411a7과 같이—따르는 것이 관행이다.

제1부

아리스토텔레스

제1장 아리스토텔레스의 생애와 저작

김재홍

1 생애와 인물됨

아리스토텔레스(기원전 384~322)는 그리스 북동부 칼키디케의 스타게이로스에서 태어났다. 그래서 별칭으로 '스타게이로스의 사람'이라고 불려왔다. 그의 아버지 니코마코스는 마케도니아의 왕 아뮌타스 2세의 시의(侍醫)였다고 한다. 그 덕택으로 어린 시절 펠라에 있는 궁전에서 수준 높은 교육을 받으면서 성장할 수 있었다. 의사였던 아버지의 경력 때문에 아리스토텔레스는 생물학에 관심을 가질 수 있었으나, 어린 시절에 체계적으로 그 분야를 공부했다는 증거는 없다. 더구나 당시 의사 가문의 관례대로 해부학에 대한 훈련을 받을 수 있었겠으나, 그가 아주 어릴 적에 부모를 여의고 후견인인 프로크세노스에 의해 양육되었다는 사실을 보면 그럴 가능성은 낮아 보인다. 프로크세노스는 아리스토텔레스를 플라톤 밑에서 공부시키기 위해 아리스토텔레스가 17살이 되던 기원전 367년경에 아테네로 보낸 것으로 추정된다. 그 후 아리스토텔레스는 아카데미아에 머물며 플라톤이 죽은 기원전 347년 경까지 20년이라는 긴 시간을 플라톤 문하에서 학문에 정진한다. 당시 플라톤의 아카데미아는 그리스에서 가장 선진적인 학문이 연구되는 곳이었다. 그곳은 단지 강의와 토론을 위한 공간만이 아니라 학자들 간

만남의 장소이기도 했다.

아리스토텔레스의 성품은 어떠했을까? 지적으로 뛰어나지만, 밉살스럽도록 오만하고 거만한 인물일까? 아니면 사려 깊고 동정심 많은 사람일까? 아리스토텔레스 자신의 말대로 큰 명예를 좇는 원대한 마음 (megalopsychia)을 가진 사람은 '거만하게' 보이는 것일까? 개인적 인물됨에 관해 정확히 보고된 문헌은 전해지지 않지만, 부분적으로 전해지는 단편적인 보고를 통해 그의 인물됨의 편린을 엿볼 수는 있다. 그의 전기를 서술한 문헌에 의하면 "아리스토텔레스는 플라톤의 가장 유명한 학생이었고, 아테네인 티모테오스가 『철학자 전기』에서 전하는 바처럼 어눌하게 말했다고 한다. 게다가 그의 다리는 가늘었다고 하며, 눈은 작았고, 늘 눈에 띄는 화려한 옷을 걸쳤고, 반지를 꼈으며, 머리는 짧게 깎았다"고 한다.[1] 그에게 악의를 품은 적들은 그를 오만하고 제멋대로 삶을 산 것으로 표현하고 있다. 어떤 이는 그를 "절제할 줄 모르는 식탐"을 가진 것으로 묘사하기도 하는데, 그의 생활 습관이 금욕적이지만은 않았던 것 같다. 게다가 그는 남을 조롱하는 기질을 가지고 있었다고 전해지기도 한다.

잠들 때엔 청동 구슬을 손에 쥐고 침상 밑에 그릇을 놓아두었다고 하는데, 그것은 구슬이 손에서 그릇으로 떨어지면 그 소리에 잠을 깨려고 그랬다는 것이다. 일생을 철학이라는 학문 연구에 몸 바친 아리스토텔레스여서 근엄하고 딱딱하고 무미건조한 학자의 모습을 떠올리겠지만, 유언 집행자인 안티파트로스에게 남긴 유언장에는 상당한 재산을 자신의 주변 사람에게 나누어주면서 일일이 챙겨주는 마음씨 좋은 가장(家長)의 모습이 그려지고 있다. 자신의 제자이자 동료인 테오프라스토스에게는 첫째 부인의 소생이었던 자신의 딸과 결혼하기를 바란다면 그래도 좋다고 유언을 남기기도 하고, 자신에게 성심성의를 다한 두 번째 부인이었던 동향 출신의 헤르퓔리스를 두고는 '누군가와 재혼

---

1) 디오게네스 라에르티오스, 『유명한 철학자들의 생애와 사상』, 제5권 첫 번째 항목.

하기를 바란다면 우리에게 어울리는 사람에게 시집갈 수 있도록 돌봐주기 바란다'고 유언을 남긴다. 또한 그녀를 법적인 노예 신분에서 해방해주었다. 헤르퓔리스에게서 자신의 아버지 이름을 딴 니코마코스가 태어났다. 어린 노예를 재물을 딸려 친족에게 돌려보내기도 하고, 자신의 유산을 자신과 연을 맺었던 사람에게 골고루 나눠줄 것을 당부했다. 그러고는 '나를 어디에 묻건 그 무덤에는 죽은 아내 퓌티아스의 유골도 그녀의 뜻대로 옮겨 묻어주기 바란다'며 죽은 부인을 배려하고 있다.

20년간이나 아카데미아 학원에서 수학했던 아리스토텔레스의 저작 곳곳에서 플라톤의 영향이 짙게 배어 있음을 쉽게 찾아볼 수 있다. 아리스토텔레스는 아카데미아에서 플라톤에 맞서 조목조목 따져가며 공부했다고 한다. 그가 스승에 대해 여러 분야에서 비판적인 입장을 취할 때조차 그는 늘 스승에게 깊은 존경심을 표명하곤 했다. 현존하는 플라톤의 저작에서 아리스토텔레스의 영향을 받은 자기비판적인 논의를 발견할 수 있는데, 이는 뛰어난 학생이었던 아리스토텔레스의 비판이 자극제가 되어 플라톤 스스로 자기 생각을 재반성하도록 이끈 것으로 추정할 수 있겠다. 플라톤은 명석한 학생이었던 아리스토텔레스를 가리켜 '아카데미아의 정신'이라고 추켜세웠다고 한다. 일단 교육받고 지적 변모 과정을 거치면서 아리스토텔레스는 자만에 찬 학생처럼 플라톤에게서 돌아서서 그를 조롱하기도 했다. 플라톤 철학의 최고 성취인 이데아론에 대해서 "형상이여 안녕. 그것들은 단지 새들의 지저귐에 불과하다. 설령 그것들이 존재한다고 해도, 그것들은 논의와는 전혀 무관한 것"(『분석론 후서』, 83a32~34)이라고 빈정대면서 '형상'을 폐기하고 있다.[2] 또한 그의 『정치학』에서 전개된 논의는 플라톤의 정치사상에 크게 빚지고 있기도 하지만, 다른 한편으로는 그의 이론에 대한

---

2) 플라톤의 핵심 개념인 이데아를 비판하는 저작으로는 플라톤이 아직 생존하던 시기에 쓰인 『형상에 관하여』와 『형이상학』 제1권 제9장, 『니코마코스 윤리학』 제1권 제6장을 들 수 있다.

혹독한 비판이 깔려 있는데, 이 역시 아카데미아에서의 연구와 토론에서 연유되었다.

　디오게네스 라에르티오스의 보고에 따르면(제5권, 1~2), 플라톤은 "마치 망아지가 저를 낳은 어미를 그렇게 하는 것처럼, 아리스토텔레스는 나를 차버렸다"고 말했다고 한다. 이에 대해 진리를 추구하는 학생으로서 스승에 대한 비판도 서슴지 않았던 아리스토텔레스는 『니코마코스 윤리학』 제1권 제6장에서 "그렇기는 해도, 어쩌면 적어도 그 일이 진리를 구제하는 것이라고 한다면 우리와 아주 가까운 것들조차도 파괴하는 것이 더 나은 것으로 여겨지고, 심지어는 마땅히 해야만 하는 것으로 여겨질 수 있다. 하물며 지혜를 사랑하는 자들로서 이 일을 해야만 한다면이야. 왜냐하면 친구와 진리 둘 다 소중하지만, 진리를 더 존중하는 것이 경건하기 때문"3)이라고 화답하고 있다.

　아리스토텔레스의 생애는 대략 네 단계의 동일한 기간으로 나누어진다. 첫째 시기는 기원전 384~367년에 이르는 마케도니아와 칼키디케에서의 유년기이고, 둘째 시기는 기원전 367년부터 플라톤의 죽음에 이르는 기원전 347년 동안의 플라톤의 아카데미아에 체재하던 기간이다. 셋째 시기는 기원전 347년에서 335년에 이르는 헤르메이아스의 초청을 받아 소아시아의 앗소스에 갔다가, 다시 그의 제자 테오프라스토스를 만나 레스보스 섬의 뮈텔레네에서 3년간 머무르고, 이어서 필립포스 왕의 초청을 받아 알렉산드로스 대왕의 선생 노릇을 하며 마케도니아의 펠라 등에 머물던 기간이다. 끝으로 기원전 335년 혹은 334년에서부터 그의 죽음에 이르는 기원전 322년까지의 기간인 아테테의 뤼케이온에서 자신이 세운 학교의 수장(首長)을 맡았던 시기이다.

---

3) 중세에는 'Amicus quidem Plato sed magis amica veritas'(플라톤은 친구이다. 그렇지만 진리는 한결 친구이다)라는 말이 전해진다. 이 말의 뿌리가 되는 플라톤의 『국가』 595c에는 호메로스와 연관해서 "그렇지만 진리에 앞서 사람이 더 존중되어서는 아니되겠기에, 내 할 말은 해야만 하겠네"라는 유사한 구절이 나온다.

2 편력(遍歷)의 시기

　기원전 347년에 플라톤이 죽고 그의 조카 스페우시포스가 아카데미아의 새 원장이 되자, 아리스토텔레스는 스페우시포스 이후에 아카데미아의 원장을 이어받는 크세노크라테스를 비롯한 몇몇 동료들과 함께 20년간 머물던 아테네를 떠나 소아시아로 향한다. 아리스토텔레스의 학문적 관심사는 플라톤적인 입장에만 머물지 않고 대단히 광범위하다. 이것도 아리스토텔레스가 아테네를 떠난 이유일 수 있다. 수장의 자격을 충분히 갖추고 있었던 스페우시포스는 수학자이자 철학자였다. 아마도 수학으로 경도되는 아카데미아의 학문 방향이 아리스토텔레스 자신의 생각에 거슬렸을 것이다. 보다 중요한 이유는 오린토스 함락 이후에 당시 아테네에서 점차 강하게 일어나고 있던 반(反)마케도니아 정치적 정서가 그의 출발에 하나의 단초를 제공했었을 수도 있다. 지금의 터키인 소아시아 해안에 있던 도시 앗소스에서 아리스토텔레스는 아타르네우스의 통치자인 헤르메이아스의 도움을 받아 독자적인 학문 연구에 정진한다. 아리스토텔레스를 초청했던 헤르메이아스는 아카데미아에서 철학을 공부했던 동료이자 친구 사이였다.[4] 그는 한때 노예였지만, 거세되어 풀려나 그 도시의 지도자가 되었다고 한다.

　그곳에 머무는 동안 아리스토텔레스는 헤르메이아스의 조카이거나 양녀였던 퓌티아스와 결혼하여 딸을 낳았다. 딸 이름 역시 어머니와 같은 퓌티아스였다. 그곳에서 3년을 머문 후, 기원전 345년에 참주인 헤르메이아스가 페르시아인들에게 암살당함으로써, 다시 인근의 레스보스 섬의 뮈틸레네로 이주하게 된다. 아리스토텔레스는 아카데미아 시절부터 자신의 제자이자 동료였던 뮈틸레네 출신의 테오프라스토스를 만나 뮈틸레네에서 3년간 머무르게 된다(기원전 345~343). 이후 이

---

[4] 플라톤의 「여섯 번째 편지」에는 "아직 (헤르메이아스와) 함께 지내보지 못했다"라는 구절이 나온다. 플라톤이 아카데미아에 없던 시절에 방문했을 수도 있다.

두 사람은 아리스토텔레스가 죽을 때까지 20년간이나 친밀한 관계를 맺으면서 함께 공동의 연구 작업을 수행하게 된다. 여기서 아리스토텔레스는 경험적 탐구 방법을 따르면서 생물학 탐구에 전심전력을 기울인다. 그의 생물학적 관찰, 특히 해양생물학 분야에서의 관찰은 그 상세함과 정확성에서 선구(先驅)가 되는 놀라운 업적을 이루어내었다. 이런 정확한 관찰은 그의 생물학에 관련된 저작에서 그대로 전해지고 있다. 진화론의 주창자인 찰스 다윈도 생물학에 관련된 아리스토텔레스의 경험적 축적에 놀라움을 표하며, 높은 평가를 내린 바 있다.

아리스토텔레스는 기원전 342년 마케도니아 필립포스 왕의 초청을 받아들여 그의 아들 알렉산드로스의 교육을 위탁받고 마케도니아의 펠라에 체류하게 된다. 알렉산드로스 대왕이 아리스토텔레스에게서 어떤 사상적 영향을 받았는지에 대해서는 신뢰할 만한 보고가 전해지지 않는다. 설령 그 영향이 있었다 해도, 그 둘 간의 접촉 기간이 기껏해야 이삼 년에 불과하고, 알렉산드로스로서도 13세에 만나 15세까지 겨우 지속되었으므로, 사실상 아리스토텔레스의 사상적 영향의 흔적을 찾아보기란 쉽지 않다. 게다가 아리스토텔레스가 『정치학』에서 1인에 의한 절대군주의 지배는 그 통치자가 지적인 면에서나 성품에서 탁월한 경우에만 정당화될 수 있다고 말하고 있는 점에 비추어보면, 나중에 가서 이 둘 간의 관계가 소원해졌다는 것은 충분히 납득이 간다. 『정치학』에서 민주정(제3권 제11장)과 절대군주제(제3권 제17장)를 옹호한 것도 아테네의 민주정과 마케도니아의 독재정에 대한 경험을 반영하는 것이다. 그럼에도 알렉산드로스 대왕의 동방 원정에 참여했던 학자들로부터 다양한 동물과 생물에 대한 구체적인 생생한 정보를 얻어 그의 생물학 저서 여러 곳에 반영되었던 것으로 추정된다.

3 두 번째 아테네 체류 시기

이후 마케도니아에 5년간 더 체류한 후 기원전 335년 혹은 334년에 아테네로 돌아와 죽음에 이르는 기원전 322년까지의 기간이 이어진다. 알렉산드로스가 아시아 원정 준비에 들어가던 시기에 아테네로 돌아온 그는 아폴론 신전 경내의 뤼케이온(Apollo Lykeios)에 학원을 설립한다. 그래서 그의 학원을 '뤼케이온'이라고 부른다. 나중에 이 학파가 페리파토스(peripatos) 학파, 즉 소요학파라고 불리는데, 이 말은 '걸어 다니면서(peripatein) 철학을 가르치는' 습관 때문에 '이리저리 걷는 자들'이라는 의미를 가지고 있다. 더 그럼직한 것은 그의 학원에 유보장(遊步場, 페리파토스)이 있어서 그 이름이 유래된 것으로 보는 것이다. 소요학파는 철학사에서 아리스토텔레스적 철학 전통을 일컫는 말이다.

마지막으로 아테네를 떠나기 직전까지, 13년간을 더 머무는 이 시기에 아리스토텔레스는 가장 왕성하게 연구 활동을 펼쳤다. 오늘날 전해지는 대부분의 철학적 저작이 이 시기에 완성된 것으로 보인다. 아리스토텔레스와 그의 동료들(테오프라스토스, 에우데모스, 아리스토크세노스)이 탐구한 분야는 단지 철학에만 국한되는 것이 아니라, 식물학, 동물학, 음악, 수학, 천문학, 의학, 우주론, 물리학, 윤리학, 수사학, 정부론, 정치 이론, 심리학, 자연학, 윤리학, 철학사 등 모든 영역을 망라하는 것이었다. 당시 그 학원은 모든 분야에 걸쳐 수고(手稿)를 수집해서 제일 큰 도서관이 되었다고 한다.

기원전 323년에 바빌론에서 알렉산드로스 대왕이 죽자 아테네에는 반마케도니아의 정치적 기운이 감돌기 시작한다. 이런 기조 속에서 아리스토텔레스는 소크라테스와 동일한 죄목인 불경죄(asebeia)로 고발당했다고 한다. 당시 '불경죄'는 철학자들에 대한 오랜 불만이었다. 그를 비난하는 직접적인 구실은 앗소스에서 그를 환대했던 참주 헤르메이아스의 성품을 찬양하는 「아레테(덕) 찬가」라는 시였다.[5] 아리스토텔레스는 실제로 델포이에 헤르메이아스를 기리는 비문을 담은 조상(彫像)을 세웠다고 한다. 환관이자 한때 노예였던 헤르메이아스를 그리스 영웅들에게 비교해서 찬양한 것이 아테네인들의 눈에는 좋지 않게 비쳤을 것이다. 그러자 다시 아테네를 떠나 마케도니아의 영향력이 지배적이었던 어머니의 고향인 에우보이아 섬의 칼키스로 가서 이듬해인 기원전 322년에 위장병이 악화되어 63세로 세상을 떠난다. 소크라테스의 죽음을 염두에 두고, 그는 "아테네인들이 철학에 두 번째로 죄를 짓지 않게 하기 위해서"라고 말하며 아테네를 떠났다고 한다.

4 아리스토텔레스 저작에 관해서

　　오늘날 우리가 읽고 있는 아리스토텔레스 작품은 19세기 중반(1831년)에 독일 고전학자인 이마누엘 베커(Immanuel Bekker)가 편집한 판본의 편집 순서를 따른다. 예를 들어 아리스토텔레스 저작 인용 표시인 베커판 '998a8와 b8'은 '998쪽 왼쪽난(欄) 8행과 오른쪽난 8행'을 가리키는 것으로 관례적으로 사용한다. 아리스토텔레스 저작과 강의 방식은 두 가지 종류로 나뉜다. 하나는 대중을 위한 강연 논집(exoterica)이고, 다른 하나는 학원 내부의 전문가를 상대로 한 강의 논집(esoterica)이다. 전자는 주로 대화 형식을 빌려 쓰였다고 하는데 그 대부분은 소실되었고, 후세 철학사학자들에 의해 아주 적은 분량만 인용 형태로 보존되어 전해진다. 후자는 전문 강의용이기 때문에 강의 노트 형식으로 남아 오늘날 우리에게 아리스토텔레스 저작으로 전해지고 있다. 키케로가 아리스토텔레스의 저작을 '언사의 황금의 강'으로 묘사하고, 그의 문체를 놀라울 정도로 '매력적'(달콤함, suavitas)이라고 평하고 있는데,(Topica I, 3) 이는 지금은 상실되었으나 당시 키케로가 로

---

5) 디오게네스 라에르티오스, 『유명한 철학자들의 생애와 사상』, 제5권 7~8.

마에서 읽을 수 있었던 플라톤식의 대화 방식으로 쓰인 그의 대중 강연서를 보고 그렇게 평가했던 것 같다. 사실 아리스토텔레스 저작의 저술 방식은 매우 간결하고 무미건조해서 독자에게 지독한 인내심을 요구한다. 하지만 아리스토텔레스는 관찰과 경험을 토대로 그 어떤 주제에 관해서든지 지나치리만치 상세하게 논리적으로 분석하면서 자신의 철학적 의견을 개진하고 있다. 독자들도, 만일 아리스토텔레스의 저술 방식이 지닌 논리적 구성의 치밀함과 '아름다움'에 매료된다면 더욱더 친밀하게 아리스토텔레스의 철학에 다가갈 수 있을 것이다.

스트라본이 보고하는 아리스토텔레스 저작에 얽힌 동화 같은 이야기를 들어보자. 아리스토텔레스가 죽은 후 그의 저작은 제자인 테오프라스토스에게 넘겨졌다. 이것을 다시 플라톤의 학생이었던 코리스코스의 아들인 네레오스가 소아시아 지방의 스켑시스로 가져갔으며, 다시 그의 후손들에게 전해져 부주의하게 보존되었다고 한다. 당시 그 지역을 다스리던 왕이 퍼가몬에 도서관을 세우기 위해 서적을 구한다는 소식을 듣고 그의 후손이 저작들을 어느 지하 통로에(en diōrugi tini) 숨겼다고 한다. 거기에서 곰팡이와 벌레에 의해 손상을 입은 채로 두 세기 동안이나 묻혀 있다가, 기원전 1세기경 아리스토텔레스 저작은 네레오스의 자손에 의해 아펠리콘이라는 서적 수집가에게 팔려 넘겨지게 되었다고 한다. 아펠리콘이 손상된 아리스토텔레스 저작을 새로 편집하려 했으나, 만족스럽지는 못했다고 한다. 이와는 달리 뤼케이온의 추종자들과 알렉산드리아의 학자들이 아리스토텔레스의 주요 작품들을 읽었다는 증거들은 상당한 정도로 남아 있기도 하다.

그 후 아테네를 정복했던 로마의 장군 술라가 아리스토텔레스 저작을 소장하고 있던 아펠리콘 도서관을 약탈해서 그 책들을 기원전 84년에 로마로 옮겼다. 그것이 다시 로마에서 로도스의 안드로니코스에게 발견되어 비로소 세상에 드러나게 되었다는 얘기가 전해진다. 실제로 그의 제자 시돈의 보에토스가 '아리스토텔레스 철학'(ta Aristoteleia)을 공부했다는 보고도 전해진다. 고대에는 안드로니코스가 아리스토텔레스 저작의 편집자로서 '아리스토텔레스 부흥'을 일으킨 것으로 알려졌다. 안드로니코스는 어느 정도 아리스토텔레스 학문에 정통한 학자로 추정된다. 기원전 30년경에 만들어진 안드로니코스의 이 판본이 이른바 아리스토텔레스 저작에 대한 '로마 판본'이라 불리는 것이다. 이렇듯 아리스토텔레스 저작의 전승에 관한 다소 전설 같은 이야기가 전해지고 있기는 해도, 편집상에서 안드로니코스 판본과 9세기에서 16세기경에 만들어진 사본(manuscripts)을 기초로 한 베커 판본이 '어떤' 연관 관계를 가지는지는 여전히 불분명하다. 아마도 저작에 얽힌 이런 이야기는 아리스토텔레스 사후에 그의 저작이 부주의하게 취급되고 제대로 전승되지 않아 그의 철학이 올바른 방향으로 발전되지 못했다는 것을 암시하고 있는 듯하다. 또한 이 점은 소요학파의 철학자들이 아리스토텔레스 저서의 일부만을 읽었으며, 그의 철학 저서가 재편집될 때까지 제대로 읽지 못했음을 보여주는 것이기도 하다.[6] 그렇기 때문에 3세기에서 6세기에 걸쳐 그리스어로 이루어진 아리스토텔레스의 여러 주석가들의 주석과 해석이 수고(手稿) 전통의 불완전성을 메워주는 데 유용한 자료가 되고 있다.

어쨌든 베커판의 아리스토텔레스 텍스트를 펴놓고 편집 순서대로 읽어 나가다 보면, 아리스토텔레스의 철학에 대한 전체적인 조망과 아울러 그의 철학에 대한 이해와 그의 세계관이 생생하게 우리의 눈앞에 떠오른다. 이런 재미야말로 아리스토텔레스 전문가들만이 느끼는 기쁨이 아니라, 설령 비전문가라도 손쉽게 맛볼 수 있는 '철학함'의 즐거움이기도 하다. 베커판은 어느 정도 스토아 철학의 학문적 분류와 맞아떨어지고 있기도 하지만, 한편으로는 아리스토텔레스 철학을 이해하고 있는 상당한 수준의 학자가 이 작업을 해놓았을 것이라는 인상을 강하게 안겨주기도 한다.

---

6) 이에 관한 보다 자세한 사항은 J. Barnes & M. Griffin, eds., *Philosophia Togata* II, *Plato and Aristotle at Roma*, Oxford, 1997, pp. 1∼17을 참고하라.

아리스토텔레스 저작을 펼쳐놓고 편집 순서를 살펴보자. 아리스토텔레스 저작(corpus Aristotelicum)은 기원전 1세기 중엽 페리파토스의 지도자였던 안드로니코스가 헬레니즘 시기의 학문 분류 방식을 좇아서 편집했다는 것이 일반적 정설이다. 이미 아카데미아 학파의 크세노크라테스가 처음으로 학문을 삼분해서 분류했다고 하는데, 헬레니즘 시기 스토아 철학의 주요 부분도 논리학, 자연학, 윤리학으로 분류된다. 오늘날 우리가 읽고 있는 베커판의 편집 순서도 논리학에 해당하는 『오르가논』이 맨 앞자리를 차지하고, 이어서 자연에 관한 탐구에 해당하는 『자연학』을 비롯하여 생물학과 관련된 작품들, 그 뒤를 잇는 문자 그대로 '자연학 다음에 오는 것들'을 의미하는 『형이상학』이 자리하고, 다음으로 『니코마코스 윤리학』을 비롯한 실천 영역에 적용되는 윤리학 저작과 『정치학』이 뒤를 잇는다. 마지막으로 제작에 관련된 탐구에 해당하는 『수사학』, 『시학』으로 대단원의 막을 내린다.

물론 이러한 아리스토텔레스 저작의 편집 순서는 그의 학문 분류 방식과도 얼추 맞아떨어진다. 아리스토텔레스는 『형이상학』 제6권 제1장에서 인간의 활동을 '안다(본다)', '행한다', '만든다'로 삼분하고 각각 이에 해당하는 앎을 이론지, 실천지, 제작지로 크게 구별한다.(1025b25; 『변증론』, 145a15, 『니코마코스 윤리학』, 1139a27) 이론지에는 자연학, 수학, 제1철학(혹은 신학) 등의 학문이 귀속되고, 실천지에는 윤리학, 정치학, 제작지에는 시학, 수사학 등이 포함된다. 그러고 보면 헬레니즘 시기에 철학을 삼분하는 전통은 아리스토텔레스 철학에 그 뿌리를 두고 있었다는 것이 밝혀지는 셈이다.

아리스토텔레스 학문 분류

학문 (논리학; 예비 학문)		
이론적	실천적	제작적
제1철학(형이상학, 신학)	윤리학(개별적 · 실천적 지혜)	모방예술
수학	경제학(가계 경영술)	기술론(유용한 기술)
자연학	정치학	

　현존하는 아리스토텔레스의 저작은 위작(僞作)일지도 모르는 작품(15권)을 포함하여 45권 정도(베커판 쪽수로는 1462쪽)가 전해지는데, 이는 그가 남긴 전체 저작 가운데 20~50퍼센트에 불과하다. 디오게네스 라에르티오스는 『유명한 철학자들의 생애와 사상』에서 약 550권에 달하는 146개의 저서 목록을 전해주고 있다. 이만한 숫자라면 아마도 오늘날 책의 쪽수로는 대략 1만 쪽에 해당할 만큼 엄청난 양이다.

　우리에게 전승되는 아리스토텔레스의 저작들 중 주요 철학적 저술들을 주제별로 정리하면 다음과 같다. (1) 논리학 저작들로는 『범주론』, 『명제론』, 『분석론 전서』, 『분석론 후서』, 『변증론(토피카)』, 『소피스트적 논박(토피카 9권)』이 전해진다. 그리고 (2) 이론철학적 저작들로는 『자연학』, 『형이상학』, 『영혼론』, 『생성과 소멸』, 『기상학』, 『천체론』 등이 전해진다. (3) 실천철학적 저작들로는 『니코마코스 윤리학』, 『정치학』, 『에우데모스 윤리학』(제4~6권은 『니코마코스 윤리학』 제5~7권과 동일하다), 『대윤리학』이 전해진다. 그리고 언어학적 · 철학적 저작으로 『수사학』과 예술 이론의 저작으로 『시학』이 전승된다. 생물학에 관련된 저작들로는 『동물지』, 『동물부분론』, 『동물운동론』, 『동물생성론』 등이 전해지고 있다. 단지 단편적으로 전해지는 저작 중에서 중요한 것으로는 플라톤의 핵심 이론인 이데아를 비판하는 『형상에 관하여』(*peri ideōn*)가 있으며, 대화 형식의 『철학에 관하여』, 『좋음에 관하여』그리고『프로트렙티코스(철학의 권유)』등이 있다. 그 밖에도 위작(僞作)으로 알려진 여러 작품이 전해진다.

끝으로 아리스토텔레스 자신이 독립적인 학문의 분야로 분류하지 않았던 생물학에 관한 저작들에 대해 간단히 언급하는 것으로 마무리하자. 철학의 예비 학문으로서의 도구적 기능을 수행하는, 논리학 작품을 싣고 있는『오르가논』에 뒤이어『자연학』이 뒤따르고, 베커판 402쪽에 이르러 학문 분야의 성격에 논란이 있을 수 있지만『영혼론』을 비롯한 '정신'(psychē)의 기능을 주제로 논의하는 '심리학적 저작'을 포함하는 일련의 작은 작품들이 나온다. 베커판 486쪽에서는 본격적으로 생물학의 영역으로 넘어가 동물의 탐구가 시작되는 그 첫 번째 위치에『동물지』(486a~638b)가 나오고『동물부분론』(639a~697b),『동물운동론』(698a~714b),『동물생성론』(715a~789b) 등의 주요 작품이 연이어 등장한다. 이어서 진작(眞作) 여부를 의심받는 식물 및 이와 연관된 문제들에 관한 다른 작품들이 계속되고, 980쪽에 이르러 '자연학 다음에 오는 것들'(ta meta ta physika)인『형이상학』으로 넘어간다. 생물학 저작 중에 가장 중요한 세 작품인『동물지』,『동물부분론』,『동물생성론』은 베커판 쪽수로 각각 146쪽, 58쪽, 74쪽을 차지한다. 생물학 저작에 속할 수 있는『소자연학 연구서』에는 심리학에 해당하는 영혼의 기능을 논하는 작은 작품들이 실려 있다.

그동안 아리스토텔레스 철학의 연구사에서 가장 등한시되어온 분야는 아무래도 생물학이라 할 것이다. 우리에게 전해지는 아리스토텔레스 저작집의 25퍼센트 이상이 생물학 분야이다. 아리스토텔레스 자신은 '생물학'이라는 말을 사용하지 않았기 때문에, 어떤 작품을 생물학의 범주에 포섭하느냐에 따라 그리고 진작 여부가 의심스러운 작품을 어떻게 해석하느냐에 따라 '생물학'의 범주도 조금은 달라질 수 있겠지만, 아리스토텔레스 철학—형이상학을 비롯한 여러 연구에서 사용되는 개념적 도구들—을 이해하기 위한 매우 중요한 저작들을 담고 있는 이 분야에 대한 관심이 헬레니즘 시기에 접어들어 어떤 이유로 간과되고 포기되었는지는 좀 더 많은 연구자의 노력이 기다려지는 대목이다. 어쨌거나 이에 관한 연구와 관심이 본격적으로 등장한 것은 2,000여 년이 지난 1970년대에 접어들어서였다.

제2장 아리스토텔레스 논리학과 학문 방법론

김재홍

1 아리스토텔레스 논리학의 특징

아리스토텔레스와 연관해서 철학사적으로 의문의 여지 없이 받아들여지는 사실은, 당시의 여러 빈약한 사정에도 불구하고 논리학이라 부르는 철학의 영역을 창안하고 개척했다는 점이다. 후세의 논리사학자들의 평가는 이 점에 대해서 대체로 정당한 것으로 받아들인다. 그가 논리학의 창안자라고 불리는 까닭은 무엇보다도 논증의 타당성(validity)이 '논리적 형식'에 의존한다는 점을 명확히 밝혔기 때문이다. 그는 먼저 수사학과 같은 다른 주제와 비교해서 자신 이전에는 논리학의 주제, 즉 '추론'에 관해서는 전혀 연구된 적이 없음을 지적한다. 그러면서도 설령 자신의 연구에 부족함이 있더라도 "우리의 연구가 그런대로 만족할 만한 상태라고 여러분의 입장에서 생각된다면, 여러분 모두에게 혹은 수강자들에게 남겨져야만 하는 일은, 우리의 연구에서 아직 빠져 있는 사안에 대해서 용서하는 것만이 그리고 거기서 발견되는 사안에 대해서는 진정으로 감사하는 마음을 표하는 것"이라고 자랑스럽게 말하고 있다.[1] 일찍이 칸트는 "논리학이 아주 오랜 옛날부터 이

---

1) 『소피스트적 논박』, 184b1~184b8.

런 확실한 길을 걸어왔다는 사실은, 그것이 아리스토텔레스 이래로 한 발짝도 후퇴하지 않은 것을 보아도 알 수 있다"(『순수이성비판』, B viii) 라고 단언한 바 있다. 이러한 역사적 평가에도 불구하고 정작 아리스토텔레스 '논리학'의 목표가 무엇이었느냐는 물음에 이르러서는 상당한 논란이 벌어질 수밖에 없다.

아리스토텔레스가 '분석론'(ta analutika)이라고 불렀던 논리학의 영역과 학문 이론 내지 학문 방법론은 본격적 '학문'이 아니었다. '분석론'은 논리적 문제와 학문 이론을 다루는 책 제목인 『분석론』을 가리키기도 하는데, 『분석론 전서』와 『분석론 후서』로 구성된다. '분석론'은 아리스토텔레스의 학문 분류상 모든 학문을 위한 예비학이자 도구(organon)였지, 결코 독립된 지위를 갖는 학문으로 분류되지 않았다. 이런 측면에서 아리스토텔레스 논리학은 '학문 이론 혹은 과학적 탐구를 위한 방법론'(methodology)으로 생각될 수 있다. 현대의 과학적 방법이 의미하는 바에 상당하는 것이다.

이 두 분석론은 학문 성격상 아주 밀접한 연관성을 가진다. 『분석론 전서』 첫머리에는 『분석론 후서』의 특별한 주제가 되는 '논증적 지식'(demonstrative knowledge)에 대한 탐구를 언급하고 있다. "먼저, 우리의 탐구가 무엇에 관한 것인지, 또 무엇에 대한 탐구인지 말해보자. 그것은 논증(apodeixis)과 논증 학문(epistēmē apodeiktikē)에 관한 것이다."(24a10~11) '분석론'에서 다루어지는 쉴로기스모스(sullogismos) 이론과 절차는 논리학과 학문 이론에 공통적으로 중요한 것이다. 따라서 그의 논리학에서 가장 중요한 역할을 수행하는 쉴로기스모스 이론은 학문적 지식과 논증 이론의 일부로 간주된다.

아리스토텔레스 논리학에서 우선 지적되어야 할 사항은 그것이 하나의 논리 체계가 아니라는 점이다. 그것은 여러 논리 체계를 복합적으로 지니고 있는 다원론적 체계이다. 그의 논리학이 다원론적 체계를 가진다는 점은 논리학의 핵심 용어인 쉴로기스모스에 대한 분석에서 충분히 밝혀진다. 이 말은 일단 우리에게 친숙한 표현인 '추론'으로 옮길 수 있다. 이 말에 대한 보다 상세한 분석은 아래에서 이어질 것이다. 이 기술적인 표현은 학문 일반 및 수사학적 · 대중적 논의에 공통적으로 적용되는 추리 형식을 가리킨다. 그렇기 때문에 그의 논리학을 앎의 방법을 탐구하는 '인식론'과 별도로 작동되는 것으로 보아서는 안된다. 이런 점에서 현대 논리학이 논증의 타당성만을 문제삼는 데 반하여, 아리스토텔레스의 논리학은 한편으로는 논증의 일관성과 올바름에, 다른 한편으로는 진리의 인식에 관심을 두는 이중적 목적을 가지고 수행된다. 현대 논리학의 주된 관심이 추리의 형식적 타당성을 문제삼는 데 반해서, 아리스토텔레스의 논리학은 추론 이전의 개념과 판단의 형성 과정 또한 문제삼으면서, 이를 통해 더 나아가 '존재의 세계'를 이해하려는 그의 형이상학적 태도까지도 전제하고 있다. 현대 논리학이 공리적, 연역적 체계의 정당성 문제를 심각히 고려하고 있지만, 아리스토텔레스의 경우에는 이에 대한 심각한 반성이 아직 성숙되지 않았다고 할 수 있다.

2 논리학 저작의 구성

기원전 322년에 아리스토텔레스가 죽고 나서 몇 세기가 지난 후 주석가들에 의해 다시 그의 저작이 수집될 때 '추론'에 관련된 일련의 논구(論究)들이 한데 모아지게 되었는데, 그렇게 수집된 것이 『오르가논』이라고 불리게 되었다. 그러니까 『오르가논』은 아리스토텔레스 논리학과 관련된 논구 전체 모음집을 가리키는 말이다. 또한 이 말은 『오르가논』에서 다루어지는 주제, 즉 오늘날의 의미에서 '논리학'을 가리키는 일반적 표현으로도 사용된다. '오르가논'이란 말은 문자적으로는 '도구 내지 수단'이라는 뜻이다. 『변증론』 제8권 제14장 163b9~14에서 아리스토텔레스는 변증술적 추론 방법의 유용성을 설명하면서 "두 개의 가정 각각에서 따라 나오는 것을 전체에 걸쳐 훑어보고 또 식별해두는 것은 앎과 철학적 지혜에 대해서 보잘것없는 도구(오르가논)가 아니다. …… 그리고 참을 잘 선택하고 거짓을 잘 피할 수 있는 것은 참에 따르는 좋은 소질"이라고 말하고 있다. 이 말은 '오르가논'이 인간의 앎과 논리적 사고에 깊은 관련을 맺고 있다는 점을 암시한다.

『오르가논』[2]이란 제목으로 알려진 작품 가운데에서 맨 처음 자리를 차지하는 작품은 『범주론』이다. 이 작품은 알려진 바와 같이 명사(名辭)들과 그 존재론적 함축을 다룬다. 어떤 의미에서는 논리학적인 이론이기보다 존재론적 함축 내지는 형이상학적 이론이 논의되는 작품이다. 아리스토텔레스의 다른 철학적 이론들에 대한 그 영향력은 막강하지만 『범주론』에서 전개된 존재 이론을 체계적으로 해석해내기란 매우 어렵다. 그 작품의 외견상 논의에 따르면 술어들(범주들, kategoriai)의 분류가 다루어지는데, 여기서 그는 열 가지 술어 유형의 목록을 제시한다. 『범주론』 다음으로 이어지는 작품이 『소피스트적 논박』을 부록으로 달고 있는 『변증론(토피카)』이다. 이 작품은 변증술적 추론을 그 주제로 다루고 있다. 아리스토텔레스 자신은 『소피스트적 논박』 마지막 장인 제34장에서 두 작품을 하나의 단일한 작품으로 언급하고 있다. 또 다른 작품으로 『명제론』이 이어진다. 이 작품은 이름 그대로 '설명에 관해'라는 의미를 가지고 있으며, 르네상스 시대 이래로 이 작품은 라틴어로 *De Interpretatione*라는 이름으로 알려져왔다. 이 작품에서 아리스토텔레스의 주된 목적은 어떤 진술의 쌍들이 서로 반대가 되며 어떤 방식으로 그렇게 되는지를 결정하려는 데 있었다. 이 작품의 제9장에서는 현대 논리철학에서도 심심치 않게 논의되는 주제인, 이른바 '내일 해전의 논변'(argument of the sea-battle tomorrow)으로 알려져 있는 미래 우연 명제(futura contingentia)와 결정론의 문제가 심도 있게 논의되고 있다. 이 장에서의 논의가 나중에 현대의 다치논리학

---

2) 『오르가논』은 베커판으로 184쪽에 달하는데 『범주론』 15쪽, 『명제론』 8쪽, 『분석론 전서』 46쪽, 『분석론 후서』 29쪽, 『변증론』 64쪽, 『소피스트적 논박』 20쪽으로 구성된다.

(many-valued logic) 체계의 싹을 틔우는 역사적 계기가 되었다는 것은 잘 알려져 있다. 또한 현대 양상(樣相) 논리의 효시(嚆矢)라고 볼 수 있는 필연과 가능 개념의 논리적 관계를 문제삼는 양상 논리 체계가 후반부에 논의된다.

『분석론 전서』와 『분석론 후서』라고 불리는 두 작품이 남아 있다. 일반적으로 두 『분석론』은 일련의 통일성을 가지는 '연역에 관한 논구'(ta peri sullogismou)를 하는, 즉 연역(deduction) 추론을 다루는 작품으로 알려져왔다. 아리스토텔레스 자신은 이 두 작품을 때로는 구별하지만, 흔히는 하나의 공통된 이름으로 '분석론'이라고 불렀다. 이 두 작품으로 인해서 그가 논리적 천재성을 역사적으로 한껏 드높이게 되었다고 하겠다. 이 두 작품에는 논리학에 관한 아리스토텔레스의 가장 성숙한 사고가 담겨 있다. 『분석론 전서』는 논리학에 대한 아리스토텔레스의 최대 업적이라고 할 수 있는 형식추리인 삼단논법의 여러 격과 식에 따르는 논변을 분석하는 데 관심을 두고 있으며, 반면에 『분석론 후서』는 학적 증명에 해당하는 이른바 논증(apodeixis) 이론에 대한 해명을 문제삼는다. 논증 이론은 오늘날의 철학적 용어로는 '학문 방법론'쯤에 해당한다고 할 수 있다.

3 주어 – 술어 이론

아리스토텔레스가 다루는 철학 주제 중에서도 범주 이론은 대단히 무거운 주제다. 범주(katēgoria)는 법률 용어인 '법정에 누구를 고발한다'(katēgorein)는 말을 기술적 의미로 차용해 아리스토텔레스가 만든 말이다. 저작마다 다소 차이가 있지만, 『범주론』, 『변증론』에서는 열 개의 범주를 내놓고 있다. 이 범주들이 실체(말), 양(네 발), 질(흰), 관계(보다 크다), 장소(시장에서), 시간(어제), 상태(똑바로), 소유(편자를 가진), 능동(달리는), 수동(태워진)으로서 술어의 기본적인 종류들이 된다.

이 중에서 실체인 우시아가 실재의 제1구성요소가 되며 형이상학에서 가장 중요한 자리를 차지한다. 실체를 제외한 나머지 술어들은 실체에 의존해서만 '있게' 되는 것이다. 초기 존재론을 표명하고 있는 『범주론』에서는 아리스토텔레스의 언어적 분류가 전개되는데, 이 분류로 형성된 술어 이론은 존재자들을 분류하는 관점에서 존재자들의 관계를 일종의 서술, 즉 S(주어)와 P(술어)의 관계로 규정한다. 아리스토텔레스는 올바르게 구성된 모든 명제는 '술어가 주어에 속해야만' 한다고 생각했다. 이 관계는 단지 논리학뿐만 아니라, 아리스토텔레스의 존재론을 비롯한 형이상학 전체에서 자연학에 이르기까지 존재자들의 관계를 드러내는 일관된 개념적 틀로 작동한다. 술어 이론(혹은 범주 이론)은 아리스토텔레스가 『형이상학』에서 자주 언급하는 '여러 가지 방식으로 말해지는' 존재의 구조를 드러내고, 이것이 아리스토텔레스의 모든 학문 영역에서 하나의 중요한 설명 도구로 사용된다.

술어 이론의 언어적 기본 형식은 주어와 술어 형식인 'S는 P이다'이다. 즉, 'S에 대해 P를 말하는 것'이다. 여기서 S는 주어(hypokeimenon)이고 P는 술어(katēgoroumenon)이다. 존재론이 언급될 때에는 기체(基體)로 옮겨지는 hypokeimenon은 술어들이 그것에 대해 말해지는(서술되는) '주어'이기도 하지만, 다른 한편 속성들이 그 안에 있는 담지자로서 실재적 '주체'이고 변화가 일어나는 '기반에 놓인 것'이기도 하다. 『범주론』제2장에서는 존재자를 네 가지 유형으로 구별한다. 그 구별에서 결정적 역할을 하는 서술의 두 틀은 '기체에 대해 말해진다'(kath´ hupokeimenou legesthai)와 '기체 안에 있다'(en hupokeimenō einai)이다. 이 기준에 따라서 존재자들은 실체와 비실체, 즉 속성으로 나뉜다. 따라서 존재자들은 이 두 기준으로부터 네 종류로 분류된다. 보편적인 실체, 개별적인 속성, 보편적인 속성, 개별적인 실체가 그 네 가지이다. 이를 통해 이른바 우시아(ousia, tode ti, 실체)가 규정되는데, 우시아는 개별적인 실체에 속하는 것이다. 이것은 어떤 것에 대해서도 말해지지 않고, 어떤 것들에도 속하지 않는 것이다. 이 우시아 이론은 아리스토텔레스가 가장 성숙한 단계의 존재론을 펼치는 형이상학과 밀접한 관련을 맺고 있다.

제3장에서는 이렇게 정리된다.

> 어떤 것이 기체로서의 다른 어떤 것에 대해 서술되는 경우, 이 서술되는 것에 대해 말해지는 것들은 모두 그 기체가 되는 것에 대해서도 말해진다. 예를 들어 사람은 이 사람(개별적 인간)에 대해, 동물은 사람에 대해 말해진다. 그러므로 동물은 이 사람에 대해 말해진다. 이 사람은 사람이면서 또한 동물이니까.(1b10~15)

그러니까 '서술되는 것에 대해 말해지는 모든 것', '서술되는 것', '기체'들은 제5장에서 각각 유(genos), 종(eidos), 개별자(tode ti, atomon)로 나타난다. 아리스토텔레스는 '여기 이 사람'인 소크라테스를 제1실체라 부르고, 사람과 동물을 제2실체라고 부른다. 그런데 동물, 인간, 소크라테스 간에 성립하는 모종의 어떤 관계가 무엇인지에 대해서는 논란이 있을 수 있다. 이것들 간에 원소 관계가 있는지, 한 집합의 부분집합 관계인지 하는 논란은 차치하고라도, 어떤 관계 맺음을 하고 있다는 것은 명확하다. 아리스토텔레스는 이 관계가 기본적으로 모든 존재자들의 세계에 맞아떨어지는 것으로 본다.

언어적으로 주어와 술어의 관계를 표시하면 다음과 같다.

(a) A belongs to(huparchein) every B = Every member of B is a menber of A(AaB)

A는 모든 B에 속한다 = B의 모든 구성원은 A의 구성원이다.

(e) A belongs to no B = No member of B is a Member of A(AeB)

A는 어떤 B에도 속하지 않는다 = B의 어떤 구성원도 A의 구성원이 아니다

(i) A belongs to some B = Some member of B is a member of A(AiB)

A는 어떤 B에 속한다 = B의 어떤 구성원은 A의 구성원이다

(o) A does not belong to some B = Some member of B is not a member of A(AoB)

A는 어떤 B에 속하지 않는다 = B의 어떤 구성원은 A의 구성원이 아니다

여기서 a, e, i, o는 각각 전통 논리학에서의 4개의 판단, 즉 전칭 긍정 명제(a), 전칭 부정 명제(e), 특칭 긍정 명제(i), 특칭 부정 명제 (o)를 표시한다. 가령 a는 '모든 인간은 죽는다', e는 '어떤 인간도 죽지 않는다', i는 '어떤 인간은 죽는다', o는 '어떤 인간은 죽지 않는다'로 명제화된다. 이 네 명제 간에는 논리적인 대당관계가 성립하는데, a와 o, e와 i는 '모순'(antikeimanai, contradictio)으로, 양자가 동시에 참이 거나 거짓이 될 수 없다. a와 e는 '반대'(enantiai, contrariae)이고, 양자가 동시에 참일 수는 없으나, 거짓일 수는 있다. i와 o는 '소반대'[3]이고, 양자가 동시에 참일 수는 있으나 거짓일 수는 없다.[4] a와 i, e와 o는 대소대당관계로 '전체에 속하는(혹은 속하지 않는) 것은 그 부분에도 속한 다(혹은 속하지 않는다)'는, 이른바 전체와 무의 원리(dictum de omni et nullo)를 말하는 것이다.

네 명제 간에 성립하는 '논리적 따름 관계'를 정리하면 이렇게 된다.

---

3) 아리스토텔레스 자신은 이것에 어떤 이름을 붙이지 않았지만, 후세의 철학자들이 '소반 대'(subcontrariae)라고 불렀다.

4) 물론 a 명제와 i 명제는 존재적 함축(existential import)을 가져야 한다. '모든 사람은 검 다'와 '어떤 사람은 검다'가 동시에 거짓일 수 없다는 것은 '사람'이 존재한다는 것을 전 제하는 것이다.

(1) AaB(모든 A는 B이다) ⊢ AiB(어떤 A는 B이다)

(2) AeB ⊢ AoB

(3) AaB ≡ −(AoB)

(4) AeB ≡ −(AiB)

(5) AaB ⊢ −(AeB)

(6) −(AaB) ⊢ AoB

이 네 명제(판단)에 대한 대당관계 사각형(the square of opposition)을 그리면 다음과 같다.

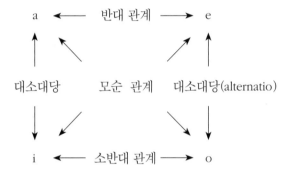

이 네 명제 중 셋이 조합되어 삼단논식이 만들어지는 것이기에 a, e, i, o 판단을 숙지해놓아야 삼단논식을 이해하는 데 도움을 받을 수 있다. 이렇게 해서 삼단논식을 구성하는 명제들은 형식적으로는 AaB, AeB, AiB, AoB라는 네 명제가 되는 셈이다.

아리스토텔레스의 쉴로기스모스 이론에서 이른바 추론을 구성하는 a, e, i, o 네 명제도 기본적으로는 주어와 술어의 관계 위에서 성립되고, 쉴로기스모스 이론도 이 존재론적 구조 위에서 성립되는 것으로 이해될 수 있다. 즉, aRb, bRc ⊃ aRc(여기서 R은 '관계')가 성립한다. a, b, c는 각각 동물, 인간, 소크라테스를 지시한다. 단, 여기서 R이 계사

(繫辭)로 쓰일 경우, '동일성(=)' 관계가 아니라, '속함' 내지는 '술어' 관계라는 점을 주목해야 한다. 이러한 논리적 절차를 우리는 아리스토 텔레스적 언어로 '분석'이라고 부를 수 있다.

　　아리스토텔레스의 규정에 따르면 '분석'(analusis)이란 '일련의 A, B, C, D에서, 증명되어야 할 A 명제의 참을 가정한 후, A를 B를 통해, B를 C를 통해, 다시 C를 우리에게 이미 알려진 D를 통해 증명해가는 방법'이다(『니코마코스 윤리학』, 1112b20~24). 일반적으로 아리스토텔레스의 분석은 한 '영역'(domain)에 속하는 것을 그것을 구성하는 단순한 요소들로 나누는 것을 가리킨다. 따라서 한 영역에 대한 지식은 그 영역의 가장 단순한 모든 부분들의 지식을 수반한다. 가령, 주어진 사실에 근거해 A-C 명제(A는 C이다)가 성립한다고 해보자. 이 명제의 사실에 원인을 지적하는 또 다른 세 번째 명사(term, 名辭)인 B를 도입해서 A 및 C와 관계 맺음으로써, 우리는 명제 A-C를 A-B와 B-C로 분석할 수 있다. 따라서 우리는 A-B와 B-C라는 두 전제가 하나의 공통의 명사(B)를 가지게 됨을 알 수 있다. 이 명사가 바로 '매개념'(媒概念)이라 지칭되는 것이다. 앞서 동물, 인간, 소크라테스의 관계의 예에서 보듯이 '인간'이 다른 두 개념을 논리적으로 연결해주는 매개념 역할을 하고 있다.

　　현대 명제논리학에서 '명제' 자체가 논리적 추론의 단위로서 하나의 변항(variable)이 되는 것과 달리, 아리스토텔레스의 술어 이론에 기반을 둔 논리학에서는 논리적 단위로서 '명사'를 변항으로 사용한다. 즉, 하나의 명사인 A, B, C가 변항이 된다. 아리스토텔레스의 술어논리학 이후 헬레니즘 시기의 스토아 논리학에 이르러서야 비로소 이른바 lekta(말할 수 있는 것) 이론에 기반을 둔 명제논리학이 발견되었다.

4 쉴로기스모스와 연역

우리는 일상적으로 대화를 하면서도 의식하지 못한 채로 '삼단논법'과 같은 추리 형식을 사용한다. 이런 예를 보자. "너는 박근혜에게서 그녀의 공약을 지킬 것이라고 기대할 수 없어, 그녀는 대통령이라는 막중하고도 어려운 지위에 있기 때문이지." 여기에는 "어떤 대통령에게도 자신의 약속을 지키리라고 기대할 수는 없다"는 대전제가 생략되었다. "어떤 버릇 없는 아이들도 귀엽지 않아, 자신밖에 모르는 그 어떤 아이들도 귀엽지 않으니까 말이야." 여기에는 '버릇없는 아이들은 자신밖에 모른다'는 전제가 생략되어 있다. 아리스토텔레스 논리학의 출발은 이런 우리의 일상적 대화에 숨겨져 있는 논리적 형식을 학문적으로 엄밀하게 드러내고 밝히는 것이었다.

아리스토텔레스 논리학의 주제는 추론(sullogizesthai)이며, 그 근본적 개념이 형식적 추론인 연역 형식인 삼단논법이다. 아리스토텔레스는 연역추리와 귀납추리를 구별하고 충분하게 인지하고 있었다. 한 논변을 이루는 명사들 간에 어떤 관계가 이루어지고, 주어진 전제와 그것으로부터 따라 나오는 것 간의 논리적 관계를 보여주는 쉴로기스모스(sullogismos)란 무엇인가? 영어의 삼단논법(syllogism)이란 용어 자체도 이 말에서 유래한다. 아리스토텔레스의 고전적인 쉴로기스모스의 정의는 표면적으로 볼 때 아주 간결하고 명쾌하다.

> 연역(추론)은 놓아진(주어진) 것들에서 그것과 다른 어떤 것이 바로 그것들에서 필연적으로 따라 나오는 로고스(논의)다(sullogismos de esti logos en hō tethentōn tinōn heteron ti tōn keimenōn ex anagkēs sumbainei tō tauta einai).(『분석론 전서』, 24b18~20)

여기서 알 수 있듯이 아리스토텔레스의 쉴로기스모스 정의에는 전통적인 삼단논법의 표기인 'A=B, B=C, 그러므로 A=C'와 같은 구성적 추리가 배제되어 있음을 주목해야 한다. 이 밖에도 쉴로기스모스에 대한 이와 유사한 정의가 『변증론』(100a25~27)과 『수사학』(1356b16~17)에서도 나타난다. 또한 저 유명한 정의는 『소피스트적 논박』과 『분석론 후서』에도 마찬가지로 정당하게 적용된다. 이렇게 볼 때, 그 정의는 아리스토텔레스의 모든 주요 논리학 작품들을 두루 지배하고 있다고 볼 수 있겠다.

추론의 정의에 관한 일반 이론은 『분석론 전서』상·하권에서 제시되고 있다. 보편적인 것이 개별적인 것에 선행한다는 원칙에 따라 『분석론 후서』역시 『분석론 전서』에서 개진한 그 정의를 따르고 있다. 즉, 『분석론 후서』는 아포데잌시스 이론을, 다시 말해 학적 인식을 산출하는 쉴로기스모스에 관한 이론을 규정한다. 학적 추론 이외에 다른 주요 유형으로서 우리는 『변증론』여덟 권의 책이 다루고 있는 변증술적 추론을 찾아볼 수 있다. 부가적으로 『변증론』의 모두(冒頭)에는 쟁론적 추론이 언급되고 있다. 이로써 아리스토텔레스 자신이 『변증론』에 부록으로 달고 있는 작품인 『소피스트적 논박』을 위한 길이 준비된다. 또한 후자에서는 쟁론적 추론과는 구별되나 특별한 취급이 요구되지 않는 다른 유형의 오류 추리가 논의되고 있다. 끝으로 '설득'(pistis)의 형식인 수사학적 추론이 쉴로기스모스의 일반적 이론 밑에 놓이게된다.

요약해보자면, 아리스토텔레스에게 쉴로기스모스는 전제들로부터 결론을 이끌어내는 것, 즉 연역적 체계를 의미하거나, 사용되는 관점에 따라 일반적인 추론 형식을 의미한다. 또한 그것은 순수하게 기호를 가지고 표현할 수 있는 형식적 논증으로서의 삼단논법 그 자체를 포함한다. 필연적이고 보편적인 학적 인식을 목표로 하는 논증(아포데잌시스)은 학의 근거(aitia, 원인)를 묻는 데에 쉴로기스모스를 편입하고 있으며, 변증술은 논쟁에서 적을 침묵시키는 데 주요하게 사용되는 추론 형식으로 포함된다. 그리고 수사학은 설득의 수단으로서 그것을 사용한다. 대화를 통해 상대방을 설득하는 변증술적인 실행 방법과 관련해서도 이 정의가 적용된다는 측면에서 이 정의 속에 사용된 logos 는 명확히 '명제'가 아니라 추리 형식을 담고 있는 말(speech), 논변 (argument), 논의(discourse)라 할 수 있다. 쉴로기스모스 규정을 좁은 의미로만 한정하여 해석하는 경우, 그 규정은 형식적인 측면으로만 이 해될 수 있다. 그러나 logos의 원래 의미를 강조하는 경우에는 형식적 측면뿐 아니라, 비형식적 측면에 대한 규정을 함께 포괄하고 있는 것으로 로 이해될 수 있다.

쉴로기스모스 정의를 좀 더 살펴보자. 저 유명한 정의는 타당한 추리들의 집합을 정의하고 삼단논식들인 타당한 추리들을 선택하는 데 기여하는 것으로 볼 수 있다. 학자들은 일반적으로 '놓아진 것들'이라 는 복수적 표현을 중요하게 받아들여 적어도 전제는 두 개 이상이라고 해석해왔다. 그래서 쉴로기스모스는 논증이고, 그 논증은 적어도 두 개 이상의 전제를 가져야만 한다는 데에 일치된 견해를 보여준다. 그 말의 어원, 즉 '함께 모음'이라는 문제도 그러한 해석을 뒷받침한다.

여기서 '바로 그것들에서'라는 말은 '주어진 전제들'을 의미한다. 또한 이 정의에서 나타나는 필연성은 논리적 필연성이다. 결국 만일 그 결론이 논리적으로 그 가정들로부터 따라 나오려면 모든 가정들은 그 에 앞서 명확해야만 한다는 것이다. 결국 쉴로기스모스란 그 결론이 논 리적으로 따라 나오기 위해 필연적인 모든 가정들이 명확해지고, 그 어 떤 추가 가정들도 주어지지 않는 타당한 논증이라고 할 수 있다.

그 정의에 나타나는 용어들에 대한 분석을 통해 알 수 있듯이, '필 연적'이란 말은 쉴로기스모스 자체의 필연적 지위를 보여주는 말임과 동시에 추론의 필연성—현대적인 논리적 개념으로는 타당성—을 의 미하는 것으로 이해될 수 있다. 다시 말해서 주어진 전제들이 그 결론 의 '필연적'인 참(사실적 필연성)을 보장하는 동시에 추론 과정의 '올바 름'(논리적 필연성)을 함께 보여준다고 하겠다. '주어진 것으로부터 필 연적으로 무엇이 이끌린다'라고 했을 경우에 아리스토텔레스는 '추론 된다'는 것과 '필연적'(anangkaion, 『분석론 전서』, 47a31~35)이란 말을 동의적으로 사용한다. 아리스토텔레스는 쉴로기스모스 자체도 필연적 지위를 점하는 것으로 간주한다. 그래서 아리스토텔레스는 "필연적이란 말은 쉴로기스모스보다 더 넓은 의미의 외연을 갖는다. 모든 쉴로기스모스는 필연적이나, 필연적인 모든 것이 쉴로기스모스는 아니기 때문"(『분석론 전서』, 47a33~5)이라고 지적하면서 필연과 쉴로기스모스의 관련성을 규정하고 있다. 이를 통해서 우리는 아리스토텔레스가 논리적 맥락에서 필연적이란 말을 넓은 의미의 '추론'에 해당하는 말로 사용하고 있음을 알아낼 수 있다. 때때로 아리스토텔레스는 필연과 추론을 구분하지 않고 서로 대치될 수 있는 개념으로 사용하고 있기도 하다.

'놓아진 것과 다른 무엇'이 '그것들에서'(tō tauta einai) 따라 나온다는 말은 무엇을 의미하는가? 내용적으로 보면, 주어진 것으로부터 필연적으로 다른 무엇이 따라 나오기 위해서는 다른 어떤 논리적 명사들의 도움이나 절차를 필요로 하지 않는다는 것을 의미한다. 이러한 해석을 뒷받침하기 위해 우리는 아리스토텔레스의 다음과 같은 말에 기댈 수 있다. "그것들 때문에(dia tauta) 따라 나온다는 말은 필연적으로 그러하기 위해서 어떤 다른 명사를 필요로 하지 않는다는 것을 의미한다."(『분석론 전서』, 24b21~2) 이러한 의미라고 한다면, 이 정의는 현대적인 논리적 의미에서 '연역'쯤에 해당하는 규정일 것이다. 쉴로기스모스의 정의는 연역에 대한 규정이고, 모든 추리 형식을 포괄하는 추리에 대한 이상적 규정인 메타-정리로 이해할 수 있을 것이다.

쉴로기스모스는 놓아진 것(규정된 것), 즉 전제의 '성격에 따라' 다음과 같은 네 가지 형식으로 구별된다.(『변증론』, 100a25~101a4)

(가) 추론이 시작되는 전제(주장)들이 참이고, 최초의(원초적인) 것들로부터 출발해서 성립되는 경우이거나, 몇 개의 최초의 것들과 참인 것들을 통해서 이것들에 대한 인식의 단서가 파악되는 그러한 것(전제)들로부터 출발하고 성립되는 경우에 그것은 **논증**(아포데잌시스)이다.

(나) 통념(endoxa, 일반적으로 승인된 견해)으로부터 출발해서 추

론하는 것을 **변증술적 추론**이라 한다.

(다) 외견적으로는 통념인 것처럼 보이지만 실상은 그렇지 않은 통념으로부터 출발하는 추론이 **쟁론적 추론**이다. 또, 통념에서 혹은 외견적으로만 통념인 것처럼 보이는 통념에서 만들어진 외견상의 추론도 쟁론적 추론이다. 『소피스트적 논박』에서는 쟁론적 논의를 '통념인 것처럼 보이지만 실제는 그렇지 않은 것〔전제〕들에서 출발해서 추론하거나 추론하는 것처럼 보이게 하는 것'으로 정의하고 있다.

(라) **오류 추론**은 거짓인 학적인 전제 혹은 외견적으로만 학적인 전제로부터 이루어지는 추론이다.

5 아리스토텔레스의 삼단논법

아리스토텔레스의 삼단논법[5]을 구성하는 방식을 파악하기 위해 하나의 구체적인 예를 들어보자.

(1) 이웃에 맞서는 전쟁은 나쁘고, 테베에 맞서는 전쟁은 이웃에 맞서는 것이기 때문에, 테베에 맞서는 〔아테네인의〕 전쟁은 나쁜 것임이 명백하다.(『분석론 전서』, 69a1~7)

이 예는 다음과 같은 논증으로 재구성된다.

(2) (i) 이웃에 맞서는 전쟁은 나쁘다.
    (ii) 테베에 맞서는 아테네인의 전쟁은 이웃에 맞서는 것이다.

---

5) 삼단논법(三段論法)이란 일본식 번역어는 하나의 논증이 세 개의 명제(protasis)로 이루어져 두 개의 전제(대전제, 소전제)와 결론을 가지는 것으로부터 유래했을 것이다. 게다가 세 개의 명사(名辭)와 명사들 간의 관계, 대개념과 소개념을 연결하는 매개념의 역할을 고려하여 이름을 붙인 것으로 이해된다.

(iii) 테베에 맞서는 아테네의 전쟁은 나쁘다.

여기서 (i)과 (ii)는 각각 명제(protasis)로서 전제이고 (iii)은 결론이다. 논증은 전제와 결론으로 이루어진다. 결론이 전제로부터 필연적으로 따라 나올 때에만 삼단논법(추론)이란 말을 사용할 수 있다. 앞서 아리스토텔레스의 추론의 타당성은 논리적 형식에 의존한다고 말한 바 있다. 논증 (2)는 다시 다음과 같은 방식으로 형식화될 수 있다.

(3) (i) 이웃에 맞서는 모든 전쟁은 나쁘다.

    (ii) 테베에 맞서는 아테네의 모든 전쟁은 이웃에 맞서는 전쟁이다.

    (iii) 테베에 맞서는 아테네인의 모든 전쟁은 나쁘다.

이렇게 형식화된 논증에는 '모든', '이다'란 말과 '나쁘다', '이웃에 맞서는 전쟁', '테베에 맞서는 아테네인의 전쟁'이라는 세 명사(名辭, horos)가 포함되어 있다. 명사는 명제에서 술어의 자리에 놓일 수 있는 말을 가리킨다. 명사는 그 자체로 술어가 되기도 하고 다른 명사를 자신의 술어로 삼기도 한다. 만일 우리가 문자 A, B, C를 각각 이 명사들에 대체한다면 그 논증의 형식은 외견상으로 분명하게 드러난다.

(4) (i) 모든 B는 A이다.

    (ii) 모든 C는 B이다.

    (iii) 모든 C는 A이다,

(3)이 타당한 삼단논법이라는 주장은 전제들이 참이기 때문에, 따라서 그 결론도 또한 참이라는 것을 의미한다. 그러나 현대 수리논리학에서 사용되는 변항(variables)으로 대체된 (4)의 형식이라고 한다면, 그 삼단논법이 타당하다고 주장하는 것은 변항으로 대치된 전제로부터 'C는 A이다' 또한 참으로 받아들여져야만 한다는 것을 의미한다. 논리

적 관점에서 볼 때, 첫 번째 삼단논법은 '그 결론에 대한 증명'이고, 두 번째는 증명(proof)의 '규칙'이다. 따라서 (3)과 같은 전통 논리학적 삼단논법은 그 전제들이 거짓인 경우를 완전히 무시하거나 심지어 명확하게 배제하는 경향이 있다. (4)의 형식('모든 인간은 죽는다. 소크라테스는 사람이다. 그러므로 소크라테스는 죽는다')이 아리스토텔레스적 삼단논법을 대표한다고 생각되어왔지만, 이 예는 아리스토텔레스가 내린 쉴로기스모스에 대한 정의와는 외견상으로나 그 내적인 논리적 구조에서 분명하게 구별된다.

아리스토텔레스는 '완전(teleion) 삼단논법'(barbara)을 다음과 같이 정의한다.

> (5) 세 명사(horos)들이 서로에 대하여, '최종적인 것'(eschaton)이 전체로서(en holō) '중간의 것(매명사)' 안에 있고(einai) 매명사가 전체로서 '첫 번째 것'(prōton) 안에 있거나 있지 않는 그러한 식으로 관계를 맺을 때, 거기에 양 끝(tōn akrōn)과 관련해서 '완전 삼단논법'이 있다는 것은 필연적이다.(『분석론 전서』, 제4장, 25b32~35)

> (4′) 만일 A가 모든 B에 대해 술어가 되고(혹은 B에 속한다면) B가 모든 C에 대해 술어가 된다면, A는 모든 C에 대해 술어가 되어야만 한다는 것은 필연적이다.(25b37~39) …… 나는 이런 격(schēma)의 종류를 제1격이라 부른다.(26b33)

(5)에서 horos는 원래 구역을 구별하는 '경계'를 의미하지만, 논리학에서는 명제를 구성하는 '명사(名辭)'로 사용된다. 양 끝이란 '최종적인 것'과 '첫 번째 것'으로서 소명사와 대명사를 가리킨다. '전체로서 있다'(en holō einai)는 말은 흔히 표현되는 '…에 대해 술어가 된다'는 말에 대한 아리스토텔레스의 다른 표현이다. 아리스토텔레스는 (5)에서 (4)와 달리 전제들의 일반적 순서를 바꾸고 있는데, 이는 세 명사 간

의 '포함관계'에 대한 이행성(transitivity)을 가장 명백하게 보여주기 위해 '형식'에 대한 직관적 호소를 보존하려는 목적으로 그렇게 한 것이다. '최종적인 것'과 '첫 번째 것', '중간의 것(매명사)' 간의 포함관계의 이행성, 즉 '소크라테스가 인간에 포함되고 인간이 동물에 포함되는 이행적 관계'를 직관적으로 보여주고 있다.

여기서 알 수 있듯이, 원래의 (1)이 형식적으로 타당하다는 것은 (4') 형식으로 구성될 수 있다는 것을 뜻하는 것이고, (4') 형식으로 된 어떤 논증도 타당하다는 것을 뜻하는 것이다. (2)는 전제의 참이 결론의 참을 담보하지 못하지만, (4') 형식은 논증의 전제들이 참이기만 하면 그 결론도 참이어야만 한다는 것을 누구나 금방 알아낼 수 있다. 이와 같은 아리스토텔레스의 정언 삼단논법에서 하나의 논증은 세 명제, 세 명사를 포함하고, 각각의 명사들은 두 개의 다른 명제에서 두 번씩 나타난다. 아리스토텔레스는 매명사(혹은 매개념, meson)를 "자신은 다른 것에 있으며 또한 그 자신 안에 다른 것이 있는 것, 그리고 위치에서 중간을 차지하는 것"(『분석론 전서』, 제4장, 25b 35~37)이라고 정의한다.

아리스토텔레스의 논리적 의도와 달리 중세 이후에 전통적으로 받아들여진 '아리스토텔레스적 삼단논법'은 형식적으로는 분리된 세 명제로 구성된 추리 형식이다. 또한 그것은 내세워진 두 명사들이 나중의 세 번째 명사를 함의하도록 관련되어 있다. 그래서 세 번째 명제인 결론은 처음 두 명제로부터 이끌어진다. 그러나 아리스토텔레스의 정의에 따르면, 삼단논법은 오히려 '만일 …이라면, 그렇다면' 형식으로 된 단칭의 복합명제이다. 그는 그것을 두 개의 분리된 명제들과 '그러므로'에 의해 도입되는 결론의 형식이라기보다는, 오히려 '만일 … 그렇다면'(If … then)이란 방식으로 반복적으로 언급하고 있다. 다시 말해서 아리스토텔레스의 추리 형식은 'if … then'의 함의(implication) 형식의 명제로 되어 있다. 그 전건(前件)은 전제들이 '그리고'로 결합된 연언(連言) 형식으로 하나의 명제로 결합되고 있다. 후건(後件)은 그 결론을 구성한다. 그렇다고 하면, 그것을 하나의 추리가 아니라, 하나의 함의 내지는 수반(implication or entailment)으로 해석해야 마땅할 것이다. 그것이 구체적인 명사로 표현되었든 변항으로 표현되었든지 간에 단칭명제(single proposition)로서 참이거나 거짓이어야만 한다.

여하튼 아리스토텔레스가 제시해주고 있는 바처럼 삼단논법은 단순히 형식적 요구 사항, 즉 '만일 …이고, …이면, 필연적으로 …이어야만 한다'[(4′)]는 것을 말하고 있는 까닭에, 그것을 참 혹은 거짓을 전달하는 것으로서 생각하기란 어려운 노릇이다. 그에 해당하는 아리스토텔레스의 용어는 '참'이 아니라, '필연적'(anangkē)이다. 여기서 '필연적'이란 말은 '논리적'이라는 말과 동치(同値)이다. '한 논증이 타당하지 않다'라고 말하는 그의 대개의 표현 방식은 '거기에는 쉴로기스모스가 없을 것이다'(ouk estai sullogismos) 혹은 '우리는 추론할 수 없다'(ouk esti sullogisasthai)는 것이다.

또 한 가지 지적되어야 할 사항은 전통 삼단논법에서 소전제는 개별자를 지시하는 고유명사를 주어로 하는 단칭명제이지만, 아리스토텔레스의 경우에 논리적 단위로서의 명사는 개별자가 아니라 종(種)이어야만 한다는 것이다. 그 이유는, 앎(epistēmē)은 종과 유(類) 같은 보편자 없이는 이루어질 수 없기 때문이다. 개별자들은 다른 것에 대해 서술할 수 없다. 시실상 우리의 "논의(logos)와 탐구는 대개 다른 것에 대해 서술하고, 다른 것이 자신에 대해 서술되는 중간적인 것에 관계하기" 때문이라고 아리스토텔레스는 말하고 있다.(43a40~44)

우리가 익히 알고 있는 전통 삼단논법의 예를 아리스토텔레스적인 형식으로 옮겨보면, 다음과 같이 바꾸어 표현된다.

만일 모든 사람들이 가사적 존재이고, 소크라테스가 사람이라면, 소크라테스는 가사적 존재이다.

이렇게 바꿔 쓰이게 되면 이 형식은 비록 여러 명제들이 한데 어우러져 있다고 해도 하나의 단칭명제가 된다. 이것은 즉각적으로 참이 거나 거짓이다. 따라서 그 명제들의 순서의 의미, 전제들 밑에 그려진 선의 의미 등등이 무엇인지 고려할 필요도 없으며, 나아가 관련 없는 정보를 찾을 필요가 없다. 그러고 보면 구체적 명사 자리에 변항을 대치시키고 있는 아리스토텔레스의 삼단논법이 더 유효한 논증이다. 실제로 아리스토텔레스가 설명하는 삼단논법의 체계에 구체적 명사로 이루어진 삼단논법의 예는 없다. 아리스토텔레스가 늘 사용하는 삼단논법을 표현하는 방식은 이런 것이다. 그는 '…에 속한다' 대신에 '…에 대해 술어가 된다'라는 표현을 사용하기도 한다. 이 두 표현은 논리적으로 같은 말이다.

> 만일 A가 어느 B에도 속하지 않고 B가 어떤 C에 속한다고 한다면, A가 어떤 C에 속하지 않는다는 것은 필연적이다.(『분석론 전서』, 26a25~27)

아리스토텔레스적 삼단논법의 몇 가지 특징을 정리해보자.

첫째, 무엇보다도 외견상으로 드러나는 바와 같이 아리스토텔레스의 삼단논법에서는 전통적 삼단논법과 달리 **매개념**의 위치가 반대로 되어 있다는 점이 두드러지게 나타난다.

둘째, 아리스토텔레스의 삼단논법의 관습적인 예와는 달리 아리스토텔레스는 논리학 체계에서 '만일 …라면, …'라는 명제의 형식을 갖는 삼단논법만을 만들어내고 있다.

셋째, 구체적 명사들 대신에 변항들(A, B, C)을 맨 처음으로 사용하고 있다는 점이다. 이러한 표현법은 매우 현대적이고, 논리적인 논증을 나타내는 데 큰 장점을 지닌다.

넷째, 변항들 간의 주장되는 논리적 관계를 표현하기 위해 아리스토텔레스는 전통 논리학의 계사(copula)를 피하고 다른 방식의 언어적 정식(공식)을 만들어내었다. 삼단논법은 다음과 같은 형식의 한 명제로 표현된다. "만일 A가 모든 B에 속하고(에 대해 술어가 되고), B가 모든 C에 속한다면(에 대해 술어가 된다면), A는 필연적으로 모든 C에 속한다(에 대해 술어가 된다)." 이 형식이 전통적인 삼단논법인 Barbara에 상응하는 것이다. 아리스토텔레스는 '…에 속한다'는 말 대신에 '…에 대해 말해진다' 혹은 '…의 술어가 된다'는 표현을 사용한다.

다섯째, 결론을 나타내는 명제 '그렇다면 A는 필연적으로 모든 C에 속한다'에서 보듯이 '필연적으로'(ex anangkē)란 말이 부가되는데, 이는 전제와 결론 간에 필연적(논리적) 관계가 있다는 것을 함축하며, '논리적으로 따라 나온다'는 것을 보여준다.

아리스토텔레스가 표현하는 삼단논법의 논리적 형식인 "만일 A가 모든 B에 속하고(에 대해 술어가 되고), B가 모든 C에 속한다면(에 대해 술어가 된다면), A는 모든 C에 필연적으로 속한다(에 대해 술어가 된다)"와 같은 논리적 형식, 즉 제1격만이 다른 형식의 삼단논법의 식(式)들을 그것으로 환원해서 증명하고자 하는 아리스토텔레스적 삼단논법의 공리라고 할 수 있다. 제1격에서 대전제(meizōn)는 전칭이고, 긍정이든지 부정이다. 소전제(elattōn)는 긍정이어야만 한다. 결론(sumperasma)은 전칭이고, 긍정이나 부정이게 된다. 매개념은 결론에 대한 이유를 주는 것이다. 그래서 구체적 명사를 가진 제1격의 삼단논식은 '만일 모든 금속이 녹고, 납이 금속이라면, 납은 녹아야만 한다(aaa)', '어떤 신도 죽지 않고, 모든 올림피아의 신들이 신이라면, 어떤 올림피아의 신들은 죽지 않는다(eae)'와 같은 것이다. 아리스토텔레스는 제1격만을 완전 삼단논법이라고 부른다.

아리스토텔레스는 매개념 위치에 따라 제1격, 제2격, 제3격으로 나누고 있다. 그는 총 14개의 삼단논식을 제시한다. 이것들을 명제의 질과 양을 표시하는 '모음'을 사용한 중세의 논리학자들의 기억술로 제시하면 아래와 같다.

격	삼단논식
제1격	*Barbara*, *Celarent*, *Darii*, *Ferio*,
제2격	*Camestres*, *Cesare*, *Festino*, *Baroco*
제3격	*Darapti*, *Felapton*, *Disamis*, *Datisi*, *Bocar do*, *Ferison*

　　나중에 각각의 논식(mood) 이름으로 주어진 라틴어의 모음은 삼
단논식의 세 명제를 구성하는데, 이를테면 Baroco는 a(전칭긍정명제)와
o(특칭부정명제) 전제로부터 o(특칭부정명제) 결론을 이끌어내는 논식
이다. Celarent는 e, a, e 명제로 이루어진 삼단논법을 말한다.
　　가령, 제1격(Barbara)은 이렇다.

A는 B에 대해 서술된다(AaB)
B는 C에 대해 서술된다(BaC)
그러므로 A는 C에 대해 서술된다(AaC)

　　마찬가지로 제2격은 'B는 A에 대해 서술된다. B는 C에 대해 서술
된다'이며, 그리고 제3격은 'A는 B에 대해 서술된다. C는 B에 대해 서
술된다'로 형식화된다. 아리스토텔레스는 두 전제에 동시에 나타나는
명사(horoi, 名辭)를 매명사(horos mesos, 매개념)라 부르고, 결론의
주어와 술어에 나타나는 명사는 판단의 양 끝으로 대명사와 소명사로
구별한다. 제1격의 경우에 결론의 술어와 한 전제의 술어로 나타나는
A를 대명사라 부르고, 결론의 주어와 한 전제의 주어로 기능하는 C를
소명사라 부른다. 대명사를 포함하는 전제를 대전제, 소명사를 포함하
는 전제를 소전제라고 부른다. 이를 정리해보면 이렇게 된다.

제1격		제2격		제3격	
술어	주어	술어	주어	술어	주어
A	B	A	B	A	B
B	C	A	C	C	B

전통 논리학에서는 아리스토텔레스의 삼단논법을 설명하면서 제4격을 언급하고 있는데, 아리스토텔레스는 이를 인정하지 않았다. 아리스토텔레스가 보기에 제4격은 제1격의 서자(庶子)쯤으로 대부분의 제4격의 식들에서 동일한 전제들로부터 자연스러운 결론이 제1격에 의해 따라 나오기 때문에 불필요한 것으로 보았다. 특별히 아리스토텔레스는 제1격의 네 식, 즉 AaB, BaC⊢AaC(Barbara), AeB, BaC⊢AeC(Celarent), AaB, BiC⊢AiC(Darii), AeB, BiC⊢AoC(Ferio)를 완전한 연역(삼단논식)으로 보았다. 이 완전한 삼단논식들은 그 자체로 완전한 필연성을 가지는 것이기에, 더 이상 다른 명사가 필요하지 않다고 생각했다. 다시 말해 아리스토텔레스는 이 논식들에서는 그 결론이 그 전제들로부터 따라 나올 뿐만 아니라, '명백하게' 도출된다고 생각했다. 나머지 격들에 속하는 삼단논식들은 불완전한 것으로 간주했다.(『분석론 전서』, 24b22~26) 그래서 아리스토텔레스는 『분석론 전서』에서 다른 여러 삼단논식들을 환위, 귀류법(reductio ad impossibile), 치환(ekthesis)을 통해 제1격의 각 식으로 환원(anagesthai) 또는 완전화(teleiosthai)해서 그 타당성을 증명하려 하였다. 이런 점에서 아리스토텔레스는 제1격에 논리적 의미를 부여했고, 제1격에 기반을 둔 체계에 특별한 의미를 부여하였다.

가령 환위를 통해 제1격으로 환원하려 하는 경우는 이런 것이다. 제2격의 eae명제로 이루어진 삼단논법은 BeA, BaC⊢AeC이다. 이를 제1격(AeB,BaC⊢AeC)으로 환원하기 위해서는 제2격의 BeA를 AeB로 환위하면 된다. 이렇게 되면 아래에서 보는 바와 같이 매명사의 위치가 바뀌게 된다. 왜냐하면 AeB는 BeA를 함의하기 때문이다. 즉, '모든 A

가 B가 아니라는 것'은 '모든 B가 A가 아니라는 것'과 논리적 동치이다.

> 제2격　어떤 곤충도 8개의 **다리를 가지고 있지 않다**(e).
> 　　　　모든 거미는 8개의 **다리를 가지고 있다**(a).
> 　　　　어떤 거미도 곤충이 아니다(e).
> 　　　　　　　　　　↓
> 제1격　**8개의 다리를 가진**(M) 어떤 것도 곤충이 아니다(e; 환위).
> 　　　　모든 거미는 **8개의 다리를 가지고**(M) 있다(a).
> 　　　　어떤 거미도 곤충이 아니다(e).

이 밖에도 'AaB면, BiA이다'와 'AiB면, BiA이다'와 같은 환위 규칙이 추가될 수 있다. 앞의 것은 이를테면 '모든 사람이 동물이라면, 어떤 동물은 사람이다'를 말하는 것이고, 뒤의 것은 '몇몇의 A가 B라면, 몇몇의 B는 A이다'를 말하는 것이다. 이것은 앞서 보았던 aeio 간의 대당 관계표에서의 그 논리적 관계를 통해 파악할 수 있는 것이었다.

6 논증 이론과 앎: 학문 탐구 방법

『분석론 후서』의 논의 주제는 논증(아포데잌시스, apodeixis)에 관한 이론이다. 논증은 '일종의 연역'(syllogismos tis)으로 지식을 획득하는 데 있어 쉴로기스모스의 사용과 관련되어 있다.

> 쉴로기스모스(추론)가 아포데잌시스보다 더 보편적이기 때문에, 쉴로기스모스는 아포데잌시스에 앞서 논의되어야만 한다. 왜냐하면 아포데잌시스는 일종의 쉴로기스모스이지만, 모든 쉴로기스모스가 아포데잌시스는 아니기 때문이다.(『분석론 전서』, 25b28)

앞서 살펴본 대로 아리스토텔레스는 쉴로기스모스를 정의하면서 추론의 형식적 올바름과, 구체적인 사실에 적용되었을 때 전제들로부터 결론이 필연적으로(형식적으로, 논리적으로) 따라 나오고 각 전제들이 주장되기 때문에 결론 역시 주장되는 아포데잌시스를 구별한다. 그러니까 우리가 전제들에 대한 지식을 가지고 있기만 하면 **필연적으로** 그 결론에 대한 '앎'도 소유하고 있는 셈이다. 쉴로기스모스가 가지는 형식적 추론의 올바름을 유지하면서 그것을 인식론적, 학문적으로 적용하는 것을 '아포데잌시스'라 할 수 있다. 이런 의미에서 논증(아포데잌시스)은 '학문 방법에 대한 이론'이라고 할 수 있다. 그는 논증의 출발점인 '제1원리'(archē)를 공리, 정의, 가설 세 가지로 나눈다. 공리는 증명 없이 받아들여지는 것으로서, 이를테면 배중률, 모순률 등이 그와 같은 것이다. 정의는 한 명사(名辭)의 의미를 말하는 것이다. 가설은 존재하는 것에 관한 가정이다. 이를테면 기하학에서 우리는 점과 선이 존재한다고 가정한다.

『분석론 후서』 첫머리에서 아리스토텔레스는 "모든 지적 유형의 가르침과 배움은 앞서 존재하는 앎(gnōsis)으로부터 온다"라고 말하고 있다. 이 표현은 그의 논증 이론이 증명할 수 없는 원리들(anapodeikta)에 기반을 두고 있음을 뜻한다. 그는 전제가 되는 원리들은 증명을 통해 찾아질 수 없다고 주장한다. 논증이 목표하는 바는 학문적 지식의 성취이다. 아리스토텔레스는 무언가에 대한 이해(학문적 지식, epistasthai)를 성취하기 위한 두 가지 필요충분조건을 제시한다. 이는 지식(앎)에 대한 규정이라고 할 수 있다.

우리는 다음과 같은 조건이 충족될 때, …… 단적으로 무언가에 대한 **이해**(epistasthai)를 가지고 있다고 생각한다. 즉, (1) 그것 때문에 그 사실(사안, prāgma)이 있고, 그것이 그 사실의 이유(원인, 설명, aitia)라는 것을 알고(gignōskein) 있다고 믿는 경우, 또한 (2) 그것이 있는 바대로의 그것과 달리 있을 수 없음을 알고 있다고 믿는 경우.

······ 그러므로 무언가에 대해 단적으로 **이해**(지식, epistēmē)가 있다면, 그것은 있는 바와 달리 있을 수 있음이 불가능한 것이다.(『분석론 후서』, 71b9~16)

이를테면 기하학자는 '삼각형의 내각의 합은 두 직각'이라는 사실에 대한 이해를 소유하며, 그렇게 됨으로써 기하학은 하나의 학문으로 자리매김되는 것이다. '이해'한다는 것은 'epistēmē의 소유'를 의미한다. 즉, '학문적 지식의 소유'라 할 수 있다. 이 인용 대목은 어떤 한 사람이 X에 대한 이해(학문적 지식)를 소유하는 두 조건을 제시한다.

(1) 갑은 X에 대한 원인(aitia)을 알고 있다.
(2) 갑은 X가 있는 바대로의 그것과 달리 있을 수 없다는 것을 안다. 즉, X는 필연적으로 참이다.

그렇다면 이러한 학문적 지식을 성취하는 방법은 무엇인가. 학문적 지식은 특별한 종류의 앎이다. 무언가를 학적으로 알고 있다는 것은 '왜 그것이 사실상 그러해야만 했는지, 또 달리 있을 수 없는지' 하는 이유와 까닭(aitia)을 아는 것이다. 그러면서 아리스토텔레스는 학문적 지식은 논증(apodeixis)을 통해 인식된다고 지적한다. 이 논증이 바로 학문적 연역(sullogismos epistēmonikos)이다. 즉, '모든 동물이 위를 가지고 있다'는 것이 주어지면, 우리는 '왜' 그것이 그러한지 '알고자' 한다. '모든 동물은 외부로부터 음식을 섭취한다. 그러므로 음식을 받아들이고 소화하는 내부 기관이 필요하다. 이것이 바로 위이다.' 모든 동물이 위를 가지고 있는 '이유'는 '외부에서 음식을 섭취하고, 그것을 소화하기 위한 필요하다'는 것이다. 아리스토텔레스가 말하는 aitia(이유)는 근대적·과학적 의미의 인과율(causation)에서 보이는 원인-결과 관계가 아니라는 점을 주목해야 한다. 근대적 의미의 인과법칙에는 일정한 원인으로부터는 반드시 일정한 결과가 따라 나오는 자연의 법칙이 작동한다. '기온이 영하로 내려갔다면, 우리는 물이 얼었다'는 것을 예측할 수 있다. 그러나 아리스토텔레스의 경우에 이유 내지 원인은 그렇지 않다. 다음과 같은 예들에서 아리스토텔레스적 의미의 'aitia'의 의미를 잘 파악할 수 있다.

예1) 동상이 청동으로 되어 있다는 사실은 이 조상이 무겁다는 사실의 **원인**이다.

예2) 달이 태양과 지구 사이의 중간에 있다는 사실은 달이 식을 겪는 사실의 **원인**이다.

예3) 건강을 유지함은 식후에 산보한다거나 다이어트 활동을 하는 **원인**이다.

예4) 현이 2:1 비율로 나누어진다는 사실은 그 현이 옥타브를 만드는 사실의 **원인**이다.

요컨대 아리스토텔레스의 원인에 대한 기본적 생각은, '결과의 원인(aitia)이 그 결과가 왜 일어나는가 하는 물음에 답할 수 있는 사실'이라는 것이다. 이런 사유의 관점에서 아리스토텔레스는 why-question에 답할 수 있는 형상인, 질료인, 운동인, 목적인이라는 이른바 4원인설을 내세웠던 것이다.[6]

위에서 설명한 학문적 연역을 통해 앞서 규정한 학문적 지식을 소유하는 두 조건이 만족된다. 즉, **논증은 그 결론의 필연적 참을 수반하는 연역이고, 그 결론에 대한 이유를 알게 하는 것이다.** 다시 말해 학문적 연역인 학문적 설명은 그 결론이 여러 전제들에 의해 설명되는 형식을 취하고, 이 전제들로부터 결론이 논리적으로 혹은 필연적으로 따라 나오는 형식이다. 이것은 현대의 연역 규범적 설명(deductive-nomological explanation) 방식과 유사하다. 이 방식에 따르면 원인, 적절한 인과법

---

6) 4원인설에 대해서는 이 책의 아리스토텔레스의 자연학을 논하는 장에서 설명될 것이다.

칙, 최초의 조건들의 결부된 진술들이 그 결론을 수반해야 한다는 것이다.

아리스토텔레스의 논증은 이렇게 형식화 될 수 있다. ⟨{α_1, α_2, ···, α_n}, σ⟩. 여기서 σ는 결론이고, α_1, α_2, ···, α_n은 전제들을 가리킨다. 이러한 형식화는 '논증'이 연역임을 보여주며, 그것을 소유한 누군가가 전제들에 의해 그 결론을 아는 경우, 오직 그 경우에만(if and only if) '논증'이 된다는 것을 보여준다. 전제들인 $\alpha_{1\sim n}$은 어떤 조건을 만족시켜야만 한다. 그 전제들이 어떤 조건을 만족시킨다면, 이 연역은 인식론적 요구에 대처할 수 있게 된다. 이런 측면에서 아리스토텔레스적 '논증'은 하나의 증명(proof)이라고 할 수 있다.

아리스토텔레스는 다음과 같이 논증이 성립될 수 있는 전제, 즉 제1원리(아르카이)의 조건을 명확하게 규정한다.

> 우리가 생각한 바와 같이 지식이라는 것[이해, 즉 무언가를 알고 (이해하고) 있다는 것]이 이와 같다면, 논증적인 학문적 지식은 (1) 참되고, (2) 1차적이고[원초적이고], (3) 직접적이고(amesōn), (4) 그 결론보다 더 잘 알려져 있는 것이고, (5) 그 결론에 선행하는 것이고, (6) 그 결론에 대하여 설명적이어야 하는[그 결론에 대한 까닭을 제시하는] 것들로부터 이루어져야만 한다.(『분석론 후서』, 71b20~ 22)

이 구절은 논증을 구성하는 전제들에 대한 여섯 가지 요구 사항을 제시하고 있다. 그는 추론의 전제가 되는 모든 명제들은 자명한 것 (self-evident truth)으로서 증명을 요구하지 않는다고 말한다. 또한 '학문적 연역'을 통해서 증명되는 것이 아니다. 왜냐하면 이러한 '원초적이고, 증명 불가능한 참' 없이는 그것을 증명하기 위해 우리는 무한 소급이나 악순환(vicious circle)에 빠지게 되고, 따라서 지식의 진보는 불가능해지기 때문이다.

제1원리에서 (1)~(3)은 그 자체로 정당성을 지니는 학문의 원리에 대한 특성을 말하는 것이고, (4)~(6)은 제1원리들과 그 결론의 관계에 대하여 언급하는 것이다. (2)와 (3)만이 사실상 제1원리들에 적용된다. (1)은 학에 관련되는 모든 명제에 적용되어야 한다.(71b25~26) (4)~(6)은 결론을 이끌어내기 위해 사용되는 이미 증명된 명제를 포함하는 논증에서 전제들로 사용되는 명제들에 적용되는 조건들이다. 요컨대 이러한 조건을 만족시키는 명제(전제, protasis)를 결론 σ에 대한 '제1원리'(archē)라고 부른다. 따라서 논증의 전제들은 원리들이거나 원리들로부터 증명된 명제들이다. 논증의 전제들이 이러한 조건을 만족시키지 못한다면 그것을 '학문적 논증'이라고 부를 수 없다.

7 '논증'의 구체적 사례

행성이 지구와 너무 가까이 있기 때문에 반짝거리지 않는다고 가정하자. 다음과 같은 논증은 참인 전제를 갖는 형식적으로 타당한 추론일 수 있다.

1. 행성들은 반짝거리지 않는다.
2. 반짝거리지 않는 모든 천체들은 가까이 있다.
3. 그러므로 행성들은 가까이 있다.

이 논증은 건전함(soundness)에도 불구하고 학문적 논증이라고 할 수 없다. 결론인 3이 전제 1과 2에 의해 설명되고 있지 않기 때문이다. 행성들의 반짝거리지 않음이 왜 그 행성들이 가까이 있는지를 설명하지 못한다. 따라서 이 논증은 전제들이 결론의 이유를 설명하고 있지 못하므로 '학문적 논증'이 아니다. 하지만 다음의 논증은 결론이 전제들에 의해 설명된다.

1. 행성들은 가까이 있다.
2. 가까이 있는 모든 천체들은 반짝거리지 않는다.
3. 그러므로 행성들은 반짝거리지 않는다.

다음의 예는 월식의 실제적인 원인(까닭)을 설명하는 '논증'의 예이다.

1. 태양으로부터 나온 빛을 내는 어떤 물체가 지구의 간섭으로 그 빛을 잃었다.
2. 태양으로부터 나온 빛을 내는 달이 차단되었다.
3. 그러므로 달은 그 빛을 잃었다.

만일 어떤 사람이 X에 대한 논증을 가지고 있다면, 그는 X를 이해하는 것이기 때문에, 또한 X에 대한 설명, 즉 그 이유와 그 근거를 아는 것이다. 이는 무언가에 대한 까닭을 안다는 것은 그것에 대한 학문적 지식을 소유하기 위한 하나의 필요조건임을 의미한다. 즉, X에 대한 논증을 갖기 위해 필요한 지식이 그것으로부터 X가 연역될 수 있는 원리들에 대한 지식이라고 한다면, 그 원리는 X에 대한 이유(설명)를 포함해야만 한다는 것을 의미한다. 논증은 하나의 설명이고, 그 원리는 그 결론에 대한 근본적인 까닭을 보여주는 것이다.

앞서 언급한 여섯 가지 원리의 조건들은 서로 함의적이고, 서로 간에 어떤 논리적 관계를 맺고 있다. 직접성은 원초성을 수반하고, 원초성은 참임을 수반한다. 친숙성과 우선성은 동치이고, 설명을 수반한다. 나아가 설명은 참을 수반한다고 할 수 있을 것이다. 아리스토텔레스적 제1원리들을 '자명한 것'으로 해석해서는 안 된다. 학문의 공리들은 자명해야만 한다는 나중에 생겨난 고정관념은 전혀 아리스토텔레스적이지 않다. 단적으로 알 수 있는 것과 본성적인 것을 인식하는 전문가는 태어나는 것이 아니라 만들어지는 것이다. 이런 측면에서 학의 제1원리들은 우리와의 관계 속에서, 우리의 경험 세계에서 끊임없이 찾아지고 탐구되어야 한다. 학문에 대한 탐구는, 우리의 경험 안에서 우리가 그 원리들을 파악하고 있으며 이미 그 원리들을 사용하고 있다는 점을 드러낸다.

8 제1원리(아르카이)에 대한 앎을 획득하는 방법

그렇다면 어떻게 제1원리에 대한 지식을 획득하는가? 아리스토텔레스는 『분석론 후서』 어느 곳에서도 이 의문을 해결하고자 하는 진지한 노력을 기울이고 있지 않다. 이 논구는 우리의 기대와는 달리 논증 학문의 본질과 기본적 원리들로부터 그 결론이 이끌어내지는 논증 체계로서의 지식의 문제만 다루고 있을 뿐이다. 따라서 우리의 의문은 어떻게 원리들을 식별하고 발견할 수 있는가이다. 사실상 아리스토텔레스는 가끔 과학자는 원리들을 가정하거나, 그것들을 놓거나, 미리 그것들을 인식해야만 한다고 말한다.

아리스토텔레스는 논증 작업이 하나의 증명을 하는 작업이기에 그 자체 안에서 정합성과 일관성을 추구하는 과정에서 그 원리들의 자명성이 드러난다고 주장하는 듯 보이기도 한다. 가령, 기하학적인 논증은 기하학에 관련된 지식의 탐구에서 주어지기 마련이다. 『분석론 후서』 상권 제12장에는, 어떻게 그 원리들이 인식되는지를 묻지 않고, 적절한 방식으로 기하학에 관련된 참인 지식을 알 수 있다는 정도로 그치고 있다. 이러한 그의 생각은 논증 학문이 이루어지는 맥락을 중요시하는 그의 기본적 관점에 터 잡고 있다 하겠다.

아리스토텔레스는 『분석론 후서』 말미에 이르러(하권 제19장) 돌연히 보편적 지식을 파악하는 정신의 준(準)신비적 능력인 '누우스'(nous)라는 개념을 도입하면서 그 방법을 설명하고 있다. 또한 하권 제19장에서는 제1원리에 대한 지식을 획득하는 방법으로 귀납

(epagōgē)이 제시되고 있다. 아리스토텔레스가 말하는 '귀납'은 단순히 개별적인 사실들로부터 보편적인 것을 추론하는 데 그치는 것이 아니다. 보편적인 것은 개별적 사실들을 분류하기 위해 그리고 귀납의 과정을 확립하기 위해 이미 전제되어 있어야만 하는 것이다. 이런 관점에서 연역과 귀납은 보편적인 원리를 찾는 데에서 서로 보족적인 역할을 수행한다고 할 수 있다. 여기서는 그의 저작들 여기저기에서 내놓고 있는 원리를 찾는 절차와 방법을 간략히 제시하여 정리하겠다.

첫째, 아리스토텔레스가 가장 명시적으로 지적하는 원리에 대한 지식을 획득하는 절차는 귀납이다. 우리는 모든 것을 연역에 의해서 혹은 귀납으로부터 받아들이고 또 믿는다. "귀납 혹은 귀납으로부터의 추론은 대명사를 통해 소명사가 매명사와 (어떤 방식으로 관계 맺는다는 것을) 추론하는 것이다."(『분석론 전서』, 68b13~15) 모든 가르침은 이미 알려진 것들로부터 시작한다. 배움은 때로는 귀납을 통해, 때로는 연역적 추론을 통해 이루어진다. 귀납을 통하지 않고는 보편적인 것을 고려할 수 없다.(『분석론 후서』, 81a39~b2) 귀납은 보편적인 것의 원리이며, 연역적 추론은 보편적인 것들로부터 출발한다. 연역적 추론은 원리들로부터 출발하지만 이 원리들에 대한 연역적 추론(즉, 논증)은 없다. 따라서 보편자로부터 출발하는 연역의 원리들은 귀납에 의해 획득되는 것이다.(『니코마코스 윤리학』, 제6권 제3장) 귀납은 개별자의 예시를 통하여 보편자를 드러낸다.(『변증론』, 105a13) 그런데 학적 제1원리와 결론은 보편자여야 한다. 또한 원리로부터의 연역을 통해 결론에 도달하기 마련이다. 그래서 아리스토텔레스는 귀납에 의하여 원리에 대한 지식을 배운다고 주장하는 것이다. 즉, 이것(tode)으로부터 이러한 것(toionde)으로의 이행 과정에서 보편자가 획득된다는 것이다.

둘째, 귀납과 관련하여 등장하는 문제인데, 아리스토텔레스에게서 원리에 대한 지식의 파악에는 경험적인 요소가 깊이 개입하고 있다는 점이다. 아무것도 지각하지 못한다면 아무것도 인식하지 못한다는 것은 아리스토텔레스의 지식 이론에 터 잡혀 있는 가장 기초적 주장이다. "이런 이유 때문에 만일 우리가 아무것도 지각하지 못한다면, 그 어떤 것도 배우거나 이해하지 못할 것이다. 우리가 생각할 때마다 동시에 표상된 것(phantasma)을 생각해야만 한다. 왜냐하면 표상은 질료가 없다는 점을 제외하고는 감각적 내용(aisthēmata)과 꼭 동일한 것이기 때문이다." 다음과 같은 대목들도 이에 관련되고 있다. "경험은 기억으로부터 생겨난다. 왜냐하면 동일한 것에 대한 여러 기억들은 단일한 경험에 대한 능력 가운데에서 초래되기 때문이다." "경험은 동일한 것에 대한 기억으로부터 생겨난다. 왜냐하면 여러 기억들은 단일한 경험을 구성하기 때문이다."(『분석론 후서』, 100a4~6) 인식에서 지각과 관련된 귀납의 중요성을 언급하는 예를 보자.

> 이러한 것이 이론적(개념적)으로 파악되고, 벌들의 행태에 관한 사실인 것으로 믿어지는 것으로부터 파악될 때, 벌의 발생에 관해서도 참인 듯이 보인다. 그러나 그 사실들은 아직 충분히 파악되고 있지 못하다. 만일 그것들이 파악된다면, 이론보다는 감각에 신뢰가 두어져야만 한다. 이론들이 현상(관찰된 사실)과 일치하는 것이 드러날 경우에만, 이론에 신뢰를 두어야 한다.(『동물생성론』, 760b27~34)

셋째, 철학적 방법으로서의 변증술을 고찰하게 되는 대목을 보면, 그 학적 기능과 역할에서 '원리들'에 대한 지식을 획득하는 방법과 절차가 규정되고 있다.(『변증론』, 제1권 제2장, 101a36~b4)

넷째, 『영혼론』에서 보편자를 파악하는 과정을 기술하는 대목을 보면, 거기서 우리는 적절한 지각 대상과 보편자를 연결하는 방법을 규명해볼 수 있다. 그래서 아리스토텔레스는 『영혼론』 제3권 제8장에서 "지성의 대상은 감각적 형상들 안에 있다"라고 말하며, 제3권 제4장에서는 "(인식하고 이해하는 영혼의 그 부분은) 그 형상을 수용해야만 한다. …… 감각의 기능이 감각적 대상인 것처럼, 지성의 기능은 지성적 대상과 관련 맺고 있어야만 한다"라고 언급하고 있다.

다섯째, 아리스토텔레스가 『분석론 후서』 하권 제19장에서 원리에 대한 지식을 획득하는 방법으로 제시하고 있는 우리 기능의 최고의 것인 누스에 의한 방법이다. 이 주장은 그 밖의 다른 저작(『니코마코스 윤리학』, 제6권 제3~4장)에서도 발견된다. 일반적으로 누스는 제1원리에 대한 '파악'(comprehension)으로서의 기능을 수행하는 '직관', '직관적 이성'으로 옮겨진다. 누스 혹은 noēsis는 호메로스로부터 '감각 작용을 통한 갑작스러운 봄(파악)'을 의미한다. 아리스토텔레스에게서 누스는 인간의 최고 능력으로서, 여럿을 통해서 하나를 봄으로써 개별자를 통해 보편자를 끄집어낼 수 있는 사유 작용을 하는 것이다. 하지만 경험 세계를 넘어서는 인간의 초월적인 관점에서 누스를 이해하는 것은 경험주의적 생각과 대립되는 합리주의적 요소를 강조하는 해석일 것이다. 그렇지만 아리스토텔레스에게서 누스는 우리의 구체적인 철학적 방법 내에서 사용되는 '원리에 대한 이해', '앎의 방법의 획득'쯤으로, 다시 말해 인간에게 주어진 현상적인 관점에서 개념적인 것으로 접근해가는 방향으로 이해되고 해석될 수 있다.

9 변증술의 학문 방법적 위상: 엔독사란 무엇인가

변증술(dialektikē)은 실제적이고 실천적인 탐구의 중요한 도구가 될 수 있다. 특히 아리스토텔레스의 실천적인 분야와 경험적 탐구에 적용될 수 있는 학문 방법의 도구라 할 수 있다. 변증술적 탐구 방법은 학적 탐구에서 잠정적이고 단계적인 절차를 밟는 접근 방법을 취한다. 그 방법과 절차는 우선, 다루어질 문제에 관한 다양한 견해와 정보를 수집하여 그 문제를 적절하게 형식화하여 진술한 다음, 그 진술들이 문제의 핵심을 온전하게 드러내는 질문으로 정립되고 있는가를 검토하고, 이어서 그 논쟁점에 관해 체계적으로 분석한다. 이를 실천하기 위해 아리스토텔레스는 여러 가지 방식으로 문제를 제기하고, 그것에 따라 자신의 원래의 사유 방향에 부적합한 것들은 폐기하고 새롭게 문제를 정립해 나가는 길을 찾는다. 이러한 과정에서는 일관적인 탐구의 태도가 고스란히 드러나지는 않는다. 따라서 그의 철학적 체계는 독단적이지 않으며, 진리 탐구의 모험적 과정을 보여주고 있다.

아리스토텔레스는 논제를 구성할 때 다루고자 하는 문제들에 대한 선행하는 많은 학자들의 견해와 다른 사람들의 견해를 수용함으로써 학적 탐구의 출발점으로 삼는다. "우리는 모든 사람에게 그렇게 보이는 것이 실제로도 그렇다고 주장한다. 이 확신을 부인하는 사람들은 더 확신할 만한 것을 거의 이야기하지 못할 것이다."(『니코마코스 윤리학』, 1173a1~3) 이러한 변증술적인 절차와 방법을 토대로 비학문적인 요소들은 남김없이 제거된다. 그렇게 되어 "만일 어떤 물음에 관해 그 난제(아포리아)들이 풀리면서 통념들이 살아남게 된다면, 그 자체로 충분한 증명이 되는 것이다."(『니코마코스 윤리학』, 1145b2~7) 이렇듯, 아리스토텔레스는 철학의 목표를 독단적인 문제의 해결이 아니라, 문제 자체의 명료화와 문제 자체들이 담고 있는 난점(아포리아)을 분명하게 드러내는 일에 두었다.

이러한 변증술적 방법과 절차를 요약 정리하자면, 이렇게 말할 수 있다. 아리스토텔레스는 어떤 문제를 논의하는 경우에 그 문제에 대해 앞선 철학자들이 내세운 의견을 출발점으로 제시하고, 그 속에 깔려 있는 난점을 지적하면서 자신의 생각을 개진해 나가는 방법을 택한다. 이 의견이 '엔독사'(endoxa)로서 누구나에게 받아들여지는 통념인 셈이다. 또한 아리스토텔레스는 그가 반대하는 철학적 견해로부터도 참인 것을 발견하려 시도하기도 한다. 이런 태도는 아리스토텔레스가 얼마나 실용적이고 지식에 상식적으로 접근하는지 보여주는 표지이기도 하다.

변증술의 목적을 아리스토텔레스는 『변증론(토피카)』 도입부에서 다음과 같이 규정하고 있다.

이 논고의 목적은 우리에게 제기되는 온갖 문제에 대해 통념으로 부터 추론할 수 있는 방법과 우리 자신이 하나의 논의를 유지하려 는 경우에 모순되는 그 어떤 것도 말하지 않는 방법을 발견하는 것이 다.(100a18~21)

변증술의 학문적 방법은 특정한 전문적 지식에 관한 것이 아니라, 인간이면 누구나 알아야 하는 모든 문제들에 개입한다. 변증술은 질문 과 답변을 통한 진리 추구의 방법이다. 변증술은 '통념(엔독사)으로부 터 추론하는 방법'과 '모순을 범하지 않고 논의를 유지하는 방법'이라 는 이중의 학적 기능과 역할을 요구한다. 전자는 질문자의 역할이고, 후자는 답변자의 역할이다. 따라서 질문자는 주어진 문제에 관해 엔독 사인 전제로부터 추론을 구성할 수 있는 능력을 가지고 있어야만 하고, 답변자는 제기된 논의에서 논리적 오류를 식별할 수 있는 능력을 가지 고 있어야만 한다.

변증술의 논의에서 'P인가 P가 아닌가?'라는 문제가 주어지면, 답 변자는 자신이 옹호하고자 하는 어느 한쪽을 선택한다(P). 그러면 질 문자는 엔독사인 전제들로부터 변증술적 추론을 구성해내고, 답변자 의 주장과 반대되는 견해(not-P)를 증명한다. 변증술의 전제들은 질문 자 자신에 의해서 규정되는 것이 아니다. 그 전제들은 답변자의 대답으 로부터 구성된다. 질문자는 질문의 형식으로 확보되기를 바라는 전제 를 내놓아야 한다. 질문의 형식만이 답변자로 하여금 '예', '아니오'라는 답변을 만들어내기 때문이다. 그래서 질문자는 '인간의 유(類)는 무엇 인가?'라고 묻지 않고, '동물은 인간의 유인가, 아닌가?'라고 물어야 한 다. 답변자의 역할은 전제를 승인하든 거부하든 간에 모순을 범하지 않 은 채로 질문자의 엔독사로부터의 논변에 따라 적절히 응대해가는 것 이다.

학적 추론 형식인 논증과 달리 변증술은 대부분의 사람에게 받아 들여지는 통념(엔독사)으로부터 출발하는 추론 형식이다.(100a29~30)

아리스토텔레스는 엔독사를 다음과 같이 규정한다.

> 모든 사람에게 혹은 대다수의 사람에게 혹은 지혜로운 사람들에게,
> 요컨대 그들 모두에게 혹은 그 대다수에게 혹은 가장 유명하다고 평
> 판이 나 있는 사람들에게 그러하다고 받아들여질 수 있는 것들이 **통
> 념**이다.(100b21~23)

아리스토텔레스는 두 가지 방식의 변증술적 추론을 언급하고 있
다. 하나는 그 추론의 출발점이 다른 사람에게 질문을 던짐으로써 이루
어지는 것이고, 또 다른 변증술적 추론의 경우에는 통념, 즉 엔독사가
추론의 출발점으로서 채택되는 방식이다. 변증술적 논변의 학적인 역
할과 기능에 관해 아리스토텔레스는『변증론』제1권 제2장에서 변증술
의 세 가지 목적에 관해 "지적 훈련에 대해서, 우연히 만난 다른 사람
과의 토론에 대해서, 철학적 앎(학문)에 대해서 유용하다"라고 말하고
있다. 거기에서 언급된 사항을 요약해서 정리하자면 다음과 같다.

첫째, 변증술은 일종의 철학적 훈련이다. 훈련의 기술은 주어진
주제에 관한 상이한 입장들에 어떻게 대처할 수 있을지를 우리에게 보
이는 것이며, 또한 다른 사람의 논변이 잘못된 방향으로 나아갈 수 있
는 길을 보여준다. 변증술적인 추론은 논증 이론과 달리 잠정적 시도이
다. 이를 통해 어떤 논변에 내포된 난점을 드러내고, 그것을 해소할 수
있게 된다. 변증술 훈련은 주어진 어떤 주제에 관하여 보다 잘 논의할
수 있도록 우리를 적합하게 만들어주는 기능을 수행한다.

둘째, 변증술은 대화로서의 기능을 수행한다. 변증술의 방법 중
하나는 질문과 답변으로 이루어진다. 물음과 답변을 통한 변증술적 전
개 방식은 플라톤에게서 극명하게 드러나듯이 진리 추구의 방식이었
다. 당시 아테네에서는 특정한 사람들만이 학문 활동에 참여한 것이 아
니라, 여러 계층의 사람들이 공동체를 이루며 그 속에서 학문적 관심을
표명했다. 그래서 공동체 속에서의 삶과 진리의 추구는 명확하게 구분

되지 않았다. 삶의 현장이 진리 추구의 현장이기도 하였다. 따라서 다양한 진리를 향한 주장들은 서로 상반되는 입장을 취하지 않을 수 없었다.

그렇기 때문에 다른 사람의 믿음이 아니라 자신의 근거에 따르는, 아직 검증받지 못한 자신의 전제로부터 논변을 전개하는 사람들에게 변증술적 방법의 도움을 받아 대처할 수 있어야만 한다. 만일 그 논변이 불건전하다면, 그들에게 그것을 보여주어야만 한다. 즉, 많은 사람들에 의하여 받아들여진 견해들을 검토하고 수정함으로써 올바른 방향으로 나아갈 수 있게끔 해야만 한다. 올바른 방향이 어떤 것인지를 보이고, 나아가 상대방에게 그것이 올바른 방향이라는 것을 어떻게 인식시킬 수 있는지를 알 수 있게 하는 것이다.

셋째, 변증술은 학문과 직접적 관련성을 맺고 있다. 변증술이 철학적인 여러 앎에 대해서 유용한 이유는, 어떤 문제의 양 측면을 보고 난점을 제기할 수 있다면 세세한 점에서 참과 거짓을 보다 용이하게 식별해낼 수 있을 것이기 때문이다. 변증술의 본질이 긍정적으로 학적 지식의 축적에 기여할 수 없다고 해도, 변증술은 철학과 학문에 대한 유용한 보조물일 수 있다. 다루어지는 어떤 주제에 관련된 양 측면으로의 난점들(aporia)을 파악할 수 있게 한다는 것은 거짓으로부터 참으로의 이행을 보다 더 용이하게 해준다. '아포리아를 해소한다는 것은 철학적 문제에 대한 해법의 발견이고, 나중에 가서 아포리아를 해소한다는 것은 애초의 아포리아를 해소하는 것'이기도 하다. 또한 변증술은 학의 제1원리의 발견에도 모종의 관계를 가지고 있다. 제1원리에 대한 지식은 논증 이론 자체에 의해 확보될 수 없기 때문이다. 사실상 논증은 그것들을 전제하고 있다. 그래서 아리스토텔레스는 "변증술의 탐구적(검토적) 능력은 모든 방법(모든 앎의 영역, 학문)의 원리들을 향해 나아가는 길을 가진다"(『변증론』, 101b3~4)라고 말하고 있다. 바로 이 점에서 변증술이 논증의 방법과 특별한 연관성을 맺는다.

아리스토텔레스의 철학적 방법론인 변증술은 개별 학문들이 자리매김할 수 있는 공통의 토대를 확립하는 계기를 마련해준다. 오늘날에도 학제 간의 '통합적 이해'를 많이 논의하는데, 아리스토텔레스는 이미 학문 간의 통합적 이해를 전제하고 자신의 연구를 진행했다. 그는 모든 학문의 토대에 적용될 수 있는, 공통의 주제에 적합한 **공통 방법론**'을 추구하고자 했다. 만일 우리가 이와 같은 공통 방법론을 발견할 수 있다면 학문이 요구하는 진리 추구의 길에 손쉽게 접어들 수 있을 것이다. 아리스토텔레스는 원칙적으로 학문의 세계가 인간의 세계와 다른 세계라고 보지 않는다. 그래서 그는 이 세계 너머의 다른 길을 찾지도 않았고, 언제나 인간을 둘러싸고 있는 현실적 삶의 세계로부터 기꺼이 철학의 문제를 찾아 나섰던 것이다.

10 마무리

논리학사의 발전 과정을 보면, 아리스토텔레스 이후에 술어 논리를 넘어서는 명제논리학의 선구자적 업적은 헬레니즘 시기의 스토아 논리학에 이르러서야 비로소 발전되었다. 스토아의 논리학은 현대의 프레게(Gottlob Frege)의 의미와 지시체(Sinn und Bedeutung)의 구분에 버금가는 lekta(things said or sayable, 말해진 것 혹은 말할 수 있는 것) 이론에 기초해서 표지와 의미를 구분하는 철학적 기여를 했다. 스토아의 논리학은 '말해진 것들'인 lekta, 즉 주장될 수 있는 것인 명제들 (axiōmata)에 집중되었다. 바로 이 명제들이 스토아 논리학에서는 기본단위들이었다. 이것이 또한 일차적인 진리 담지자 노릇을 했다. 스토아의 명제논리학이 주목받게 된 것은 20세기에 들어서였다.

■참고 문헌

아리스토텔레스, 『변증론(토피카)』, 김재홍 옮김, 도서출판 길, 2008.
_____, 『소피스트적 논박』, 김재홍 옮김, 한길사, 2007.
이태수, 「고대 논리학사」, 『논리 연구』(김준섭 외 지음), 문학과지성사, 1985.
윌리엄 닐 & 마사 닐, 『논리학의 역사』, 박우석 외 옮김, 한길사, 2015.
W. D. 로스, 『아리스토텔레스』, 김진성 옮김, 누멘, 2011.

Berti, E.(ed. 1981), "Aristotle on Science The 'Posterior Analytics'",
    Proceedings of the eight symposium Aristotelicum held in Padua
    from september 7 to 15, 1978.
Frede, M., *Essays in Ancient Philosophy*, Oxford, 1987.
Patzig, G., *Aristotle's Theory of the Syllogism*, tr. by J. Barnes
    Humanities Press, 1968 [*Die Aristotelische Syllogistik*, Göttingen,
    1959 (3. Auf., 1969)].
Ross, W. D., *Aristotle's Prior and Posterior Analytics*, Oxford, 1949.
Smiley, T. J., "What is a Syllogism?," *Jr. of Philosophical Logic 2*, 1972.

제3장 아리스토텔레스의 형이상학

조대호

1 '형이상학'과 『형이상학』

　서양철학의 한 분야인 '형이상학'(Metaphysica)이라는 이름은 아리스토텔레스의 저술 『형이상학』에서 비롯되었다. 하지만 아리스토텔레스 자신은 '형이상학'이라는 말을 쓴 적도, 그런 이름의 저술을 남긴 적도 없다. 『형이상학』은 기원전 1세기에 활동했던 로도스의 안드로니코스(Andronikos v. Rhodos)가 편집한 책이다. 당시 아리스토텔레스를 따르는 페리파토스 학파의 수장으로 로마에 머물던 안드로니코스는 '아리스토텔레스 전집'(Corpus Aristotelicum)을 편찬하는 과정에서 어떤 저술에도 속하지 않는 한 무리의 글을 함께 묶어 편집한 뒤 그것들을 '자연학 저술들'(ta physika) '뒤에'(meta) 두고 이를 '자연학에 대한 글들 뒤에 오는 것들'(Ta meta ta physika)이라고 불렀다고 한다.

　그러나 안드로니코스의 편집 작업이 아무 근거 없이 이루어진 일은 아니다. 왜냐하면 비록 아리스토텔레스가 그런 이름을 사용하지는

---

* 이 글은 이미 출판된 필자의 『형이상학』(나남, 2012)과 『아리스토텔레스의 형이상학』(문예출판사, 2004)의 내용을 이 책의 출판 의도에 맞게 다시 정리한 것이다. 내용의 중복에 대한 독자들의 양해를 구한다.

않지만, 그의 저술 여러 곳에는 그에 상응하는 학문에 대한 분명한 관념이 드러나 있기 때문이다. 다만 그 학문이 '형이상학'과 다른 이름으로 불릴 뿐이다. 아리스토텔레스는 『형이상학』 여러 곳에서 자신이 "지혜"(sophia)라는 이름에 걸맞은 최고의 앎을 찾고 있다고 말하면서, 그렇게 "탐구되는 학문"(zētoumēnē epistēmē)을 일컬어 "첫째 철학"(prōtē philosophia) 혹은 "신학"(theologia)이라고 부른다. 그렇다면 그런 이름들이 가리키는 것은 도대체 어떤 학문인가?

"탐구되는 학문"의 정체성을 확보하기 위해 아리스토텔레스는 자연물들을 다루는 "자연학"이나 수와 도형들을 다루는 "수학"을 비교 대상으로 끌어들이곤 한다. 이때 드러나는 "첫째 철학"의 성격은 양면적이다. 그것은 한편으로 운동하지 않고 따로 떨어져 있는 실체로서 '신'을 다루며, 그런 점에서 공간적으로 분리된 상태에서 운동하는 실체들을 다루는 자연학과도, 자연물들의 다른 측면은 모두 덜어내고 오직 수나 도형만을 다루는 추상적인 수학이나 기하학과도 다르다. 그렇다고 해서 아리스토텔레스가 "첫째 철학"을 단순히 개별적인 대상에 대한 분과 학문으로서의 "신학"과 동일시하는 것은 아니다. 그에게 "첫째 철학"은 신을 다루는 신학인 동시에 "있는 것인 한에서 있는 것"(on hēi on)을 다루는 존재론이기도 하다. 아리스토텔레스에 따르면 "첫째 철학"은 자연학이나 수학과 똑같이 '있는 것'을 다루기는 하지만, 다루는 관점을 달리한다. 수학이나 자연학이 있는 것을 각각 양적인 관점이나 운동과 변화의 관점에서 다루는 데 반해, 첫째 철학은 있는 것을 그런 제한된 관점이 아니라 오직 있음 자체의 측면에서 "무제한적으로" 다루며, 바로 여기에 첫째 철학의 고유성이 있다는 것이다.

첫째 철학의 대상을 가리키는 어구 "있는 것을 있는 것인 한에서"에 대해서는 더 설명이 필요하지만, 이 문제는 잠깐 제쳐두자. 중요한 것은, 아리스토텔레스에게 있는 것을 고찰하는 존재론과 신을 대상으로 삼는 신학은 서로 다른 두 학문이 아니라 하나의 학문, 즉 "첫째 철학"의 양면을 이룬다는 점이다. 쉽게 말하면 신은 있는 것들 모두의 원인이자 원리이기 때문에 있는 것 전체에 대한 이론적인 고찰은 신에 대한 논의를 필요로 하고, 거꾸로 신에 대한 논의는 그에 의존해서 있는 것 모두에 대한 고찰을 수반한다는 뜻이다. 그런 점을 들어 하이데거 (M. Heidegger)는 아리스토텔레스의 첫째 철학 혹은 형이상학을 일컬어 "존재-신학"(Onto-theologie)이라는 말을 쓰기도 한다.

안드로니코스가 편집한 『형이상학』은 이런 뜻에서 "첫째 철학"의 핵심이 되는 존재론적이고 신학적인 내용의 글들과, 그것들과 느슨하게 연결된 다채로운 내용의 글들로 이루어진 "한 권의 에세이 모음집"(J. Barnes)이다. 그 안에는 아리스토텔레스 이전 철학에 대한 서술과 비판(I)이 있는데, 특히 플라톤의 이데아론 및 피타고라스 학파와 아카데미아 학파의 수론에 대한 비판(XIII, XIV)이 철학사 비판의 큰 비중을 차지한다. 그런가 하면 독립된 글들, 예컨대 형이상학에서 다루는 "의문들"(aporiai)만을 소개한 일종의 문제집(III), 그리스 철학 전체의 주요 개념들에 대한 용어 사전(V), 『자연학』에서 발췌한 내용을 엮은 글(XI)도 거기에 포함되어 있다. 하지만 전체 논의의 큰 흐름을 이끄는 것은 배중률과 모순율 등 추론의 "공리들"에 대한 논의(IV), 첫째 철학의 성격에 대한 규명(VI), 그리고 무엇보다도 존재론과 신학의 사유가 담긴 논문들, 즉 『형이상학』의 제IV권, 제VII~IX권, 제XII권이다. 이런 맥락에서 보면 형이상학적 탐구는 '있는 것'의 의미 분석에서 시작해서 실체 범주에 대한 논의, 질료-형상설 및 4원인설에 의한 개별적 실체에 대한 분석, 그리고 가능태-현실태 이론을 거쳐 영원한 현실태로서의 신에 대한 사변적 신학으로 이어진다.

2 '있는 것'의 여러 가지 뜻과 '실체'

1) '있는 것'의 네 가지 뜻

도대체 '있는 것'은 무엇인가? 이 물음은 서양철학이 출현한 이래

철학자들의 갑론을박을 낳았던 질문들 가운데 하나다. 얼핏 보면 있는 것과 없는 것의 차이만큼 우리에게 분명한 것도 없어 보인다. 우리 주변에는 온갖 것들이 '있다'. 나무나 새 같은 자연물도 있고, 책상, 집 따위의 제작물도 있다. 이것들이 '있다'는 것을 우리는 눈으로 보고 귀로 듣고 코로 냄새를 맡아서 확인한다. 하지만 감각적으로 확인할 수 있는 것들(sensible beings)이 있는 것의 전부는 아니다. '있다'는 감각을 통해 직접 경험되지 않는 것들에도 쓰일 수 있기 때문이다. 예컨대 우리 머릿속에는 삼각형이나 수학 공식이 있고 우리 마음속에는 희망과 사랑이 있지만, 이것들은 맛도 색깔도 없다. 그렇다면 어떻게 우리는 그처럼 전혀 다른 것들을 일컬어 '있다'고 말할 수 있을까? 그것들의 '있음' 혹은 '존재'는 서로 다른가 같은가? 그것들에 공통된 '있음'이 있는가, 아니면 '있다'나 '있는 것'은 그저 아무 뜻도 없는 공허한 말에 지나지 않는가?

이런 물음들은 '있는 것에 대한 이론', 즉 '존재론'(ontology)의 근본 문제들로서 고대 그리스에서부터 오늘날까지 철학자들을 괴롭혀왔다. 일찍이 플라톤은 『소피스테스』에서 '있는 것'에 대한 물음에서 비롯되는 난감함을 '손님'의 입을 빌려 이렇게 토로한 바 있다.

> 이제 우리가 어려움에 빠졌으므로, 당신들은 그것들에 관해 우리에게 충분히 분명하게 보여주십시오. 당신들이 '있는 것'이라는 언표를 할 때마다 무엇을 뜻하기를 원하는지 말입니다. 당신들은 오래전부터 이것들에 관해 알고 있었다는 것, 그러나 우리는 그 전에는 알았다고 생각했지만 이제 어려움에 처했다는 것은 분명하니까요.(『소피스테스』, 244a)

"있는 것이 무엇인가"라는 물음은 물론 아리스토텔레스에게도 "옛날이나 지금이나 언제나 탐구 대상이 되고 언제나 의문거리인 것"(『형이상학』, VII 1, 1028b2)[1]이다. 그렇지만 아리스토텔레스가 이

의문을 풀어 나가는 방식은 플라톤을 포함한 앞 세대의 어떤 철학자와도 다르다. 아리스토텔레스는 '있는 것' 혹은 '~인 것'이라고 불리는 것들의 범위를 성급하게 단정하거나 있는 것을 '참으로 있는 것'과 그렇지 않은 것으로 나누는 대신 먼저 '있다'('~이다', esti), '있는 것'('~인 것', on)의 의미를 분석하려고 한다. 그리고 이때 실마리를 제공하는 것은 to be에 해당하는 그리스어 동사 einai의 다양한 쓰임이다. 아리스토텔레스는 『형이상학』 제V권 제7장에서 이 동사가 어떻게 "X는 Y이다"라는 동일한 형태의 진술 속에서 서로 다른 뜻으로 쓰이는지를 보여주려고 한다.(1017a7 아래를 참고)

(1) "그 사람은 음악적이다": 우리가 어떤 사람에 대해 "그 사람은 음악적이다"라고 말하는 경우, '음악적이다'라는 사실은 그에게 우연적인 일이다. 음악적 교양은 그에게 속할 수도 있고, 그렇지 않을 수도 있기 때문이다. 이런 뜻에서 '음악적이다'는 "우연적인 뜻에서의 ~임 또는 있음"이다. 따라서 "그 사람은 음악적이다"와 같은 내용을 표현하는 "X는 Y이다"는 "X는 우연적으로(kata symbebēkos) Y이다"라는 뜻을 갖는다.

(2) "사람은 실체다" 또는 "하양은 성질이다": 이런 진술들은 겉보기에는 (1)의 진술들과 다를 바 없지만, 그것이 표현하는 사태는 전혀 다르다. 왜냐하면 사람이 실체이거나 하양이 성질인 것은 우연적인 일이 아니기 때문이다. 하양은 "그 자체로서" 성질이고 사람은 "그 자체로서"(kath' hauto) 실체이다. 이런 뜻에서 위의 두 진술에서 드러나는 것은 "그 자체로서의 존재"(on kath' hauton) 또는 "본질적 존재"이다.

(3) "소크라테스는 교양이 있다": 위의 두 경우와 똑같이 "X는 Y이다"의 형식을 취한 이 진술은 "소크라테스는 교양이 있다는 것은 참이다"의 뜻을 가질 수 있다. 그리스어 einai의 3인칭 현재형 esti 또는

---

1) 아래에서 『형이상학』의 인용문은 권, 장, 행만을 표시한다. 예컨대 'VII 1, 1028b2'은 『형이상학』, 제VII권 제1장의 1028b2행을 가리킨다.

ouk esti가 문장 첫머리에 오면 그 표현들은 각각 "X가 Y라는 것은 참이다"나 "X가 Y라는 것은 거짓이다"를 뜻하기 때문이다. einai 동사의 이런 쓰임에 비추어보면 "참이라는 뜻에서 있는 것"(on hōs alēthes)도 있다.

(4) "헤르메스상이 돌 안에 있다" 혹은 "반선이 선 안에 있다": 우리는 헤르메스의 조각상이 '현실적으로' 돌에 새겨져 있을 때뿐만 아니라 돌을 쪼아 헤르메스 조각상을 만들 수 있다는 뜻에서도 "헤르메스 상이 돌 안에 있다"라고 말한다. 즉, "헤르메스상이 돌 안에 있다"라는 진술은 "헤르메스상이 현실적으로 돌 안에 있다"라는 뜻으로도, "헤르메스상이 가능적으로 돌 안에 있다"라는 뜻으로도 풀이된다. "반선이 선 안에 있다"라고 말하는 경우에도 마찬가지다. 하나의 선분을 반으로 나누면 반선이 될 수 있다는 뜻에서 그런 말을 할 수 있는 것이다. 이로부터 '～이다' 혹은 '있는 것'은 '현실적으로 있는 것'(on energeiai)과 '가능적으로 있는 것'(on dynamei)으로 나뉠 수 있다.

아리스토텔레스는 '～이다' 혹은 '있다'의 일상 용법에 대한 이런 언어적 분석을 통해 서양 존재론의 새로운 길을 연다. 이 길은 '있는 것'의 의미에 대해 아무런 예비 분석도 하지 않은 채 단순히 "있음은 있고 없는 것은 있지 않다"(DK, 28B6)라는 동어반복의 명제 위에 존재론을 구축하려고 한 파르메니데스의 시도나 그와 같은 유형의 존재론이 걸었던 것과 전혀 다른 존재론의 길이다.[2] 하지만 『형이상학』에 국한해서 말하면, '있는 것'의 의미 구분이 갖는 의의는 무엇보다도 그것을 통해 '탐구되는 학문'의 대상이 확정된다는 데 있다. 아리스토텔레스에 따르면 분석을 통해 드러난 '있는 것'의 네 가지 의미가 모두 "첫째 철학"의 대상이 되지는 않는다. 그는 "우연적인 뜻에서 있는 것"을 학문적 탐구에 부적합하다는 이유에서 배제한다.(VI 2, 1026a33 아래

---

2) 파르메니데스의 존재론에 대해서는 강철웅 외, 『서양고대철학 1』, 도서출판 길, 2013, 특히 145쪽 아래 참고.

와 V 30, 1025a24 아래를 참고) 우연적으로 있는 것에는 어떤 종류의 확정된 원인도 없기 때문에 학문이 추구하는 확정적 설명의 대상이 될 수 없다는 것이 그 이유이다. 참과 거짓이라는 뜻에서 있는 것과 있지 않은 것 역시 형이상학의 탐구 대상으로 적합하지 않은데, 그 까닭은 그것들은 인간의 사고(dianoia)를 떠나서는 존재하지 않기 때문이다. "참은 주어와 술어가 실제로 결합되어 있을 때 이를 긍정하는 데서 성립하고 그것들이 분리되어 있을 때 이를 부정하는 데서 성립"(VI 4, 1027b20~3)하는데, 이런 결합과 분리의 사태는 자연 세계 안에 있는 것이 아니라 생각 안에만 있다는 말이다.3) 결국 '그 자체로서 있는 것'과 '가능태 혹은 현실태라는 뜻에서 있는 것'이 형이상학적 탐구의 대상으로 남게 된다.

2) '있는 것'의 범주들과 실체

아리스토텔레스가 찾아낸 존재론의 길을 더 따라가보자. '~이다' 혹은 '있다'가 네 가지 방식으로 나뉜다는 생각은 아리스토텔레스 존재론의 근본 전제임에 틀림없지만, 그의 존재론의 보다 실질적인 출발점을 제공하는 것은 "그 자체로서 있는 것"에 대한 분석이다. 아리스토텔레스는 '범주'(katēgoria) 개념을 끌어들여 그런 작업을 수행한다.

'그 자체로서 있다'(~이다, kath' hauta einai)고 불리는 것에는 범주의 형태들(ta schēmata tēs katēgorias)이 가리키는 것만큼 그 수가 많은데, 왜냐하면 범주의 형태들의 수만큼 여러 가지 뜻으로 '있다(~이다)'가 쓰이기 때문이다. 그런데 술어들 가운데 어떤 것들은 '무엇'을 가리키고, 어떤 것들은 성질을, 어떤 것들은 양을, 어떤 것들은 관계를, 어떤 것들은 능동이나 수동을, 어떤 것들은 장소를, 어떤 것들은 때를 가리키는데, '있다'는 이것들 하나하나와 동일한 것을 가리킨

---

3) 『형이상학』, IX 10, 1051b1 아래; XI 8, 1065a21 아래의 구절도 참고할 것.

다.(V 7, 1017a22~7)

　　'범주'란 본래 '고발', '비난'의 뜻을 갖는 법률 용어다. 하지만 아리스토텔레스 철학에서는 그 말이 대상에 대한 '진술'(statement), 진술을 구성하는 '술어'(predicate), 술어의 '분류'(classification) 등 여러 가지 뜻으로 쓰인다. 법정에 선 소크라테스에 대한 진술들을 예로 들어보자. 그에 대해 이루어지는 진술과 각각의 진술에 쓰이는 술어의 종류는 하나가 아니다. 누군가 "소크라테스는 **무엇**인가?"라고 묻는다면, 우리는 "소크라테스는 사람이다" 또는 "소크라테스는 **동물**이다"라고 대답한다. "소크라테스는 키가 **얼마**인가?"라고 묻는다면, "그는 키가 170㎝이다"라고 대답할 것이다. 한편, 어떤 사람이 소크라테스의 외모나 자질을 염두에 두고 "소크라테스는 **어떤 성질**의 사람인가?"라고 묻는다면, 그에 대한 적절한 대답은 "그는 체중이 70㎏이다"가 아니라 "그는 얼굴이 못생겼다"거나 "그는 지혜롭다"일 것이다. 또 소크라테스가 다른 사람과 맺는 **관계**에 대해 묻는다면, 이때는 "그는 크산티페의 남편이다"가 적절한 대답이다. 이렇게 아리스토텔레스는 특정한 사람이나 사물에 대해 던질 수 있는 물음들을 종류에 따라 나누고 그에 대한 대답의 방식들을 세분함으로써 진술과 술어들을 분류한다. 하지만 그런 분류를 통해 얻은 '실체'('무엇', ti estin), '양'(poson), '성질'(poion), '관계'(pros ti) 등의 범주들은 술어의 종류들뿐만 아니라 '있는 것'의 종류들을 가리키기도 한다. 예컨대 "소크라테스는 사람이다", "소크라테스는 키가 170㎝이다", "소크라테스는 지혜롭다" 등의 진술에서 술어의 자리에 오는 '사람', '170㎝'의 키, '지혜로운'은 각각 실체, 양, 성질의 범주에 속해 '있는 것'들이다. 물론 그것들이 '있다'고 할 때 그 뜻은 저마다 다를 것이다. 어떤 것은 종(種, eidos)으로서 있는 것이고, 어떤 것은 일정한 양으로서 있는 것이며, 또 어떤 것은 일정한 성질로서 있는 것이다. 장소, 관계, 능동, 수동 등 다른 범주에 속하는 것들도 마찬가지다. 그런 뜻에서 "범주의 형태들의 수만큼 여러 가지 뜻으로 '있다(~이다)'가 쓰인다."

하지만 이것이 전부는 아니다. '있다'고 불리는 것들은 서로 아무 관계도 없이 여러 범주로 분류될 뿐일까? 만일 그것들 사이에 아무 관계도 없다면, '있는 것'에 대한 탐구는 어떤 통일성도 지닐 수 없을 것이고, 있는 것에 대해서는 기껏해야 실체의 존재론, 양의 존재론, 성질의 존재론 등 하나의 존재론이 아니라 다수의 존재론만이 가능할 것이다. 하지만 정말 이렇게 복수의 존재론만이 있을 뿐 '하나의' 존재론은 없는 것일까?

첫 번째 물음에 대한 아리스토텔레스의 대답은 이렇다.

'있는 것'은 여러 가지 뜻으로 쓰이지만, 하나와의 관계 속에서 (pros hen), 즉 어떤 하나의 자연적인 것과의 관계 속에서 쓰이는 것이지 동음이의적인 뜻으로[同音異義語] 쓰이는 것이 아니다. 그 사정은 이렇다. '건강한'은 모두 건강과의 관계 속에서 쓰이는데, 어떤 것은 건강을 지켜준다는 뜻에서, 어떤 것은 건강을 낳는다는 뜻에서, 어떤 것은 건강의 징후라는 뜻에서, 어떤 것은 건강의 수용자라는 뜻에서 그렇게 불리고, '의술적'이라는 말 역시 의술과의 관계 속에서 쓰인다. 이와 마찬가지로 '있는 것' 역시 여러 가지 뜻으로 쓰이지만 그 모두가 하나의 원리와 관계 맺고 있(다).(IV 2, 1003a33~b12)

먼저 '동음이의어'의 예를 하나 들어보자. 사물을 바라보는 신체의 기관과 공중에서 물기가 얼어 땅으로 떨어지는 결정체가 모두 '눈'이라고 불리는데, 이때 '눈'은 동음이의어다. 시각기관인 '눈'과 수증기의 결정체인 '눈' 사이에는 아무 의미상의 공통점도 없기 때문이다. 반면 '건강한' 또는 '건강에 좋은'(healthy)의 경우는 사정이 다르다. 물론 '건강한'이라는 말도 신체, 낯빛, 약초 등에 대해 저마다 다른 뜻으로 쓰이기는 한다. 약초는 건강을 만들어낸다는 뜻에서 '건강한' 것이고, 건강한 얼굴빛은 건강의 징후라는 뜻에서 '건강한' 것이고, 건강한 몸은 건강의 담지자라는 뜻에서 '건강한' 것이다. 하지만 이렇게 여러 가지 뜻으로 쓰인 '건강한'이라는 말이 '눈'과 똑같은 종류의 동음이의어는 아니다. 왜냐하면 '건강한'이 가리키는 것들은 모두 신체의 건강과 관련되어 쓰이기 때문이다. 아리스토텔레스에 따르면 '있는 것'의 쓰임도 그와 다르지 않다. 있는 것들은 여러 범주로 나뉘고 각각의 범주에 따라 그 있음의 내용이 저마다 다르지만, 마치 '건강한'이 모두 '건강'과 관련해서 쓰이듯이 다른 범주에 속해 있는 것들은 모두 하나, 즉 실체(ousia)와의 관계 속에서 쓰인다. 아리스토텔레스는 그런 뜻에서 실체를 일컬어 '첫째로 있는 것'(prōton on, VII 1, 1028a14)이고 다른 것들은 그런 실체에 의존해서 존재한다고 말한다. 이 말의 뜻이 무엇인지는 아래의 논의에서 더 분명해질 것이다.

'있는 것'에 대한 학문이 통일성을 가질 수 있는가라는 두 번째 물음에 대한 대답은 '있는 것'이 여러 가지 뜻을 가지면서도 "하나와의 관계 속에서"(pros hen) 쓰인다는 사실로부터 자연스럽게 주어진다.

그런데 건강한 것들 모두에 대해서 하나의 학문이 있으니, 다른 것들의 경우도 사정이 같다. 왜냐하면 하나에 따라서 일컬어지는 것들뿐만 아니라 하나의 자연적인 것과의 관계 속에서 일컬어지는 것들을 이론적으로 고찰하는 것 또한 하나의 학문이 할 일이기 때문인데, 그것들도 어떻게 보면 하나에 따라서 있는 것들이기 때문이다. 그러므로 있는 것들을 있는 것들인 한에서 이론적으로 고찰하는 것은 하나의 학문의 과제임이 분명하다. ─ 그러나 어디에서나 학문은 주로 첫째가는 것을 다루며, 다른 것들은 그것에 의존하고 또 그것에 의해 그 이름을 얻는다. 그런데 만일 이것이 실체라면, 철학자는 마땅히 실체들의 원리들과 원인들을 소유해야 할 것이다.(IV 2, 1003b11~9)

'건강하다'라고 불리는 것들이 여럿이라고 하더라도 그것들 모두가 신체의 건강함과 관계해서 있기 때문에 '건강한 것'에 대해서는 하나의 학문이 가능하다. 물론 이 학문의 핵심 대상은 신체에 속하는 건강이고, 이를 중심으로 삼아 그와 관련된 다른 것들을 함께 다룰 것이다. 아리스토텔레스의 관점에서 보면 '있는 것들'의 경우도 똑같다. '있다'고 불리는 것들은 여럿이지만, 그것들 모두는 어떤 것 하나, 즉 실체의 있음과 관계해서 '있다'라고 불리는 만큼, 그것들에 대해서 하나의 통일된 학문, 즉 '하나의 존재론'이 가능하다는 것이다. 물론 이 존재론이 다루는 있는 것들 모두가 실체와 관계해서 있다면, 실체에 대한 탐구가 존재론의 중심이 되는 것도 당연한 일일 것이다. 그런 뜻에서 아리스토텔레스는 있는 것의 의미 구분에 대한 논의가 낳는 최종 결과를 다음과 같이 표현한다.

> 그러므로 옛날이나 지금이나 언제나 탐구 대상이 되고 언제나 의문거리인 것, 즉 있는 것은 무엇인가라는 물음은 실체란 무엇인가라는 물음이니, …… 우리는 가장 많이, 가장 먼저 그리고 전적으로, 그런 뜻으로 있는 것에 대해 그것이 무엇인지를 이론적으로 고찰해야 한다.(VII 1, 1028b2~7)

3 실체란 무엇인가

1) 감각적 실체의 특징들

『형이상학』의 실체론을 올바로 이해하기 위해서는 먼저 『범주론』(*Categoriae*)에 대한 논의에서 시작해야 한다. 『형이상학』의 실체론은 '실체'(ousia)에 대한 『범주론』의 생각들을 확장한 것이기 때문이다.

아리스토텔레스의 논리학뿐만 아니라 존재론의 입문서이기도 한 『범주론』에 따르면 '실체'는 있는 것들을 가르는 10개의 범주 가운데 첫 번째 범주이다. 거기서 아리스토텔레스는 실체의 범주에 속하는 것들을 두 부류로 나누는데, 하나는 '이 사람', '이 말', '이 소'처럼 지시

가능한 감각적 개별자(to kath' hekaston)들이고 다른 하나는 그런 개별적인 실체가 '무엇'(ti esti)인지를 드러내는 진술 속에서 술어의 자리에 오는 것들, 예컨대 '사람'이나 '동물'과 같은 종(eidos)과 유(genos)이다. 이 둘을 나누어 아리스토텔레스는 각각 "첫째 실체"와 "둘째 실체"라고 말하면서 종이나 유보다는 그것들을 술어로 취하는 개별자들에 더 우위성을 부여한다. 그의 말을 빌리면, "가장 주요하고 첫째가며 엄밀한 뜻에서 실체라고 불리는 것은 기체(基體)에 대해 술어가 되지도 않고 기체 안에 들어 있지도 않은 것, 예컨대 이 사람이나 이 말이다."(『범주론』 5, 2a11~4) 그리고 그런 규정에 따르면 개별적 실체의 존재 방식은 다음과 같은 몇 가지 특징을 갖는다.

(1) 개별적인 실체는 궁극적인 주어 구실을 한다. 우리는 "사람은 동물이다"라거나 "하양은 색깔이다"라고 말한다. 그런데 여기서 주어의 역할을 하는 '사람'이나 '하양'은 다른 것, 예컨대 "소크라테스는 사람이다"나 "눈은 하얗다"와 같은 진술에서 술어가 될 수 있다. 그에 반해 '소크라테스'나 '이 말(馬)' 등은 오직 주어로서 쓰일 뿐, 다른 것들에 대한 술어가 될 수 없다. 예컨대 "X는 사람이다"나 "X는 동물이다"와 같은 형식으로 "X는 소크라테스이다"라고 우리는 말할 수 없다. 물론 "저기 아고라에서 이야기를 하는 사람은 소크라테스이다"라고 말할 수 있지만, 이 진술은 주어에 해당하는 "저기 아고라에서 이야기를 하는 사람"에 대해 무언가를 진술하는 것이 아니라 "저기 아고라에서 이야기를 하는 사람"과 "소크라테스"가 같다는 사실, 즉 그 둘의 동일성(同一性)을 표현할 뿐이다. 그런 뜻에서 소크라테스나 이 말(馬)과 같은 개별자는 오직 주어가 될 뿐 결코 엄밀한 뜻에서 술어가 될 수는 없다.

(2) 언제나 주어의 자리에 오는 개별적 실체는 지시 가능한 '이것'(tode ti)이다.[4] 그리고 이 점에서 개별적 실체는 "소크라테스는 사

---

4) 『범주론』, 5, 3b10, 12, 14.

람이다", "고래는 포유동물이다"와 같은 진술에서 술어로 쓰인 '사람'
이나 '포유동물'과 다르다. '사람'이나 '동물'과 같은 종 개념이나 유 개
념은 "사람은 이성적이다", "사람은 두 발을 가지고 있다" 등의 진술
들을 통해 기술될 수 있다는 뜻에서 '이러저러한 것'일 뿐 지시 가능한
'이것'이 되지는 않는다. 반면 개별자는 지시 가능성, 즉 '이것'임을 그
본질적 특징으로 갖는다.

(3) 개별적 실체가 갖는 또 한 가지 특징은 '분리 가능성'인데, 이
런 특징은 개별적인 실체를 개별적인 속성으로부터 구별지어준다. 어
떤 것들이 '이것'이라고 불릴 수 있는지 다시 생각해보자. 사실 개별적
인 실체뿐만 아니라 개별적인 양이나 성질도 '이것'이라고 불릴 수 있
다. 즉, 그런 것들은 모두 지시 가능하다. 왜냐하면 우리는 옷가게에
서 "이 크기의 옷을 주세요"라거나 "이 색깔의 옷이 마음에 든다"라
고 말할 수 있기 때문이다. 하지만 똑같이 '이것'이라는 지시사(指示詞,
demonstrativum)를 통해 지칭될 수 있는 것들이라고 하더라도, 실체의
범주에 속하는 개별자와 그 밖의 다른 범주에 속하는 개별자 사이에는
분명한 차이가 하나 있다. '이 색깔'이나 '이 크기' 등은 오직 '이 사람'
이나 '이 옷' 같은 것에 속해 있을 뿐 결코 분리되어(chōris) 독립적으
로 존재할 수 없다. 즉, 그런 것들은 혼자 떨어져 있을 수 있을 만큼 완
전히 독립된 단위체가 아니다. 반면 소크라테스나 '이 말〔馬〕'과 같은
개체는 하나의 완결된 개별적 실체로서 혼자 떨어져 분리되어 존재한
다. 그것은 자립적인 단위체인데, 이런 뜻에서 개별적 실체들만이 '분
리 가능한 것' 혹은 '분리된 것'(chōriston)이라고 불릴 수 있다.

개별적 실체의 존재 방식에 관한 『범주론』의 이런 생각들은 『형이
상학』에서도 여전히 유효하다. 앞에서 인용한 "'있는 것'은 여러 가지
뜻으로 쓰이지만, 하나와의 관계 속에서, 즉 어떤 하나의 자연적인 것
과의 관계 속에서 쓰〔인다〕"는 말은 그런 배경을 떠나서는 이해되지 않
는다. 그렇다면 『형이상학』의 실체론에서 새롭게 덧붙여지는 생각은
어떤 것인가? 『형이상학』에서는 크게 두 방향에서 실체에 대한 새로운

탐구가 이루어진다.

첫째로, 실체론이 전개되는 『형이상학』 제VII권에서는, 『범주론』에서 '첫째 실체'라고 일컬어졌던 개별자가 두 구성 부분으로 분석된다. 질료(hylē)와 형상(eidos)이 바로 그것인데, 질료와 형상으로 이루어져 있다는 이유에서 개별자는 이제 '복합 실체'(synolos ousia, 1033b18)나 '합성 실체'(synthetos ousia, 1043a30)라고 불린다.

둘째로, 이런 분석과 더불어 '실체'에 대한 논의도 더 복잡해진다. 몇 가지 중요한 점으로 다음과 같은 것들을 들 수 있다. 『형이상학』 제 VII권에서는 개별자뿐만 아니라 그 구성 부분인 질료와 형상에 대해서도 '기체'(hypokeimenon)라는 이름이 쓰인다.[5] 특히 그 둘 가운데 질료가 그런 이름으로 불리는데, 질료는 형상을 받아들여 특정한 개별자를 이루는 기체 구실을 하기 때문이다. 질료와 함께 개별자를 이루는 형상(eidos)에 대한 규정들은 훨씬 더 다양하다. 가장 눈에 띄는 점은 '첫째 실체'(prōtē ousia, 1032b2, 1037a6, 1037b1)라는 낱말이 개별적인 실체가 아니라 형상을 가리키는 말로 쓰인다는 점이다. 형상이 "첫째 실체"라고 불리는 것은, 각 개별적 실체를 특정한 종(種)에 속하는 개체로서 있게 하는 원리가 바로 형상이고, 그런 점에서 형상은 그것을 구성 부분으로 갖는 개별적인 실체에 비해 더 우월한 지위를 갖기 때문이다. 예컨대 소크라테스라는 개별자가 사람일 수 있는 것은 그에게 속하는 형상 때문이고, 거꾸로 말해서 이 형상은 소크라테스라는 특정한 개별자를 '사람'이라는 종의 구성원으로 만든다. 그런 맥락에서 형상은 개별자의 '있음의 원인'(aition tou einai, V 8, 1017b15; VII 17, 1041b28), '각자의 실체'(ousia hekastou, VII 17, 1041b27), '본질'(to ti ēn einai, VII 7, 1032b1)이라고 불린다. 소크라테스를 사람으로 만드는 것은 바로 소크라테스의 형상이기 때문에, 소크라테스가 '무엇'인지를 규정하려면 형상이 그 준거점이 되는 것이다.(VII 10, 1035a21, b34) 형상의

---

5) 『형이상학』, VII 3, 1029a2∼3.

그런 지위와 역할은 '질료'와 '형상'에 대한 아리스토텔레스의 논의에서 더 분명해질 것이다.

2) 질료와 형상

'질료'와 '형상'으로 옮긴 그리스어 hylē와 eidos는 본래 '재료'와 '모양'을 뜻한다. 아리스토텔레스의 질료-형상설은 쉽게 말해서 감각적이고 개별적인 실체는 모두 재료와 모양을 갖춘 복합체라는 이론이다. 아리스토텔레스는 흔히 기술을 통해 만든 제작물을 사례로 들어 자신의 생각을 전개하는데, 그런 예시적 설명을 통해 우리는 질료-형상설을 쉽게 이해할 수 있다.

집을 예로 들어보자. 집은 벽돌과 나무와 철근 등 여러 가지 재료로 만들어진다. 하지만 이런 건축자재를 아무렇게나 모아놓았다고 해서 집이 되는 것은 아니다. 벽돌이나 나무 등 건축자재들이 일정한 방식으로 '결합'되어 집의 '형태'를 갖추고 집의 '기능'을 행사하게 되었을 때, 그때 비로소 우리는 "여기 집이 생겼다" 혹은 "여기 집이 있다"라고 말한다. 아리스토텔레스의 용어법에 따르면 건축자재는 집의 '질료'이고 집을 이루는 건축자재의 결합의 질서, 집의 형태, 집의 기능 등은 '형상'이다. 우리가 보통 '형상'이라고 옮기는 그리스어 eidos는 본래 '겉모양'을 뜻하지만, 아리스토텔레스에게서는 질료에 부가되어 집을 이루는 본질적이고 비물질적인 측면들(구조, 형태, 기능 등)을 가리킨다.

자연물의 경우는 어떨까? 예컨대 사람의 질료와 형상은 무엇일까? 사람과 같은 자연물에서는 질료와 형상을 나누기 쉽지 않다. 아리스토텔레스는 보통 육체(sōma)와 영혼(psychē)을 '질료'와 '형상'이라고 부른다.(VII 11, 1037a6; 10, 1035b14 아래) 하지만 이것은 자연물의 질료와 형상에 대한 일면적 규정에 불과하다. '영혼'은 육체에 속한 생명 기능들을 총괄하는 개념이고,(『영혼론』, II 1, 412a19~20을 참고) 따라서 영혼을 일컬어 사람의 '형상'이라고 부른다면, 이는 '기능'의 측면에서 사람의 형상에 대해서 말하는 것이기 때문이다. 사람의 몸이 '영혼'에 속하는 다양한 기능을 수행하려면, 몸은 그런 기능들에 합당한 '형태'를 가지고 있어야 한다.(VII 11, 1036b3~4, 28~32) 예컨대 입구와 출구 없이 꽉 막힌 위장처럼 각 기능을 실현하는 데 필요한 형태를 갖추지 않은 영양 섭취 기관, 생식기관, 감각기관, 운동기관 등을 우리는 생각할 수 없다. 이렇게 형태적 측면에서 보면 영혼의 기능을 수행하기에 합당한 신체의 형태(morphē)도 형상이다.(VII 8, 1033 b5~6; V 6, 1016a19)

아리스토텔레스의 '형상' 개념은 한층 더 낮은 수준에서도 사용될 수 있다. 신체의 기관들이 일정한 형태를 갖는 것은—아리스토텔레스를 비롯한 고대 그리스의 생물학에 따르면— 더 단순한 '조직'이나 조직을 구성하는 네 가지 요소, 즉 물, 불, 흙, 공기가 일정한 수적 비율과 배치 관계에 따라 결합되기 때문이다. 물, 불, 흙, 공기가 일정한 수적 비율에 따라 결합되어 단순한 조직(예컨대 피나 살)을 이루고, 단순한 조직들이 다시 수적 비율에 따라 결합되어 기관(소화기관, 생식기관)을 이루며, 이 기관이 수적 비율에 따라 결합되어 완전한 유기체를 이룬다. 이렇게 조직, 기관, 유기체의 구조를 만들어내는 '결합의 비율'도 아리스토텔레스는 '형상'이라고 부른다.(I 9, 991b16~7; I 10, 993a17~22; XIII 2, 1092b17 아래) 결국 육체의 기능(psychē), 육체의 형태(morphē), 다양한 수준에서 확인되는 육체적인 부분들의 결합 비율(logos mixeōs), 이런 것들이 모두 '형상'인 셈이다. 그리고 '형상'이 가리키는 그런 다양한 측면 가운데 무엇에 초점을 맞추어 이야기하는가에 따라, 그것의 상대 개념인 '질료'가 가리키는 것도 달라진다. 『형이상학』에서 어떤 때는 육체 전체(VII 11, 1037a5~6)가, 어떤 때는 살과 뼈 같은 신체의 부분들(VII 8, 1034a5~7)이, 또 어떤 때는 신체의 구성요소들이나 신체를 만들어내는 최초의 질료적 원리인 경혈(katamēnia, VIII 4, 1044a35)이 '질료'라고 불리는 것은 그런 이유 때문이다.

3) 네 가지 원인

개별적인 실체, 즉 복합 실체의 생성 과정이 논의 주제가 될 때, 질료-형상설은 이른바 '4원인설'로 편입된다. 질료-형상설이 자연물을 두 측면으로 나누어 분석함으로써 그것을 질료와 형상의 복합체 혹은 형상화된 질료로 밝혀낸다면, 4원인설은 그런 질료의 형상화 과정을 이루는 계기들에 대한 설명이다.

집의 예로 다시 돌아가보자. 집이 생겨나기 위해서는 먼저 집의 재료가 있어야 하고 이 재료가 형상을 얻을 때 완성된 집이 된다. 그렇다면 집의 형상은 어디서 오는가? 그것은 물론 집을 짓는 사람, 건축가에게서 온다. 건축가는 집 짓기에 앞서 집 모양을 설계도 형태로 머릿속에 그릴 것이다. 그리고 자신의 몸과 건축 도구들을 사용해서 머릿속에 그린 집 혹은 도면 위의 집을 실제의 집으로 현실화한다. 이 과정이 집을 짓는 과정이다. 이렇게 보면 건축 과정에는 분명히 서로 뚜렷이 구별되는 네 가지 계기가 있다. 건축자재, 설계도, 건축가와 그의 제작 활동이 지향하는 것, 즉 건축 과정의 목적으로서 완성된 집이 그것이다. 그것들이 이른바 '질료인'(material cause), '형상인'(formal cause), '작용인'(efficient cause), '목적인'(final cause)이다.

사람을 비롯한 생명체가 새로 생겨나는 과정, 즉 생명체의 발생 과정에 대해서도 우리는 똑같은 방식으로 생각해볼 수 없을까? 물론 아리스토텔레스가 4원인설을 내세운 것은 기술적인 제작과 생명체의 발생을 동일한 방식으로 설명할 수 있다는 확신을 가졌기 때문이다.

어떤 사람이 원인을 탐구하는 경우, 원인들은 여러 가지 뜻으로 쓰이기 때문에 가능한 원인들을 모두 말해야 한다. 예를 들어 사람의 경우 질료라는 뜻의 원인은 무엇인가? 아마도 경혈일 것이다. 운동인이라는 뜻의 원인은 무엇인가? 아마도 씨일 것이다. 형상이라는 뜻의 원인은 무엇인가? 본질이다. 지향 대상이라는 뜻의 원인은 무엇인가? 목적이다. 하지만 뒤의 둘은 아마도 동일할 것이다.(VIII 4,

1044a35ff.)

하지만 『형이상학』에는 생명체의 발생 과정에 개입하는 네 가지 원인이 구체적으로 어떤 것들이고 그것들이 그 과정에서 어떻게 작용하는지에 대한 구체적인 설명이 전혀 없다. 그에 대한 설명은 생명체의 발생 과정에 대한 저술 『동물발생론』(De generatione animalium)에서 찾아야 한다.

이 생물학 저술의 성(性) 구별에 따르면 새로운 생명체가 생겨날 때 어미의 역할은 새로 태어날 생명체의 재료(hylē)를 제공하는 데 있다. 난자에 대해 알지 못했던 아리스토텔레스는 암컷의 몸에서 나오는 피(경혈katamenia)가 생명체의 재료가 된다고 보았다. 한편 아비는 스페르마(정액 또는 씨, sperma)를 제공하는데, 스페르마는 건축에서 건축 도구와 같은 구실을 한다. 즉, 도구가 재료에 작용해서 어떤 물건을 만들어내듯이, 스페르마는 경혈에 작용해서 새로운 생명체를 "만들어 낸다". 하지만 스페르마의 이런 조형(造形) 작용은 아무렇게나 이루어지는 것이 아니다. 마치 건축 과정에서 도구의 움직임이 건축가의 머릿속에 구상된 집의 형태에 따라 진행되듯이, 스페르마의 움직임은 태어날 생명체의 "설계도"에 따라 단계적으로 진행된다. 이것은 스페르마 안에 스페르마의 움직임을 통제하는 생명체의 설계도가 들어 있기 때문에 가능한 일이다. 아리스토텔레스는 이 설계도를 "로고스"(logos)라고 부르는데, 요즘 말로 하면 유전 프로그램에 해당한다. 『동물발생론』의 한 구절을 인용하면 "하지만 살과 뼈는 로고스 없이는 있을 수 없으니, 이 로고스를 제공하는 것은 낳는 자에게서 오는 운동이다."(II 1, 734b 34f.) 이 로고스 혹은 유전 프로그램이 낳는 자와 종적으로 동일한 생명체가 발생하도록 생성 과정을 이끈다. 그런 뜻에서 발생 과정의 목적은 아비나 어미와 종적으로 동일한 생명체가 생겨나도록 하는 데 있고, 이런 합목적적 과정이 가능한 것은 스페르마 속에 든 유전 프로그램 덕분이다. 아리스토텔레스 생물학의 기본 테제인 "사람이 사람을 낳는다"는 생명체의 발생이 본질적으로 동종적인 개체의 재생산(reproduction)임을 압축적으로 표현한다.

아리스토텔레스의 4원인설에 비추어보면, 결국 인공물의 제작 과정과 생명체의 발생 과정의 계기들 사이에는 다음과 같은 비례식이 성립한다. 집의 재료 : 집의 형태(설계도) : 건축가와 도구 : 완성된 집 = 경혈 : 로고스 : 아비와 스페르마 : 태어난 생명체. 그 계기들에서 보면 집 짓기나 생명체의 발생은 똑같다. 다만 건축과 생명체 발생의 중요한 한 가지 차이는, 앞의 경우 그 과정이 처음부터 끝까지 외부 요인의 작용, 곧 도구의 작용을 통해 이루어지는 반면, 생명체의 발생 과정에서는 수정된 다음 발생 과정 전체가 수정란 내부의 힘에 따라 이루어진다는 점에 있다. 이런 뜻에서 아리스토텔레스는 자연적인 것과 기술적인 것을 운동 원인의 소재(所在), 곧 운동의 원인이 생겨나는 것 "안에" 있는가, "밖에" 있는가에 따라 구별할 수 있다고 말한다.

4) 보편자는 실체인가

『형이상학』의 실체론을 다룰 때 빼놓을 수 없는 또 한 가지 주제는 이른바 '보편자' 문제다. 어원을 따지면 '보편자'(katholou)는 '전체적으로'(kata ton holon)라는 부사구에서 유래한다. 이 낱말을 철학 용어로 정립한 아리스토텔레스의 정의에 따르면, '본성상 여럿에 공통적으로 속하는 것'[6]이 '보편자'이다. 아리스토텔레스는 이런 정의를 바탕으로 '사람'이나 '동물'과 같은 종(eidos)이나 유(genos)를 '보편자', 그에 포섭되는 소크라테스, 플라톤, 적토마 등을 '개별자'(to kath′ hekaston)라고 부른다. 하지만 그와 같은 뜻에서 '보편자'라고 불리는 것들은 어떤 방식으로 존재하는가? (1) 그것들은 (그 자체로) 실재하는가(subsistere), 아니면 그저 우리의 지성 안에만(in solis nudis

---

6) 『형이상학』, VII 13, 1038b11~2; 『분석론 전서』, I 1, 24a18; 『동물부분론』, I 4, 644a28~9의 구절들 참고. 플라톤의 대화편에서는 katholou라는 낱말이 쓰이지 않는다.

intellectibus) 존재하는가? (2) 그것들이 (그 자체로) 실재한다면, 그것들은 물질적인 것들(corporalia)인가 비물질적인 것들인가? (3) 그것들은 (감각 대상들과) 떨어져서(separata) 있는가, 아니면 감각 대상들 안에(in sensibilibus) 있고 이것들을 둘러싸고 있는가?

아리스토텔레스가 『형이상학』에서 보편자의 지위와 관련해서 던지는 질문은 후대에 『범주론』 입문서인 『이사고게』(*Isagoge*)에서 포르피리오스(Porphyrios, 234~304)가 제기한 그런 질문들에 비해 훨씬 간단하고, 그에 대한 대답 역시 분명하다. 아리스토텔레스의 물음은 보편자의 실체적 지위에 대한 것이고, 그것에 대한 그의 대답은 "보편자는 실체가 아니다"라는 것이다. 그렇다면 "보편자는 실체가 아니다"라는 테제를 통해 아리스토텔레스가 내세우려는 생각은 무엇일까? 이에 대해서는 아리스토텔레스 연구자들 사이에 많은 이견이 있지만, 『범주론』에서 종이나 유에 부여했던 "둘째 실체"의 지위를 부정하는 것이 그의 의도가 아님은 분명한 것 같다. 왜냐하면 실체에 대한 논의를 시작하는 『형이상학』 제VII권 첫머리에서 아리스토텔레스는 분명히 종과 유에 해당하는 것들을 '실체'의 범주에 포함하기 때문이다. 따라서 우리는 보편자의 실체적 지위에 대한 아리스토텔레스의 테제를 확장된 실체론의 맥락에서 이해해야 한다.

왜 보편자에 실체의 지위를 부여할 수 없는지, 그 이유를 제시하는 『형이상학』의 한 구절을 읽어보자.

그 이유는 첫째로 각 대상에 고유하고 다른 것에 속하지 않는 것이 각자의 실체(ousia hekastou)이지만 보편자는 공통적이기 때문인데, 그 본성상 여럿에 속하는 것을 일컬어 보편자라고 부른다. 그렇다면 그것은 어떤 것의 실체이겠는가? 모든 것의 실체이거나 아무것의 실체도 아닐 터인데, 모든 것의 실체일 수는 없다. 그리고 그것이 어느 것 하나의 실체라면 다른 것들도 그것과 똑같을 것인데, 그 까닭은 그것들의 실체가 하나이고 본질도 하나인 것들이 있다면 그것들 역시 하나일 것이기 때문이다. 또한 기체에 대해 술어가 되지 않는 것이 실체라고 불리지만, 보편자는 항상 어떤 기체에 대한 술어가 된다.(VII 13, 1038 b9∼16)

아리스토텔레스는 두 가지 실체 개념을 앞세워 보편자가 실체가 아니라고 말한다. 그 하나는 '각자의 실체'(ousia hekastou)라는 뜻에서의 실체이고, 다른 하나는 '기체'라는 뜻에서의 실체이다. 보편자가 '기체'라는 뜻에서도 실체일 수 없다는 말은 새로운 주장이 아니다. '사람'이나 '동물'과 같은 보편자는 여러 개체들에 공통적으로 사용되는 술어일 뿐 '이 사람'이나 '이 말〔馬〕' 같은 궁극적인 주어가 될 수 없다는 것은 이미 『범주론』에서 천명된 내용이기 때문이다. 아리스토텔레스는 『형이상학』에서도 보편자는 '언제나 어떤 기체에 대한 술어가 된다'(VII 13, 1038b16)라고 같은 주장을 되풀이한다.[7] 인용문의 새로운 점은 보편자가 '각자의 실체'라는 뜻에서도 실체가 될 수 없다는 주장이다. 앞서 보았듯이 '각자의 실체'는 『형이상학』의 실체론에서 새롭게 도입된 개념이고, 이 개념으로써 아리스토텔레스는 개별적이고 감각적인 실체에 내재해서 그것의 고유한 실체, 즉 본질(to ti ēn einai)을 이루는 형상을 가리킨다. 예컨대 소크라테스의 영혼은 소크라테스에게 "고유하고 다른 것에 속하지 않는 것"이라는 뜻에서 소크라테스의 실체이다. 그러나 '사람'이나 '동물' 등의 보편자는 그럴 수 없다. 왜냐하면 그런 것들은 '그 본성상 여럿에 속하는 것'이기에 어떤 것의 고유한 실체도 될 수 없기 때문이다. 우리는 수많은 동물을 일컬어 '동물'이라고 부르는데, 만일 '동물'이라는 보편자가 어떤 동물의 실체라면, 그것은 다른 동물들의 실체이기도 할 것이고, 결국 모든 동물들은 똑같은 실체를 갖게 되어 어떤 개별성도 가질 수 없지 않겠는가?

그런 뜻에서 "보편자는 실체가 아니다"라는 테제는 보편자가 '실

---

7) 『형이상학』, VII 10, 1035b27∼8도 함께 참고.

체'의 범주에 속하기는 하지만 개별자와 다른 지위를 갖는다는 『범주론』의 생각을 수용하는 한편, 보편자를 각 사물의 실체를 이루는 형상과 분명히 구별함으로써 보편자의 지위에 대한 훨씬 더 발전된 생각을 제시한다. 또한 그 테제를 중심으로 삼는 『형이상학』의 보편자 이론은 보편자의 지위에 대해 포르피리오스가 제기하는 질문들에 아리스토텔레스가 어떤 대답을 내놓을지 추측할 수 있게 해주는 여러 단서를 포함하고 있다.

우선 아리스토텔레스의 보편자는 분명히 임의적인 이름이나 주관적인 관념이 아니다. 아리스토텔레스에 따르면 종이나 유는 실제로 존재한다. 하지만 이들의 실재성은 자연 세계 안에 있는 자연물들이 가지는 물질적 실재성과 다르다. 예를 들어 "사람이 존재한다"라는 말은 참이지만, 이 말이 참인 이유는 일련의 공통성을 가지는 개인들이 존재한다는 데 있다. 한편, 이와 관련해서 다시 두 가지 점에 주목할 필요가 있다. 하나는, 예컨대 '사람'이라는 종에 속하는 개별자들이 공유하는 공통성은 인식 주체에 의해 구성된 것이 아니라 자연 세계 안에 실제로 내재한다는 점이다. 다른 하나는, 종과 관련된 진술을 가능하게 하는 이 공통성은 플라톤의 이데아나 중세 스콜라철학에서 말하는 신적인 관념의 형태로 어딘가에 실재하는 보편자에서 유래하는 것이 아니라, 거꾸로 개별자들이 공통성을 공유한다는 자연적 '사실'에 보편적 종의 실재성이 의존한다는 점이다. 바로 그런 점을 염두에 두고 아리스토텔레스는 개별자들이 보편자들에 선행한다고 말한다. 물론 이렇게 개별자들에 의존해서 존재하는 보편자들은 개별자들과 '떨어져서'(para) 있을 수도 없고, 그것들 '안에'(en) 있을 수도 없다. 아리스토텔레스의 표현법에 따르면, 보편자들은 다만 개별자들에 '대해'(kata) 진술되는 것으로서 존재한다. 거칠게 말하면, 아리스토텔레스의 보편자들은 일군의 개별자들에 자연적으로 속하는 공통성에 근거해서 '술어적 실재성'을 갖는다고 할 수 있다.

4 가능태-현실태 이론

1) 철학적 배경

실체론이 '그 자체로 있는 것'을 다룬다면, 가능태-현실태 이론은 '가능적으로 있는 것'과 '현실적으로 있는 것'에 대한 이론이다. 이 이론이 아리스토텔레스의 형이상학에서 갖는 의미는 크게 두 가지이다. 한편으로 그것은 생성의 네 가지 원인에 대한 설명과는 다른 각도에서 생성의 문제를 다루면서 생성 자체의 가능성 자체를 이론적으로 마련하려고 한다. 다른 한편으로 가능태-현실태 이론은 신학적인 함축도 갖는다. 감각물의 운동과 변화를 포함한 생성 일반에 대한 논의는 자연스럽게 그런 자연적 운동과 변화의 궁극적 원리에 대한 의문으로 이어지고, 이런 의문은 신학적 논의 지평으로 우리를 이끌기 때문이다.

가능태-현실태 이론의 배경에 놓인 문제의식을 분명히 하기 위해 먼저 그 이론이 생성의 문제와 어떤 관련이 있는지부터 살펴보자. 모든 형태의 '생성' 혹은 '됨'은 '있지 않은 것'이 '있는 것'이 되고, 'X가 아닌 것'이 'X인 것'이 되는 과정이다. 물론 반대로 '있는 것'이 '있지 않은 것'이 되거나 'X인 것'이 'X가 아닌 것'이 되는 과정도 있다. 그렇다면 이렇게 '있는 것'과 '없는 것', 'X인 것'과 'X가 아닌 것' 사이의 이행인 생성을 우리는 어떻게 이해해야 할까? 한 가지 분명한 것은, 생성의 두 대립항을 이분법적으로 나누는 한 생성과 소멸의 문제가 아포리아에 빠진다는 사실이다. 파르메니데스의 철학이 단적으로 보여주듯이, '있는 것'과 '없는 것'의 이분법을 고수하는 한 우리에게 가능한 것은 "있는 것은 있는 것이고, 없는 것은 없는 것이다"라고 말하는 것뿐이며, 그때 "생성은 배제되고 소멸은 사라진다". 그런 논리에 맞서 생성의 가능성을 이론적으로 확보하기 위해서는 '있는 것'과 '없는 것', 'X인 것'과 'X가 아닌 것' 이외에 제3의 가능성, 예컨대 '지금 X이지만 앞으로 ~X일 수 있는 가능성을 가진 것'을 인정하는 수밖에 없다. 예컨대 조금 전 눈을 감고 있던 내가 이제 눈을 뜨고 밖을 보게 된다면, 이는 한순간 눈을 감고 있던 내게 다음 순간 눈을 감지 않게 될 수 있는 가능성이 주어져 있기 때문이 아닌가? 내게 이런저런 형태의 변화가 일어난다면, 그것은 지금 X의 상태에 있는 내게 앞으로 X가 아닌 상태로 이행할 수 있는 가능성이 주어져 있기 때문이 아닌가? 일반적으로 말하면 S가 현실적으로 X인 상태에 있지만, 가능적으로는 X가 아닐 수 있는 상태에 있기 때문에 그 S는 X인 상태로부터 X가 아닌 상태로 바뀔 수 있다. 가능태-현실태 이론의 근본 의도는 이런 방식으로 '현실적으로 있는 것'과 '가능적으로 있는 것'을 구분함으로써 '있는 것'과 '있지 않은 것', '~인 것'과 '~이 아닌 것'의 대립을 넘어선 생성의 가능성을 존재론의 틀 안에서 마련하려는 데 있다.

2) '가능태'와 '현실태'에 대한 유비적 정의

아리스토텔레스는 『형이상학』 제IX권 첫머리에서 '뒤나미스'(가능태, dynamis)와 '에네르게이아'(현실태, energeia)가 본래 운동(kinēsis)과 관련된 개념이라고 소개한다.(1046a1 아래) 그의 정의에 따르면 '가장 주도적인 뜻에서의 가능태'는 '변화의 원리'(archē metabolēs)가 되는 능력 또는 가능성을 가리킨다. 이런 뜻에서 그의 '뒤나미스' 개념은 단순한 양상적 '가능성'(possibility)이 아니라 현실화의 '능력'(potency) 혹은 능력의 상태(potentiality)를 뜻한다. 이를테면 어떤 작용을 할 수 있는 능력(능동적 능력), 어떤 작용을 받을 수 있는 능력(수동적 능력), 다른 것으로부터 오는 작용에 맞서는 능력(저항 능력), 젖은 장작은 불에 잘 탈 수 없다고 말할 때처럼 잘 작용하거나 잘 작용받을 수 있는 능력 등이 모두 '뒤나미스'라고 불린다. 그런 점에서 우리는 '뒤나미스'를 '능력', '가능성', '잠재력', '가능태' 등의 낱말로써 옮길 수 있을 것이다. 반면, '에네르게이아'는 본래, 그런 능력 또는 가능성을 현실화하는 운동을 가리킨다. 1047a30~2에 따르면, "'에네르게이아'라는 말은 '엔텔레케이아'와 연관되어 있지만, 주로 운동들로부터 다른 것들로 그 뜻이 확장되었다. 왜냐하면 일반적 견해에 따르면 '에네르게이아'는 대개 운동이기 때문이다." 예를 들어, 집을 지을 수 있는 능력이나 볼 수 있는 능력이 '뒤나미스'라면, '에네르게이아'는 그런 능력이 현실적으로 작용하는 운동의 상태를 가리킨다. 이런 뜻에서 보면, '에네르게이아'는 가능성의 실현으로서 '현실적 활동', '현실적인 것', '현실태'의 뜻을 갖는다.

이처럼 '뒤나미스'와 '에네르게이아'는 본래 운동할 수 있는 '능력'과 그 능력의 현실화로서 '운동'을 가리키는 용어이지만, 아리스토텔레스는 그 사용 범위를 넓혀 각각 어떤 것이 될 수 있는 가능성을 가진 질료와 그 가능성이 현실화된 상태에 있는 실체에 그 두 개념을 적용하기도 한다. 다시 집 짓기의 예를 들어보자. 집을 짓기 위해서는 먼저 건축 재료가 있어야 하는데, 건축 재료는 아직 완성된 집이 아니라 완성된 집이 될 수 있는 것이다. 그런 뜻에서 건축 재료는 집이 될 수 있는 가능성 또는 능력을 갖고 있다. 아리스토텔레스는 건축 재료를 비롯해서 모든 재료 또는 질료는 아직 어떤 것은 아니고 그저 어떤 것이 될 수 있는 가능성의 상태에 있다는 뜻에서, 질료를 '가능성의 상태에 있는 것' 혹은 '가능적인 것'(dynamei on)이라고 부른다. 건축 재료를 써서 완성한 집의 존재 방식은 물론 그와 다르다. 집은 건축 재료 안에 있는 가능성이 현실화된 것, 현실적인 것이다. 그런 점에서 건축 재료가 '뒤나미스'라고 불린다면, 완성된 집은 '에네르게이아', '현실적인 상태에 있는 것' 혹은 '현실적인 것'(energeiai on)이라고 불릴 수 있다. 이렇게 '뒤나미스'와 '에네르게이아'는 본래 '능력'과 능력의 현실화인 '운동'을 가리키지만, 더 나아가서는 능력을 갖추고 있는 것(예컨대 건축 재료)과 그 능력이 실현되어 완성된 실체(예컨대 집)를 가리키기도 한다. 아리스토텔레스가 제IX권 제6장 1048a25~b9에서 제시하는 유비적 설명에 따르면 그것들 사이에는 능력 : 운동 = 질료 : 완성된 실체의 비례관계가 있고, 이 가운데 능력과 질료는 '뒤나미스', 운동과 완성된 실체는 '에네르게이아'라고 불린다.

3) 현실태의 선행성

아리스토텔레스는 가능태와 현실태를 구별하면서 여러 가지 주장을 내세우지만, 그 가운데 가장 눈에 띄는 것은 '뒤나미스'와 '에네르게이아'의 선후 관계에 대한 주장이다. 이에 대한 논의는 제IX권 제8장에서 자세히 전개되는데, 여러 사례가 풍부하게 열거되어 있어서 논지 파악이 비교적 수월하다. 아리스토텔레스는 세 가지 측면에서, 즉 정식(logos)과 시간과 실체에서 현실적인 것이 가능적인 것에 앞선다고 말한다.(IX 8, 1049b10 아래)

첫째로, 모든 능력이나 가능성은 정의상 어떤 현실적 활동을 수행할 수 있는 능력이나 가능성이다. 이를테면 건축가는 집을 지을 수 있는 능력을 갖추고 있고, 눈은 볼 수 있는 능력을 갖추고 있다. 이런 경우 능력 또는 가능성에 대한 정식, 예컨대 '집을 지을 수 있다' 또는 '볼 수 있다' 안에는 언제나 현실적 활동에 대한 정식, 예컨대 '집을 짓다' 또는 '보다'가 들어 있다. 이런 뜻에서 현실태는 정식에서 가능태에 앞선다.

둘째로, 현실태는 시간에서 가능태에 앞선다. 사람이나 곡식이 씨에서 나오기 때문에 현실적인 사람이나 곡식보다는 각각의 씨가 시간적으로 더 앞선다고 할 수 있다. 하지만 사람의 씨나 곡식의 씨 자체는 다른 어떤 현실적 사람이나 곡식에서 생겨난 것이다. 그리고 그런 뜻에서는 현실태가 가능태에 앞선다. 아리스토텔레스의 말을 빌리면, "생겨나는 것은 모두 어떤 것으로부터 어떤 것의 작용에 의해 어떤 것이 되는데, 작용을 하는 어떤 것은 생겨난 것과 종적으로 동일하다."(1049b28~9) 곡식과 씨만 그런 것이 아니라, 다른 모든 활동도 그렇다. 왜냐하면 집을 지을 수 있는 능력을 갖추기 위해서는 실제로 집을 지어보아야 하고, 키타라 연주 능력을 갖추기 위해서는 키타라를 직접 연주해보아야 하기 때문이다.

셋째로, 현실태는 실체에서 가능태보다 앞서는데, 이런 뜻의 선행성은 다음과 같은 여러 가지 측면에서 드러난다.(1050a4 아래) ① 생성 과정은 가능성이 실현되는 과정인데, 이런 과정에서 뒤에 오는 것이 앞선 것보다 실체에서 더 앞선다. 왜냐하면 앞서는 것은 아직 덜 현실화된 것인 데 반해, 뒤에 오는 것은 형상(eidos)을 갖추고 완성된 것이기 때문이다. ② 모든 생성은 어떤 것을 실현하기 '위해서'(heneka) 진행되는데, 그런 점에서 생성 과정의 마지막에 오는 현실적인 것은 목적(telos)으로서 생성 과정 전체의 시작(archē)이며, 모든 가능성은 그것을 이루기 '위해서' 있다. 예컨대 집 짓는 사람이 건축 재료를 구하는 것은 집을 짓기 위해서이며, 집을 짓는 능력을 습득하는 것은 집을 짓기 위해서이다. ③ 질료와 형상을 일컬어 각각 가능태와 현실태라고 부르는데, 질료를 일컬어 '가능적'(dynamei)이라고 하는 이유는 그것이 형상에 도달할 수 있는 능력을 갖고 있기 때문이다. ④ 능력 또는 가능성을 활용한다고 할 때, 거기에는 두 가지 의미가 있다. 시각 능력의 활용처럼 그로부터 다른 어떤 결과물(ergon)도 생기지 않는 경우와 집을 짓는 능력의 활용처럼 그로부터 결과물이 생기는 경우이다. 이처럼 두 가지 종류의 활동이 있지만, 두 경우 모두 활동은 그 자체가 목적이거나 목적에 더 가깝고, 그런 뜻에서 활동은 단순한 가능성이나 능력에 앞선다. "따라서 분명히 실체와 형상은 현실태이다. 이런 근거에서 분명 현실태가 실체의 측면에서 가능태에 앞서며, 앞서 말했듯이 현실태가 있으면 항상 다른 현실태가 그것에 시간적으로 앞서고, 이는 영원한 첫째 원동자의 현실적 활동으로까지 이어진다."(1050b2~6)

가능태-현실태 이론의 신학적 함축은 여기서 분명해진다. 이제 현실적인 것이 실체에서 가능적인 것에 비해 우월하고 그것에 논리적으로나 시간적으로 앞선다고 해보자. 그렇다면 우리 주변에 있는 현실적인 것들은 모든 면에서 그것들보다 앞서는 다른 어떤 현실적인 것들을 필요로 할 것이다. 왜냐하면 우리 주변에 있는 것들은 변화와 소멸의 가능성을 가지며, 그런 뜻에서 불완전하게 현실적인 것들이기 때문이다. 다시 말해서 그렇게 변화와 소멸의 가능성을 갖는 가멸적인 것들(ta phtharta)에 앞서 그런 가능성을 갖지 않는 영원한 것들(ta aidia)이 있어야 한다. 그리고 이런 논리의 끝에는 궁극적으로 아무런 가능성도 포함하지 않는 순수한 현실태, 그 자체로서 현실적인 것이 온다. 아리스토텔레스의 신은 바로 그런 뜻에서 "현실적인 활동을 실체로 갖는 원리"(XII, 1071b21)이다.

5 "부동의 원동자"의 신학

'부동의 원동자'(to kinoun akinēton)에 대한 사상으로 널리 알려진 아리스토텔레스의 신학 이론은 우리가 지금까지 살펴본 존재론과 함께『형이상학』의 또 다른 층을 이룬다. 신학 이론은 제XII권 후반부에서 그 정점에 이르는데, 그에 앞서 감각적 실체들의 생성의 원리들에 대한 논의(XII, 1~5)가 예비적으로 펼쳐진다. 감각적 실체에 대한 논의에서 신적 실체에 대한 논의로 진행되는『형이상학』제XII권의 이런 구성은 아리스토텔레스 형이상학의 존재-신학적 구조의 단적인 증거라고 할 수 있다.

1) 신의 존재 증명

오늘날까지 남아 있는 아리스토텔레스 대화편의 조각글 가운데는 이른바 '존재론적 증명'과 '목적론적 증명' 등 신의 존재를 입증하려는 다양한 형태의 증명이 흩어져 있다. 그렇지만 아리스토텔레스가『형이상학』에서 제시하는 신 존재 증명은 이른바 '우주론적 증명'(cosmological argument)이다. 이 증명은 크게 두 가지 전제에 의존하는데, 하나는 i) 자연 세계의 운동의 영원성에 대한 가정이고, 다른 하나는 ii) 영원한 운동을 낳는 원인으로서 부동의 원동자에 대한 요청이다. 그 핵심은 이렇다. 자연 세계에 있는 실체들은 넓은 뜻에서 모두 운동을 한다. 달 아래의 세계에 있는 것들은 생성과 소멸, 크기의 증감, 성질의 변화를 겪고, 달 위의 세계에 속한 것들은 생성 소멸하는 일은 없이 영원한 공간적 운동을 한다. 그런데 가능태-현실태 이론에 따르면, 운동하는 것은 모두 어떤 가능한 상태로부터 현실적인 상태로의 이행이고, 운동하는 것은 모두 현실성과 가능성을 함께 가지고 있다. 말하자면 현재 운동하는 것은 운동하지 않을 수 있고, 지금 있는 것은 있지 않을 수도 있다. 그렇다면 천체들의 운동이 그치고 지상의 생명체가 모두 사라지는 것은 가능할까? 아리스토텔레스에 따르면 이런 일은 불가능하다. 왜냐하면 운동이 없다면 (운동과 동일한 것이거나 운동의 어떤 상태인) 시간도 없을 터인데, 시간이 생겨나기 "이전"이나 시간이 사라진 "이후"란 생각할 수 없기 때문이다. 따라서 땅 위에 있는 실체들의 운동과 천상에 있는 천체들의 운동을 영원히 있게 하는 영원한 운동, 즉 '첫째 하늘'의 운동이 있어야 하고, 나아가서는 이 영원한 운동을 낳는 궁극적인 운동의 원인이 있어야 한다. 그런데 이 궁극적인 운동의 원인 자체는 운동을 할 수 없다. 왜냐하면 운동하는 것은 운동하지 않을 수도 있고, 따라서 그 궁극적인 원인이 운동한다면, 그것은 세계의 영원한 운동을 보장할 수 없기 때문이다. 그런 뜻에서 자연세계의 운동은 그 자신은 운동하지 않으면서 다른 것들을 운동하게 하는 것, 즉 '부동의 원동자'를 필요로 하게 된다. 물론 여기서 '부동의'라는 말의 뜻은 그 원동자가 죽어 있는 듯 정지해 있다는 뜻이 아니라 가능성을 포함하지 않는 영원한 현실적인 존재라는 말이다. 그런 뜻에서 아리스토텔레스는 부동의 원동자를 "현실적인 활동을 실체로 갖는 원리"(XII 6, 1071b21) 또는 "신"이라고 부른다.

2) 신의 작용 방식

이 부동의 원동자는 어떻게 자기 자신은 운동하지 않으면서 다른 것들을 운동하게 할 수 있는가? 물론 부동의 원동자는 어떤 기계적인 힘을 행사해서 다른 것을 운동하게 할 수 없다. 왜냐하면 그것은 비물질적인 실체(immaterial substance)이기 때문이다. 아리스토텔레스에 따르면 질료를 전혀 갖지 않는 이 실체는 "욕구의 대상으로서" 또는 목적인으로서 세상을 움직인다. 예컨대 백화점 진열대의 보석은 그 자체는 움직이지 않으면서 지나가는 사람의 마음을 움직일 수 있다. 또 건강에 대한 욕망이 나의 발걸음을 움직여 산책에 나서게 할 수 있다. 즉, 내가 실현하려는 목적이 나의 움직임을 낳는 것이다. 부동의 원동자가 영원히 운동하는 첫째 하늘을 움직이는 방식도 비슷하다. 다만 우리가 지향하는 대상은 우리 신체의 움직임을 낳고 그 움직임에 의해서야 비로소 현실화되지만, 세상을 움직이는 부동의 신은 세상의 운동에 전혀 의존함이 없이 이미 현실적인 활동 가운데 있다는 데 중요한 차이가 있다. 아리스토텔레스는 부동의 원동자가 목적인으로서 또는 욕구의 대상으로서 첫째 하늘을 운동하게 한다고 말하는 것으로 보아, 그 첫째 하늘을 어떤 정신적인 존재로 여긴 듯하다.

　흥미로운 점은 이 부동의 원동자의 운동이 첫째 하늘의 영원한 운동을 거쳐 세계 전체에 전달되는 방식에 대한 아리스토텔레스의 생각이다. 그의 생각은 당시 그리스인들이 가졌던 천동설의 세계관을 배경으로 하고 있다. 우리 머리 위의 하늘은 마치 땅을 둘러싸고 있는 돔 지붕처럼 보인다. 그리스 사람들은 그런 모양의 하늘을 둥근 공 모양의 천구(sphaira)라고 여겼고, 크기가 서로 다른 이런 천구들이 마치 양파 껍질처럼 여러 겹 겹쳐서 전체 우주를 이룬다고 보았다. 그리고 하늘의 별들이 이 천구들에 자리잡고 있다고 생각하면서, 우리 눈에 보이는 해와 달과 별들의 운동은 실제로 그것들이 놓여 있는 천구들의 회전운동 탓이라고 설명했다. 아리스토텔레스는 이런 우주관을 바탕으로 부동의 원동자가 첫째 하늘을 운동하게 하면, 그 안에 있는 다른 하늘들, 즉 다른 천구들도 따라서 움직인다고 생각했다. 우주의 운동은 그런 점에서 신의 공놀이 또는 신의 팽이놀이와 닮았다고 할 수 있지 않을까? 팽이의 바깥을 때리면 팽이의 안쪽도 함께 돌듯이, 부동의 실체인 신이 가장 바깥쪽 첫째 하늘을 돌리면 그 안에 있는 천구들도 함께 돌면서 천체들의 운동이 생긴다. 다음 그림은 그런 우주의 단면도이다.

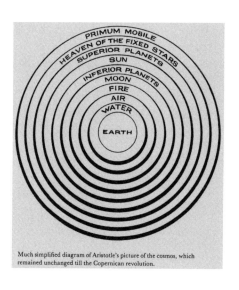

Much simplified diagram of Aristotle's picture of the cosmos, which remained unchanged till the Copernican revolution.

3) 신의 사유 활동 및 신과 세계의 관계

『형이상학』의 심오한 사변적 신학은 신의 활동 및 신과 세계의 관계에 대한 논의에서 그 정점에 이른다.

아리스토텔레스가 논리적 추론을 통해 도달한 '부동의 원동자'는 물질적인 존재가 아니다. 그것은 본성적으로 현실적인 활동(energeia)이기 때문에 가능성의 담지자인 물질 혹은 질료를 전혀 갖지 않는다. 이런 비물질적 본성을 근거로 삼아 아리스토텔레스는 부동의 원동자에 "우리 눈에 보이는 것들 가운데 가장 신적인 것", 즉 사유 활동(noēsis)만을 인정한다. 하지만 이런 사유 활동은 다른 것을 대상으로 삼을 수 없다. 그럴 경우 신의 활동은 그런 대상에 의존하게 되어 자립성을 가질 수 없기 때문이다. 따라서 신의 사유 활동은 자기 자신을 대상으로 삼는 사유 활동이다. 이런 뜻에서 아리스토텔레스의 신은 "사유 활동에 대한 사유 활동" 또는 "사유의 사유"(noēsis noēseōs)이다. 신적인 사유의 이런 자기 관계는 오랫동안 논란거리였다. 신은 다른 아무것도 생각하지 않고 오로지 자기 자신만을 생각하는가?

『형이상학』 제XII권 마지막 장에서 아리스토텔레스는 그런 신을 정점으로 삼는 세계의 질서에 대해서 말하면서 두 가지 비유를 든다. 그에 따르면 질서와 선(좋음)이 세계에 속하는 방식은 군대의 경우와 같다. 군대의 선이 군대 안의 편재된 질서 안에도 있지만 더 궁극적으로는 그 질서를 낳은 사령관에게 놓여 있듯이, 세계의 선 역시 세계 안에도 있지만 최고의 선은 세계의 궁극적 원리인 신에게 있다. 한편, 세계의 내적 질서는 집안의 질서에 비유된다. 이 비유에 따르면 세계 안에 있는 것들의 결속 상태는, 마치 자유민들은 질서에 따라 정해진 일을 하지만 노예나 짐승들은 아무 일이나 닥치는 대로 하는 집안의 상태와 같다. 이 비유를 통해 아리스토텔레스는 세계 전체의 질서가 필연적인 법칙에 따라 규칙적으로 운동하는 달 위 세계의 천체들과 우연적 변화에 내맡겨져 있는 달 아래 세계의 자연물들의 운동으로 이루어진다는 자신의 생각을 드러낸다.

아리스토텔레스가 비유적으로 설명한 이런 관계, 특히 세계 안에 있는 질서를 우리는 어떻게 이해해야 할까? 군대의 비유는 세계의 내적인 질서가 합목적적인 것이고 신의 계획의 소산이라는 생각을 낳을 수 있다. 이런 뜻에서 어떤 연구자들(브렌타노F. Brentano와 롤페스E. Rolfes)은, 아리스토텔레스가 서로 다른 종류의 생명체들을 서로 목적적인 관계에 놓인 것으로 여기며, 그런 관계로 이루어지는 세계의 질서를 제작자의 의도 탓으로 돌린다고 해석한다. 그러나 제작자의 의도에 따르는 세계의 목적적 관계를 가정하는 이런 해석은 얼마만큼의 정당성을 인정받을 수 있을까? 군대와 사령관의 비유나 집안의 비유가 그런 기독교적 해석의 여지를 남겨두고 있는 것은 사실이지만, 그런 비유들에서 아리스토텔레스의 목적론에 대한 어떤 확정된 결론을 이끌어낼 수 있을지는 의심스럽다. 이 문제와 관련해서 살펴보아야 할 점이 몇 가지 있다.

아리스토텔레스에 따르면 신은 최고의 선으로서 목적이고, 신에 이르기까지 '자연의 사다리'(scala naturae)가 있다. 달 아래 세계에서

네 요소, 식물, 동물, 사람, 신의 등급이 있고, 달 위의 세계에도 그에 상응하는 등급이 있다. 하지만 이런 사다리의 위와 아래에 있는 것들 사이에 수단과 목적의 관계가 있다고는 아리스토텔레스는 말하지 않는다. 이를테면 식물이 동물을 위해서 있고, 동물이 사람을 위해서 있고, 사람이 신을 위해서 있다는 식의 수단-목적 관계에 대한 관념은 아리스토텔레스의 철학에서는 찾을 수 없다. 물론 사람은 생존을 위해서 식물과 동물을 수단으로 이용할 수 있고, 동물도 식물을 그렇게 할 수 있다. 하지만 이런 수단과 목적의 관계는 어디까지나 사람 편에서 본 것, 동물 편에서 본 것에 불과하다. 아리스토텔레스에 따르면 식물이나 동물의 존재 목적은 사람에게 먹히는 데 있는 것이 아니다. 각 생명체는 저마다 고유한 목적을 가지고 있다. 그리고 이 고유한 목적은 바로 신의 영원한 삶에 참여하는 것이다. 이 참여는 본성에 따라 달리 실현된다. 예컨대 천체들은 영원한 운동을 통해, 땅 위의 생명체들은 종의 번식을 통해 영원한 삶에 도달하려고 한다. 아리스토텔레스는 신을 정점으로 하는 이런 생존의 사슬이 신의 계획 탓이라고 말하지 않는다. 그것이 어디에서 오는지에 대해 어떤 언급도 없다. 그것은 "신적인 계획의 작용보다는 자연의 무의식적 목적론"(로스D. Ross)의 탓으로 돌리는 것이 더 아리스토텔레스의 본의에 맞을 것이다.

아리스토텔레스 『형이상학』의 문제 중심적 탐구 성격(aporetic character)이 가장 잘 드러나는 곳은 바로 제XII권이다. 우리는 거기서 많은 문제들이 미해결 상태로 남겨진 듯한 인상을 받는다. 하지만 그런 점은 아리스토텔레스 신학 및 형이상학의 개방성을 보여주는 것이기도 한다. 아리스토텔레스의 신학은 굵은 원주들에 둘러싸인 열린 공간인 바티칸 광장과 같다. 그것은 전통 형이상학의 신학적 사유가 시작되는 곳이요 그곳을 떠났던 사유가 다시 되돌아오는 곳이다. 아리스토텔레스 이후 서구 형이상학의 역사가 이를 증명한다. 토마스 아퀴나스의 형이상학적 신학과 헤겔의 정신철학을 우리는 그 대표적 사례로 손꼽을 수 있을 것이다.

■ 참고 문헌

아리스토텔레스, 『범주들 · 명제에 관하여』, 김진성 역주, 이제이북스, 2008.
_____, 『형이상학』, 전2권, 조대호 역해, 나남, 2012.
강철웅 외, 『서양고대철학 1』, 도서출판 길, 2013.
조대호, 『아리스토텔레스의 형이상학』, 문예출판사, 2004.

제4장 아리스토텔레스의 자연학

손윤락

1 철학사의 맥락과 '자연학'의 위치

　"뤼케이온의 전체적 분위기는 현대적인 의미로 철학적이라기보다 훨씬 더 과학적이었던 것 같다. 관찰을 통한 학문들이 장려되었으며, 학생들은 그러한 학문의 기초를 이루는 자료 수집을 준비하는 일에 투입되어 아리스토텔레스 자신이 모아두었던 방대한 양의 자료에 보탰다."[1] 뤼케이온을 묘사한 이 구절은 아리스토텔레스의 학문에서 자연학적 탐구의 위상을 짐작하게 해준다. 그의 철학은 자연학적 탐구를 바탕으로 했던 것이다.

　아리스토텔레스의 저작은 주로 선대 철학자들의 이론에 대한 검토와 비판으로 시작한다. 특히 스승인 플라톤과 그의 사후에 아카데미아를 관장했던 플라톤주의자들에 대한 비판은 여러 곳에서 확인되는데, 아리스토텔레스는 이 세계가 실재하는 것이 아니며 참 존재의 모상에 불과하다는 이론을 거부한다. 핵심적인 것은 역시 변화의 설명이다. 즉, 플라톤의 이데아론은 그리스 철학의 오랜 문제인 운동과 변화의 현상을 설명하는 데 도움이 되지 않는다는 것이다. 이런 점에서 아리스토

---

1) W. K. C. Guthrie(1960), 125쪽.

텔레스의 이론적인 적수로 플라톤을 꼽을 수 있지만, 아리스토텔레스가 그의 이론에 반대한 것만큼이나 그로부터 가져온 것도 많다. 그러나 플라톤도 반대했고 아리스토텔레스 역시 근본적으로 반박했던 두 부류의 자연에 대한 사상이 있는데, 바로 엘레아 학파의 이론과 데모크리토스의 원자론이다.

아리스토텔레스는 무엇보다 파르메니데스를 필두로 한 엘레아 학파와 대결했다. 이들은 다수와 운동을 부정하는 여러 가지 역설을 제시했는데, 다음과 같은 딜레마로 정리된다. 즉, '생성은 없다. 왜냐하면 생성이 있다면 '있는 것'으로부터이거나 '있지 않은 것'으로부터일텐데 있는 것은 이미 있으므로 생성하지 않을 것이며, 있지 않은 것으로부터는 아무것도 생겨날 수 없기 때문이다.' 생성이 없다면 다수가 있을 수 없고, 운동도 변화도 없다. 그런데 이 딜레마는 이미 플라톤이 einai 동사의 의미를 구분함으로써 해결책을 제시한 바 있다. 즉, 저들은 einai를 오직 '있다'로만 사용하고 있는데, 그 의미가 '있다'와 '~이다'로 구분되는 것을 감안하면 딜레마가 성립하지 않는다는 것이다. 생성이란 '~아닌 것'으로부터 '~인 것'으로의 변화이기 때문이다. 엘레아 학파의 역설에 대한 아리스토텔레스의 가장 뚜렷한 해결책은 가능태-현실태 개념쌍이다. 그도 역시 '무로부터는 아무것도 생겨나지 않는다'(ex nihilo nihil fit)는 전통적인 원리를 받아들이지만, 그는 생성을 부정하는 존재(on)와 비존재(me on)의 대립은 인정하지 않는다. 예컨대, 이 도토리는 참나무가 '아니다'란 말은 어떤 비존재를 의미하는 것이 아니라 오히려 이 도토리가 장차 참나무가 될 수 있음을 함축한다. 그런 점에서 도토리는 가능태에 있어서 참나무다. 나중에 다시 보겠지만, 『자연학』에는 엘레아 학파의 이론에 대한 강한 반대 논증들이 제시된다. 그것을 극복하지 않고는 자연학이 불가능하기 때문이다.

아리스토텔레스가 대결한 또 다른 이론은 데모크리토스의 원자론이다. 데모크리토스는 다양한 사물들의 존재나 운동을 부정하는 것이 아니라 사물들의 본질을 부정한다. 그는 사물들이 질적으로는 어떤 구별도 없고, 다만 크기, 모양, 위치에서 다를 뿐이라고 주장한다. 아리스토텔레스는 결코 이를 받아들일 수 없다. 만일 각 사물이 본질 혹은 본성을 가지지 않는다면, 만물의 움직임은 마치 하데스에 내려간 영혼들의 모습처럼 더 이상 실체가 없는 그림자들의 너울거림에 불과할 것이기 때문이다. 이렇게 모든 것을 원자들의 이합집산으로만 설명하는 것에는 반대하지만, 아리스토텔레스는 한편으로 데모크리토스를 인정하는 면도 있다. 『생성소멸론』 제1권 제2장에서 그는 "아무도 겉핥기를 넘지 못했으나, 오직 데모크리토스만이 문제 전체를 꿰뚫은 것으로 보인다"라고 말한다.(315a34~b1) 그것은 그가 우주의 질서부터 심리적인 움직임까지 모든 현상들에 대한 설명을 하나의 일관된 이론틀로 제시하려고 했기 때문일 것이다. 한편, 『동물부분론』 제1권 제1장에서는 데모크리토스가 본질을 부정함으로써 오히려 이후 그 문제를 심각하게 탐구하게 되었다며, 일종의 '소극적' 기여도 언급한다. "그런데 데모크리토스가 처음으로 그것(본질)을 건드렸는데, …… 소크라테스의 시대에 이런 경향이 커졌고, 반면 자연에 대한 탐구는 끊어졌으며, 철학자들은 유용한 덕과 정치학의 방향으로 돌아섰다."(642a27~31)

　　이것이 아리스토텔레스의 자연학이 출발하는 지점이다. 즉, 아리스토텔레스가 기존 자연철학의 거대한 산들에 맞부딪혀 이 세계의 물질적인 사물들의 본성과 그것들의 운동-변화의 원리를 탐구하는 작업을 하는 것은 소크라테스 이후 끊어진 학문의 전통을 다시 잇는 작업이라고 할 수 있다. 그런데 아리스토텔레스의 '자연학'이라는 말은 중의적이다. 그것은 좁은 의미로는 그의 저작 『자연학』(Physica)을 가리키지만, 일반적으로는 자연 세계에 관한 그의 모든 논의들을 의미한다. 고대 그리스에서 철학은 자연 세계에 관한 탐구로 시작했는데, 철학사에서 이를 '자연철학'이라고 불렀으며, 특히 소크라테스 이전 철학자들의 사상을 가리킬 때 사용한다. 이 장에서 '자연학'은 넓은 의미로 사용될 것이다.

　　이론학, 실천학, 제작학으로 크게 구분되는 아리스토텔레스의 학문 분류에 따르면, 자연학은 형이상학, 수학과 함께 이론적인 학문에 속한다. 이론학은 어떤 것을 만들어내거나 행동하는 데 필요한 앎이 아니라, 지식 그 자체를 목적으로 하는 앎이다. 또한 실천학이나 제작학과 달리 이론학은 그 탐구 대상으로 '본성에 따라 필연적으로 존재하거나 생성하는 것'을 취한다. 이론학에 속하는 학문들 가운데서도 자연학은 '독립적으로 존재하고 변화에 종속되는 것들'을 다룬다. 자연학은 물과 불 등의 원소들로부터 모든 무생물과 생물들, 그리고 천체들에 이르기까지 현실 세계의 구체적인 사물들을 대상으로 하되, 그것들의 존재와 변화의 원리를 탐구하는 것이다.

아리스토텔레스의 저작 목록에서 자연학에 속하는 것들은 논리학적 저작들 바로 다음에 나온다. 논리학이 학문의 도구(organon)로서 학문 이전의 과목들인 점을 고려하면, 자연학이 학문의 시작이라고 할 수 있다. 자연학 저작들은 전체 목록에서 절반 이상을 차지할 만큼 다른 분야에 비해 그 분량이 방대하다. 주요 작품으로는 자연철학의 일반적인 원리를 다루는 『자연학』이 있고, 오늘날의 물리학과 화학에 해당하는 내용을 다루는 『천체론』(De Caelo), 『생성소멸론』, 『기상론』이 있다. 또한 『우주론』(De Mundo)이 있지만 위작으로 간주된다. 그리고 생물학에 가까운 작품으로 『영혼론』과 『자연학 소론집』, 『동물지』, 『동물부분론』, 『동물발생론』 등이 있다.[2) 우리는 이 장에서 '자연학'의 주요 저작들과 함께 『형이상학』도 일부 살펴볼 텐데, 그 대상은 자연철학의 역사를 다루는 제1권과 제2권, 아리스토텔레스가 천체와 신에 대해 언급하는 제12권 등이다.

---

2) 『영혼론』이 자연학에 속하는 것은, 고대 그리스에서 '영혼'이 인간만이 아니라 생명을 가진 모든 존재의 기능을 표현하는 말이며, 생물이 자연학의 주 대상이기 때문이다. 식물의 영혼은 생장 기능을 갖고, 동물의 영혼은 거기다 욕구 기능을 더 갖지만, 인간의 영혼에는 그것들에 더해 로고스(logos)의 기능을 담당하는 부분, 즉 정신(nous)이 있다.

2 자연학의 일반 원리

1) 사물의 본성과 자연철학

우리가 『자연학』이라고 부르는 작품은 원래 physikē akroasis(자연학 강의)였는데 라틴어로 physica로 이름 붙은 것이다. 이 제목은 선대 자연철학자들의 저술이 대개 『자연에 관하여』(peri pyseos)였던 것과 비견된다. 그리스 철학에서 퓌시스(physis)란 자연 혹은 본성을 의미하므로, 『자연학』은 자연적으로 존재하는 사물 일반, 즉 '그 안에 운동과 정지의 원리를 가진' 모든 사물들을 다루되,(『자연학』, 192b14) 그 공통의 본성을 탐구한다. 이것은 생물들과 그 부분들, 그것들의 구성 분자인 요소들, 그리고 요소들로 이루어진 무생물을 포함한다. 인공물도 그 재료가 자연적인 것인 한 자연적인 운동을 할 수 있으므로, 대상이 된다. 예컨대 내가 떨어뜨린 펜이 바닥으로 떨어지는 것을 보면 알 수 있듯이, 그것은 방해받지 않는다면 그 운동을 유지하려고 한다.

『자연학』은 자연철학의 일반적인 원리를 담고 있는데, 한마디로 사물의 본성을 다룬다. 아리스토텔레스는 자연 세계의 본성을 밝히려고 했던 그리스 철학의 전통 위에서 물질적인 사물들을 이루는 궁극적 재료와 그것들 안에서 구분해낼 수 있는 변화의 본성과 원인들을 탐구한다. 따라서 원인을 밝히는 일은 중요하다. 아리스토텔레스가 자연철학의 전통에서 이어받은 사물의 본성에 대한 물음은 자연 세계의 사물들이 존재한다는 사실, 그리고 그것들이 변화한다는 사실을 전제로 한다. 앞서 파르메니데스가 다수와 운동이 불가능하다고 논증함으로써 이 전제를 부인했던 것이며, 이후 철학은 그의 논증을 극복해야 하는 부담을 안았다. 플라톤은 경험 세계의 존재자들이 불변하는 '형상'의 존재에 근거한다는 구도를 세웠다. 그러나 아리스토텔레스는 '존재는 하나이며 다수가 있을 수 없고 따라서 변화란 불가능하다'는 엘레아 학파의 의견이 자연철학을 송두리째 부정하는 것임을 지적한다.

아리스토텔레스의 '실체'들은 대부분 다양한 변화를 겪는, 일시적인 사물들이다. 아리스토텔레스는 변화가 있다는 것은 경험에 의해 정립된 사실로 받아들여야 하며, 그것을 우리 탐구의 토대로 삼아야 한다고 보았다. 그러나 그는 경험에만 호소하는 데 그치지 않고, 파르메니데스의 논증을 논리적으로 반박하는 길을 모색한다.

플라톤과 마찬가지로 아리스토텔레스도 보편적인 것을 학문적 탐구의 대상으로 삼았다. 그러나 플라톤이 형상 혹은 이데아가 개별적 사물들과는 별개로 존재하며 모상에 불과한 개별자들의 본(paradeigma)으로서 그것들의 존재론적, 인식론적 근거라고 본 반면, 아리스토텔레스는 보편자 혹은 본질을 개별적 사물들 안에서 추구한 것으로 알려져 있다. 아리스토텔레스에게도 형상(eidos)이 현상 세계 사물들의 존재론적인 토대가 되지만, 그것은 어떤 개별적 실체 안에 구현되어 있는 것이다.

아리스토텔레스는 선대 철학자들의 자연에 관한 탐구 방법론을 비판했는데, 그 요지는 그들이 원리 혹은 원인을 찾았으되 질료적 원인만 찾았다는 것이다. 아리스토텔레스는 심지어 "형이상학자" 파르메니데스조차 차가움과 뜨거움을 흙과 불처럼 두 개의 원리로 삼는 물질적 이원론자로 그리고 있다.[3] 한편 아리스토텔레스 자신은 사물의 존재와 생성의 원리로서 아르케〔시작〕를 찾는다면 그것의 목적〔끝〕도 찾아야 한다는 주장이다. 이러한 생각이 그의 4원인설로 발전하는데, 이것은 자연 세계의 존재와 운동을 목적론적인 입장에서 파악하는 것으로, 아리스토텔레스는 이러한 시각을 플라톤에게서 이어받은 것으로 보인다. 그럼에도 불구하고 아리스토텔레스는 플라톤의 자연철학적 이론들을 많은 부분에서 강력하게 비판하고 있기도 하다. 그가 플라톤에게 내리는 근본적인 비판은 우리의 지각과 경험의 대상인 이 세계는 플라톤이 말한 것처럼 참다운 존재의 세계가 아닌 현상의 세계 혹은 모상들의

---

3) 이 보고는 아리스토텔레스의 저술 전반에서 발견된다. 『자연학』, 188a19~22; 『생성소멸론』, 330b13~15; 『형이상학』, 986b31~987a2 참조.

세계에 불과한 것이 아니라, 각각 제 본성을 지닌 사물들의 총합이라는 것이다.

그렇지만 전체적으로 아리스토텔레스는 "무로부터는 아무것도 생겨나지 않는다"는 그리스 사상의 전통을 받아들인다. 장차 서양의 세계관에서 하나의 핵심적인 모토가 될 이 생각은 탈레스 이래로 자연철학자들에게서 면면히 이어져온 것으로, 파르메니데스에 의해서 강력하게 시험에 빠진 바 있다. 그 후로 자연철학은 엠페도클레스에 의해 되살아나서 아낙사고라스, 데모크리토스 등으로 넘어오면서 이 세상의 만물이 생겨났다면 무엇으로부터 생겨난 것인지, 혹은 원래 그렇게 있었다면 어떻게 그렇게 되어 있었다는 것인지를 좀 더 정교한 모델로 설명하게 되었다. 이러한 생각은 플라톤이 말년에 펼친 자연철학에서 크게 한 걸음 발전하게 되는데, 우주를 존재자들의 총합이자 질서 있는 전체로 본 것이다. 우주는 "언제나 있는 신" 데미우르고스가 직접 "무엇이라 부를 수 없는 원질(原質)"에 형상을 부여하여 만들어낸 제작물이니, 그가 우주의 중심에 혼(psychē)을 넣고 여기다 동일성의 운동과 타자성의 운동을 부여하며 다양한 비율에 따라서 운행하게 함으로써 하나의 유기적인 통일체로 만들었다.[4] 이러한 우주 제작 이야기는 흔히 "위로부터의" 존재론이라고 하며, 플라톤의 목적론적 시각을 잘 보여주는 대목이다.

반면 아리스토텔레스는 플라톤과 달리 우주가 어느 한 시점부터 시작된 것으로 보지 않는다. 그에 따르면, 우주는 원래부터 있었다. 그것은 유기적 전체로서, 영원하고 불변하며 어떤 것에 의해서도 움직여지지 않으나 다른 모든 것들을 움직이게 한 최초의 운동을 촉발한 "부동의 원동자"인 신을 닮으려고 한다.[5] 이것은 플라톤과 같은 목적론

---

4) 플라톤, 『티마이오스』, 34b3 이하(혼), 36c6(동일성 운동, 타자성 운동). 박종현·김영균 공동 역주, 서광사, 2000, 98쪽 참조.

5) 아리스토텔레스는 『자연학』 제8권에서 자연 세계의 다른 모든 운동을 설명하려면 논리

적 시각이다. 그런데 우주가 플라톤에게서처럼 제작된 것으로서 시작이 있다면 "완전히 무규정적인 태초의 원질"이 상정될 필요가 있을 것이다. 그러나 아리스토텔레스의 우주는 원래부터 존재했으므로 그런 시작을 갖지 않는다. 이 점에서 우리는 우주를 이루는 근원적인 물질에 관한 아리스토텔레스의 이론이 플라톤의 그것과 같은 지평 위에 있지 않음을 알 수 있다.

2) 변화의 원리

아리스토텔레스의 철학에서 탐구의 대상으로 강조되는 실체의 예들은 대개 동물이나 식물, 그 밖의 자연적 사물들이며, 또한 인공물도 덧붙여질 수 있다. 대체로, 아리스토텔레스의 세계를 구성하는 일차적인 실체들은 이러한 감각 가능한 사물들, 즉 "보통 크기의 물질적 대상들"[6]이다. 이를 바탕으로 그는 "감각 가능한 실체들 외에 어떤 실체들이 존재하는가?"(『형이상학』, 1028b29)라는 존재론적 질문을 던진다. 이 물음은 중요한데, 아리스토텔레스에 따르면 그런 것들이 근본적인 실재들이며 학문의 대상이기 때문이다.

아리스토텔레스의 세계에서 주요 실체인 감각적 사물들의 기본적인 특징은 그것들이 변화한다는 것이다. 영원히 존재하며 항상 동일한 플라톤의 형상들과는 달리, 아리스토텔레스의 실체들은 대부분 다양한 변화를 겪는 일시적인 것들이다. 아리스토텔레스는 범주에 따라 네 가지 유형의 변화가 있다고 보는데, 사물은 실체에 있어서, 질에 있어서, 양에 있어서, 그리고 장소에 있어서 변화할 수 있다. 실체 변화는 생성

적으로 자기 자신은 움직이지 않는 최초의 작용인이 있어야 한다는 결론에 이른다. 『형이상학』, 제12권 제8장 참조. "그러나 제1의 본질(to ti ên einai)은 질료를 가지지 않으니, 그것이 완전 현실태이기 때문이다. 그러므로 부동의 원동자(prōton kinoun akinēton)는 정의에 있어서도 수에 있어서도 하나이며, 따라서 언제나 그리고 지속적으로 움직여지는 것도 그러하며, 결과적으로 오직 하나의 천체만 존재하는 것이다."(1074a36~39)

6) J. Barnes(2000), 74쪽.

과 소멸이다. 그런 변화는 예컨대 소크라테스가 태어나거나 죽을 때 일어나며, 반지가 만들어질 때와 파괴될 때 일어난다. 성질 변화는 '변성'(alloiosis)이라고 불린다. 소크라테스는 햇빛을 받아 검어지거나 겨울 동안 창백해질 때 변한다. 양적 변화는 증가와 감소다. 자연적 사물들은 대개 처음에는 자라다가 끝에는 줄어든다. 마지막으로 장소 변화는 이동이다. 『자연학』은 다양한 형태의 변화에 대한 탐구에 할애된다. '자연' 혹은 '본성'(physis)이란 운동과 변화의 원리이므로, 사물들이 변화의 원리를 갖고 있다면 본성을 가진다. 말하자면, 자연학의 대상이란 변화하는 것들로 이루어져 있다는 것이다.

『자연학』 서두에서 아리스토텔레스는 모든 변화는 세 가지를 포함한다고 주장한다. 첫째, 그것으로부터 변화가 시작되는 상태, 둘째, 그것에로 변화가 전개되어가는 상태, 셋째, 변화에도 잔존하는 대상이다. 제5권에서는 표현이 약간 다르다. "변화를 시작하는 무엇이 있고, 변화하는 무엇이 있으며, 그 안에서 변화가 일어나는 무엇(시간)이 있다. 이것들 외에, 그것으로부터 오는 바와 그것으로 향해가는 바가 있다. 모든 변화는 무엇으로부터 무엇으로 일어나며, 변화하는 것은 그것으로 변화해갈 바 및 그것으로부터 변화해온 바와 다르다. 장작, 뜨거움, 차가움을 예로 들어보자." 장작이 아궁이 안에서 뜨거워질 때 그것은 차가움의 상태로부터 변화하며, 뜨거움의 상태로 변화하지만, 장작 자체는 변화에 잔존한다. 변화는 시간이 걸린다. 그리고 아마도 변화를 촉발한 무언가가 있었을 것이다.

모든 변화에는 시작 상태와 마지막 종료 상태가 있다는 것은 분명하다. 그리고 그 상태들은 구분됨이 분명한데, 그렇지 않다면 변화가 일어나지 않았을 것이기 때문이다. 예컨대, 어떤 대상이 흰색에서 검은색으로 변할 수 있고, 다시 흰색이 될 수 있다. 그러나 만일 그것의 색깔이 주어진 기간 내내 동일하다면, 그것은 그 기간 동안 색깔에 있어 변화하지 않은 것이다. 또한 질적인 변화, 양적인 변화 그리고 장소 이동의 경우, 변화 내내 잔존하는 어떤 것이 있어야 한다는 점은 쉽게 이해할 수 있다. 한편으로, "모든 변화는 무언가의, 즉 변화하는 것의 변화다." 다른 한편, 이 "무언가"는 반드시 잔존해야 한다. 여기까지는 속성들의 변화를 설명하는 것인데, 변화 이전과 이후의 양극단 상태와 변화에 잔존하는 기체라는 세 요소로 설명한 것으로서 무리가 없다. 그러나 아리스토텔레스의 변화에 대한 이러한 분석은 실체 변화의 경우 어려움을 가지는 것으로 보인다.

3) 실체 변화와 질료 · 형상설

생성과 소멸에서 양극단 상태가 비존재와 존재라는 것은, 상상하기는 쉽다. 소크라테스가 생겨났을 때, 그는 비존재 상태로부터 존재 상태로 변화했다. 그가 죽었을 때 그는 그 반대의 변화를 한 것이다. 그러나 생각해보면 이것은 부당하다. 왜냐하면 소크라테스는 그의 생성에서 그 시작에는 없었으므로 잔존자가 아니고, 그의 소멸에서 그 끝에는 없을 것이므로 역시 잔존자가 아니기 때문이다. 오히려 이 두 변화는 소크라테스의 존재의 시작과 끝을 의미한다. 여기서 아리스토텔레스는 실체 혹은 사물들이 어떤 의미에서 복합체라는 사실을 포착하게 된다. 예컨대 집은 일정한 구조로 배치된 벽돌과 목재들로 구성되어 있다. 조상(彫像)은 일정한 형태로 조각되거나 조소된 대리석이나 청동으로 되어 있다. 동물은 일정한 원리에 따라 결합된 조직들인 살과 뼈 등으로 이루어져 있다.

이렇게 실체들은 물질과 구조라는 두 "부분"으로 이루어져 있는데, 이것을 아리스토텔레스는 질료와 형상이라고 부른다. 질료와 형상은 실체들의 물리적 부분들이 아니다. 청동 조상을 별개의 두 부분으로, 즉 그것의 청동과 그것의 모양으로 잘라낼 수도 없다. 다른 한편, 우리는 질료를 실체의 물리적 측면으로, 또 형상을 일종의 비물리적 부가물로 생각해서도 안 된다. 축구공의 모양은 그것의 가죽 재질만큼이나 물리적인 측면이다. 오히려, 질료와 형상은 실체들의 논리적 부분들이다. 즉, 어떤 특정 실체가 무엇이냐에 대한 설명에서, 예컨대 조상이 무엇이냐 혹은 사람이 무엇이냐에서처럼, 그 물질과 구조 둘 다가 언급되어야 한다.

이제 우리는 '생겨나는 것은 무엇이든 이런 부분과 이런 부분으로, 즉 질료와 형상으로 나뉠 수 있다'는 말을 이해할 수 있다. "실체들이 …… 밑에 놓인 어떤 기체로부터 생겨남이 분명하다. 왜냐하면 언제나 밑에 있는 어떤 것이 있음에 틀림없는데, 그것으로부터 생겨나는 것이 생겨난다. 식물들과 동물들이 씨앗으로부터 생겨나듯이 그러하다. 그리고 생겨나는 것들은 어떤 경우에는 모양의 변화로(예를 들어 조상), 어떤 경우 첨가로(예를 들어 성장하는 것들), 어떤 경우에는 제거로(예를 들어 대리석 헤르메스상), 또 어떤 경우에는 함께 결합함으로써(예를 들어 집) 생겨난다."(『자연학』, 190b1~8) 어떤 조상이 생겨날 때, 즉 만들어질 때, 잔존하는 대상은 조상 자체가 아니라 그 조상의 질료, 즉 일정량의 청동이나 대리석 덩어리다. 여기서 양극단 상태는 속성들의 변화에서처럼 비존재와 존재가 아니라, 모양 없음과 모양 갖춤이다. 사람이 생겨날 때는, 잔존하는 것은 사람이 아니라 그 물질이다. 그리고 그것은 처음에는 '사람 아닌 것'이고 나중엔 '사람인 것'이다.

변화의 본성에 관한 이 설명으로 아리스토텔레스는 그의 선배들이 제기했던 변화에 관한 많은 난제들을 극복하려고 한다. 사실 실체 변화에 있어서 그의 설명이 완전히 설득력 있는 것은 아니다. 그러나 아리스토텔레스의 설명이 우주 전체의 시작을 배제하는 등 제한적이라 해도, 그것이 그의 자연학 이론에서 크게 문제되지는 않는다. 왜냐하면 그 이론은 무엇보다도 우리의 월하(月下) 세계의 변화하는 사물들을 다루고 있기 때문이다.

4) 가능태, 현실태

지금까지 묘사한 것은 변화 자체에 대한 아리스토텔레스의 설명이라기보다, 오히려 변화를 위한 전제 조건들에 대한 설명이다. 그는 『자연학』 제3권에서 '변화란 무엇인가?'라는 물음을 던지고, 제1권의 논의를 보충하는 의미를 가진 답변을 내놓는다. 그의 답변은 이렇다. "변화란 가능태상 존재의, 그 자체로서의, 현실태다."(201a11) 이 문장은 종종 아리스토텔레스의 운동의 정의로 인용된다. 여기서 아리스토텔레스가 쓴 단어는 kinesis다. 이 말이 가끔 장소 이동의 의미로 제한되기는 하지만, 대개는 '변화' 일반을 뜻하며, 이곳 『자연학』 제3권에서도 넓은 의미로 쓰였다. 그러나 이 문장은 애매하고 어려워서, 좀 더 설명이 필요하다. 우선, "그 자체로서"(hē toiouton)라는 말이 무엇을 의미하는지 애매한데, 조금 뒤 201a29의 유사한 문장에 "변화하는 자로서"(hē kinēton)라고 나오므로 분명해진다.

문제는 '가능태'와 '현실태'라는 말이다. 이 두 낱말은 아리스토텔레스의 용어로 유명한데, 잠재적으로 그러그러한 무엇과 현실적으로 그러그러한 무엇, 즉 쉬고 있으나 기술과 능력을 가진 목수와 현재 작업 중인 목수 간의 차이를 나타내는 데 쓰인다. 능력을 가지는 것과 그것을 실행하는 것은 다른 문제다. 전자는 가능성을 소유하는 것이고 후자는 그것을 현실화하는 것이다. 아리스토텔레스는 가능태와 현실태 간의 구분과 관련하여 상당히 많은 주장을 펼치는데, 그중 일부는 어렵다. 예컨대, 그는 "현실태는 모든 경우에, 정의에 있어서도 실체에 있어서도 가능태에 앞선다. 그리고 시간에 있어서 그것은 어떤 점에서는 앞서고 어떤 점에서는 아니다"라고 주장한다.

첫 번째 논점은 참이다. 왜냐하면 어떤 가능태를 정의하기 위해 우리는 반드시 그것이 무엇을 위한 가능태인가를 특정해야 하기 때문이다. 그리고 그렇게 하면서 우리는 어떤 현실태를 명명한다. 예컨대, 건축가임은 건축할 수 있음이다. 그러나 그 역은 참이 아니기 때문에, 즉 현실태는 동일한 방식으로 가능태를 전제하지 않으므로, 현실태는 정의에 있어서 그것에 상응하는 가능태에 앞선다.

한편, 현실태가 시간에 있어서 가능태에 앞선다는 주장은 설득력이 덜하다. 아리스토텔레스의 말은 어떤 잠재적인 그러그러한 것이 있기 전에 반드시 현실적인 그러그러한 것이 있어야 한다는 것, 예컨대 어떤 잠재적 사람이 있기 전에 반드시 현실적인 사람이 있어야 한다는 뜻이다. 아리스토텔레스는 이렇게 말한다. "모든 경우에 현실적으로 그러그러한 것은 잠재적으로 그러한 것으로부터, 현실적으로 그러한 어떤 것의 작용에 의해 생겨난다. 예컨대, 사람이 사람으로부터 생겨나고, 음악적인 사람이 음악적인 사람의 작용에 의해서 생겨난다. 변화를 시작하는 무언가가 언제나 있으며, 변화를 시작하는 것은 그 자체로 그러그러한 것이다."

어떤 변화도 원인을 요구한다. 일반적으로, 우리가 어떤 것을 그러그러하게 되도록 만들려면 그것에 그 특성을 전달해야 한다. 그리고 우리 자신이 소유하고 있는 것만 전달할 수 있다. 그러므로 만일 누군가가 음악적이게 된다면 누군가 혹은 무언가에 의해 음악적이게 되도록 작용되었음에 틀림없다. 원인을 주는 작용자는 음악성을 전달했기 때문에 그 자체가 반드시 현실적으로 음악적이어야 한다. 그래서 잠재적으로 음악적인 것이 그 잠재성을 실현하기 위해서는 현실적으로 음악적인 것이 반드시 있어야 한다. 그러나 아리스토텔레스의 이 논증이 결정적이지는 않다. 먼저, 그것은 현실적인 것이 잠재적인 것을 앞선다는 점을 보여줄 수는 없고, 다만 현실적인 것이 잠재적인 것의 실현에 앞선다는 것만 보여준다. 둘째, 그것은 인과라는 불안정한 원리들에 의존한다. 사실 인과란 전달의 문제일 필요가 없고, 대개 전달의 문제도 아니다.

그렇다면 저 "변화란 가능태상 존재의, 그 자체로서의, 현실태다"라는 말에서, 무엇을 위한 가능태이고 현실태인가? 대답은 아리스토텔레스의 논증 가운데 나온다. 그것은 변화하기 위한 잠재성이다. 아리스토텔레스의 모호한 문장을 이렇게 바꿀 수 있겠다. '변화는, 변화 가능한 것으로서 변화 가능한 것의 현실태다.' 이렇게 보면 이 말이 변화를 설명하는 것으로 이해된다. 그러면 "변화"나 "현실태"라는 추상적인 명사들을 일상의 동사로 대체해본다면, 저 문장은 '어떤 것은 그것이 변화할 수 있는 가능성을 가질 때 그리고 그 가능성을 실행할 때 변화한다'라는 의미로 이해된다.

아리스토텔레스는 저 말로써 변화의 어떤 형식적인 정의를 내리기보다 변화 속에 내재된 현실태의 측면을 강조하려고 했는지도 모른다. 그는 어떤 경우 현실태들은 그 상응하는 가능태들과 양립하지 않는다고 생각한다. 흰 것은 흰 것이 될 수 없다. 즉, 현실적으로 흰 것은 동시에 잠재적으로 희지 않다. 흰색으로 칠해지기 전에 천장은 잠재적으로 흰색이었지 현실적으로 흰색이었던 것은 아니었다. 칠해진 뒤에는, 그것은 현실적으로 흰색이지 더 이상 잠재적으로 흰색이 아니다. 반면 또 다른 경우 현실태들은 그렇지 않다. 현실적으로 그러함은 여전히 잠재적으로 그러함과 양립 가능하다. 어떤 기수가 현실적으로 경주장을 달리고 있을 때, 그는 여전히 승마 능력이 있다. 아리스토텔레스의 저 변화에 대한 정의의 요지는, 변화란 두 번째 종류의 현실태라는 것인 듯하다. 소크라테스가 현실적으로 햇빛을 쬐는 동안 그는 햇빛 쬘 능력이 있다. 일반적으로, 어떤 대상이 현실적으로 변하고 있는 동안 그것은 여전히 변화할 능력이 있다.

아리스토텔레스의 자연철학은 변화에 관해 이것보다 훨씬 더 많은 이야기를 담고 있다. 변화는 시간〔때〕과 공간〔장소〕 안에서 일어나며, 『자연학』은 시간과 공간 그리고 허공의 본성에 대한 이론들을 내놓는다. 공간과 시간은 무한히 분할 가능하기 때문에, 아리스토텔레스는 무한의 개념을 분석한다. 그는 또한 제논의 유명한 운동의 역설들에 대해 다루면서, 운동과 시간의 관계 및 이와 관련한 다수의 문제들을 거론한다. 지면상, 이렇게 좀 더 세밀한 설명이 필요한 문제들은 여기에서 다루지 않고, 변화의 원리를 좀 더 좇아가보자.

3 4원인설

물질적인 사물들은 변화하며, 그 변화들에는 원인이 있다. 학자의 세계는 원인들로 가득 차 있으며, 우리가 이미 본 것처럼, 학자의 지식은 원인들을 언급하고 설명을 내놓을 수 있는 능력을 요구한다. 우리는 아리스토텔레스의 자연학적 저술들이 원인에 대한 선언과 설명으로 가득하기를 기대할 것이며, 그의 철학적 논변들이 인과와 설명의 본성에 대한 어떤 묘사를 포함하기를 기대할 것이다. 아리스토텔레스는 어느 쪽 기대에도 어긋나지 않는다. 아리스토텔레스의 설명에 대한 묘사의 핵심은 그의 '4원인설'이다. 그의 간략한 논의를 보자.

어떤 것은 ① 그것이 그로부터 무언가가 생겨나는 바 구성요소라면 어떤 점에서 원인이라고 불린다(예를 들어 조상의 청동, 잔의 은과 같은 부류). ② 다른 점에서 만일 그것이 형상과 본, 즉 그 본질의 형식이거나 이러한 부류(예를 들어 옥타브의 2:1, 수), 그리고 정의 속에 있는 부분들이라면, ③ 또한 만일 그것이 변화나 정지의 제1원리의 원천이라면(예를 들어 숙고하는 사람은 원인이며, 아이의 아버지 그리고 일반적으로 제작되는 것의 제작자와 변하고 있는 것의 변화시키는 자), ④ 또한 만일 그것이 목적, 즉 그것 덕분인 것이라면(예를 들어 걷기의 건강). 그리고 또한 어떤 다른 것이 변화를 촉발했을 때, 변화시키는 자와 목적 사이에 오는 것들─예컨대 식이요법, 설사약, 약, 건강 도구 등. 왜냐하면 이것들은 모두 목적을 위한 것이며, 그것들은 어떤 도구이거나 행위라는 점에서 서로 다르기 때문이다.(『자연학』, 194b23~195a3)

아리스토텔레스는 우리에게 사물들은 네 가지 서로 다른 방식으로 "원인"이라고 불린다고 말하지만, 그의 예시들은 간략하다. 첫 번째 예 "조상의 청동"을 보자. 아리스토텔레스의 말은 청동이 조상을 설명한다거나 그 이유라는 뜻이기는 어려운데, 그건 전혀 무의미하기 때문이다. 그러면 무슨 말인가? 첫 번째 주목할 점은, 아리스토텔레스에 따르면 원인을 요구하는 것은 "그 때문인 바"를 찾는 것이라는 점이다.

말하자면, 그것은 왜 어떤 것이 그러한가를 묻는 것이다. "왜"라는 물음은 "때문에"라는 대답을 요구한다. 따라서 무언가의 원인을 언급하고 싶다면 "X, 왜냐하면 Y 때문이다" 형태의 문장을 사용할 줄 알아야 한다.

두 번째로, 아리스토텔레스는 "그 때문인 바는 언제나 이런 방식으로 요구된다. '무엇 때문에 어떤 것이 다른 것에 속하는가?' …… 예컨대, '무엇 때문에 천둥이 치는가? 무엇 때문에 구름 속에서 소음이 생기는가?' 왜냐하면 이런 방식으로 어떤 것이 다른 어떤 것에 대해 요구되기 때문이다. 다시 말해, 무엇 때문에 이것들이, 즉 벽돌과 목재들이 집인가?"라고 말한다.

우리가 원인을 추구할 때, 우리는 왜 이것이 저것인지, 왜 이러이러한 것이 그러그러한지를 요구한다. 말하자면, 우리가 설명하려고 하는 사실은 하나의 단순한 주어-술어 문장 즉, 'S는 P이다'로 표현될 수 있다. 우리의 물음은 '왜 S는 P인가?'이다. 그리고 대답은 이런 형태로 주어질 수 있다. 'S는 P이다. 왜냐하면 Y 때문이다.'

끝으로, 아리스토텔레스는 "원인은 매개념이다"라고 말한다. 왜 S는 P인가를 묻는 것은, 말하자면, S와 P를 연결하는 고리를 찾는 것이다. 그리고 그 고리는 물음의 두 어구 사이의 '매개념'을 이룰 것이다. '왜 S는 P인가?' '왜냐하면 M 때문이다.' 더 완전하게 말하면 'S는 P인데, 왜냐하면 S는 M이고 M은 P이기 때문이다.' 왜 소는 여러 개의 위장을 가지는가? 왜냐하면 소는 반추동물이고, 반추동물은 여러 개의 위장을 가지고 있기 때문이다.

설명이 언제나 실제로 이렇게 딱딱한 형식으로 제시될 필요는 없다. 그러나 아리스토텔레스는 설명은 모두 이렇게 제시될 수 있으며, 이런 형식이 원인 관계들의 본성을 가장 명료하게 드러내준다고 주장한다. 설명 문장에 관한 이러한 논의는 아리스토텔레스의 설명 개념이 어떻게 그의 논리학에 통합되는지, 그리고 학자의 기본적인 탐구 대상인 원인들이 어떻게 도출된 결과를 제시하는 공리화된 체계 내에서 표현될 수 있는지를 알 수 있게 해준다. 이제 본격적으로 '4원인설'로 들어가보자.

아리스토텔레스의 첫 번째 유형의 원인인 '그것으로부터 어떤 것이 생겨나는 구성 분자'를 그는 보통 '질료로서의 원인'이라고 부르며, 주석가들은 '질료인'이라고 부른다. '조상의 청동'이라는 예시는 '조상은 이러이러한데, 왜냐하면 조상이 청동으로 된 것이고 청동으로 된 것들은 이러이러하기 때문이다'라는 형식이 생략된 것이다. '청동으로 된'이라는 매개념은 조상의, 예컨대 '늘릴 수 있음'이라는 원인을 표현한다. 그리고 청동이 조상의 구성 물질이므로 여기서 원인은 질료적 원인이다.

아리스토텔레스의 두 번째 종류의 원인인 '형상과 본'은 보통 '형상인'으로 불린다. 이것도 예시가 모호하다. 그 대신 다음 구절을 보자. "그것이 무엇인가와 왜 그것이 있는가는 동일하다. 월식은 무엇인가?— 달이 지구에 가려서 빛을 잃는 것이다. 왜 월식이 있는가?— 왜냐하면 지구가 그것을 가릴 때 빛이 사라지기 때문이다." 다른 말로 하면, 달이 식을 겪는데, 왜냐하면 달은 가려짐으로써 빛을 잃으며, 가려짐으로써 빛을 잃는 것들은 식을 겪기 때문이다. 여기서 매개념인 '가려짐으로써 빛을 잃는'은 왜 월식이 일어나는지를 설명해준다. 그리고 그것은 월식의 형상 혹은 본질을 말해준다. 즉, 월식이 무엇인지를 말해준다.

오늘날 우리는 인과 개념을 대개 어떤 것이 어떤 것에 미치는 행위, 예컨대 밀기나 당기기 같은 것과 관련짓는 경향이 있다. 그리고 보통 '작용인' 혹은 '운동인'으로 불리는 아리스토텔레스의 세 번째 유형의 원인을 가장 편하게 여길 것이다. 적어도 아리스토텔레스의 작용인에 대한 예시는 우리가 가진 인과관계의 개념과 연관된 특징들을 갖고 있다. 따라서 그 예들은 작용인이 그 작용 대상과 별개라는 것, 그리고 원인이 그 결과보다 앞선다는 것을 암시한다.

그런데 아리스토텔레스는 작용인을 질료인이나 형상인과 근본적으로 다른 것으로 간주하지 않는다. 더구나 그는 작용인들이 그 결과들을 언제나 앞서는 것은 아니라고 주장한다. 사실, 그는 원인과 결과의 동시성을 보통의 경우로 취급한다. '아이의 원인은 아버지다'라는 그의 예는 다음과 같이 확장될 수 있다. '아이는 인간이다. 왜냐하면 아이는 인간 아버지를 가졌고, 인간 아버지를 가진 아이들은 인간이기 때문이다.' 여기서 원인을 표현하는 어구는 '인간 아버지를 가진'인데, 원인이 결과에 앞서지 않는다. 즉, 아이는 먼저 인간 아버지를 가지고 나서 인간이 되는 것이 아니다.

아리스토텔레스는 그의 네 번째 원인을 '그것을 위한 것', 즉 '목적'으로 언급하는데, 보통 '목적인'으로 알려져 있다. 목적인을 표현하는 일반적인 방식은, 연결사 '~하기 위해'를 사용하는 것이다. "그는 건강하기 위해 걷는다." 그런데 목적인은 '원인'으로서는 좀 이상하다. 첫째, 그것은 쉽사리 '그 때문인 바'라는 말로 이해되지 않는다. '~하기 위해'는 쉽게 '때문에'로 이해되지 않는다. 둘째, 그것은 인간의 의도적인 행위들에만 적합할 것으로 보인다. 왜냐하면 '~하기 위해'는 의도를 표현하며, 인간의 행위만이 의도적이기 때문이다. 셋째, 그것은 그 결과보다 뒤에 오는 것으로 보인다. 예컨대, 건강은 걷기의 원인이라고 하는데, 걷기 이후에 일어난다. 넷째, 그것은 존재하지 않고도 결과를 낼 수 있는 듯하다. 어떤 사람의 건강은 그를 걷게 하지만, 아직 존재하지 않을 수 있다.

세 번째와 네 번째 지적은 사소한 것일 수 있다. 아리스토텔레스는 목적인이 그 결과보다 뒤에 온다는 점을 인식하고 있으며, 목적인이 결과를 내지만 존재하지 않는 경우들을 암묵적으로 인정하고 있다. 그보다 두 번째 지적이 더 중요하다. 아리스토텔레스는 목적인이 의도적 행위에만 적합하다고 생각하지 않았다. 반대로, 목적인이 발휘되는 일차적 영역이 자연의 영역, 즉 동물과 식물의 세계다. 가장 심각한 것은 첫 번째 지적인데, 설명이 필요하다.

어떻게 목적인이 설명 문장들의 구조에 대한 아리스토텔레스의 논의에 들어맞는가? 그는 목적인의 예로 이런 표현을 든다. '왜 집이 있는가? 사람의 소유물을 보호하기 위해서.' 이 설명은 다음과 같이 확장될 수 있을 것이다. 집은 지붕이 있다. 왜냐하면 집은 소유물을 위한 보호처이며 소유물을 위한 보호처는 지붕이 있기 때문이다. 여기서 '소유물을 위한 보호처'가 매개념이며, 그것이 집의 목적인을 표현한다. 즉, 그것은 집을 가지는 것의 목적을 말해준다. 그러나 아리스토텔레스의 논의를 이렇게 윤색하는 것은 그의 텍스트와 좀 거리가 있다.

목적인은 '~ 때문에 ~하다'라는 원인 설명의 형식에 잘 맞지 않는다. '왜 S는 P인가? M 때문이다'라는 형식을 다시 보자. 어떤 경우는, M의 S와 P에 대한 관계는 앞에서 본 것처럼 S는 M이고, M은 P라는 것이다. 다른 경우에는, 더 복잡할 수 있다. 목적인으로서, M은 S의 목적이며, 동시에 P를 통해 성취될 수 있는 어떤 것인 한에서 왜 S는 P인지를 설명해줄 것이다. '왜 그는 걷는가? 건강을 위해서'. 왜냐하면, 건강이 그의 목적인데, 건강은 걷기를 통해 성취될 수 있으므로. '왜 오리는 물갈퀴를 가졌는가? 헤엄을 위해서'. 왜냐하면, 헤엄은 오리에게 목적인데, 헤엄은 물갈퀴를 가짐으로써 더 쉬워지므로.

지금까지 본 4원인설 외에도 설명에 관한 아리스토텔레스의 논의는 더 많이 있으나, 한 가지, 우연에 관한 문제만 언급하고 넘어가기로 한다. 아리스토텔레스에 따르면, 모든 지식은 항상 타당하거나 대부분의 경우(hos epi to polu) 타당한 것을 다룬다. 자연에는 우연적인 현상들이 있으나, 그것은 학문적 지식의 대상이 아니다. 그러나 아리스토텔레스가 세계가 어느 정도 무규정적이라고, 즉 모든 사건들이 인과의 연계로 묶여 있는 것은 아니라고 추론하는 것은 아니다. 그와 반대로, 그는 자연적 규칙성에 대한 예외들은 해당 사물의 질료적인 특성 때문에 일어나며, 그것으로 설명될 수 있다고 생각한다. 예컨대, 사람은 대부분 백발이 되며, 이러한 규칙성은 학문 탐구의 대상이 된다. 그런데 만일 소크라테스가 백발이 안 된다면, 그것은 예외이지만 원인 없는 미스터리가 아니다. 그것은 소크라테스의 머리카락의 독특한 본성에 의해 결정된다. 우연적 현상에도 원인이 있다. 아리스토텔레스는 자연 세계 안에 원인 없는 사건을 인정하지 않는다. 그러나 모든 현상이 학문이 요구하는 규칙성을 보여주지는 않기 때문에, 모든 사건이 학문의 대상이 되는 것은 아니다.

4 목적론

아리스토텔레스는 『동물부분론』의 서두에서 자연에 대한 목적론적 시각을 드러내면서 다음과 같이 말한다.

> 우리는 자연물의 생성과 관련하여 한 가지 이상의 원인을, 즉 그것을 위해서인 바[목적인]와 변화의 원천인 바[작용인]를 본다. 따라서 우리는 이들 중 어느 것이 첫째이고 어느 것이 둘째인지 결정해야 한다. 첫째는 우리가 '그것을 위해서'라고 부르는 것인데, 왜냐하면 이것은 그 사물의 설명이며, 사물의 설명은 기술의 산물에서도 자연의 산물에서도 동일한 방식으로 원리이기 때문이다. 왜냐하면 사유에 의해서건 지각에 의해서건 의사는 건강을 규정하고 목수는 집을 규정한다. 그래서 그들은 그들이 하는 모든 것에 대해 설명과 원인을 제공하며, 왜 그것이 이런 방식으로 되는지를 설명해준다. 이제 '그것을 위해서인 바' 혹은 '좋은 것'은 기술의 산물에서보다 자연의 산물에서 더 우세하다.(『동물부분론』, 639b12~21)

'목적론'이라는 말은 끝을 의미하는 그리스어 telos에서 왔으며, 목적론적 설명은 목적 혹은 최후의 원인에 호소하는 설명이다. 아리스토텔레스에 따르면 목적인은 기술의 산물에서와 마찬가지로 자연의 작품에서도 생기며, 자연적 현상을 설명하기 위해서는 반드시 목적인을 제시해야 한다. 목적인에 의한 설명은 '좋은 것'에 의한 설명이다. 왜냐하면, 예컨대 오리가 수영을 위해서 물갈퀴를 가진다면, 오리에게 물갈퀴를 가지는 것은 좋은 것이기 때문이다. 목적인은 '어떤 사물의 설명'과 일치하기 때문에 일차적인 것이다. 수영은 오리의 본성의 일부이며, 오리가 무엇인지에 대한 올바른 설명에는 수영이 반드시 언급되어야 한다. 목적인은 이론적인 고찰에 의해 자연에 부과되는 것이 아니라, 자연 속에서 관찰된다.

아리스토텔레스는 생물학 저작들에서 지속적으로 목적인을 찾는다. 왜 치아는 동물 구조의 다른 딱딱한 부분들과 달리 계속해서 자라는가? "그것들이 자라는 이유는 목적인의 의미에서 그것들의 기능에서 발견될 것이다. 왜냐하면 ……."(『동물발생론』, 745a27~b3) 또한 왜 사람은 두 손을 가지는가? "아낙사고라스는 사람이 손을 가지기 때문에 동물들 가운데 가장 영리하다고 말한다. 그러나 그들이 가장 영리하기 때문에 손을 가지고 있다고 생각하는 것이 합리적이다. 왜냐하면 손은 도구이며, 자연은 영리한 사람처럼 항상 각 사물을 그것을 사용할 수 있는 무언가에게 부여하기 때문이다. …… 그러므로 만일 이것이 더 낫다면, 그리고 자연이 주어진 환경에서 가장 좋은 것을 행하는 것이라면, 인간은 그의 손 때문에 가장 영리한 것이 아니라 그가 동물들 가운데 가장 영리하기 때문에 손을 가지는 것이다."(『동물부분론』, 687a8~18)

목적인은 흔히 '필연성'과 대비되는데, 특히 동물들 혹은 동물의 부분들의 질료적 본성에 의해 부과된 제약들과 대비된다. 그러나 심지어 필연성이 현상을 설명하도록 요청되는 곳에서도 여전히 목적인에 의한 설명의 여지가 있다. 왜 물새들은 물갈퀴를 가졌는가? "이러한 이유로, 그들은 필연적으로 그것을 가지고 있다. 그리고 더 좋기 때문에, 그들은 삶을 위해서 그런 발을 가진다. 그래서 날개가 쓸모 없는 물에서 살면서 수영을 위해 유용한 물갈퀴를 가졌을 것이다."(『동물부분론』, 694b6~12)

아리스토텔레스의 목적론은 때로 "자연은 아무것도 헛되이 하지 않는다"라는 말로 요약되며, 그 자신이 이런 취지의 경구를 자주 사용한다. 그러나 아리스토텔레스가 목적인이 자연 세계 전체에서 발견된다고 주장하더라도, 그것이 말 그대로 어디서나 발견되는 것은 아니다. "간 속의 담즙은 일종의 잔류물이며, 어떤 목적을 위한 것은 아니다. 마치 위나 장 속의 침전물처럼. 자연은 가끔 어떤 유익한 목적을 위해서 심지어 잔류물도 사용한다. 그러나 그것이 모든 경우에 목적인을 찾아야 할 이유는 아니다."(『동물부분론』, 677a14~18) 아리스토텔레스는 『동물발생론』 제5권에서 동물의 그러한 비목적적 부분들에 관해 상술하고 있다. 자연의 행태나 자연적 구조는 대개 목적인을 가진다. 왜냐하면 자연은 아무것도 헛되이 하지 않기 때문이다. 그러나 목적인은 필연에 의해 제한된다. 자연은 '주어진 환경에서' 할 수 있는 최선을 다하지만 때로 가끔은 목적인이 전혀 발견되지 않는 경우도 있다.

『자연학』은 자연적 목적론을 지지하는 다수의 논증을 포함하고 있다. 그것들 중 일부는 "기술은 자연을 모방한다" 혹은 "기술은 자연의 모방이다"(『기상론』, 381b6)라는 아리스토텔레스 특유의 개념에 의존한다. 만일 우리가 기술의 산물에서 목적인을 볼 수 있다면, 자연의 산물에서는 목적인을 더 많이 볼 수 있다. 또한 『동물부분론』에 나오는 "우리는 자연에서 목적인을 본다"는 주장이 다른 데서도 나온다. "그것은 기술로 행위하는 것도 아니고 탐구나 숙고를 통해서 행위하는 것도 아닌 다른 동물의 경우에 특히 분명하다. …… 그리고 만일 이렇게 더 나아가면, 식물들에서도 목적에 유익한 것들이 산출됨이 분명해진다. 예컨대, 잎들은 열매를 감추기 위해서."(『자연학』, 199a20~30)

그런데 우리는 정말 자연에서 목적인을 보는가? 우리는 정확하게 무엇을 본다고 생각할 수 있나? "~를 위해서"나 "~를 목적으로"라는 말은 무엇보다 의식을 가진 행위자의 의도적 행위를 설명할 때 쓰이는 것으로 보인다. 그렇다면 아리스토텔레스는 자연 현상에 행위자나 의도하는 개념을 부여하는 것인가? 그는 동물과 식물들이 의도를 가진다는 것도 아니고, 그 행위의 목적인이 그것들이 목적하는 바라고 말하지도 않는다. 오리는 물갈퀴 발을 가지려는 계획을 세우지 않으며, 식물이 그들의 잎사귀를 고안하는 것도 아니기 때문이다. 아리스토텔레스의 목적론은 동식물에 의도를 부여하는 것이 아니다. 그렇다면 그는 자연의 산물이 아니라 자연 자체에 의도를 부여하는 것인가? 아리스토텔레스는 몇몇 구절에서 자연을 자연 세계의 지적인 조물주로 언급한다. 예컨대 "훌륭한 가정 관리자와 같이, 자연은 선용될 수 있는 어떤 것도 낭비하지 않는다." 이런 구절이 주목을 끌지만, 조물주 자연이 아리스토텔레스의 목적론의 전부일 수 없다. 사실 생물학 저작들에 나타나는 상세한 목적론적 설명에서 그는 좀처럼 자연의 계획이나 조물주의 목적을 언급하지 않는다. 만일 아리스토텔레스의 목적론을 의도적 계획으로 해석할 수 없다면, 그것을 어떻게 이해해야 할까?

일반적으로 동물과 식물의 구조적이고 행위적인 특징들은 그 유기체에 본질적이거나 유용한 어떤 활동을 수행하도록 기능한다. 만일 유기체가 그러한 행위를 수행하지 못한다면, 그것은 살아남지 못하거나 어렵게 생존할 것이다. 우리가 동물의 생태를 이해하려고 한다면, 그 동물의 부분들 및 행태와 관련된 기능들을 파악해야 한다. 예컨대, 오리가 물갈퀴를 가지고 있다는 것을 알고 또 그들이 수영한다는 것도 알고 있다고 해도, 아직 오리를 완전히 이해한 것이 아니다. 그것에 더해 물갈퀴가 수영하는 데 도움이 된다는 것, 그리고 수영이 오리의 삶에 본질적인 부분임을 알아야 한다. 아리스토텔레스는 "오리는 왜 물갈퀴를 가지고 있는가?"라는 물음에 대한 하나의 답으로 "수영하기 위해서"라고 말함으로써 이것을 표현하고 있다. 그의 "~하기 위해서"라는 표현은 우리가 "~하기 위해서"를 주로 의도적 행위에 연결짓기 때문에 이상하게 들리는 것이다. 아리스토텔레스는 그것을 주로 기능과 연관지으며, 자연 속에서 기능을 본다. 이것은 일리가 있다. 자연적 사물은 기능적 부분들을 포함하고 있고, 기능적 행태를 보여주기 때문이다.

"자연은 아무것도 헛되이 하지 않는다"는 말은 자연학의 탐구를 위한 규제적 원리다. 아리스토텔레스는 자연의 어떤 측면은 기능이 없다는 것을 알고 있다. 그러나 그는 기능을 포착하는 것이 자연을 이해하는 데 결정적이라는 점을 깨달았던 것이다.

5 천체론과 요소 이론

기원전 4세기의 아테네는 천체 이론의 각축장이었다. 에우독소스(기원전 408~347년경)는 수학적으로 완결된 지구 중심의 우주라는 플라톤의 개념을 바탕으로[7] 완전한 천체의 모습을 재구성하려고 시도했다. 그는 관찰에서 나타나는 행성들의 역행을 설명하기 위해 행성마다 각각 그 궤도가 되는 복수의 천구들이 있다는 가설을 제시했다. 즉, 달과 태양에는 3개, 그 밖의 다섯 행성들에는 4개씩의 천구들이 각각 존재한다는 것인데, 여기에 항성들의 천구를 더하면 천구의 수는 모두 27개가 된다. 이 모델은 관찰을 통해 사실과 다르다는 것이 밝혀졌는데, 목성과 토성에는 들어맞았으나 금성과 화성에는 맞지 않는 것으로 보였다. 에우독소스의 제자 칼리포스(기원전 370~300년경)가 관측과 차이가 나는 행성들 간에 이를 보정하는 천구들을 몇 개 더 놓음으로써 이 모델을 개선했으며, 이로써 천구들의 수는 34개까지 늘어나게 되었다.

에우독소스 이래로 이렇게 행성들의 역행을 설명하기 위해 행성들 사이에 놓는 천구들과 이른바 "보정 천구" 개념이 아리스토텔레스의 천체 이론 구성에서도 핵심적인 내용 가운데 하나가 된다.[8] 『형이

---

7) 이 "지구 중심의"(geocentric) 우주란 천동설을 가리키는 것으로, 근대에 이르기까지 인간이 천체의 운행을 해석하는 기본 모델이었다.

8) 보정 천구가 구체적으로 어떤 모양인지에 대해서는 해석의 여지가 있다. 천구(sphaira) 개념이 천체가 지나가는 길을 의미한다는 점에서는 오늘날의 궤도와 유사하지만, 고대 그리스의 천구는 천체를 둘러싸는 투명한 덮개처럼 묘사된다는 점에서는 다르다. 만일

상학』 제12권 제8장에서 아리스토텔레스는 행성 간의 보정 천구를 더 추가하여 모두 55개의 천구를 상정하고 있다는 사실이 이를 방증하고 있다.(『형이상학』, 1074a7~14) 그는 같은 텍스트의 조금 앞부분에서 다음과 같이 말하고 있다. "그러나 만일 현상들의 설명에 모든 천구들이 고려되기를 원한다면, 각각의 행성이〔칼리포스가 놓은 만큼의〕천구들에서 하나씩 적은 수의 천구들을 더 가질 필요가 있는데,[9] 이것들이 역행하며 바로 아래 놓인 행성의 첫 번째 천구를 동일한 위치로 되돌려 놓는다."(『형이상학』, 1073b38)

이 구절에서 우리는 아리스토텔레스가 행성들이 원래 가지는 각각 하나씩의 기본적인 천구 외에도 행성들 간의 역행 현상을 설명해주는 보정 천구들이 존재한다는 에우독소스의 가설을 받아들이고 있음을 볼 수 있다. 그러나 앞에서도 말한 바와 같이, 아리스토텔레스는 하늘의 천체들에 관한 이론에서 플라톤과는 전적으로 다른 입장에 서 있다. 플라톤이 거대한 원운동을 수행하는 천체의 운행에서 완전성을 보고 그것으로부터 우주의 불멸성과 신성성을 찾았다면, 이것은 이미 필멸의 물질세계를 넘어가는 "형이상학"(meta-physica)이라고 할 수 있다. 반면에 아리스토텔레스는 천체에 관한 탐구를 우리의 세계에 대한 탐구 안에, 즉 "자연학"(physica) 안에다 놓고 있다. 아리스토텔레스의 관심은 행성들의 운행이 질서 있는 운동의 전이들로 환원될 수 있는지만큼이나, 플라톤-에우독소스 계열의 모델이 실제로 세계의 물리적 사실과 부합하는지를 발견하는 데 있는 것이다.

아리스토텔레스의 『천체론』에 따르면, 달의 천구를 기점으로 우주는 월상계(月上界)와 월하계(月下界)로 나뉘며, 하늘과 땅의 어디에도

보정 천구를 '덮개'의 일종으로 본다면 각 행성에 복수의 덮개가 존재하는 방식이 되고, 오늘날의 해석처럼 '궤도'로 본다면 각 행성은 기본 궤도 외에 행성 간의 역행을 상쇄하는 정도만큼의 작은 궤도들을 가진 모양이 된다.

9) 예컨대, 칼리포스가 4개의 천구를 가진 것으로 본 토성의 경우 그보다 하나 적은 3개의 천구를 추가해서 7개의 천구가 필요하다는 것이다.

"그 안에 아무것도 존재하지 않는" 허공(kenon)은 존재하지 않는다. 행성들 간에는 복수의 천구들이 개입해 있고, 이들은 일정한 두께를 가지고 있으며, 서로 맞닿아 있기 때문에 운동이 끊이지 않고 전이될 수 있다. 따라서 항성들의 운동이 월상계와 월하계를 통해서, 즉 가장 먼 행성인 토성을 통해서 목성으로, 그리고 그 아래의 행성으로 전이되어 지구에까지 이르고, 이것이 우리가 겪는 태양의 연간 운동과 일간 운동을 비롯해서 물질세계의 변화들까지 설명해준다는 것이다. 거꾸로 말하면, 지구에서 항성들에 이르기까지 거시적 운동의 연쇄가 보장되어 있으며, 이것이 아리스토텔레스의 목적론적인 우주론의 거시적인 측면이다.

그런데 아리스토텔레스의 자연철학을 미시적으로 들여다보면 이야기가 달라진다. 물질세계의 궁극적인 단위로 요소들을 상정하는 점에서는 아리스토텔레스도 플라톤과 마찬가지였다. 그러나 그는 요소들을 플라톤과 같이 수학적인 것으로 보지 않고 오직 온도(온-냉)와 습도(건-습)라는 물리적인 특성만 가지는 것으로 설명하고 있다. 아리스토텔레스는 플라톤의 요소 이론이 면들을 궁극적인 단위로 삼는 수학적인 모델이어서 이것으로는 물리적 세계를 재구성할 수 없다고 비판한다. 월상계에는 불변의 요소 에테르가 존재하여 천체들을 이루지만 우리 세계와는 직접 관련이 없으며, 월하계는 불·공기·물·흙이라는 네 종류의 요소들이 순서대로 위로부터 지구 중심에 이르기까지 본성적 장소를 가지며, 다양한 변화 요인들로 인해 서로 섞여 있다. 지표면에 이를수록 변화의 현상이 많아지며, 그것이 바로 우리가 만나는 변전하는 물질세계이다.

아리스토텔레스는 우주가 헤시오도스의 신화에서처럼 카오스(Chaos)에서 그냥 태어난 것도 아니고, 파르메니데스가 불가능을 논증한 것처럼 무(me on)에서 생겨난 것도 아니라고 본다. 더구나 아리스토텔레스는 플라톤이 『티마이오스』에서 데미우르고스의 제작이라고 설명한 것처럼 무언가가 우주를 창조했다는 생각도 끊는다. 아리스토텔레스에 따르면 우주는 원래 존재해 있었다. 이것은 자연과학사에서 "우주발생론(cosmogony)과의 단절"로 기록되고 있다. 우주는 유일하고 영원히 존재하며 한정되어 있고 허공 없이 충만한 구형이다. 따라서 우주는 생성된 것도 아니고 소멸하지도 않을 것이다. 『생성소멸론』에 따르면 이것은, 궁극적으로 보면 요소들 또한 생성과 소멸을 겪지 않는다는 사실에서 보장된다. 불·공기·물·흙이라는 네 종류의 요소들로 가득 찬 우주 안에서는 단 하나의 요소도 무로부터 새로 생겨나지 않고 단 하나의 요소도 무의 심연으로 사라지지 않는다.

그렇다면 어떻게 사물들의 생성과 소멸, 그리고 성질에 따른 다양한 변화들이 가능할 것인가? 그것은 요소들 간에 서로 변환이 일어나기 때문이다. 아리스토텔레스가 "요소들의 생성·소멸"이라고 말한 것은 바로 이 전체적으로 그 수의 가감이 없는 요소들의 상호 변환을 가리킨다. 즉, 한 요소의 생성은 다른 한 요소의 소멸을 가리키며, 한 요소의 소멸은 다른 한 요소의 생성을 가리킨다는 것이다. 아리스토텔레스의 요소 이론에서 기본이 되는 이 상호 변환의 원리는 그의 『천체론』과 『생성소멸론』에서도 잘 나타난다.

그것들(요소들)은 생겨날 수 있으므로, 생성은 비(非)물체로부터나 물체로부터 일어날 것이며, 만일 어떤 물체로부터라면 그것은 다른 어떤 물체로부터이거나 서로로부터일 것이다. 그런데 한편 비물체로부터 생겨난다고 하는 이론은 [분리된] 허공(kenon)을 상정하게 된다. …… 이것이 불가능함은 앞에서 보였다.(『생성소멸론』, 301a1 이하)

다른 한편 요소들은 어떤 물체로부터 생겨날 수도 없는데, 왜냐하면 그렇다면 요소들 이전에 다른 물체가 존재해야 하기 때문이다. …… 요소들은 비물체로부터 생겨날 수도 없고 다른 어떤 물체로부터 생겨날 수도 없으므로, 그것들 서로가 서로로부터 생겨나는 것만

남는다.(『천체론』, 305a14∼32)[10]

그렇다면 어떤 하나의 소멸(phthora)이 다른 하나의 생성 (genesis)이기 때문에, 또 어떤 하나의 생성이 다른 하나의 소멸이기 때문에, 변화(metabole)가 필연적으로 간단없는 것이 아닌가? 그러 므로 이 사실이 존재자들 각각에 대해 생성이 있다는 것, 그리고 유사 하게 소멸이 있다는 것에 대해서, 모든 경우에 적용되는 충분한 이유 라고 보자.(『생성소멸론』, 318a23∼27)

이렇게 아리스토텔레스의 요소 이론은 네 요소들이 각각 비물체 적인 것으로부터 생겨나는 것도 아니고 그보다 하위의 어떤 물체적인 것으로부터 생겨나는 것도 아니며, 오직 네 요소들 서로가 서로로부터 생겨나고 서로에게로 소멸한다는 생각을 기본으로 하고 있다. 따라서 요소의 "변화"란 네 종류의 요소들이 서로 간에 변환하는 것을 말한다. 그런데 이때에는 "위-아래"와 "무거움-가벼움"을 원리로 하는 천체론 적인 고려는 배제된다. 이것이 『천체론』과 달리 『생성소멸론』에서 두 드러지는 요소 변환 이론의 맥락이다.

6 아리스토텔레스의 세계와 신

아리스토텔레스는 광범위하고 다양한 주제에 대해서 많은 양의 구체적인 정보를 축적한 수집가였다. 그는 또한 광범위하게 철학적 생 각들을 펼쳐낸 추상적인 사상가였다. 아리스토텔레스의 지성적 활동의

---

10) 아리스토텔레스는 앞에서 따로 존재하는 허공이란 불가능함을 지적했을 뿐 아니라(III 2, 301a1 이하), 그 자체로 단순체인 요소들 이전에 혹은 안에 그보다 더 단순한 물체가 있다는 것이 불가능하다는 점도 지적한 바 있다(III 3, 302a15∼18).

이 두 가지 특성은 별개의 지적 토대 위에 세워진 것이 아니다. 반대로, 그의 과학적 작업과 철학적 탐구는 하나의 통합된 지성적 전망의 두 축이라고 할 수 있다. 아리스토텔레스는 놀라운 과학자였으며 동시에 심오한 철학자였다. 그의 자연철학 저작들은 경험적 연구를 바탕으로 관찰된 현상들을 조직하고 설명하려고 시도한다는 의미에서 과학적이며, 또한 사물들의 진리에 도달하려는 반성적이고 체계적인 시도라는 의미에서 철학적이다.

아리스토텔레스 자신이 이 작업의 일반적인 계획을『기상론』의 서두에서 지적하고 있다. "나는 이미 자연의 제1원인들과 모든 자연적인 운동을 다루었고, 상층부에 배치되어 있는 천체들을 다루었으며, 또한 물질적 요소들의 수와 본성, 그것들의 상호 변환, 생성과 소멸 일반을 다루었다. 이 탐구 중에 검토 대상으로 남아 있는 부분은 이전의 사상가들이 '기상론'이라고 부른 것이다. ······ 우리가 이 주제들을 다 다루게 되었을 때, 우리는 우리가 제시한 선에 대해, 동물과 식물에 대해, 일반적으로도 개별적으로도 어떤 설명을 내놓을 수 있는지 알게 될 것이다. 왜냐하면 우리가 그것을 해냈을 때, 우리는 아마도 우리가 처음에 세웠던 계획을 완수했을 것이기 때문이다."(『기상론』, 338a20~27, 339a7~9)

아리스토텔레스는 실재의 본성에 대한 분명한 견해를 제시한다. 월하 세계의 근본적인 물질인 요소(stoicheia)는 불, 공기, 물, 흙 네 종류다. 각각의 요소는 온, 냉, 건, 습의 네 가지 원초적인 힘 혹은 성질로 규정되며, 예컨대 불은 온-건, 흙은 냉-건 등을 본원적 성격으로 가진다. 요소들은 각각 본성적 운동과 본성적 자리를 가진다. 불은 그 자체로 놓이면 위로 움직일 것이며 월상계의 가장 먼 가장자리에 자리잡을 것이다. 흙은 본성적으로 아래로, 즉 우주의 중심으로 움직인다. 공기와 물은 그 사이에 자리를 잡는다. 요소들은 서로 작용하며 서로에게로 변화할 수 있다. 요소들의 상호 변환은『생성소멸론』에서 논의된다. 요소들의 결합이라는 일종의 2차적인 형태의 상호작용은『기상론』제4권에 나온다.

흙은 아래로 내려가는 경향이 있으며, 우리 지구는 본성적으로 우주의 중심에 있다. 지구와 그 대기를 넘어서는 차례로 달, 해, 행성들 그리고 항성들이 있다. 천체들을 일련의 동심원적 천구들에 하나씩 부여하는 아리스토텔레스의 지구 중심적 천문학은 그 자신이 발명한 것이 아니다. 그는 직업적인 천문학자가 아니었으며, 동시대 사람인 에우독소스와 칼리포스의 작업에 의존했다. 『천체론』은 추상적인 천문학과 관련된 것이다. 아리스토텔레스의 주된 논지는 물리적 우주는 공간적으로 한정되어 있으나 시간적으로 무한하다는 것이다. 그것은 광활하지만 한계가 있는 구이며, 시작 없이 존재해 있으나 끝없이 존재할 것이다.

지구와 달 사이에는 중간-대기가 있다. 아리스토텔레스의 『기상론』은 '기상적인 것들'을 탐구하는데, 문자 그대로 하면 '중간-대기에 걸려 있는 것들'이란 뜻이다. 이 말은 원래 구름, 천둥, 비, 눈, 서리, 이슬과 같은 현상들, 다시 말해 날씨와 관련된 것이었다. 그러나 그것은 우리가 천문학이나 지리학으로 분류할 것들을 포함하도록 의미가 확장되었다. 『기상론』은 이러한 다양한 현상들에 대해 설명하고 있다. 그의 설명들은 경험적 바탕을 가지고 있지만, 탄탄한 이론에 의해 규제되고 있다. 사실 이 작품의 여러 논의들이 이론적 통일성을 가지는 것은 '증발'이라는 개념이 텍스트 전체를 관통하는 데서 나온다고 할 수 있다. 아리스토텔레스는 증발 혹은 기화는 지구에서 지속적으로 발생하고 있다고 주장한다. 그것은 축축하거나 김이 나는 것과 건조하거나 연기가 나는 것, 두 종류다. 이것들의 움직임은 중간-대기에서 일어나는 대부분의 사건들을 일목요연하게 설명하는 데 도움이 된다.

지상에서 가장 두드러진 탐구 대상은 생물들과 그 부분들이다. "동물의 부분들 가운데 어떤 것은 비복합체인데, 즉 균일한 부분들로 나뉘는 것들(예를 들어 살, 뼈)이고, 다른 것들은 복합체인데, 즉 비균일 부분들로 나뉘는 것들(예를 들어 손, 얼굴)이다. …… 다시 모든 비균일

부분들은 균일 부분들로 이루어져 있는데, 예컨대 손은 살과 힘줄과 뼈들로 되어 있다."(『동물지』, 486a5~8, 13~14) 그러나 무생물과 생물 간의 선명한 경계는 존재하지 않는다. 비록 생물들이 하나의 위계에, 즉 가치와 복잡성이 증가하는 '자연의 사다리'에 배열될 수 있지만, 그 계열의 단계들은 엄격하게 구분되어 있지 않다. 식물들과 가장 낮은 형태의 동물 사이에는 정확한 경계가 없다. 그리고 가장 낮은 동물들로부터 자연히 사다리의 꼭대기에 있는 인간들에까지, 하나의 연속적인 진행이 있다.

자연 세계란 이런 것이다. 그리고 그것은 끊임없는 변화 속에서 변함없는 규칙성을 보여주면서 영원히 지속한다. "원운동, 즉 천체들의 운동은 그 운동과 그것 때문에 생긴 운동들은 필연적으로 생겨나고 또 생겨날 것이기 때문에 영원한 것으로 보였다. 왜냐하면 만일 원 안에서 움직이는 것이 항상 다른 어떤 것을 움직이게 한다면, 이것의 운동 역시 원운동이어야 한다. 예컨대 상계(上界)의 운동은 원환적이기 때문에, 태양은 이런 방식으로 움직인다. 그리고 이 때문에, 계절들이 원을 그리며 생겨나고 되풀이된다. 그리고 그것들이 이런 방식으로 생겨나기 때문에, 그것에 의해 생겨나는 것들이 또한 그러하다."(『생성소멸론』, 338a18~b6)

그렇다면 세계는 어떻게 규제되는가? 그것을 운행하게 하는 신들이 있는가? 외관상 아리스토텔레스는 관습적인 다신론자였다. 그는 유언장에서 스타기라에 있는 제우스와 아테나 신전에 조각상들을 바치도록 했다. 그러나 그러한 제의적 행위들이 그의 철학적 신념을 반영하는 것은 아니다. "먼 옛날 선조들은 신화의 형태로, 이것들[천체들]이 신들이며 신적인 것이 우주 전체를 둘러싸고 있다는 생각을 후손에게 남겼다. …… 우리가 이런 것들[신화적 유산]을 떼어내고 그 첫 번째 것, 즉 그들이 제1실체들을 신들이라고 생각했다는 것만을 받아들인다면, 이를 영감으로 말해졌다고 여겨야 할 것이다."(『형이상학』, 1074b1~10)

아리스토텔레스가 종종 "신성한 몸들"로 언급하는 천체들은 특별한 물질, 즉 다섯 번째 원소인 에테르(aither)로 이루어져 있다. 왜냐하면 "여기 우리 주변의 것들과 떨어져 있는, 그 본성이 하계로부터 멀리 떨어져 있다는 점에서 더 명예로운, 어떤 다른 몸이 있기"(『천체론』, 269b14~16) 때문이다. 이제 사유하고 지성을 사용하는 것은 가장 신성한 것의 기능이며, 천체들은 신성하므로 살아 있고 지성적임에 틀림없다. 왜냐하면 "우리가 그것들을 단순히 물체로, 즉 질서를 보여주나 생명은 없는 것으로 생각하는 경향이 있지만, 우리는 그것들이 행위와 생명을 가지고 있다고 간주해야 한다. …… 우리는 별들의 운행이 동물이나 식물의 행위와 똑같다고 생각해야 하므로."(『천체론』, 292a19~22, b1~2)

『자연학』 제8권에서 아리스토텔레스는 변화하지 않는 변화의 원천, 즉 보통 "부동의 원동자"[11]로 불리는 것이 존재함을 논증하고 있다. 그는 만일 우주에 어떤 변화라도 있으려면 자신은 변화하지 않으면서 다른 것들에 변화를 촉발하는 어떤 원천이 있어야 한다고 주장한다. 부동의 원동자는 우주 바깥에 있다. "변화하는 모든 것 바깥에 전혀 변화하지 않고 그대로 있는 어떤 것이 있어야 하는가, 없어도 되는가? 그리고 이것이 우주에 대해서도 참이어야 하는가? 만일 변화의 원리가 우주 내부에 있다면 부당하게 보일 법하다."(『동물의 운동』, 699b31~35) 외부의 원동자는 "사랑의 대상으로서 변화를 촉발한다. 그리고 다른 것들은 스스로 변화함으로써 변화를 시작한다."(『형이상학』, 1072b3~4) 동심원적인 천구들과 그것들이 나르는 천체들도, 모두 제5원소로 되어 있으며 신성하다. 그것들은 움직이는 신들이다. 그것들을 넘어서, 비물체적이고 우주 밖에 있는 것이 제1의 신이며, 모든 변화의 불변하는 원동자다.

어떤 학자들은 아리스토텔레스의 말을 액면 그대로 받아들이고,

---

11) 움직여지지 않은 움직이게 하는 자(kinoun akineton).

그의 저작 전체에 흩어져 있는 살아 있는 신들을 찾아낸다. 이렇게 되면 그는 심오하게 종교적인 과학자가 된다. 다른 학자들은 아리스토텔레스의 "신"이나 "신성한"이라는 말의 사용을 일종의 화법으로 보고 무시한다. 제1실체들은 다른 것들이 그것에 의존한다는 의미에서만 신성하다. 이렇게 되면 아리스토텔레스는 온전히 세속적인 사상가가 된다. 이 두 해석 중 어느 쪽도 바람직하지 않다. 아리스토텔레스의 저작 속에는 그의 신론을 경건한 말놀이 정도로 보게 하는 신에 관한 말이 많이 있다. 반면 아리스토텔레스의 신들은 종교적 숭배의 대상으로 간주되기에는 너무나 추상적이고, 그리스의 전통적인 신들과 달리 비인격적이다. 오히려 우리는 아리스토텔레스가 우주의 신성에 관해 언급한 것들을 자연과 그 작용이 그에게 일으킨 경이로움과 관련지을 수 있겠다. "경이로움 때문에 사람들은 지금도 처음에는 철학하기 (philosophein)를 시작한다."(『형이상학』, 982b12~13)

7 맺는 말

아리스토텔레스의 자연학은 우리 앞에 펼쳐진 물질 세계를 탐구한다. 우리는 어떻게 실재 세계를 구성하는 물질들을 포착하고, 어떻게 그것의 변화를 설명할 수 있는가? 우리는 어떻게 그것의 원인들을 파악하고 설명할 수 있을까? 연역적 논리학은 답이 아니다. 아리스토텔레스의 삼단논법은 세계에 관한 사실들을 발견하는 수단으로 고안된 것이 아니다. 아리스토텔레스에 따르면, 지식의 궁극적인 원천은 감각이다. 아리스토텔레스는 철저한 경험주의자였는데, 두 가지 의미에서 그렇다. 첫째, 그는 우리가 실재를 파악하고 설명하기 위해 사용하는 개념이나 관념들이 모두 궁극적으로 감각 지각으로부터 나온다고 주장했다. 둘째, 그는 모든 학문이나 지식은 궁극적으로 지각을 통한 관찰에 기초하고 있다고 생각했다. 이것은 놀랍지 않다. 생물학자로서 아리스토텔레스의 일차적 연구 도구는 그 자신이나 타인의 감각 지각이었다. 존재론자로서 아리스토텔레스의 일차적 실체들은 일상의 지각 가능한 대상들이다. 플라톤은 추상적인 형상들에 그의 존재론에서 주도적인 역할을 부여했기에 감각보다는 지성을 실재의 기준으로 잡았다. 아리스토텔레스는 지각 가능한 개별자들을 논의의 중심에 놓으면서 감각 지각을 존중했다.

감각은 지식의 원천이지만, 그 자체로 지식은 아니다. 그렇다면 어떻게 감각에 주어진 사실들이 학문적 지식으로 변모하는가? 아리스토텔레스는 그 과정을 다음과 같이 묘사한다.

> 모든 동물은 …… 감각이라고 부르는, 식별해내는 타고난 능력을 가지고 있다. 그리고 만일 그들에게 지각이 일어난다면, 어떤 동물들에서는 감각 표상이 보존되고 다른 동물에서는 그렇지 않다. 이제 그것이 보존되지 않는 것들에서 …… 감각 지각 이외에 아무런 지식도 없다. 그러나 어떤 지각자들에게는 그들의 마음속에 감각 표상을 보존하는 것이 가능하다. 그리고 그러한 것들이 많이 생겼을 때 또 다른 차이가 있는데, 어떤 동물들은 그러한 것들을 보존함으로써 하나의 일반적인 설명을 가지지만 다른 것들은 그렇지 않다. 그래서 우리가 말하듯이, 지각으로부터 기억이 나온다. 그리고 기억으로부터 경험이 나온다. 왜냐하면 여러 번의 기억들이 하나의 경험을 형성하기 때문이다. 그리고 경험으로부터 혹은 마음속에 남게 되는 하나의 보편적인 것으로부터, …… 기술의 원리와 지식의 원리가 나온다.(『분석론 후서』, 99b35~100a9)

우리는 개별 사실을, 예컨대 이것은 지금 여기서 이러저러하다는 것을 지각한다. 그 지각은 마음속에 남고, 하나의 기억이 될 수 있다. 우리가 지각하는 많은 사실들이 서로 유사하다. 그리고 그렇게 우리는 유사한 기억들의 다발을, 즉 유사한 지각들의 잔류물을 가지게 되는 것이다. 우리가 그러한 다발을 가질 때 우리는 아리스토텔레스가 "경험"이라고 말하는 것을 갖게 된다. 그리고 경험들은 "하나의 보편적인 것이 마음속에 남게 되었을 때", 말하자면 개별 기억들의 다발이 하나의 단일한 생각으로, 예컨대 '대체로 모든 사람은 백발이 된다'는 생각으로 압축되었을 때, 지식에 가까운 어떤 것으로 바뀐다. 요약하면, 지식은 지각으로부터 보편화를 함으로써 생겨난다.

감각 지각을 중시하는 아리스토텔레스의 입장은 소수의 관찰로부터 진리를 주장하는 귀납의 문제를 안고 있었고, 아리스토텔레스 자신도 성급한 일반화의 오류의 위험성을 알고 있었다. 그럼에도 불구하고 그의 자연학은 그가 일관되게 견지했던 경험주의적 학문관으로 뒷받침되는 것이었다. 즉, 대체로 그러하다면 그것은 우리에게 진리다.

■ 참고 문헌

손윤락, 「아리스토텔레스는 플라톤의 자연철학에서 무엇을 배웠나?」, 『동서철학연구』 64, 2012
_____, 「플라톤과 아리스토텔레스의 세계 해석」, 『해석학연구』 25, 2010.
_____, 「아리스토텔레스에서 요소들과 제일 질료의 관계」, 『서양고전학연구』 34, 2009.
_____, 「아리스토텔레스의 변화 이론에서 휘포케이메논」, 『서양고전학연구』 33, 2008.
_____, 「아리스토텔레스의 요소 이론」, 『서양고전학연구』 31, 2008.
유원기, 『자연은 헛된 일을 하지 않는다: 아리스토텔레스의 자연철학』, 서광사, 2009.
_____, 「변화의 원리에 관한 아리스토텔레스의 견해」, 『인문과학연구』 18, 2007.
조대호, 「동물의 자발적 행동과 숙고: 아리스토텔레스의 동물행동학에 대한 예비적 성찰」, 『철학연구』 86, 2009.

_____, 「『동물의 생성에 대하여』를 통해 본 아리스토텔레스의 생성이론」, 『서양고전학연구』 18, 2002.

Barnes, J., *A Very Short Introduction to Aristotle*, Oxford, 2000.
Guthrie, W. K. C., *The Greek Philosophers: From Thales to Aristotle*, Harper & Row, 1960 [『희랍철학입문: 탈레스에서 아리스토텔레스까지』, 박종현 옮김, 종로서적, 1986].
Pellegrin, P. (tr.), *Aristote: La Physique*, Paris, 2000.
Waterfield, R. (tr.), *Aristotle: Physics*, Oxford University Press, 1996.

제5장 아리스토텔레스의 심리철학

유원기

1 영혼의 문제

　　우리는 여기에서 영혼에 관한 아리스토텔레스의 견해를 살핀다. 일반적으로 영혼에 관한 논의는 심리철학의 일부로 다루어져왔다. 16세기의 데카르트는 영혼의 본질을 사고 작용으로 규정하는 한편 영혼을 인간만이 갖는 마음과 동일시했고, 특히 20세기 이후로는 과학의 발전과 더불어 과학적 또는 경험적으로 다루어질 수 없는 것을 거부하거나 회피하는 대신에 과학의 범위 내에서 논의될 수 있는 마음에 대한 논의에 초점을 맞춰왔다. 결과적으로 오늘날 심리철학은 특히 마음(정신)에 대해 논의하는 철학의 한 분야로 간주되고, 감각 · 지각 · 사고 · 의식 등과 같은 다양한 정신 현상의 본질이나 기능에 대한 논의가 주를 이루는 것으로 이해된다. 가장 빈번하게 논의되어온 심리철학적 물음은 마음의 본질에 대한 것으로서, 마음의 정신적 작용이 신체의 물리적 작용에 불과한가 또는 물리적 작용을 벗어난 다른 어떤 것의 작용인가라는 물음이다. 이처럼 마음과 신체, 즉 심신의 관계에 대한 물음이 많은 관심을 끄는 이유는 인간의 정신적 작용이 물리적 작용에 불과하다는 것이 밝혀지는 경우에는 인간 자체가 물질에 불과하다는 결론이 나올 것이며, 그렇게 되면 인간만이 갖는 고유한 가치라는 것이 과

연 있는가, 그리고 그것은 어디에서 찾을 수 있는가 등에 대해서도 해명해야 하기 때문이다.

하지만 사실상 마음에 대한 이러한 논의는 고대부터 오랫동안 논의되었을 뿐만 아니라 실로 다양하고도 복잡한 문제들을 여전히 제기하고 있는 영혼에 대한 논의에서 그 기원을 찾아볼 수 있다. 우리가 잘 아는 것처럼 본래 영혼은 그보다 넓은 외연을 가졌다. 일반적으로 영혼을 갖는다는 것은 단순히 감각이나 사고 능력을 갖는다는 것이 아니라 그러한 정신 능력들은 물론이고 더 나아가 사물이 생존하는 데 필요한 생명 작용들을 수행할 능력을 갖는다는 것을 의미했다는 것이다. 영혼과 관련하여 제기되어온 문제들은 (영혼은 실제로 존재하는가와 같은) 영혼의 존재 여부에 대한 문제부터 시작하여, (영혼이란 물질적인 어떤 것에 불과한가 또는 비물질적인 어떤 것인가와 같은) 영혼의 존재론적 위상에 대한 문제, (영혼은 신체와 마찬가지로 죽는가 또는 죽지 않는가와 같은) 영혼의 사멸성 여부에 대한 문제, 그리고 특히 (영혼과 신체는 서로 영향을 주고받는가와 같은) 상호작용의 문제 등을 포함하며, 고대 그리스 시대부터 많은 철학자들이 이 문제들을 해결하기 위해 다양한 견해들을 제시해왔다.

오늘날 많은 사람들은 영혼이 인간을 다른 동물과 구별해주는 인간의 고유한 원리로 이해하며, 인간의 사후에 신체에서 떨어져 나와 독립적으로 존재할 수도 있는 어떤 실체라고 생각한다. 하지만 전통적으로 '영혼'(soul)이라 번역되는 고대 그리스어 '프쉬케'(ψυχή)는 어원적으로 '입김을 불다' 또는 '숨을 쉬다'를 뜻하는 '프쉬코'(ψύχω)에서 파생된 단어로서, 그 본래의 의미는 '삶' 또는 '생명'이었다. 고대 그리스인들은 영혼에 대해 아주 다양한 견해를 가지고 있었으니, 어떤 이들은 인간을 비롯한 우주 전체가 프쉬케 또는 영혼 또는 생명을 가졌다고 생각했으며, 따라서 프쉬케를 갖지 않는다거나 그것이 물질로부터 독립되어 존재할 가능성을 결코 염두에 두지 않았다. 이처럼 고대 그리스인의 영혼 개념은 우리의 영혼 개념과 대체로 달랐다.

아리스토텔레스는 『영혼에 관하여』에서 이처럼 다양한 고대 그리스인들의 견해에 대한 자세한 내용을 체계적이고도 세밀한 방식으로 소개하고 논의한다. 이 저서에서, 그는 다양한 정신 작용의 역할과 기능, 그리고 영혼과 신체의 상호 관계에 대해 논의한다. 일반적으로, 그의 저서는 다루어지는 주제의 가치 또는 문제점, 그 문제에 대한 기존의 견해와 그것이 함축하는 다른 문제점, 그에 대한 자신의 견해, 그리고 새로운 해결책 또는 대안 제시 등의 형식으로 이루어진다.

이와 유사한 방식으로, 『영혼에 관하여』도 영혼의 구성 요소, 영혼의 역할, 영혼의 사멸성 등에 대한 선배 철학자들의 견해를 검토하고 문제점을 지적하면서 논의를 시작한다.(『영혼에 관하여』, 403b24~405b31) 아리스토텔레스는 영혼의 구성 요소와 관련하여, 인간의 영혼이 공기 속의 먼지만큼이나 미세한 원자들로 이루어졌다고 믿었던 원자론의 선구자로 알려진 데모크리토스, 영혼이 공기 그 자체라고 믿었던 디오게네스, 또한 영혼이 물 또는 습기라고 믿었던 히포에 대해 언급한다. 아리스토텔레스의 견해에 따르면, 그들은 단지 물질이 영혼을 가졌다고 생각했던 것이 아니라 오히려 영혼 그 자체가 물질이라고 생각함으로써, 사실상 모든 물질이 생명을 갖고 있다는 '물활론'(hylozoism) 또는 '정령론'(animism)을 받아들이고 있었다.

또한 영혼의 역할과 관련하여, 아리스토텔레스는 일반적으로 '영혼을 갖는 생물'과 '영혼을 갖지 않는 무생물'이 '운동과 감각'이라는 두 가지 능력을 통해 구분되는데, 영혼에 관한 서양고대철학자들의 관심은 무엇보다도 운동을 설명하는 데서 비롯되었다고 말한다. 예를 들어, 서양 최초의 철학자로 알려진 기원전 7세기의 탈레스는 운동을 하는 사물이 모두 영혼을 가지며, 따라서 살아 있다고 생각했다. 사실상 그는 영혼이 사물들을 운동할 수 있게 해주는 어떤 힘이라고 생각했을 뿐만 아니라 이 세상의 모든 사물이 영혼을 가진 생물이라고 생각했다. 한편, 아낙사고라스는 영혼이 인식과 운동의 원리라고 생각했다.

그리고 아리스토텔레스에 따르면 영혼의 사멸성 여부와 관련하여, 오르페우스와 피타고라스는 죽음 이후에도 영혼이 결코 죽지 않을 뿐만 아니라 다른 사람이나 동물로 다시 태어날 수도 있다는 영혼의 윤회를 믿었고, 이들의 영향을 받은 플라톤도 대체로 영혼불사설과 윤회설을 받아들였다. 하지만 소크라테스 이전에 활동했던 많은 철학자들이 영혼을 물질적인 어떤 것으로 생각했던 것과는 달리, 플라톤은 영혼이 신체로부터 동떨어져 존재할 수도 있는 비물질적인 어떤 것으로 보았다는 점에서 특징적이다.

『영혼에 관하여』 제I권에서 아리스토텔레스는 영혼이 공간적 크기를 갖는가, 영혼이 스스로 운동하는가, 영혼과 신체가 하나인가 둘인가 등의 문제를 제기하는데, 이것은 영혼이 물질적인 실체인가 비물질적인 실체인가를 묻는 것이며, 더 나아가 이것은 결국 영혼이 신체 없이도 독립적으로 존재할 수 있는가를 묻는 것이다. 이에 대해, 그는 영혼의 운동성을 부정함으로써 이전 철학자들의 견해를 거부한다.(405b33~406a2) 현대 물리학에서도 인정되듯이, 운동은 물질의 속성이며, 따라서 만약 영혼이 운동을 한다면 영혼은 크기, 즉 공간성을 가질 것이다. 다시 말해서, 영혼이 데모크리토스가 말하는 것처럼 아주 미세한 원자들로 이루어졌다 할지라도, 그것이 물질인 한에서 그것은 크기를 가질 수밖에 없다.

이와 관련하여 아리스토텔레스는 어떤 경우에도 운동이 영혼의 특성일 수는 없다고 말함으로써(『영혼에 관하여』, 제I권 제2장) 영혼의 운동성을 부정한다. 그리고 이처럼 영혼의 운동성을 부정하는 것은 영혼의 물질성을 부정하는 것이다. 영혼의 물질성을 부정한다는 말을 달리 표현하면 그것의 비물질성을 인정한다는 말이지만, 어떤 것이 비물질적임을 인정한다고 해서 그것이 반드시 플라톤이나 데카르트가 주장했던 것처럼 "영혼은 신체와 관련 없이(즉, 신체에 의존하지 않고) 독립적으로 존재할 수 있다"는 식으로 영혼의 실체성을 함축하는 것은 아니다. 다시 말해서, 영혼이 비물질적이라는 것은 그것이 신체로부터 독립적으로 존재할 수 없는 신체의 물리적 작용이나 속성이라는 의미일 수도 있고, 그것이 신체로부터 독립적으로 존재할 수 있는 비물질적 실체임을 의미할 수도 있다는 것이다.

실제로 데카르트는 영혼(또는 마음)이 비물질적인 '실체', 즉 다른 어떤 것을 전제하거나 그런 것에 의존하지 않고 독립적으로 존재할 수 있는 것이라고 규정한다. 그에 따르면, 사람은 비물질적인 영혼과 물질적인 신체로 이루어져 있다. 그리고 영혼의 본질은 사고인 반면에, 신체의 본질은 연장성이며, 따라서 영혼과 신체는 어떤 공통된 속성도 갖지 않는다. 그러므로 논리적으로는 신체의 기능이 정지한 뒤에도 영혼의 독립적인 생존이 가능하다. 플라톤은 영혼과 신체의 본질에 대해 데카르트처럼 구체적으로 제시하지는 않지만, 그 또한 신체의 죽음 이후에도 아무런 영향을 받지 않고 신체로부터 독립하여 지속적으로 생존할 수 있는 영혼의 존재를 인정한다. (사실상 데카르트는 비물질적인 영혼과 물질적인 신체가 서로 영향을 주고받을 수 있다는 '심신 상호작용론'을 주장함으로써 비물질적인 영혼의 운동성을 인정했는데, 이것은 후대에 와서 길버트 라일Gilbert Ryle에 의해 강력하게 비판된다.)

하지만 아리스토텔레스는 신체 없이 독립적으로 존재하는 영혼의 존재를 인정하지 않는다.(413a3~9) 그에게 영혼은 사물들로 하여금 생명을 갖게 해주는 '생명의 원리'로서 살아 있는 사물들을 살아 있도록 만들어주는 것이다. 생물들은 영혼을 가짐으로써 소화 능력, 생식 능력, 감각 능력, 욕구 능력, 운동 능력, 사고 능력 등을 갖게 되며, 생물들은 이러한 능력들을 발휘함으로써 생존에 요구되는 다양한 기능과 작용을 수행하게 되는 것이다. 이처럼 아리스토텔레스는 영혼을 무기력한 신체의 내부에서 그것을 조종하는 조종사 역할을 하는 어떤 것이 아니라, 생명의 유지 또는 생존에 필요한 어떤 능력으로 이해한다.

이런 맥락에서 아리스토텔레스는 모든 생물들이 영혼과 신체의 합성물 또는 복합물이라고 주장한다. 즉, 영혼 없는 신체나 신체 없는 영혼을 생물이라고 부를 수 없으며, 또한 영혼이나 신체가 홀로 존재하는 것이 가능하지 않다는 것이다. 이 주장이 일관성을 갖는다고 볼 때,

당연히 그는 생물이 죽게 되면 영혼도 신체도 함께 소멸한다는 견해를 가졌으리라 기대된다. 영혼과 신체의 관계에 대한 아리스토텔레스의 견해를 살펴보자.

2 '질료와 형상' 또는 '신체와 영혼'

아리스토텔레스는 『자연학』이라는 또 다른 저서에서 자연에 관한 다양한 논의를 펼친 바 있다. 특히 그는 자연 세계의 만물이 그 내부에 운동과 정지의 원리인 '자연(또는 본성)'을 가지며, 이러한 자연을 갖는 모든 자연물들은 '질료'와 '형상'이라는 두 가지 측면을 갖고 있다고 말한다.(『자연학』, 192b 9이하; 194a12~b15; 『형이상학』, 1045b18~21과 비교할 것) 이것이 바로 모든 자연물들이 형상과 질료로 구성된다는 '질료형상론'(hylomorphism)이다. 그에게 질료는 흙, 물, 불, 공기의 네 가지 원소들이나 그것들의 혼합물을 가리키며, 형상은 단지 생김새나 겉모습은 물론이고 때로는 구조, 크기 등을 가리킨다.

아리스토텔레스는 『영혼에 관하여』에서 논의되는 영혼에 관한 지식은 자연 일반에 관한 지식을 확장하는 데 도움이 된다고 말함으로써, 영혼에 대한 논의가 자연에 관한 탐구의 연장선상에 있다고 주장한다.(『영혼에 관하여』, 402a5~7) 이처럼 『자연학』과 『영혼에 관하여』가 밀접하게 연결된다면, 전자에서 소개된 질료형상론이 후자에도 적용되리라는 기대는 자연스럽다. 즉, 우리는 질료와 형상이 하나이듯이 영혼과 신체도 하나라는 아리스토텔레스의 진술이나 견해를 기대하게 된다는 것이다. 실제로 그는 『영혼에 관하여』 제II권 제1장에서 영혼과 신체가 하나라고 말하는 한편,(412b5~9) 영혼을 '신체의 형상' 또는 '잠재적인 생명을 갖는 자연적 신체의 현실태'라고 규정한다.(412a20~28, 414a13~21) 그러나 비록 우리의 기대는 충족되었지만, 문제는 여기에서부터 시작된다. 그 규정이 정확히 무엇을 의미하는가를 밝히기가 어렵기 때문이다.

아리스토텔레스는 『영혼에 관하여』에서 생물들이 영혼과 신체의 합성물 또는 복합물이라고 말하는 한편,(412a9~22) 영혼과 형상을 각각 형상과 질료, 그리고 현실태와 잠재태와 동일시한다. 또한 그는 영혼이 '생명을 잠재적으로 가지는 자연적 신체의 형상'이라는 의미에서의 실체라고 말한다. 그러나 그가 비록 '실체'라는 용어를 사용하지만, 이것은 '다른 어떤 것에 의존하지 않으면서 독립적으로 존재'한다는 데카르트적인 의미에서의 실체가 아니다. 여기에서 언급되는 '실체'는 '형상'을 지칭하며, '형상'은 그 자체로서 존재하는 것이 아니라 '질료'와 더불어 존재하는 것이다. 즉, 형상은 '어떤 것(질료)'의 형상이지, 그 자체로서 존재하는, 또는 물질 없이 독립적으로 이상 세계에서 실재한다고 말해지는 플라톤적인 의미의 형상도 아니다.

오히려 영혼과 신체의 비분리성에 대해 아리스토텔레스는 '분노'(anger)의 예를 들어 아래와 같이 설명한다.

> …… 영혼의 영향받음들은 질료 안에서 실현된 형식임이 분명하다. …… 예를 들어, 분노가 무엇인가라는 질문에 대해 논리학자는 그것이 복수하려는 욕구 또는 그런 종류의 것이며, 자연철학자는 그것이 심장 주변의 피의 끓어오름 또는 뜨거움이라고 달리 정의할 것이다. 이들 가운데 자연철학자는 질료를, 그리고 논리학자는 형상 또는 형식을 염두에 두고 있다. 왜냐하면 [분노의] 형식이 바로 그것이며, 그것이 작용하려면 그것은 반드시 적절한 질료 내부에 있어야만 하기 때문이다. …… 영혼의 영향받음들이 최소한 분노나 두려움과 같은 종류인 한에서, 그것들은 생물들의 자연적인 질료로부터 분리될 수 없으며, 선이나 면과 같이 [사고에서 분리될 수 있는] 것도 아니라는 것을 우리는 말했었다.(403a25~403b19)

이 인용문에 언급되어 있는 '영혼의 영향받음'을 있는 그대로 읽게 될 때, 우리는 영혼을 일종의 질료로 오해할 수도 있다. 왜냐하면 영향을 받는다는 것은 운동의 일종이며, 따라서 질료적인 속성이기 때문이다. 하지만 그것은 영혼 자체가 영향을 받는다는 의미가 아니다. 오히려 영혼은 신체로부터 분리될 수 없는 것이며, 또한 그것은 신체 안에 있다고 말할 수도 있는 것이다. 하지만 영혼이 직접 영향을 받는 것은 결코 아니며, 신체가 영향을 받게 되면 그 안에 있는 영혼도 영향을 받는다고 표현할 수밖에 없는 것이다. 영혼은 배를 타고 있는 선원에 비유할 수 있을 것이다. 배가 파도에 흔들리므로 그 배에 타고 있는 선원도 흔들린다고 말할 수 있지만, 이 경우에 선원이 파도에 의해 직접 흔들리는 것은 아니라는 것이다.

위 인용문에서 아리스토텔레스는 영혼과 신체가 밀접한 관계에 있으며, 따라서 서로 분리되어 존재하는 것이 아님을 분명히 밝히고 있다. 따라서 그는 "〔무형의〕 밀랍과 〔그것에 새겨진〕 형태가 하나인가라는 〔질문이〕 필요 없고, 또한 각 사물의 질료와 그 질료의 〔형상이〕 같은가라는 질문을 할 필요가 없듯이, 영혼과 신체는 하나인가라고 질문할 필요가 없다"고 말한다.(412b5~9) 아리스토텔레스의 근본적인 신념은 만물이 질료와 형상으로 이루어졌다는 것이다. 질료와 형상은 어떤 개별적인 사물의 질료와 형상이지, 질료나 형상이 독자적으로 존재할 수는 없다. "질료와 형상이 같은지 다른지에 대해 질문할 필요가 없다"는 말이 함축하는 것은 "질료와 형상을 별개의 독립적 존재들로 생각해서는 안 된다"는 것이다. 그러나 A라는 사물의 질료가 무엇인가 또는 A의 형상이 무엇인가에 대한 탐구 자체가 불필요하다는 말은 아니다. A의 질료와 형상에 대해 말하는 것은 수적으로 하나의 동일한 것, 즉 A라는 사물에 대해 말하는 것이며, 따라서 여기에서는 질료와 형상이 같은가 다른가라는 질문이 제기될 수 없다는 의미이다.

3 형상의 우선성

이처럼 아리스토텔레스는 모든 자연물이 질료와 형상으로 이루어졌다는 질료형상론을 주장하지만, 다른 한편으로 형상의 우선성을 인정하기도 한다. 여기에서의 우선성은 B가 있기 위해서는 A가 선행되어야 한다는 존재론적 우선성이 아니라 논리적 우선성이라 할 수 있다. 즉, 어떤 사건을 설명하기 위해 필요한 일종의 함축성을 의미하는 것이라 할 수 있다. 예를 들어, 어떤 것이 칼의 기능(형상)을 가진다는 것은 그것이 그 기능에 필요한 속성(예를 들어 단단함)을 가진 질료로 구성되어야 한다는 것을 함축한다는 것이다. 반면에 어떤 질료가 단단함을 가졌다고 해서 반드시 칼의 기능을 갖게 되는 것은 아니다. 아리스토텔레스의 기본적인 입장은 형상이 질료를 설명할 수 있는 반면에 질료만으로는 형상을 설명할 수 없다는 것이다.

형상의 우선성에 대한 아리스토텔레스의 주장은 그의 생물학 저서 가운데 하나로 분류되는 『동물부분론』에서도 나타난다. 그는 "동물이 신체 기관을 가지기 때문에, 그에 필요한 능력을 갖게 된다"는 아낙사고라스의 주장을 반박하고, "동물들은 어떤 능력을 갖기 때문에, 그에 필요한 신체 기관들을 갖게 된다"고 주장한다.(『동물부분론』, 687a3; 『동물생성론』, 716a23~26와 비교할 것) 여기에서 '능력'은 생물들이 영혼을 가짐으로써 갖게 되는 능력을 말하며, 따라서 궁극적으로는 신체를 가졌다고 해서 영혼을 갖는 것이 아니라, 영혼을 가짐으로써 그에 필요한 신체 기관을 갖게 된다는 것이다. 이 주장은 생물이 단순히 물질로 구성된 존재자가 아니며, 물질 이외의 다른 어떤 것을 갖는다는 의미로 이해할 수도 있다.

하지만 앞에서 언급했듯이, '물질 이외의 다른 어떤 것'이 비물질적인 실체를 의미하는 것은 아니다. 아리스토텔레스는 '도끼'의 예를 들면서, 도끼가 도끼로서의 기능을 제대로 하지 못하면 더 이상 도끼일 수 없듯이, 사람의 눈도 올바른 능력을 발휘하지 못하면 더 이상 눈이라고 할 수 없다고 말한다.(『영혼에 관하여』, 412b12~24) 이와 마찬가지로, 생물도 생물로서의 능력을 발휘하지 못하면 더 이상 생물일 수 없다. 결과적으로 아리스토텔레스가 영혼의 우선성을 말하는 이유는 생물과 무생물, 즉 살아 있는 것과 살아 있지 않은 것을 구분하기 위해서이다. 죽은 사람도 사람의 신체 기관들을 그대로 갖고 있지만, 그 신체 기관들은 살아 있는 사람의 것처럼 기능하지 못한다. 이런 맥락에서 아리스토텔레스는 "생물들의 구성 요소들을 분석하면, 그것들의 '영혼' 또는 '생명'에 대해 설명할 수 있다"는 엠페도클레스에 대한 반론을 제기하며,(409a27~410b11, 415a28~416a18) 또한 동일한 맥락에서 죽은 생물의 부활을 명백하게 거부하고 있다.(406b3~4)

4 영혼의 종류와 능력[1]

아리스토텔레스에게 영혼은 무기력한 신체의 내부에서 그것을 조종하는 조종사 역할을 하는 어떤 것이 아니라 생명의 유지(즉, 생존)에 필요한 어떤 능력으로 이해된다. 이러한 영혼 개념은 사람이 죽어도 살아남아 천국이나 지옥으로 간다고 말해지는 영혼과는 다른 것으로 보인다. 대체로 아리스토텔레스는 모든 생물이 영혼과 신체로 이루어져 있다고 주장한다. 이 주장이 일관성을 갖는다고 볼 때, 당연히 그는 생물이 죽게 되면 영혼도 육신과 함께 소멸한다는 견해를 가졌을 것이다. 하지만 일부 학자들은 『영혼에 관하여』의 몇몇 구절, 특히 능동적 지성에 대한 그의 진술을 토대로 그가 생물의 사후에도 죽지 않는 영혼을 인정했다고 주장하기도 한다. 이처럼 영혼이 신체와 더불어 사멸한다는 주장과 신체의 사후에도 계속 존재한다는 주장 가운데 어떤 것이 아

---

1) 이 장은 『영혼에 관하여』(유원기 역주, 궁리, 2001)와 『아리스토텔레스의 정치학』(유원기, 사계절, 2009)의 내용을 부분적으로 따온 것이다.

리스토텔레스의 진정한 견해인가에 대한 문제는 오랫동안 논란이 되어 왔다.

『영혼에 관하여』에서 아리스토텔레스는 영혼을 가진 생물들을 식물과 비지성적인 동물, 지성적인 동물(인간)의 세 종류로 구분하고 있다.(413a21~b25, 414a29~415a12) 그는 영양섭취혼, 감각지각혼, 욕구혼, 장소운동혼, 사고혼의 다섯 가지 영혼을 소개하는데, 이것들을 가짐으로써 생물들은 그에 상응하는 능력들을 갖게 된다고 말한다. 즉, 영혼을 가짐으로써 생물들은 영양 섭취 능력, 감각 능력, 욕구 능력, 장소 운동 능력, 사고 능력의 다섯 가지로 구분되는 능력을 가진다.(414a30~32, 433b2~4과 비교할 것) 그것들 가운데 어떤 것(들)을 갖느냐에 따라 생물은 식물이나 동물 또는 인간으로 분류된다. 무생물과 달리 생물은 영혼을 갖지만, 모든 생물이 모든 종류의 영혼을 갖는 것은 아니며, 생물의 종(species)에 따라 서로 다른 능력들을 갖기 때문에 서로 다른 영혼을 갖는다.

아리스토텔레스는 감각지각혼을 갖는 생물은 반드시 욕구혼도 갖는다고 말함으로써, 다섯 가지 영혼들 가운데 감각지각혼과 욕구혼의 외연이 동일하다고 생각한다.(413b22~24, 414b1 이하) 한편 그는 영양섭취혼보다 감각지각혼이나 욕구혼이 상위의 영혼이고, 그것들보다 장소운동혼이 상위의 영혼이며, 그 모든 것들보다 사고혼이 상위의 영혼이라 말한다. 이것이 함축하는 것은 감각지각혼이나 욕구혼과 같은 하위의 영혼을 갖는다고 해서 장소운동혼이나 사고혼과 같은 상위의 영혼을 반드시 갖지는 않는 반면에, 상위의 영혼을 갖는 생물은 하위의 영혼들을 반드시 갖는다는 것이다. 즉, 감각지각혼과 욕구혼을 갖는 생물은 영양섭취혼을 반드시 가지고 있고, 장소운동혼을 갖는 생물은 영양섭취혼과 감각지각혼과 욕구혼을 반드시 가지고 있으며, 또한 사고혼을 갖는 생물은 하위의 다른 네 가지 영혼들을 반드시 갖는다. 따라서 인간과 같이 사고 능력을 갖는 생물은 사고혼을 갖고 있으며, 또한 사고혼을 갖는다는 것은 하위의 다른 영혼 또는 능력을 모두 갖는다는 것을 함축한다.

한편 우리가 주목할 점은 영혼들이 서로 동떨어진 채로 존재하는 다섯 가지 독립된 영혼들이 아니라 하나의 영혼이 가질 수 있는 다섯 가지 부분이라는 것이다. 달리 말해서, 인간은 서로 다른 다섯 가지 영혼을 갖는 것이 아니라 하위의 네 가지 영혼을 포함하는 하나의 사고혼을 갖는다는 것이다. 우리가 그것들을 서로 동떨어진 영혼들처럼 말하는 것은 다만 편의를 위해서이며, 아리스토텔레스는 결코 하위의 영혼들과 독립되어 있는(또는 하위의 영혼들을 포함하지 않는) 상위의 영혼들을 인정하지 않는다. 다시 말해서, 상위의 영혼들은 각각 일정한 하위의 영혼들을 포함한다는 것이다.

아리스토텔레스에 따르면, 생물들의 종류와 그것들의 영혼은 다음과 같다.

1) 영양섭취혼

생물은 말 그대로 살아 있는 생명체를 가리키며, 생물이 수행하는 모든 기능들은 근본적으로 생명을 유지하기 위한 것이다. 식물은 영양섭취혼을 가짐으로써 영양 섭취 능력을 갖는다. 이러한 영양 섭취 능력은 두 가지 의미에서 생존을 위한 것이다. 첫째는 개체(individual)의 생존을 유지하기 위한 것이며, 둘째는 그 개체가 속하는 종(species)의 존재를 유지하기 위한 것이다. 이처럼 생존은 개체의 생존과 종의 생존을 의미한다. 예를 들어, 식물은 개체의 생존을 위해 뿌리를 통해 양분을 흡수하고, 잎사귀를 통해 공기를 흡입하며, 또한 포도당과 같은 유기물을 계속 합성하고 배출한다. 그리고 동물은 개체의 생존을 위해 먹이를 섭취하고 소화하고, 영양소를 신체의 각 부분으로 전달하며, 또한 노폐물을 배설한다. 이렇게 함으로써 식물과 동물은 각각 개체의 생존을 유지한다. 한편 식물은 꽃을 피우고, 꽃가루를 통해 수분을 하거나 씨앗을 통해 싹을 틔우며, 또한 마침내 새로운 개체를 생산함으로써 종의 생존을 유지한다. 그리고 동물은 무성생식이나 유성생식을 통해 자신과 동일한 종류의 개체를 생산함으로써 종의 생존을 유지한다. 이러한 개체의 생존과 종의 생존 유지가 바로 영양섭취혼으로 인한 것이다.

2) 감각지각혼

아리스토텔레스는 동물을 식물과 구분할 수 있는 기준이 바로 감각 지각 능력이라고 말한다. 그는 동물이 감각을 느끼는 것은 감각 대상인 감각적 성질이 적절한 비율로 있을 때만 가능하며, 그 성질이 지나치게 강하거나 약할 때는 감각을 느낄 수 없다고 말한다. 그는 감각(지각)의 대상들을 세 가지로 구분하는데, 이것들은 (a) 하나의 감각기관을 통해 감각되는 고유 감각 대상, (b) 운동·형태·크기 등과 같이 하나 이상의 감각 기관을 통해 감각되는 공통 감각 대상, (c) '흰 색깔을 가진 어떤 것'이 '우리 집 강아지'나 '철수네 말' 등으로 감각되는 우연적인 감각 대상을 말한다. 한편 아리스토텔레스는 촉각, 미각, 시각, 청각, 후각의 다섯 가지 종류의 감각을 구분하며, 이것들 이외에 다른 감각은 없다고 생각한다. 그는 촉각만을 갖는 동물은 장소 운동을 하지 못하고 한평생 어떤 특정한 장소에 달라붙어 생존하는 반면에, 장소 운동 능력이 있는 동물은 다섯 가지 감각을 모두 갖는다고 말한다.

3) 욕구혼

욕구는 감각 능력을 지닌 동물들만이 갖는 능력이며, 이 능력을 갖는 동물들은 즐거움이나 쾌락을 주는 대상을 추구하고, 고통을 주는 대상을 회피할 수 있게 된다. 아리스토텔레스는 갈망(epithumia)·욕망(thumos)·희망(boulesis)이라는 세 가지 종류의 욕구(orexis)를 말한다.(『영혼에 관하여』, 414b20~23;『동물운동론』, 700b17~22) 갈망은 비지성적인 또는 동물적인 욕구인 반면에, 희망은 지성을 가진 인간만이 가지는 욕구이다.

4) 장소운동혼

일부 동물과 인간이 이 영혼을 가짐으로써 사고 능력을 갖는다. 이 능력에 대해서는 『영혼에 관하여』 제III권 제9~11장에서 자세히 논의된다. 아리스토텔레스는 다른 능력들과 비교함으로써 장소 운동 능력이 독특한 영혼의 능력이라는 결론에 도달한다. 장소운동혼을 가짐으로써 동물은 장소 운동 능력을 갖는데, 이 능력을 가진 동물은 반드시 시각·청각·후각과 같은 원거리 감각을 갖는다. 이러한 원거리 감각은 멀리 떨어져 있는 대상을 감각하는 데 필요한 것으로서, 동물은 이러한 원거리 감각을 통해 멀리 있는 먹이를 지각한다.

5) 사고혼

사고 능력은 인간에게만 고유한 능력으로서, 이에 대한 논의는 『영혼에 관하여』 제III권 제3~8장에서 나타난다. 특히 제III권 제4~5장에서는 이른바 능동 지성과 수동 지성의 문제가 다루어지고 있으며, 나머지 부분에서는 사고를 감각과 비교하면서 사고의 대상과 과정에 대해 논의한다. 아리스토텔레스는 능동 지성에 대한 논의에서 능동 지성을 실현하기 위한 특정한 신체 기관이 없는 것처럼 보인다고 진술하는데, 이것은 영혼이 신체를 떠나 지속적이고도 독립적으로 존재할 수도 있을 가능성을 허용하는 것으로 해석된다. 다시 말해서, 시각 작용은 눈에서 실현되고 후각 작용은 코에서 실현되듯이, 감각 작용의 실현에는 특정한 감각기관이 필요한데, 이것은 감각혼이 신체로부터 벗어나 존재할 수 없다는 것으로 해석될 수 있다. 그런데 사고 작용의 실현에 특정한 신체 기관이 필요하지 않다는 발언은 사고혼이 신체로부터 벗어나 존재할 수도 있다는 것으로 해석될 수 있다는 것이다. 만약 사고 작용에 대한 이러한 해석이 옳다면, 이것은 위에서 설명했던 질료형상론의 틀에서 벗어난 진술처럼 보이며, 따라서 영혼과 신체에 대한 아리스토텔레스의 전반적인 견해를 일관적으로 해석하는 데 어려움을 안겨준다. 기본적으로 사고 능력은 계산하고 추론하는 능력을 말하는

데, 그는 이러한 사고 작용을 위한 특정한 신체 기관을 염두에 두지 않고 있다는 것이다.

5 다양한 심리철학적 해석

영혼과 신체에 대한 아리스토텔레스의 견해는 현대 심리철학과 관련하여 다양한 관점에서 논의되었다. 현대 심리철학에서는 특히 영혼의 존재론적 위상에 관심을 가지며, 따라서 영혼이 신체에서 벗어나 신체 없이도 홀로 존재할 수 있는 어떤 것인가 아니면 신체에서 벗어나지 못하고 신체 내부에서만 존재하는 어떤 것인가, 또는 더 나아가 영혼의 작용이란 것이 결국 신체의 작용에 불과한 것인가라는 문제에 초점을 맞춘다. 이미 언급했듯이, 사실상 현대 심리철학에서는 생명 개념으로 이해되는 '영혼'이라는 폭넓은 개념보다는 인간의 의식에 국한된 '마음(정신)'이라는 협소한 개념에 관심을 가지며, 이러한 마음의 정신적 사건·과정·사태가 전혀 아무런 '의미의 상실 없이' 순수하게 물리·화학적인 용어들과 법칙을 통해 모두 설명될 수 있는가를 묻는다.

이것은 영혼 또는 마음의 작용이 물리·화학적인 용어들과 법칙으로 환원되는가라는 질문이다. 만약 그렇게 설명될 수 있다면 환원되는 것이고, 반면에 설명될 수 없다면 환원되지 않는 것이다. 그리고 만약 정신이 순수하게 물리·화학적으로 환원된다면 그것은 물질론을 함축하며, 반면에 환원되지 않는다면 그것은 이원론을 함축하는 것으로 이해된다. 예를 들어, '통증이라는 정신적 사건'이 대뇌에 있는 'c라고 불리는 신경조직에 대한 자극'이라는 물리적 사건으로 설명된다면, 우리의 몸에 발생하는 모든 통증은 'c라는 신경조직에 대한 자극'으로 환원되는 것이다. 이처럼 '특정한 통증의 유형(type)'이 '특정한 c라는 섬유조직에 대한 자극의 유형(type)'과 동일시되는 경우, 즉 정신적 사건·과정·사태의 유형과 물리적 사건·과정·사태의 유형이 동일시되는 것으로 이해될 때, 우리는 이것을 '유형 동일시 이론'(type-type identity) 또는 '(강한) 물질론'이라고 부른다. 반면에, 현대 심리철학에는 심신의 관계를 유형과 유형의 관계로 보는 이러한 강한 물질론 외에, 심신의 관계를 개체와 개체의 관계로 보는 기능주의 등과 같은 '개체 동일시 이론'(token-token identity) 또는 '(약한) 물질론'도 소개되었다.

한편 영혼 또는 마음의 정신적 작용을 신체의 물리적 작용과 동일시하는 물질론과 달리, 영혼 또는 마음의 정신적 작용이 비물질적인 어떤 것의 작용이라고 보는 견해를 심신이원론이라고 하는데, 이러한 이원론에도 여러 가지 종류가 있다. 먼저 플라톤과 데카르트처럼 영혼과 신체의 관계를 비물질적 실체와 물질적 실체의 관계로 이해하는 이원론을 '실체이원론' 또는 '강한 이원론'이라고 부른다면, 그들처럼 신체로부터 독립적으로 존재할 수 있는 비물질적 실체를 인정하지는 않지만 그럼에도 물질적 혹은 물리적 속성과는 다른 정신적 속성을 인정하는 '속성이원론'과 '창발이원론' 등의 이원론을 '약한 이원론'이라 부를 수 있을 것이다. 특히 약한 물질론과 약한 이원론은 지각이나 의식 등의 정신적인 사건을 완전히 비물질적인 사건으로 단정하기도 어려울 뿐만 아니라 완전히 물질적인 사건으로 단정하기도 어렵기 때문에, 그 중도의 이론을 만들어보려는 노력에서 비롯되었다. 이제 아리스토텔레스의 심신 이론을 해석하는 몇 가지 이원론과 물질론의 입장을 살펴보자.

1) 이원론적 해석

위에서 말했듯이, 아리스토텔레스의 이론에 대한 이원론적 해석은 무엇보다도 『영혼에 관하여』 제III권 제4~5장에서 소개되는 능동 지성의 존재론적 위상에 대한 그의 설명과 관련되어 있다. 그는 인간의 다양한 능력들 가운데 다른 능력들에 대해서는 직접적으로 신체로부터의 분리 가능성을 언급한 적이 없다. 하지만 사고 능력(능동 지성)은 그

154

것에 상응하는 신체 기관을 갖지 않으며,(429a27 이하) 또한 신체로부터 독립적으로 존재한다고 말한다.(413b25~29, 특히 403a17) 이런 발언을 있는 그대로 받아들이는 경우에는 '지성이 비물질적'이라는 결론에 도달하는 것이 당연해 보인다. 그러나 이런 발언이 '신체로부터 독립적으로 존재할 수 있는 비물질적 실체'를 인정하는 플라톤이나 데카르트의 이원론을 반드시 함축한다고 보기는 어렵다. 하지만 그렇다고 해서 아리스토텔레스의 명시적인 발언을 무시할 수도 없으므로, 영혼과 신체에 대한 그의 일관적인 견해가 무엇인가에 대한 논란이 제기될 수밖에 없다.

사실상 아리스토텔레스의 이론을 이원론적으로 해석하는 일부 학자들은 그가 플라톤이나 데카르트의 실체이원론처럼 강한 이원론을 인정했다고 주장한다. 하지만 그 밖에 다른 많은 학자들은 그가 영혼이 신체를 움직인다고 말함으로써 영혼에 운동성을 부여했던 플라톤의 견해를 분명히 거부했기 때문에,(406b26~407a2) 그러한 실체이원론을 지지했다고 보기는 어렵다고 말한다. 이런 학자들은 아리스토텔레스가 약한 이원론들 가운데 하나를 인정했다고 보거나, 능동 지성의 분리가 신체로부터의 분리가 아니라 다른 작용으로부터의 분리를 의미한다는 식으로 해석함으로써, 그를 영혼에 대해 일관적인 주장을 했던 철학자로 해석하기 위해 노력한다.

2) 물질론적 해석

위와 같은 이원론적 해석과는 달리, 아리스토텔레스를 물질론적으로 해석하는 많은 학자들이 있다. 그들은 모두 『영혼에 관하여』에서 언급된 "감각 지각은 감각 대상들의 형상을 질료 없이 받아들이는 것이다"(424a19, 424b2, 425b24, 434a29)라는 구절에 주목하면서도 그에 대해 서로 다른 해석을 제시한다.

슬레이키는 그 구절이 "(감각) 지각이 단순히 감각기관 내부의 사건임을 설명한다"고 주장한다.(Slakey, pp. 75~89) 즉, 감각 지각이 감각 대상들의 형상을 질료 없이 받아들인다는 아리스토텔레스의 주장은 우리가 "빨간색을 볼 때, 우리의 눈이 문자 그대로 빨갛게 된다"는 주장이라는 것이다. 소라브지는 근본적으로 이 해석에 공감하면서도, 슬레이키의 해석이 아리스토텔레스가 종종 언급하는 '형상 원인'을 경시하고 있다는 점을 지적한다.(Sorabji, pp. 175~76) 이런 이유에서, 그는 감각 지각이 물질적(생리학적) 변화 이외의 다른 '어떤 것'도 포함해야 한다는 결론을 내린다. 여기에서 언급되는 다른 '어떤 것'이란 '인지 작용'을 가리키는 것으로 보이며, 그는 이것이 분명히 데카르트적 실체가 아니라고 주장한다.(Sorabji, p. 180)

한편 소라브지의 해석에 반대하는 버니엇은 인공물의 경우에 물질과 형상의 관계가 우연적이라는 점에 착안하여, 아리스토텔레스의 감각 지각 이론은 특정한 생리학적 과정을 끌어들여 설명할 필요가 없는 이론이라고 주장한다.(Burnyeat, 특히 p. 17) 이런 맥락에서, 그는 위의 『영혼에 관하여』 구절이 단지 a) 감각 지각이 순수한 인지 작용을 의미할 뿐이라고 해석하고, 이것으로부터 b) 감각 지각 작용에는 어떤 생리학적 또는 물질적 변화도 수반되지 않는다는 결론을 내린다.(Burnyeat, pp. 21~22) 이처럼 소라브지와 버니엇은 모두 감각 지각이 인지 작용을 지칭한다는 데 동의하지만, 전자는 물질적 변화를 인정하는 데 반해, 후자는 그런 물질적 변화가 불필요하다는 입장을 취하며, 또한 전자는 아리스토텔레스의 심신 이론이 독창적이라고 주장하는 반면에,(Sorabji, p. 163) 후자는 그 이론이 쓸모없으므로 폐기처분되어야 한다고 주장한다.(Burnyeat, p. 26) 코언이 올바르게 지적하듯이,(Cohen, p. 57) 버니엇은 어떤 종류의 물질적 변화도 인정하지 않으며, 따라서 그의 견해는 슬레이키나 소라브지는 물론이고, 아래에서 소개되는 기능주의나 물질론을 주장하는 다른 어떤 해석과도 양립할 수 없다.

현대 심리철학에서 가장 설득력 있는 이론인 동시에 아리스토텔레스를 해석하는 가장 강력한 이론이라고 말해지는 기능주의적 해석을 살펴보자. 기능주의는 심적 상태가 (1) 신체에 대한 환경의 영향(입력), (2) 다른 심적 상태들, 그리고 (3) 신체적 행위(출력) 사이의 인과적 관계라는 이론이다. 또한 그 이론은 동일한 하나의 심적 상태가 다수의 물리적 상태들에서 실현될 수 있다는 '형성 유동성' 또는 '다수 실현 가능성'을 인정함으로써, 심적 상태들이 물리적 상태들로 '환원'될 수 없다고 주장한다. 즉, 고통이 항상 그리고 반드시 c-신경섬유라는 물질에서 실현될 필연성이 없으며, 금속이나 플라스틱 등 다른 어떤 종류의 물질에서나 실현될 가능성이 있다는 것이다. 이와 같이 기능주의자들은 정신의 유형들이 신체의 유형들과 동일시된다고 주장하는 '유형 동일시 이론'을 거부하며, 반면에 정신과 신체가 개체의 단계에서 동일시될 수 있다는 '개체 동일시 이론'을 지지한다. 다시 말해서, 기능주의는 정신적 사건이 발생하기 위한 존재론적 기초로서의 물질은 인정하지만, 그것이 반드시 어떤 특정한 물질이어야 한다는 주장은 거부한다.

지금까지 간략하게나마 살펴보았듯이, 아리스토텔레스를 해석하는 현대 심리철학의 관점들은 다양한 이원론과 물질론적 해석들이다. 이들은 모두 아리스토텔레스에게서 나름으로 강력한 근거들을 찾아내 제시하고 있으나, 각각의 해석에는 비판의 여지가 있다. 현대적 해석들 가운데 특히 일원론적인 기능주의적 해석이 가장 유력하고, 또한 비판하기 어려운 해석으로 보인다는 것이 일반적인 견해이다. 우리가 이런 기능주의적 해석을 반드시 비판해야 하는 것은 아니다. 그러나 아리스토텔레스는 영혼을 물질의 일종으로 보던 소크라테스 이전의 철학자들과도 다르고, 또한 식물도 감각하고 욕구하고 생각할 수 있다는 견해를 제시했던 플라톤(『티마이오스』, 77b~c)과도 다르다. 아리스토텔레스는 영혼을 갖는 생물과 영혼을 갖지 않는 무생물은 물론이고, 살아 있는 신체와 죽은 신체를 구분했던 상당히 합리적인 사고를 가진 인물이었다. 그런 그가 기능주의 이론에서 주장하듯이, 현재 영혼을 갖는 생물들의 구성 요소 이외의 다른 요소들에서 영혼(또는 생명)이 찾아질 수 있다고 생각했으리라고 보기는 어렵다. 이와 같이 근본적이고도 단순한 의구심에서, 우리는 기능주의적 해석을 반박할 수 있는 여지를 찾아보려는 노력을 기울이게 된다.

때로는 아리스토텔레스의 이론이 데카르트 이후로 우리에게 습관화된 구분 방식, 즉 영혼과 신체를 구분하는 방식과는 다르며, 따라서 데카르트적 개념들을 통한 해석 방식이 근본적으로 그에게 적용될 수 없다는 주장이 제기되기도 한다. 물론 현대적 이론들을 2,400년 전의 아리스토텔레스에게 적용하려는 노력은 그를 현대화하려는 노력이라기보다 그를 올바르게 이해하려는 노력이다. 이러한 노력은 최소한 그러한 적용이 적절하지 않다는 결론으로 우리를 이끌 수도 있다. 그러나 우리가 그를 이해하고자 한다면, 궁극적으로 어떤 결론이 내려지든 우리는 그를 이해하기 위해 우리가 할 수 있는 노력을 다해야 할 것이다. 이런 관점에서 볼 때, 위에서 살펴본 해석들과 그 해석들이 담고 있는 문제점에 대한 검토는 우리로 하여금 그런 문제의 답습을 피하게 함으로써, 우리가 탐구해야 할 아리스토텔레스의 진정한 모습을 발견하는 출발점이 될 것이다.

■ 참고 문헌

유원기, 「아리스토텔레스의 심신론은 기능주의인가?」, 『철학연구』 제47집, 1999.
_____, 「아리스토텔레스의 심신이론과 현대 심리철학」, 『철학』 제76집, 2003.
_____, 『자연은 헛된 일을 하지 않는다: 아리스토텔레스의 자연철학』, 서광사, 2009.
_____, 『아리스토텔레스의 정치학: 행복의 조건을 묻다』, 사계절, 2009.
유원기 역주, 『영혼에 관하여』, 궁리, 2001 〔개정판은 서광사, 근간〕.

Durrant, M. (ed.), *Aristotle's De Anima in Focus*, London and New York: Routledge, 1993.

Hamlyn, D. W., *Aristotle's De Anima Books*, vol. II and III, Oxford: Clarendon Press, 1993.

Slakey, T. J., "Aristotle on Sense-Perception" (1961), in M. Durrant (ed.), *Aristotle's De Anima in Focus*, London and New York: Routledge, 1993.

Sorabji, R., "Body and Soul in Aristotle" (1974), in M. Durrant (ed.), *Aristotle's De Anima in Focus*, London and New York: Routledge, 1993.

Nussbaum, M. C. and A. O. Rorty (eds.), *Essays on Aristotle's De Anima*, Oxford: Clarendon Press, 1992.

Cohen, S. Marc, "Hylomorphism and Functionalism", in M. C. Nussbaum and A. O. Rorty (eds.), *Essays on Aristotle's De Anima*, Clarendon Press, 1992.

Burnyeat, M. F., "Is an Aristotelian Philosophy of Mind Still Credible?", in M. C. Nussbaum and A. O. Rorty (eds.), *Essays on Aristotle's De Anima*, Clarendon Press, 1992.

제6장 아리스토텔레스의 윤리학

전헌상

1 아리스토텔레스의 윤리학 저작들

아리스토텔레스의 것으로 전해지는 윤리학 관련 저작은 『니코마코스 윤리학』, 『에우데모스 윤리학』, 『대윤리학』, 그리고 『덕과 악덕에 관하여』이다. 이 중 『대윤리학』과 『덕과 악덕에 관하여』는 아리스토텔레스 본인의 저작이 아니라는 것이 일반적인 견해이다. 『에우데모스 윤리학』의 경우도 고대부터 위작 논란이 있어왔으나 현재는 통상 진작(眞作)으로 여겨진다. 『니코마코스 윤리학』은 10권, 『에우데모스 윤리학』은 8권으로 이루어져 있는데, 전자의 제5~7권이 후자의 제4~6권과 일치한다. 이 흥미로운 사실을 어떻게 설명해야 하는가는 논란거리이다. 이 공통의 세 권은 원래 두 저작 중 어느 하나에 속했던 것이었는가? 만일 그렇다면, 그것은 둘 중 어디에 속했던 것인가? 이 물음들은 『니코마코스 윤리학』과 『에우데모스 윤리학』 중 어떤 것이 먼저 쓰인 작품인가의 문제와 맞물려 다양한 추정들을 산출해왔다. 현재 가장 널리 받아들여지고 있는 견해는 『에우데모스 윤리학』이 『니코마코스 윤리학』보다 먼저 쓰인 작품이며, 공통된 세 권은 원래 전자에 속해 있었다는 것이다. 두 저작의 저술 순서가 그와 같다면, 전자보다는 후자가 더 성숙한 아리스토텔레스의 생각들을 담고 있다는 추정이 가능하고,

그렇기 때문에 그의 윤리학을 설명할 때는 주로 후자의 내용이 중심적으로 다루어진다. 이 글에서도 특별한 필요가 없는 한 이 관례를 따를 것이다.

2 행복

『니코마코스 윤리학』은 모든 기술과 탐구, 그리고 모든 행위와 선택이 어떤 좋음을 목표로 한다는 언명으로 시작된다. 아리스토텔레스는 이 다양한 좋음의 사례들 중에서 최상의 좋음이 무엇인가를 묻는다. 우선 그것은 다른 모든 것들이 그것을 위해 추구되고 그 자신은 다른 어떤 것을 위해서가 아니라 그 자체로 추구되는 좋음이다. 그것은 또한 인간이 행위를 통해 성취하고자 하는 모든 구체적 목적들의 상위에 놓이는 궁극적인 목적이다. 아리스토텔레스는 최소한 이 최상의 좋음의 명칭에 관해서는 대중들과 교양 있는 사람들의 의견이 일치한다고 말한다. 그것은 '행복'(eudaimonia)으로 불리며, 이것은 또한 '잘 삶'(eu zēn)이나 '잘 함'(eu prattein)과 동의어로 간주된다. 사람들의 의견이 엇갈리는 것은 과연 행복의 실질적 내용이 무엇인지에 관해서이다.(1095a18~21)

'eudaimonia'는 통상 '행복'—영어로는 'happiness'—으로 번역된다. 그리고 이하에서도 이 일반적인 번역을 사용할 것이다. 하지만 이 번역과 관련해서 한 가지 주의해야 할 점이 있다. 'eudaimonia'는 어원상 '잘'이라는 의미의 'eu'와 신적인 존재 혹은 힘을 의미하는 'daimōn'의 합성어이다. 'eudaimonia'는, 따라서, 기본적으로 '신적인 존재 혹은 힘의 호의를 누리는 상태'를 의미한다. 그런데 여기서 'eudaimonia'와 현대적 의미의 행복—그리고 happiness—사이에 존재하는 중요한 차이점 하나가 드러난다. eudaimonia는, 그것의 일차적인 의미상, 주관적으로가 아니라 객관적으로 판정될 수 있는 어떤 상태이다. 즉,

eudaimonia는 각 개인이 자신의 삶을 주관적으로 어떻게 평가하고 그것에 얼마나 만족하는가에 달려 있는 것이 아니라, 객관적인 관점에서 그의 삶이 얼마나 잘 진행되고 있는가에 달려 있다. 'eudaimonia'나 그것의 파생 형태들이 그 단어들의 가장 오래된 용례들 속에서, '복된'(blessed)을 의미하는 형용사인 'olbios'나 'makarios'와 나란히 등장하는 것은 결코 우연이 아니다. 반면 현대적 의미에서 행복은 기본적으로 자신의 삶에 대한 주관적 판단이나 만족감과 결부된다. "행복은 인간이 잘 먹고 잘 사는 생활에서 가장 중요한 감정적 상태를 말한다. 여기에는 기쁨, 환희, 희열, 황홀함, 사랑과 같은 감정이 혼재되어 있다."(영국 BBC 다큐멘터리『행복』의 첫 두 문장) "사람들이 행복에 대해 말할 때 그것은 일반적으로 긍정적인 느낌을 가진 상태, 또는 느낀 감정에 대해 긍정적인 판단을 할 수 있는 상태를 말하는 것이다."(대니얼 네틀,『행복의 심리학』, 80쪽) 이런 사정 때문에, 우리는 'eudaimonia'를 '행복'으로 번역하는 데 따르는 의미상의 왜곡에 유의할 필요가 있다. 'eudaimonia'는, 그것이 '잘 삶'이나 '잘 함'과 동의어로 이해되고 있다는 점에서도 확인되듯이, 객관적인 관점에서 어떤 사람의 삶이 가장 바람직한 방향, 최선의 방식으로 진행되고 있음을 가리킨다. 따라서 무엇이 행복인가를 물을 때, 아리스토텔레스는 어떻게 하면 각 개인이 자신에게 가장 만족스러운 심리적 상태에 있을 수 있는가를 묻고 있는 것이 아니라, 객관적인 관점에서 어떻게 사는 것이 최선의 삶인가를 묻고 있는 것이다.

그렇다면 인간에게 있어서 행복은 무엇인가? 아리스토텔레스는 그 답을 인간이 하는 고유한 일(ergon)이 무엇인가에 대한 고찰로부터 이끌어낸다. X에게 있어서—행복의 동의어인—잘 함이 어디에서 성립하는가를 알기 위해서 우리는 우선 X가 하는 고유한 일이 무엇인지를 알아야 한다. 예를 들어, 제화공에게 있어서의 잘 함은 그가 하는 고유의 일, 즉 신발 만드는 일을 잘 하는가의 여부에 달려 있다. 눈, 코 등과 같은 신체의 부분들의 잘 함 역시 그것들 각각의 고유의 일, 즉 보는 일, 냄새 맡는 일을 잘 하는가에 달려 있다. 그렇다면 인간의 잘 함 역시 인간이 하는 고유의 일을 잘 하는가에 달려 있을 것이다. 그렇다면 인간에게 고유한 일은 과연 무엇인가? 영양 섭취나 감각 지각은 그 답이 될 수 없다. 영양 섭취는 식물들에서도 발견되고, 지각은 인간 외의 동물들에서도 발견되기 때문이다. 그렇다면 남는 것은 무엇인가? 그 답은 이성 작용(logos)이다. 이제 인간 고유의 일을 실현하는 것이 인간의 잘 함이기 때문에, 인간의 행복은 결국 "이성에 따른 영혼의 활동, 혹은 이성을 결여하지 않은 영혼의 활동"(1098a7~8)이 된다. 아리스토텔레스는 이어서 X의 고유한 일은 모든 X의 활동에서가 아니라 뛰어난 X의 활동에서 제대로 실현된다는 점을 지적한다. 키타라 연주자의 고유한 일은 아무나 그것을 연주할 때가 아니라, 뛰어난 키타라 연주자가 자신이 가진 연주의 탁월함에 따라 그것을 연주할 때 제대로 성취된다. 마찬가지로, 인간의 고유한 일의 실현인 행복은 인간으로서의 탁월함에 따라 영혼이 활동할 때 실현된다. 조금 뒤에 다시 설명되겠지만, X를 탁월한 X로 만드는 우수한 자질, 이것을 그리스인들은 덕(aretē)이라 불렀다. 이상의 논의를 바탕으로 행복에 대해서 또 하나의 규정이 제시된다. "인간적인 좋음은 덕에 따르는 영혼의 활동일 것이다. 그리고 덕이 여럿이라면, 그중 최선이며 가장 완전한 덕에 따르는 영혼의 활동이 인간적인 좋음일 것이다."(1098a16~18)

아리스토텔레스는 이상의 결론이 행복에 관한 기존의 견해들과 잘 부합한다는 사실을 강조한다. 좋음은 통상 외적인 좋음, 몸에 관련된 좋음, 그리고 영혼에 관련된 좋음의 셋으로 구분되는데, 이 중 세 번째를 최선으로 간주하는 것이 오랜 세월 동안 철학자들에게 동의되어 온 입장이다. 인간의 행복이 이성에 따르는 영혼의 활동이라는 아리스토텔레스의 결론은 이 입장에 부응한다. 또한 그 결론은 행복을 덕과 연관시키는 사람들의 견해와도 부합한다. 아리스토텔레스는 중요한 구분 하나를 덧붙인다. 우리는 덕을 소유하는 것과 그것을 사용하는 것을 구분할 필요가 있다. 행복을 위해서는 덕의 소유만으로는 충분치 않다.

164

누군가가 덕을 소유하고 있다 하더라도, 만일 그가 그것을 사용하지 않는다면, 그는 마치 잠자는 사람이나 다른 방식으로 아무 활동도 하지 않는 사람처럼, 아무런 좋음도 산출하지 못할 것이기 때문이다. 그렇기 때문에 행복은 덕이 아니라 덕을 따르는 활동이라고 규정되어야 한다.

아리스토텔레스의 규정에 따르면, 행복은 기본적으로 영혼의 활동에서 성립한다. 하지만 행복의 실현에는 외적 조건들 역시 필요하다. 훌륭한 행위를 위해서는 종종 그것의 대상이나 수단이 필요하다. 예를 들어, 우애 있는 행위를 위해서는 친구가 필요하며, 통 큰 행위를 위해서는 일정한 양 이상의 재산이 필요하다. 좋은 태생, 훌륭한 자식, 준수한 용모 등도 행복에 영향을 미친다. 용모가 아주 추한 사람이나 자식 없이 홀로 사는 사람은 온전히 행복하다고 말하기 어려울 것이다. 이런 이유로 혹자는 행복을 행운(eutychia)과 동일시하기도 한다. 하지만 외적 조건이나 운의 영향력을 인정하면서도, 아리스토텔레스는 그런 요소들이 행복의 결정적 요소는 아님을 동시에 강조한다. 행복을 결정하는 것은 덕과 그것에 따르는 활동이다. "인간적 삶은 단지 이런 것들을 추가적으로 필요로 할 뿐이며, 행복을 결정하는 것은 덕에 따르는 활동들이고, 그 반대의 활동들은 불행을 결정하기 때문이다."(1100b9~11) 행복은 기본적으로 덕의 소유와 사용에 의해 결정되기 때문에, 그것은 가장 안정되고 지속적이다. "인간이 하는 일 중에서 덕에 따르는 활동들만큼 안정성을 가지는 것은 없기 때문이다. 덕에 따르는 활동들은 학적 지식보다도 더 지속적인 것으로 보인다."(1100b12~14) 가장 위대하고 고귀한 것을 우연에 맡긴다는 것은 너무도 부조리한 일일 것이다. 행복은 그것의 가장 핵심적인 부분에서 우리 자신에게 달려 있다. "행복한 사람은 실로 다채롭게 변할 수 있는 사람도 아니며, 쉽게 변할 수 있는 사람도 아니다. 그는 행복으로부터 쉽게 내버려지지 않을 것이고, 그 어떤 흔한 불운들에 의해서도 흔들리지 않을 것이며, 만약 그가 흔들린다면 수없이 닥치는 큰 불운에 의해서만 그럴 것이니 말이다."(1101a8~11)

덕에 따른 영혼의 활동은 일차적으로 그것이 인간으로서의 최상의 상태의 실현이라는 객관적인 의미에서 최상의 좋음이다. 하지만 그것에는 주관적이고 경험적인 측면 역시 존재한다. 덕에 따른 활동을 수행하면서 행위자는 최상의 즐거움을 경험하기 때문이다.

또 이렇게 행위하는 사람들의 삶 역시 그 자체로 즐거운 것이다. 즐거워한다는 것은 영혼적인 일이며, 자신이 그것을 사랑하는 사람이라고 하는 것이 각자에게 즐거우니 말이다. …… 정의를 사랑하는 사람에게는 정의로운 일이 즐거운 것이고, 일반화해서 말하자면, 덕을 사랑하는 사람에게는 덕에 따르는 것들이 즐거운 것이다. …… 고귀한 것을 사랑하는 사람들에게는 본성적으로 즐거운 것이 즐겁다. 덕에 따른 행위들이 바로 그러한 것들이어서, 그것들은 고귀한 것들을 사랑하는 사람들에게도 즐겁고, 그 자체로도 즐거운 것이다. 그러므로 그들의 삶은 즐거움을 어떤 장식처럼 추가로 요구하지도 않고, 오히려 즐거움을 삶 자체 속에 가지고 있다.(1099a7~16)

덕에 따른 행위를 통해서 경험되는 즐거움은 그 행위의 부수적 결과물이 아니라, 그 행위 자체에 내재하는 즐거움이다. 그리고 덕을 행하는 사람이 경험하는 즐거움은 단순히 그 사람에게 즐거운 것이 아니라, 인간에게 본성상 즐거운 것이다. 덕의 실현을 통해서 우리는 인간에게 고유한 일을 수행하고 있는 것이기 때문이다. 인간 고유의 활동을 통해 인간으로서 가지는 잠재력의 최대치를 실현하는 것, 이것이 바로 아리스토텔레스가 이야기하는 행복의 핵심이라고 할 수 있다. 그리고 이 행복에는 그 인간으로서의 최상의 상태의 실현이라는 객관적 측면과 인간으로서의 최상의 즐거움의 경험이라는 주관적 측면이 공존한다.

3 덕

1) 영혼의 두 부분과 두 종류의 덕

행복은 덕을 따르는 영혼의 활동이다. 그렇다면 이제 설명되어야 할 것은 덕이 무엇인가 하는 것이다. 'eudaimonia'의 경우에도 그랬듯이, 'aretē'의 번역과 관련해서도 주의해야 할 점이 있다. 'aretē'에 대한 전통적인 번역어는 '덕(德)'—영어에서는 'virtue'—이다. 그런데 우리는 'aretē'가 '덕'—'virtue'—보다 넓은 의미 영역을 가지는 단어임을 기억할 필요가 있다. 'aretē'는 어원상 '좋은'을 의미하는 형용사 'agathos'의 최상급인 'aristos'로부터 파생된 명사로, 어떤 것을 뛰어나고 훌륭한 것으로 만드는 자질 일반을 가리키는 표현이다. 그래서 우리말에서는 '칼의 덕', '말[馬]의 덕'을 이야기하는 것이 부자연스럽지만, 고전 그리스어에서는 '칼의 aretē', '말의 aretē'를 이야기하는 것이 자연스러워진다. 칼의 aretē는 칼을 훌륭한 칼로 만드는 자질을 가리키며, 말의 aretē는 말을 훌륭한 말로 만드는 자질을 가리키는 것이다. X의 aretē는 X의 고유한 일을 잘 수행하도록 하는 자질이다. 눈의 aretē는 눈이 하는 일, 즉 보는 것을 잘 하게 만드는 것이고, 말의 aretē는 달리고 사람을 실어 나르는 일을 잘 하게 만드는 것이다. 이러한 'aretē'의 넓은 의미 영역을 반영하기 위해서, 번역자에 따라서는 '덕' 대신 '탁월함', '뛰어남' 등을 번역어로 채택하기도 한다. 이 글에서는 전통적 번역어인 '덕'을 일관되게 사용할 것이다. 하지만 독자들은 'aretē'의 넓은 의미를 항상 염두에 둘 필요가 있다.

아리스토텔레스는 『니코마코스 윤리학』 제1권 제13장에서 행복에 관한 논의로부터 덕에 관한 논의로 주제를 전환한다. 덕에 관한 논의를 위해서는 영혼에 대한 지식이 요구된다. 하지만 이 논의를 위해 필요한 영혼에 대한 지식은 엄밀할 필요는 없고, 대중적 설명(exoteroi logoi) 속에서 주어지는 설명으로 충분하다. 이 설명에 따르면 영혼은 기본적으로 비이성적인 부분(to alogon)과 이성을 가진 부분(to logon echōn)의 두 부분으로 이루어진다. 그리고 비이성적인 부분은 다시 두 개의 부분으로 이루어진다. 우선 식물적(phyticon)인 부분이 있다. 이 것은 영양 공급과 성장에 관련된, 모든 생물에 공통적인 부분이다. 하지만 이 부분은 덕에 관한 논의와 무관하다. 모든 생물이 공유하는 부분은 인간에게 고유한 덕의 원인이 될 수 없기 때문이다. 덕의 문제와 관련되어 있는 것은 비이성적인 부분의 나머지 부분인데, 이 부분은 감정들이나 욕구들과 관련된 부분이다. 이 부분은 기본적으로 비이성적이기는 하지만 어떤 면에서 이성을 나누어 가지는데,(1102b13~14) 그것이 이성에 귀를 기울이고 그것에 순종적이라는 점에서 그러하다.(1102b31) "이성을 나누어 가지는 두 부분의 영혼이 있다고 가정하자. 하지만 그들이 동일한 방식으로 이성을 나누어 가지는 것은 아닌데, 그중 하나는 본성상 명령을 내리고, 다른 하나는 본성상 순종하고 귀를 기울이기 때문이다."(『에우데모스 윤리학』, 1219b28~21)

이러한 영혼의 이분법을 근거로 아리스토텔레스는 두 종류의 덕을 구분한다. 덕은 영혼의 비이성적 부분에 속하는 성품의(ēthikē) 덕과, 이성을 가진 부분에 속하는 사고의(dianoetikē) 덕으로 나누어진다.(1103a3~8) 이 두 종류의 덕은 그것이 획득되는 방식에 있어서도 차이를 보인다. 사고의 덕이 주로 가르침(didaskalia)으로부터 생겨나고 발전하는 반면, 성품의 덕은 습관(ethos)의 소산이다.(1103a14~18) 『니코마코스 윤리학』 제2~6권은 이 두 종류의 덕을 차례로 다루고 있는데, 제2~5권에서는 성품의 덕이, 제6권에서는 사고의 덕이 다루어진다.

성품의 덕에 대한 아리스토텔레스의 논의를 자세히 살펴보기 전에, 'ēthikē'라는 단어와 관련해서 유념해야 할 사실 하나를 언급하고 지나가자. 우리는 통상 아리스토텔레스의 윤리학에 대해 이야기하고, 그의 저작명을 『니코마코스 윤리학』, 『에우데모스 윤리학』으로 번역한다. 그런데 이때 '윤리학'에 대응되는 그리스어 단어는 앞서 '성품의'로 번역된 'ēthikē'이다. 아리스토텔레스의 윤리학은, 엄밀히 말하면, 아리스토텔레스의 성품론인 것이다. 얼핏 이 차이는 매우 사소하고, 둘의 구분은 쓸데없이 번쇄해 보인다. 하지만 그 점을 기억해두는 것은 의미가 있는데, 아리스토텔레스의 궁극적 관심사가 근대 이후의 윤리학의 궁극적 관심사와 미묘하지만 의미 있는 차이를 보인다는 점 때문에 그러하다. 간단히 말하면 그 차이는 이런 것이다. 근대 이후의 윤리학에서는 주로 특정한 상황에서의 특정한 행위가 윤리적으로 정당화되는가, 그리고 만일 그렇다면 그 정당화의 기준은 무엇인가에 초점을 맞추어왔다. 즉, 근대 이후 윤리학의 주된 관심사는 개별 행위와 그것을 뒷받침하는 원칙이었던 것이다. 반면 아리스토텔레스의 주된 관심사는 개별 행위가 아니라 행위자의 지속적 성품이다. 그는 개별적인 행위가 윤리적으로 옳은지, 그렇다면 어떤 원칙 때문에 그렇게 말할 수 있는지가 아니라, 훌륭한 행위를 지속적으로 할 수 있는 성품은 과연 어디에서 성립하는 것이고, 그러한 성품은 어떻게 형성될 수 있는가에 초점을 맞추고 있는 것이다.

2) 성품의 덕

성품의 덕과 관련해서 아리스토텔레스는 우선 그것이 획득되는 방식, 즉 습관화의 과정을 고찰한다. 사실 덕이 어떻게 획득되는가의 문제는 당시 그리스 지식인들 사이에서 활발히 논의되던 주제였다. 예를 들어 플라톤의 『메논』의 첫 부분에는 이 문제와 관련된 세 가지의 가능성이 언급되고 있다. 덕은 타고나는 것이거나, 숙련을 통해 얻어지는 것이거나, 가르쳐지는 것이다.(70a) 결론부터 말하면, 이 문제에 대한 아리스토텔레스의 답은 복합적이다. 일단 덕이 전적으로 타고나는 것일 수는 없다. 전적으로 타고나는 것은 습관을 들일 수 없는 것이다. 예를 들어, 우리는 돌이 위로 움직이도록 습관을 들일 수 없으며, 불을 아래로 움직이도록 습관을 들일 수 없다. 하지만 덕은 본성에 반하여 생겨나는 것도 아니라고 아리스토텔레스는 덧붙인다. 즉, 덕이 전적으로 본성에 의해 결정되는 것은 아니지만, 적절한 자질이 본성적으로 주어져 있지 않으면 덕을 가진 사람이 될 수 없다는 것이다. 본성적인 바탕을 실현하는 것은 다름 아닌 습관화이다. "우리는 본성상 그것들[덕들]을 받아들일 수 있으며, 습관을 통해 완성한다."(1103a24~26) 하지만 습관화를 덕 획득의 길로 받아들인다는 것이 곧바로『메논』에서 언급된 또 하나의 가능성, 즉 가르침의 부정을 의미하는 것은 아니다. 사고의 덕은 주로 가르침을 통해 생겨나기 때문이다.

성품의 덕은 어떤 식으로 습관화를 통해 생겨나는가? 아리스토텔레스는 우리가 정의로운 일을 함으로써 정의로운 사람이 되고, 절제하는 일을 함으로써 절제하는 사람이 되며, 용감한 일들을 함으로써 용감한 사람이 된다고 말한다.(1103b1~3) 우리는 동일한 유형의 행위를 반복적으로 행함으로써, 일관되고 지속적으로 그러한 종류의 행위를 하는 성품을 가진 사람이 된다. "다른 사람들과의 거래에 관련되는 일을 행하면서 어떤 사람은 정의로운 사람이 되고 어떤 사람은 부정의한 사람이 된다. 그리고 무서운 상황에서 일어나는 일들을 행함으로써, 두려워하는 마음을 갖는 습관을 들이거나 대담한 마음을 갖는 습관을 들임으로써 용감한 사람이 되거나 비겁한 사람이 되는 것이다."(1103b15~19) "우리는 먼저 즐거움을 삼가는 일을 통해 절제하는 사람이 되며, 절제하는 사람이 되면 즐거움을 삼가는 일을 가장 잘 할 수 있기 때문이다. 용기의 경우도 유사하다. 두려운 것들을 대수롭지 않게 보며 그것들을 견뎌내는 일을 통해 우리는 용감해지며, 용감한 사람이 되면 두려운 것들을 가장 잘 견뎌낼 수 있는 것이다."(1104a~1104b)

올바른 행위에 의한 습관화를 통해서 행위자는 그러한 행위에 내재한 진정한 즐거움을 경험한다. 적절한 습관화를 통해 잘 양육되지 못한 사람들은 "무엇이 고귀하고 진정으로 즐거움을 주는 것인가에 대한 개념조차 가지고 있지 못하는데", 그 이유는 그들이 그것을 "맛보지 못했기 때문"이다.(1179b15~16) 이 맛봄의 과정은 올바른 행위의 가치를 이론적으로 배우고 이성적으로 고찰하기 전에 학생들에게 우선 갖춰져 있어야 할 일종의 바탕이자 토양이다. 이 바탕이 갖추어져 있지 않은 사람에게 논변과 가르침은 무력하다. "논변과 가르침은 모든 사람들에게 강력하지는 못하며, 배우는 사람의 영혼은, 씨에 양분을 공급할 땅과 같이, 우선 고귀한 즐거움과 고귀한 증오에 대한 습관에 의해 도야되어야 한다."(1179b23~26) 고귀한 것들을 맛보는 과정은 그것들의 내재적 가치를 체득하는 과정이라고 할 수 있다. 우리는 우선 그러한 행위를 행하고 그 행함 자체가 즐거움을 준다는 사실을 경험해야 한다. 그리고 그러한 행위를 습관화함으로써 우리는 그런 행위가 그 자체로 즐거우며 가치 있는 것임을 체득하게 된다.

아리스토텔레스는 이어서 성품의 덕이 가지는 일반적 특성들을 하나씩 고찰해 나간다. 우선 덕은 즐거움과 고통과 연관되어 있다. 어떤 방식으로 즐거움과 고통을 느끼는가가 성품의 표지이기 때문이다. 예를 들어, 육체적인 즐거움을 삼가고 이것을 삼가는 것 자체에서 즐거움을 느끼는 사람은 절제하는 사람이고, 이를 싫어하는 사람은 무절제한 사람이다. 무서운 것들을 견뎌내고 그런 일에서 기쁨을 느끼는 사람은 용감한 사람이고, 그런 일에서 고통을 느끼는 사람은 비겁한 사람이다. 그렇기 때문에, 훌륭한 성품을 기르기 위한 올바른 교육의 방식은 어렸을 때부터, 마땅히 기뻐해야 할 것에 기뻐하고, 마땅히 괴로워해야 할 것에 고통을 느끼도록 기르는 것이 되어야 한다.

덕은 일종의 성향(hexis)이다. 아리스토텔레스는 영혼 안에서 일어나는 일을 감정(pathos), 능력(dynamis), 그리고 성향(hexis)으로 구분하고, 덕이 이 중 어디에 속하는가를 고찰한다. 감정은 욕망, 분노, 두려움, 대담함, 기쁨 등 일반적으로 즐거움이나 고통을 동반하는 것들이다. 능력은 우리가 감정을 가질 수 있음을 가리킨다. 즉, 두려움을 느낄 수 있거나 분노를 느낄 수 있으면 그것들에 대한 능력을 가지고 있다고 할 수 있다. 성향은 "우리가 그것에 따라 우리가 감정들에 대해서 좋은 상태에 있거나 나쁜 상태에 있는 것"이다.(1105b25~26) 이 셋 중 덕과 악덕은 감정이 아니다. 덕과 악덕은 칭찬과 비난의 대상이 되는 것인데, 어떤 사람이 화를 내고 두려움을 느꼈다는 사실 때문에 그를 칭찬하고 비난하지는 않기 때문이다. 덕과 악덕은 능력도 아니다. 그 사람이 화를 낼 수 있고 두려움을 느낄 수 있다는 사실 때문에 칭찬하고 비난하는 것도 아니기 때문이다. 우리는 특정한 방식으로 화를 내는 지속적 성향을 가지는 경우에만 덕과 악덕을 이야기할 수 있다. 그는 온화한 성품을 가진 사람으로서 칭찬받고, 성마른 성품을 가진 사람으로서 비난받는 것이다. 따라서 덕은 감정을 특정한 방식으로 잘 현실화할 수 있도록 해주는 어떤 성향이라고 결론 내려야 한다.

덕이 일종의 성향이라면, 정확히 어떤 성향이 덕인가? 아리스토텔레스는 덕이 중용(mesotēs)에서 성립한다고 말한다. 즉, 덕은 지나침과 모자람의 중간을 취한다. 예를 들어, 용기는 지나치게 두려워하지 않는 무모함과 지나치게 두려워하는 비겁 사이의 중용이다. 절제는 지나치게 즐거움을 추구하는 무절제와 전혀 즐거움에 반응하지 않는 무감각 사이의 중용이다. 덕은 결국 단일한 악덕의 반대편이 아니라 두 개의 악덕들 사이에 위치하는 셈이다. 주의할 점은 중용이 단순히 두 끝의 중간을 기계적으로 취하는 것이 아니라는 점이다. 이러한 중간을 아리스토텔레스는 '대상의 중간'(tou pragmatos meson)이라 부른다. 이것은 양극단으로부터 동일한 거리에 있음을 의미하며, 모든 사람에게 하나이며 동일하다. 예를 들어 6은 어디에서나, 누구에게나 2와 10의 중간이다. 이 중간과 대비되는 것이 '우리와의 관계에서의 중간'(pros hēmas meson)이다. 이것은 지나치지도 부족하지도 않음을 의미하며, 모든 사람에게 하나이지도 동일하지도 않다. 아리스토텔레스는 운동선수와 음식량을 예로 든다. 어떤 선수에게 음식을 줄 때 10므나는 너무 많고 2므나는 너무 적다고 해서, 모든 선수에게 6므나가 적정량이 되는 것은 아니다. 그것은 레슬링 선수 밀로에게는 적은 양이지만, 초보자에게는 많은 양일 것이기 때문이다. 덕을 성립시키는 중간은 이러한 성격을 가진다. 덕은 감정이나 행위의 적절한 정도와 관련되는데, 화를 내는 적절한 정도, 즐거움을 추구하는 적절한 정도는 사람과 상황에 따라 가변적이다. 중용은 "마땅히 그래야 할 때, 마땅히 그래야 할 일에 대해서, 마땅히 그래야 할 사람들에 대해서, 마땅히 그래야 할 목적을 위해서, 마땅히 그래야 할 방식으로"(1106b21~22) 감정을 갖는 것이다. 행위의 경우도 마찬가지이다. 위와 같은 방식으로 행위할 때 그것은 중용을 취한 행위가 될 것이다. 결국 덕은 감정과 행위에 있어서 중간의 적절한 정도를 취하게 만드는 성향이다. 그리고 덕이 중간적인 것을 겨냥하는 한, 그것은 일종의 중용이라 말할 수 있다.(1106b27~28)

덕은 또한 선택적인 성향(hexis prohairetikē)이다.(1106b36) 즉, 덕은 행위자로 하여금 특정한 방식의 선택을 하도록 만드는 성향이다. 선택(prohairesis)은 아리스토텔레스 윤리학의 핵심 개념 중 하나이다. 선택은 덕과 가장 밀접한 것으로 여겨지며, 겉으로 드러나는 행위보다 행위자의 품성을 더 잘 드러내주는 지표로 간주된다.(111b5~6) 선택은 또 다른 두 개의 개념, 즉 숙고(bouleusis) 및 바람(boulēsis)과 밀접히 연관지어 설명되는데, 이 셋에 대한 논의가 『니코마코스 윤리학』 제3권 제2, 3, 4장을 구성하고 있다. 우선 숙고는 어떤 목적을 설정하고 그것을 주어진 상황에서 실현할 수 있는 최선의 방법을 추론하는 과정이다. 이 과정은 목표의 설정에서 시작되어 숙고자가 자신에 의해서 즉각적으로 행해질 수 있는 구체적 행위를 발견했을 때 종료된다. 숙고는 그 본성상 특정한 범위의 대상에 대해서만 수행된다. 우리는 필연적인 사태나 우리의 힘으로 실현될 수 없는 것에 대해서 숙고하지 않는다. 또 우리는 목적에 대해서가 아니라, 어떤 목적을 전제한 상태에서 그것을 실현할 구체적 수단에 대해서 숙고한다. 이상의 설명에서, 숙고의 과정은 어떤 목적을 이루고자 하는 욕구(orexis)에 의해 촉발됨을 알 수 있다. 이 목적에 대한 욕구가 바로 바람(boulēsis)이다. 바람은 어떤 것을 좋은 것으로 판단하는 것에서 생겨나는 욕구라는 점에서 기본적으로 이성적인 욕구이다. 아리스토텔레스는 바람을 비이성적인 욕구인 욕망(epithymia)이나 분노(thymos)와 구분한다. 바람은 때로 불사(不死)와 같은 불가능한 상황에 대한 것일 수도 있고, 다른 나라의 통치 체제처럼 그 실현이 숙고자에게 달려 있지 않은 상황에 대한 것일 수도 있다. 하지만 이러한 종류의 바람은 숙고를 촉발하지 않는다. 앞서 설명된 것처럼, 숙고는 오직 숙고자가 자신의 행위를 통해서 실현될 수 있다고 생각한 목표가 설정되었을 때에만 시작된다.

이렇게 목표에 대한 바람이 숙고 과정을 촉발하고, 숙고자가 결국 그 목표를 이룰 최선의 행위 방식을 찾아낸 순간, 그는 그 행위에 대한 욕구를 가지게 되는데, 이 욕구가 다름 아닌 선택이다. 선택은 숙고를 통해 생겨난 욕구라는 점에서 '숙고적 욕구'(orexis bouleutikē)이다.(1139a23) 아리스토텔레스가 선택이 행위보다 성품을 더 잘 드러낸다고 말한 의미를 우리는 이제 좀 더 잘 이해할 수 있다. 행위는 그것이 행위자에 의해 선택된 경우에만 그 사람의 성품을 제대로 알려주는 지표가 된다. 예를 들어 어떤 행위가 자발적으로 행해지지 않았다면, 즉 그것이 강제나 무지에 의해서 행해졌다면, 그 행위를 보고 행위자가 어떤 성품을 가진 사람인가를 판정할 수는 없다. 오직 그 행위가 자발적으로 설정된 목표를 반영하고 충분한 숙고 과정을 거쳐 도달된 경우에만, 그것은 행위자의 성품을 일러줄 수 있다. 이런 점에서, 오직 선택된 행위만이 진정한 의미의 행위, 성숙한 행위 주체로서의 인간의 행위라 할 수 있다. 아무런 판단이 개입되지 않은 단순한 몸의 움직임이나, 동물도 가지는 비이성적인 욕구가 촉발한 행위는 엄밀한 의미에서의 행위라고 할 수 없다.

『니코마코스 윤리학』 제3권 제6장부터 제5권 제11장에서 아리스토텔레스는 다양한 성품의 덕들을 차례로 논한다. 우선 간략히 그 목록을 살펴보자면, 용기(andreia, 제3권 제6~9장), 절제(sophrosynē, 제3권 제10~12장), 자유인다움(eleutheriotēs, 제4권 제1장), 통 큼(megaloprepeia, 제4권 제2장), 자부(megalopsychia, 제4권 제3장), 명성에 관련된 덕(제4권 제4장), 온화(praotēs, 제4권 제5장), 교제와 관련된 덕(제4권 제6장), 진실성(제4권 제7장), 재치(제4권 제8장), 수치(aidōs, 제4권 제9장) 그리고 정의(제5권 제1~11장)가 차례로 다루어진다. 개별 덕에 대한 아리스토텔레스의 설명은 당대의 그리스인들이 칭송하고 비난했던 다양한 성품들에 대한 생생한 묘사를 제공한다. 이것은 그 자체로 흥미롭고 당대의 윤리적 통념들을 알려주는 소중한 자료임에 분명하다. 하지만 지면의 제약상, 이하에서는 아리스토텔레스가 가장 많은 지면을 할애하고 있는 덕인 정의에 대한 논의, 특히 그중에서도 가장 널리 알려지고 많이 논의되는 분배적 정의와 시정적 정의의 구분만을 간단히 다루도록 하겠다.

아리스토텔레스는 정의를 크게 분배적 정의와 시정적 정의의 둘로 구분하고, 『니코마코스 윤리학』 제5권 제3장과 제4장에서 둘을 차례로 다룬다. 분배적 정의는 시민들에게 명예와 부를 분배할 때 문제가 되는 정의이다. 그것은 두 명의 사람과 두 개의 사물, 이렇게 네 개의 항에서 성립한다. A와 B가 관련된 두 사람이고 C와 D가 A와 B에게 각각 분배되어야 할 사물이라면, 분배적 정의는 A와 B의 가치(axia)의 비율에 따라 C와 D가 분배되는 비율을 결정하는 것이다. 즉, A : B = C : D가 성립하도록 분배하는 것이다. 아리스토텔레스는 이런 점에서 분배적 정의는 일종의 비례적인(analogon) 것이라고 말한다. 정의는 기본적으로 동등성(isotēs)에서 성립하는데, 분배적 정의의 경우 이 동등성은 양의 동등성이 아니라 비율의 동등성이다. 무엇이 분배의 기준이 되는 가치가 되어야 하는가에 대해서는 다양한 견해가 있다. 민주주의자들은 자유를, 과두정 지지자들은 부나 혈통을, 귀족정 지지자들은 덕을 그 가치로 내세울 것이다. 어떤 것이 기준이 되건, 아리스토텔레스는 절대적인 양의 동등성을 정의로 간주하는 것에 반대한다. 분배적 정의는 사물들 간의 관계가 그대로 사람들 안에도 있을 때 성립하는데, "만약 사람들이 동등하지 않다면 동등한 것을 갖게 되지는 않을 테니 말이다. 당사자들이 동등함에도 동등하지 않은 몫을, 동등하지 않은 사람들이 동등한 몫을 분배받아 갖게 되면, 바로 거기서 싸움과 불평이 생겨난다."(1131a22~24)

시정적 정의는 사람들 간의 상호 교섭 속에서 성립하는 정의이다. 상호 교섭은 판매, 구매, 대부, 보증, 대여, 공탁, 임대 등과 같은 자발적인 종류와 절도, 간통, 뚜쟁이질, 노예 사기, 모반 살인, 위증, 폭행, 감금, 살인, 강탈, 신체 절단, 명예훼손, 모욕 등과 같은 비자발적 종류 모두를 포괄한다. 분배적 정의와 시정적 정의의 가장 큰 차이는 전자가 기하학적 비례에 따르는 반면, 후자는 산술적 비례를 따른다는 점이다. 시정적 정의의 경우, 부정의한 일을 행한 사람이나 당한 사람이 훌륭한 사람인지 아닌지의 여부는 전혀 고려되지 않는다. "오히려 법은 한 사람은 부정의를 행하고 다른 사람을 부정의를 당한 경우, 또 어떤 사람은 손해를 입히고 다른 사람은 손해를 입은 경우, 그 손해의 차이에만 주목하며 당사자들을 모두 동등한 사람으로 취급한다."(1132a4~6) A와 B가 기준이 되는 A = B의 상태에서, A가 B에게 C만큼의 손해를 입혔다면, 그 결과는 A가 A + C의 몫을, B가 B − C의 몫을 가진 상태로 표현될 수 있다. 이때 재판관이 해야 할 일은 A에서 C만큼을 빼앗아 B에게 주는 것이다. 이렇게 함으로써 그는 정의롭지 않았던 상태를 시정해 정의로운 상태로 만들 수 있게 된다.

3) 사고의 덕

『니코마코스 윤리학』 제6권에서 아리스토텔레스는 사고의 덕을 다루고 있다. 일견 그는 다양한 사고의 덕들을 병렬적으로 다루고 있는 듯 보이기도 한다. 하지만 그에게는 하나의 궁극적 관심사가 있었으니, 바로 현명함(phronēsis)의 본성을 규명하는 것이었다. 그는 올바른 행위를 가능케 하는 지적 탁월성이 어떤 특징을 가지는가를 분명히 하고, 그 탁월성이 여러 지적 탁월성들 중 현명함과 일치한다는 것을 보이고자 한다. 이런 목표를 염두에 두고, 그는 현명함을 다른 사고의 덕들과 구분 짓고 대조한다. 이 과정에서 그는 서양철학사에서 이전에는 한 번도 체계적으로 수행된 적이 없는 어떤 일을 하고 있다. 올바른 행위를 가능케 하는 지적 탁월성이 학문적인 인식과 연관된 지적 탁월성이나 제작과 관련된 지적 탁월성과 전혀 다른 성격의 것이라는 생각은 당대의 지식인들에게 전혀 자명한 일이 아니었다. 플라톤의 경우를 생각해보자. 그는 『국가』에서 실천적인 앎을 국가를 통치하는 기술과 동일시하면서, 통치자를 위한 커리큘럼 속에 수학, 천문학, 변증술과 같은 이론적 지식을 핵심적인 내용으로 포함하고 있다. 플라톤은 이데아들에 대한 앎을 정점으로 하는 가장 추상적이고 정교한 학적 지식이 올바른 행위에 대한 판단의 가장 결정적이고 핵심적인 전제 조건이라고 생각했던 것이다. 조금 뒤에 살펴보겠지만, 아리스토텔레스는 실천적인 앎의 핵심인 현명함이 학적 인식이나 기술과 전혀 다른 성격을 가진다는 점을 반복적으로 강조한다. 이것은 단순히 학문적 엄밀성을 성취하기 위한 정교한 이론적 구분이 아니다. 그것은 플라톤의 윤리학과 정치철학의 근원적 전제에 대한 비판이자 그것에 대한 대안의 제시로 이해되어야 한다.

아리스토텔레스는 현명함을 학적 인식(epistemē)과 구분한다. 이 구분의 근거는 각자에 연관된 대상이 근원적으로 다르다는 사실이다. 학적 인식은 달리 있을 수 없는 것, 즉 영원하고 필연적인 진리를 대상으로 한다. 반면 현명함은 달리 있을 수 있는 것, 즉 인간의 선택에 따라 다른 방식으로 실현될 수 있는 것을 대상으로 한다. 학적 인식이 불변의 진리를 파악하게 해주는 지적 능력이라면, 현명함은 이럴 수도 있고 저럴 수도 있는 여러 가능한 행위들 중에서 최선의 행위를 골라낼 수 있도록 해주는 지적 능력이다. 아리스토텔레스는 두 대상의 구분을 영혼의 구분과 연결한다. 앞서 우리는 그가 영혼을 크게 이성을 가진 부분과 비이성적인 부분으로 구분하고 있음을 살펴본 바 있다. 이제 그는 영혼의 이성적 부분을 다시 둘로 나누어, 각각을 '학적 인식의 부분'(epistēmonikon)과 '추론하는 부분'(logistikon)이라 부른다. 전자는 학적 인식이 속하는 부분이고, 후자는 현명함이 속하는 부분이다. 하지만 왜 대상이 다르면 그것에 대응하는 영혼의 부분도 달라야 하는가? 그 이유는 앎이 그 대상과의 어떤 유사성이나 친족성에 의해서 성립하기 때문이다. 아리스토텔레스는 여기서 '같은 것은 같은 것에 의해서 인식된다'는, 엠페도클레스 이래의 인식론의 한 전통을 따르고 있다.

일반적으로 말해서, 영혼의 이성적인 부분의 기능은 참을 인식하는 것이다. 그런데 명확히 구분되는 두 종류의 참이 존재한다. 달리 있을 수 없는 것에 대한 참과 달리 있을 수 있는 것에 대한 참이 그것이다. 만일 참의 인식이 그것과 영혼 간의 어떤 유사성 때문에 가능해지는 것이라면, 저 두 종류의 참에 대응해서 인식의 주체인 영혼 역시 두 개의 부분으로 구분되어야 하는 것이다.

아리스토텔레스는 현명함을 기술(technē)과도 구분한다. 그는 이 구분을 각각에 관련된 활동의 차이로부터 이끌어낸다. 간단히 말하면, 현명함은 행함(praxis)에 관한 것인 반면, 기술은 만듦(poiēsis)에 관한 것이다. 달리 있을 수 있는 것에는 만들어지는(poiēton) 것과 행해지는(prakton) 것이 있다. 그런데 만듦과 행함은 다르다. 따라서 행함에 관련된 이성적 상태는 만듦과 관련된 이성적 상태와 다르며, 이 둘은 서로서로에 포함되지 않는다.(1140a1~5) 그렇다면 행함과 만듦을 구분하는 근거는 무엇인가? "만듦의 목적이 그 자체와 다른 어떤 것인데 반해, 행함의 목적은 그렇지 않은데, 잘 함 자체가 목적이기 때문이다."(1140b6~7) 간략하지만 깊은 의미를 담고 있는 구절이다. 아리스토텔레스의 생각은 대략 다음과 같은 것으로 보인다. 만듦의 경우, 그것의 목적은 만듦이라는 활동의 과정과 독립적으로 상정될 수 있고 평가될 수 있는 어떤 대상이거나 상태이다. 집 짓는 일을 생각해보자. 그것의 목표는 집 짓는 일이 시작되기 전에 미리 분명하게 한정되어 있다. 그리고 집이 완성되고 나면, 그것이 잘 지어진 집인지 아닌지의 여부는 그것이 어떤 과정을 거쳐 지어졌는지를 보지 않아도 독립적으로 판정될 수 있다. 만듦의 경우, 그 과정에 대한 평가는 그 결과물에 대한 평가에 종속적이며, 후자는 전자와 독립적으로 행해질 수 있는 것이다. 반면 아리스토텔레스가 행함이라고 부르는 활동의 경우에는 사정이 전혀 다르다. 단순히 "그는 잘 행했는가?"를 물을 때, 이 물음에 대한 답은 그 행위자가 주어진 상황에서 어떤 방식으로 행위했는가를 고려하지 않고서는 절대로 판단될 수 없다. 행함에는 개별적 상황과 독립적으로 미리 한정되고 고정되어 있는 목표가 존재하지 않기 때문이다. 행함의 목표는 단순히 잘 함이기 때문이다. 따라서 행함의 경우, 무엇을 행할 것인가와 어떻게 행할 것인가의 구분은 근원적으로 존재하지 않는다. 주어진 상황이 제기하는 '어떻게'의 요구에 올바르게 대응하는 것 자체가 그 행위의 목적을 이루는 일이 되기 때문이다.

아리스토텔레스는 『니코마코스 윤리학』 제6권 제5장에서부터 현명함의 특징들을 보다 적극적인 방식으로 규명하는 일에 착수한다. 그는 우리가 어떤 사람들을 현명한(phronimos) 사람으로 간주하는가를 주요한 단서로 삼는다. 현명한 사람의 표지는 자신에게 좋고 이로운 것들에 대해 잘 숙고할 수 있는 것, 특히 건강함이나 튼튼함과 같은 어떤 부분적 목적이 아니라, 잘 삶 전체에 대해서 잘 숙고할 수 있는 것이다. 잘 삶과 같은 목적은 그것과 관련해서 기술이 존재하지 않는 종류의 목적이며, 현명한 사람은 바로 이런 것들에 대해서 잘 헤아리는 사람이다.(1140a25~30) 건강함이나 튼튼함이라는 한정된 영역과 관련해서 잘 숙고하는 사람은 현명한 사람이라기보다는 의사이거나 훈련사일 것이다. 반면 우리가 현명한 사람이라고 부르는 사람들은 삶이라는 전체적인 목적과 관련해서 잘 숙고하는 사람, 그 목적을 이루기 위해 자신에게 가장 좋고 이로운 것이 무엇인가를 잘 헤아리는 사람이다. 결국 현명함은 기본적으로 숙고를 잘 하는 능력이라고 할 수 있고, 이때의 숙고는 특정 기술과 연계된 한정된 목적이 아니라 잘 삶이라는 궁극적이고 포괄적인 목적을 위한 것임을 알 수 있다.

현명함의 또 다른 중요한 특징은 그것이 개별적인 것들(ta kath' hekasta)에 대한 앎과 밀접하게 연관되어 있다는 점이다. 현명함은 행위와 관련된 것인데, 행위는 개별적인 것들과 관련되어 있기 때문이다.(1141b14~16) 이런 이유로, 보편적 원칙은 알지만 경험이 부족한 사람보다는 경험은 풍부하지만 보편적 원칙을 모르는 사람이 더 현명한 판단을 하는 일이 벌어지게 된다. 보편적인 앎과 개별적인 앎은 올바른 행위를 위해 모두 필요하다. 하지만 만일 어느 한쪽을 가져야 한다면 보편적인 것보다는 개별적인 것을 알아야 한다고 아리스토텔레스는 말한다.(1141b21~22) 그는 다음과 같은 사실에 주의를 환기한다. 젊은 나이에 훌륭한 기하학자나 수학자가 되는 것은 가능하지만, 젊은 나이에 현명한 사람이 되는 것은 불가능하다. 왜일까? 그 이유는 현명함이 개별적인 것들에 대한 파악과 관련되어 있기 때문이다. 개별적인 것들은 경험으로부터 알려지는데, 젊은이들에게는 경험을 축적할 충분한 시간이 주어지지 않은 것이다.(1142a11~16) 반면 수학은 추상을 통해 주어지는 대상들을 다루며, 그러한 대상들의 보편적 원리는 경험 없이도, 젊은 나이에도 파악될 수 있다.

현명함이 개별적인 것들의 파악과 밀접히 연관된다는 점에서, 아리스토텔레스는 그것이 직관의 능력을 필요로 하며 지각(aisthēsis)과 유사한 성격을 가진다고 말한다. 직관과 지각은 모두 최종적인 것들에 대한 파악이다. 하지만 현명함에 내포된 지각적 능력은 통상적 의미에서의 감각 지각이 아니다. 아리스토텔레스는 그것을 기하학자들의 지각과 유사한 어떤 것이라고 말한다.(1142a25~30) 이 지각은 "우리가 최종의 삼각형을 지각한다고 할 때의 지각을 말한다."(1142a28~29) "최종의 삼각형을 지각한다"의 정확한 의미는 논란거리이다. 일단 이 지각을 단순히 눈앞에 그려져 있는 도형을 삼각형으로 인지하는 것으로 보기는 어려울 것이다. 그렇게 되면, 이 지각과 앞서 배제된 감각적 지각과의 차이가 분명치 않아지기 때문이다. 한 가지 가능한 설명은 다음과 같은 것이다. 문제의 기하학적 지각은 단순한 기하학적 대상의 지각이 아니라, 특정한 기하학적 문제의 해답의 지각을 의미한다. 즉, 그 지각은 특정한 도형을 작도하는 목표를 가진 기하학자가, 숙고의 과정을 거쳐, 주어진 조건 하에서 최초에 그려져야 할 도형이 무엇인가를 파악하는 것과 유사한 것이다. 현명한 행위자는, 이 해석에 따르면, 작도의 문제를 앞에 둔 기하학자처럼, 일종의 문제 해결자라고 할 수 있다. 현명한 행위자의 경우 그에게 던져진 문제는 주어진 개별적 상황에서 행복, 혹은 잘 함을 실현할 수 있는 최선의 행위가 무엇인가 하는 것이다. 이 문제의 답은 보편적으로 주어질 수 없다. 그것을 정확히 파악하기 위해서는 무엇보다도 지금, 이곳의 상황을 정확히 읽어내는 능력이 필요하기 때문이다. 그 능력이 개별적 상황의 특수성을 파악하는 능력이라는 점에서 그것은 지각과 유사한 것이라 할 수 있다.

현명함은 무엇보다도 숙고를 잘 하는 능력이다. 그런데 앞서 설명된 숙고의 구조를 다시 상기해보면, 제대로 숙고하기 위해서는 두 가지 측면에서의 성공이 필요함을 알 수 있다. 즉, 그 목표가 올바르게 설정되어야 하고, 그것을 실현할 수단이 제대로 파악되어야 하는 것이다. 흥미롭게도 아리스토텔레스는 이 두 과제를 각각 성품의 덕과 현명함에 할당한다. "(성품의) 덕은 목표를 바르게 하고, 현명함은 그것에 기여하는 것들을 바르게 한다."(1144a7~9) "덕은 목표를 바르게 하는가 아니면 그 목표에 기여하는 것들을 바르게 하는가? 목표라고 우리는 말한다. 왜냐하면 이것은 추론이나 이성 작용에 의해서 획득되는 것이 아니기 때문이다."(『에우데모스 윤리학』, 1227b23~25) 성품의 덕과 현명함의 역할 분담이 정확히 어떻게 이루어지는가에 관해서는 여러 논란이 있지만, 대략 다음과 같은 설명이 가능할 것이다. 우선 행위자의 성품은 무엇을 추구해야 할 것인가에 대한 전반적인 방향성을 주는 역할을 한다. 행위자의 성품은, 습관화의 과정을 통해서, 어떤 것들이 그 자체로 가치 있는 것인가에 관한 일종의 목록을 그 행위자에게 부여한다. 이 목록은 그의 숙고에 일차적 자료이자 전반적인 지침 역할을 할 것이다. 어떤 사람은 용기나 관대함이 필요한 상황에서 그 상황의 요구에 긍정적으로 반응하는 일관된 태도와 성품을 가지는 반면, 어떤 사람은 그러한 상황적 요구를 회피하려는 태도와 성품을 가질 수 있다. 전자의 경우 그 사람은 용기 있고 관대한 사람이라 불릴 것이고, 후자의 경우 그 사람은 비겁하고 인색한 사람이라 불릴 것이다. 그리고 후자와 같은 사람들은 일반적인 가치 평가의 방향성 자체가 잘못되어 있기 때문에, 아예 출발점부터 올바른 행위를 하는 것이 불가능할 것이다. 행위자의 성품이 목적을 올바르게 한다는 말은 이런 점을 이야기하고 있다고 볼 수 있다.

하지만 최선의 행위를 발견하기 위해서는 올바른 성품만으로는 충분치 않다. 행위자는 목표의 올바름과 더불어 주어진 상황의 특수성을 정확히 파악해야만 하기 때문이다. 전반적으로 올바른 가치관을 가지고 있는 행위자라 할지라도, 만일 그가 주어진 상황의 특수성을 정확히 읽어내는 능력을 결여하고 있다면, 그는 결코 올바른 행위의 길을 찾아내지 못할 것이다. 예를 들어 친구가 곤경에 처해 있음을 발견했을 때, 무조건 그리고 무슨 수를 쓰더라도 그를 돕겠다고 결심하는 것은 때로 올바르지 않은 일로 귀결될 수 있다. 물론 일반적으로 곤경에 처한 친구를 돕는 일은 바람직한 일이고 그런 성향을 가진 사람은 좋은 성품을 가진 사람임에 틀림없다. 하지만 예를 들어 만일 그 친구가 처한 곤경이 마땅히 받아야 할 처벌의 결과라면, 그런 상황에서 그 친구가 그 처벌을 벗어나도록 할 수단을 궁리하는 것은 옳지 못한 일이 될 것이다. 또 설사 그를 돕는 일 자체가 올바른 일이라 하더라도, 만일 그를 도울 수 있는 유일한 방법이 심각한 불법을 저지르는 길뿐이라면, 그 수단을 현실화하는 것 역시 잘못된 일이 될 것이다. 이런 경우들에서 문제가 되는 것은 친구의 곤경에 대한 일반적인 태도와 방향성이 아니라, 상황의 특수성을 읽는 능력의 결여이다. 주어진 상황의 특수성을 정확히 파악하는 능력을 제공하는 것이 바로 현명함이다. 그리고 바로 그런 점에서 현명함은 특히 개별적인 것과 관련되어 있고, 지각과 유사한 것이며, 숙고를 잘 하는 능력인 것이다.

4 자제력 없음

자제력 없음(akrasia)은 최선이라고 생각하는 것에 반하는 행위를 하는 것이다. 다이어트를 해야 함에도 불구하고 눈앞의 아이스크림의 유혹에 굴복하게 되는 예에서처럼, 우리는 일상생활 속에서 자제력 없음의 사례들을 쉽게 그리고 자주 경험하고 목격한다. 그런데 이 특별해 보이지 않는 현상이 인간의 합리적 행위라는 개념과 관련해서 의미심장한 철학적 문제를 제기한다. 문제는 이런 것이다. 만일 인간이 합리적 행위자라면, 어떻게 자신이 최선임을 알고 있는 행위를 하지 않는 일이 일어날 수 있다는 말인가? 이 문제가 처음으로 제기된 것은 플라톤의 『프로타고라스』에서였다. 그곳에서 소크라테스는 자제력 없음은 위와 같은 불합리한 설명을 전제로 하기 때문에 불가능한 일이라고 주장한다. 이 논의 이후 자제력 없음은 인간 행위에 관한 일관된 설명을 제시하고자 하는 모든 철학자들이 다루어야 할 중요한 문제가 되었다. 아리스토텔레스는 『니코마코스 윤리학』 제7권에서 이 문제를 다루고 있다.

본격적인 논의에 앞서 아리스토텔레스는 그의 철학적 탐구의 방법론과 관련해서 자주 인용되는 유명한 설명을 제시한다.

> 다른 경우들에서와 마찬가지로, 우리는 현상들을 놓고(tithentas ta phainomena), 먼저 난제들을 상술한 다음, 이 사태들에 대한 가능한 모든 견해들을 적시해야 하고, 그것이 불가능하다면 최대한 가장 주요한 것들을 그렇게 해야 한다. 그 어려움들도 해소되고 그 견해들도 살아남게 된다면, 〔문제의 현상들이〕 충분히 밝혀진 셈이 될 것이니 말이다.(1145b2~7)

자제력 없음의 경우, 그것의 현상, 즉 우리에게 나타나는 바는 어떤 행위자가 최선의 행위가 무엇인지를 앎에도 불구하고, 감정이나 욕망의 힘에 의해서 그 최선에 반하는 행위를 한다는 것이다. 이어서 자제력 없음과 관련된 여러 난제들이 열거되는데, 가장 핵심적인 것은 첫번째 난제이다. "어떤 사람이 올바르게 파악하고 있는데도 어떻게 자제력 없는 행위를 할 수 있는가라는 난제가 제기될 수 있을 것이다." 아리스토텔레스는 명백히 『프로타고라스』에서의 소크라테스의 주장을 염두에 두고 있다. 소크라테스는 지식을 가진 사람은 자제력 없이 행위할 수 없다고 말했다. 왜냐하면 앎이 어떤 사람 안에 있음에도 불구하고, 다른 어떤 것이 그 앎을 지배하고 마치 노예처럼 끌고 다닌다면, 그것은 매우 기이한 일이 될 것이기 때문이다. 소크라테스는 그런 설명과 전면적으로 맞서 싸웠고, 자제력 없음은 불가능하다고 주장했다. 누구도 자신이 최선이라고 믿는 것에 반해서 행하지 않으며, 그렇게 행하는 것은 단지 무지에 의해서일 뿐이다.(1145b21~27) 소크라테스의 견해는 아리스토텔레스에게 자제력 없음과 관련된 "가장 주요한" 견해들 중 하나였음에 틀림없다.

소크라테스의 주장에 대해서 아리스토텔레스는 그것이 명백히 현상과 충돌한다고 말한다.(1145b28) 하지만 현상, 즉 우리에게 그렇게 나타나는 바를 정면으로 부정하는 것은 올바른 태도가 아니다. 오히려 우리는 현상을 주어진 것으로 놓고, 그것에 대해서 어떻게 설명하는 것이 옳은가를 고민해야만 한다. 어떤 현상과 관련해 난제들이 존재한다는 사실은 아직 우리가 그 현상에 대한 정확한 설명의 방식을 발견해내지 못했음을 의미한다. 그래서 난점의 존재는 문제의 현상을 규명하는 데 사용된 개념적 도구들을 반성적으로 검토하도록 촉발하는 것이다. 그렇다면 자제력 없음에 관련된 일반적 설명 속에서 문제의 핵심은 무엇인가? 아리스토텔레스가 보기에, 그것은 자제력 없는 사람이 앎을 가지고 있다는 말의 정확한 의미이다. 자제력 없음을 겪는 사람은 어떤 점에서는 아는 사람이고, 어떤 점에서는 무지한 사람이다. 소크라테스는 자제력 없음이, 동시에 어떤 사람에 대해서 알면서 모른다는 모순된 규정을 해야 한다는 점에서, 불가능하다고 말한다. 그 사람은 최선의 행위를 안다는 점에서 아는 사람이지만, 알았으면 반드시 행했어야할 행위를 하지 않았다는 점에서 무지한 사람이기 때문이다. 하지만 아리스토텔레스에게 이 현상은 단순히 불가능한 것으로 치부될 것이 아니라, 모순 없는 새로운 방식으로 설명되어야 할 대상이다. 그는 어떻게 자제력 없는 사람이 아는 사람이면서 동시에 알지 못하는 사람이라고 할 수 있는가에 대한 자신의 해소책을 『니코마코스 윤리학』 제7권 제3장에서 제시한다. 아리스토텔레스의 분석은 그 세부 사항들과 관련해서 많은 불명확한 점들과 논란거리들을 포함하고 있다. 일단 이 점을 지적해두고, 이하에서는 그의 난점 해소 전략의 핵심만을 간단히 설명해보겠다.

일단 그는 두 구분을 끌어들인다. 하나는 앎을 소유하는 것과 그것을 사용하는 것의 구분이다. 우리는 앎을 소유하고 있지만 사용하지 않는 사람과 그 앎을 사용하는 사람 모두에 대해서, 두 경우의 앎의 효력이 다름에도 불구하고 알고 있다고 말한다. 일단 이 구분을 통해서 우리는 안 된다고 아는 일을 하지 않는 일이 어떻게 가능한가에 대한 하나의 잠재적 설명 가능성을 확보하게 된다. 그 사람은 그래서는 안 된다는 앎을 소유하고는 있지만, 그 지식을 활용하지 않고 있다고 말할 수 있기 때문이다. 반면 그가 그 지식을 활용하고 있다면, 그 행위는 설명하기 어려운 기이한 일이 될 것이다.(1146b31~35) 아리스토텔레스는 이어서 좀 더 복잡한 구분을 제시한다. 그는 우선 행위에 선행하는 추론의 과정을 일종의 삼단논법의 형태를 가지는 것으로 상정한다. 이경우 그 추론을 구성하는 명제들은 두 종류로 나뉘게 되는데, 하나는 보편적 명제이고 나머지 하나는 개별적 명제이다. 예를 들어, '모든 단음식은 건강에 해롭다'는 보편적 명제이고, '(눈앞에 있는) 이것은 달다'는 개별적 명제이다.(1146b35~1147a10) 그는 이 구분을 통해서 다음과 같은 식으로 앎과 무지의 양립 가능성을 확보하고자 하는 것으로 보인다. 자제력 없는 사람은 보편적인 명제에 대한 앎은 가지고 있지만 개별적인 명제에 대한 앎은 결여하고 있는 사람이다. 마치 술이 사람을 그렇게 만드는 것처럼, 강력한 감정들은 자제력 없는 사람으로 하여금 일시적으로 개별적인 것을 정확히 파악하지 못하게 한다는 것이다. 그런데 행위를 즉각적으로 촉발하는 것은 보편적인 것에 대한 믿음이 아니라 개별적인 것에 대한 믿음이다. 따라서 자제력 없는 사람은 자신이 갖고 있는 보편적 앎에 반하는 개별적 믿음에 의해서 행위할 수 있다.

바로 이것이 자제력 없는 사람에게서 일어나는 일인 것이다. 하지만 이 전반적인 전략이 구체적인 구절들 속에서 어떻게 표현되고 있는지는 다소 불분명하며, 그의 전략이 과연 소크라테스의 문제 제기에 대한 적절한 대응이 될 수 있는지에 관해서도 논란이 계속되고 있다.

5 즐거움

즐거움(hēdonē)은 두 가지 점에서 윤리학적 논의에서 필수적 주제가 된다. 첫째, 성품의 덕과 악덕은 즐거움과 고통과 연관되어 규정된다. 즉, 어떤 대상에 대해서 어떤 방식으로 즐거움을 느끼고 고통을 느끼는가는 그 사람의 성품을 평가하는 중요한 표지가 된다. 둘째, 즐거움은 행복한 삶에 동반한다는 것이 일반적으로 받아들여지는 견해이다. 즉, 행복한 삶은 기본적으로 즐거운 삶으로 여겨진다. 따라서 덕과 행복에 관한 논의에는 즐거움의 본성에 관한 고찰이 필연적으로 수반되어야만 한다.

아리스토텔레스는 즐거움을 좋음과 동일시하는 입장과, 즐거움은 좋음과 아무런 관련이 없다는 입장을 모두 비판한다. 즐거움이 곧 좋음이라고 주장하는 사람들—아리스토텔레스는 에우독소스를 대표적인 인물로 거명하고 있다—은 모든 동물들이 즐거움을 추구한다는 사실을 그 근거로 댄다. 하지만 아리스토텔레스가 보기에, 이 사실이 말해주는 것은 즐거움이 좋은 것들 중 하나라는 것일 뿐, 즐거움이 곧 좋음이라는 것이 아니다. 즐거움을 좋음과 완전히 분리하는 입장과 관련해서, 아리스토텔레스는 그 입장의 근거로 주장되는 존재론적 구분 하나에 주목한다. 그 근거는 좋음은 완전한 것인 반면 운동(kinēsis)과 생성(genesis)은 불완전한데, 즐거움은 운동과 생성의 일종이라는 것이다.(1173a29~31) 이런 입장을 취하는 사람들은 고통은 본성적인 것의 결핍이며, 즐거움은 그것의 충족이라고 주장한다.(1173b7~9) 이 생각은 육체적인 즐거움에는 그럴듯하게 적용된다. 먹고 마시는 즐거움은 배고픔과 갈증이라는 결핍 상태의 충족에서 오는 것이고, 결핍 상태로부터 충족 상태에 이르는 과정은 일종의 운동과 생성의 과정으로 볼 수 있기 때문이다. 하지만 이미 플라톤의 저작에서도 발견되는 이 설명은 즐거움 일반에 적용되기는 어렵다. 예를 들어, 배움이나 감각으로부터 오는 즐거움은 이전에 존재하는 고통 없이 생겨나는 것처럼 보인다. 그렇다면 이것들은 대체 무엇의 생성이란 말인가? 결핍이 없다면 충족도 일어날 수 없는 것이 아닌가?(1173b15~20)

아리스토텔레스는 즐거움은 운동이 아닌 활동(energeia)이라고 말한다. 운동은 시간이 걸리는 일이고, 집을 짓는 것처럼 어떤 목적을 위한 것이며, 자신이 추구했던 것을 만들었을 때 완성된다. 집을 짓고 있음은 집을 지었음을 함축하지 않는다. 그리고 이 점에서 그것은 집이 완성되는 시점까지 완성되어 있지 않다. 반면 활동은 시간이 걸리는 일이 아니라, 어떤 시간에서나 이미 완성된 것이다. 예를 들어, 보는 활동은 그 자체로 이미 보았음을 함축한다. 그리고 이 점에서 그것은 매 순간 이미 완성되어 있다. 아리스토텔레스는 즐거움이 후자의 종류에 속한다고 말한다. 즐거움은 전체로서 완성된 어떤 것이며, 순간 속에 있는 어떤 전체이다.

아리스토텔레스는 즐거움이 그것과 연관된 활동을 완성한다고 말한다. 즐거움은 "한창때의 젊은이들에게 아름다움이 깃들듯 그렇게 수반하는 어떤 목적으로서 활동을 완성한다."(1174b31~33) 즐거움은 가장 완전한 활동 속에서 가장 완전하게 실현된다. 그리고 활동에 내재한, 고유한(oikeia) 즐거움은 그 활동을 증진한다. 즐거움과 함께 활동하는 사람은 각각의 주제를 더 잘 분별하고 더 정확하게 판단한다. 기하학에서 기쁨을 느끼는 사람은 기하학에 관련된 사항들을 더 잘 이해할 것이고, 음악을 좋아하고 건축을 좋아하는 사람은 음악과 건축에 관한 일을 더 잘 수행할 것이다. 반면 활동에 이질적인(allōtria) 즐거움은 활동을 파괴한다.(1175a21~26, b13~16) 우리는 어떤 일에 열중해 기뻠을 느낀다면 다른 일은 거의 하지 못할 것이다. 그리고 어떤 일에 별로 즐거움을 느끼지 못한다면 다른 일을 하게 될 것이다. "극장에서 주전부리를 하는 사람들은 배우들이 형편없을 때 특히 주전부리가 심해지는 것이다."(1175b11~13)

이제 인간에게 고유한 활동이 있다면, 그 활동으로부터 생기는 즐거움은 그 활동에 고유한 즐거움일 뿐 아니라 인간에게 고유한 즐거움일 것이다. 앞서 살펴본 바와 같이, 인간에게 고유한 활동은 덕에 따르는 영혼의 활동이다. 따라서 주어진 상황에서 덕을 실현하는 행위를 수행하면서 행위자는 진정한 의미에서 자기 자신이 되며, 자기 자신의 본질을 실현한다. 그리고 바로 그 순간에 그는 자신에게 고유한 최상의 즐거움을 경험하게 된다. 아리스토텔레스는 이 즐거움이 진정한 즐거움이라고 말한다. 개개의 인간은 나름의 상이한 즐거움의 목록을 가지고 있다. 동일한 것이 어떤 사람에게는 즐거움을 주지만, 어떤 사람에게는 고통을 주는 것이다. 그렇다면 객관적인 관점에서, 진정한 즐거움을 이야기하는 것은 불가능하고 무의미한 일이 아닐까? 아리스토텔레스는 그렇지 않다고 말한다. 우리가 덕을 가진 좋은 사람을 각각의 사안에 있어서 척도(metron)로 간주할 수 있다면, 즐거움의 문제에 있어서도, 덕을 가진 사람이 즐거워하는 것이 진정한 즐거움이라고 말해야 할 것이다. 그가 경험하는 즐거움은 단순히 그 개인의 즐거움이 아니라 인간 고유의 즐거움인 것이다.

6 관조

앞서 아리스토텔레스는 행복을 덕에 따르는 활동으로 규정하면서, 덕이 여럿이라면 그중 최선이며 가장 완전한 덕에 따르는 영혼의 활동은 인간적인 좋음일 것이라고 말했었다.(1098a16~18) 그는 『니코마코스 윤리학』 제10권 제7장에서 인간에게 가장 완전한 덕과 최고의 활동이 무엇이고, 그것에 근거한 행복이 무엇인가를 검토한다. 그가 보기에 그 최고의 활동은 바로 관조(theōria), 즉 필연적이고 영원하고 불변하는 진리를 추구하고 그것에 대해 사유하는 것이다. 아리스토텔레스는 관조가 최고의 활동임을, 특히 그가『니코마코스 윤리학』의 대부분의 내용 속에서 논의해온 실천적인 활동보다도 더 우월한 활동임을 뒷받침하는 여러 근거들을 제시한다. 우선 관조는 가장 연속적이다. 우리는 다른 어떤 행위보다도 관조를 더 연속적으로 할 수 있다. 관조는 가장 즐거운 활동이다. 지혜를 따르는 활동이 가장 즐거운 활동이라는 데 많은 사람들이 동의하며, 지혜의 추구(philosophia)에는 순수성이나 견실성의 측면에서 놀랄 만한 즐거움이 수반된다. 관조는 가장 자족적이다. 예를 들어, 정의를 구현하기 위해서는 정의로운 행위를 할 상대방 혹은 함께 그것을 할 동반자가 필요하다. 하지만 지혜를 가진 사람은 혼자 있어도 관조를 할 수 있으며, 그가 지혜로우면 지혜로울수록 더욱더 그러하다. 관조는 가장 엄밀한 의미에서 그 자체 때문에 사랑받는다. 행위를 통해서 우리는 행위 외의 무언가를 어느 정도 얻고자 하는 반면, 관조로부터는 관조한다는 사실 이외의 어떤 것도 생겨나지 않는다. 관조는 여가(scholē) 속에 있다. 여가는 우리가 바쁘게 일하는 목적이다. 그런데 실천적인 활동은 여가와는 거리가 멀다. 이런 모든 점들을 고려할 때, 관조적 활동이야말로 인간의 완전한 행복이라는 결론을 내릴 수 있다.(1177a12~b26)

그런데 관조는 그야말로 신적인 활동이며, 관조하는 삶은 신적인 삶이다. 그리고 그것이 신적인 것인 한, 그것은 인간이 삶 속에서 결코 완전하게 실현할 수 없는 것이다. 그렇다면 우리는 이것을 우리와 관계없는 것으로 외면하고 오직 인간적인 한계 내의 것들만을 생각해야 하는 것이 아닐까? 아리스토텔레스는 그렇지 않다고 말한다. "그러나 '인간이니 인간적인 것을 생각하라', 혹은 '죽을 수밖에 없는 운명이니 죽을 수밖에 없는 것들을 생각하라'고 권하는 사람들을 따르지 말고, 오히려 우리가 할 수 있는 데까지 우리들이 불사불멸의 존재가 되도록,

또 우리 안에 있는 것들 중 최고의 것에 따라 살도록 온갖 노력을 기울여야만 한다."(1177b31~34) 아리스토텔레스는 인간적이고 현실적인 욕구들이나 선호들을 전제로 하고 그것들을 최대화하거나 최적화하기 위해 고심할 것이 아니라, 가능한 최대한의 이상을 향해 우리의 삶을 이끌어갈 것을 권유하고 있다. 일견 이것은 그저 고매한 이상주의의 표현에 불과한 것처럼 보인다. 하지만 이 주장에는 훨씬 더 깊은 의미가 있다. 관조의 추구는 나를 넘어서려는 열망의 표현이 아니라, 진정한 의미에서 나 자신의 삶을 구현하는 방식이다. 우리 인간은 다양한 요소들로 구성되어 있는 복합적 존재이다. 그렇다면 그 다양한 요소들 중 우리 자신을 대표하는 것, 그것이야말로 바로 우리 자신인 바라고 말할 수 있는 것은 무엇인가? 아리스토텔레스는 답한다. 우리 안에 있는 최고의 것이 곧 우리 자신이다. 그리고 그 최고의 것은 다름 아닌 지성(nous)이다. 인간은 그 안에 식물이나 동물과 공유하는 여러 요소들을 가지고 있다. 식물과 마찬가지로 영양 공급을 담당하는 영혼의 부분과 그것을 수행하는 몸의 부분을 가지며, 동물과 마찬가지로 지각과 운동을 담당하는 영혼과 몸의 부분을 가진다. 하지만 이런 요소들을 아리스토텔레스는 인간을 대표하는 것으로 간주하지 않는다. 인간에게 고유한 것, 그리고 그중에서도 최상의 것이야말로 우리가 어떤 존재인가를 대표하는 것이다. 만일 이것이 우리 자신을 대표하는 것이라면, 우리 각자가 자기 자신의 삶이 아닌 다른 어떤 것의 삶을 선택하는 것은 이치에 맞지 않을 것이다. 게다가 각각에게 고유한 것은 본성적으로 각각에게 가장 좋고 가장 즐거운 것이다. "따라서 무엇보다도 지성이 인간인 한, 인간에게도 지성을 따르는 삶이 가장 좋고 즐거운 것이다. 그러므로 이 삶이 가장 행복한 삶이기도 하다."(1178a5~8)

■ 참고 문헌

아리스토텔레스, 『니코마코스 윤리학』, 강상진 · 김재홍 · 이창우 옮김, 도서
    출판 길, 2011.
아리스토텔레스, 『에우데모스 윤리학』, 송유레 옮김, 한길사, 2012.

Aristotle, *Nicomachean Ethics*, translated with introduction and notes
    by T. Irwin, Indianapolis, 1985.
Aristotle, *Nicomachean Ethics*, translated with introduction and
    commentary by C. Rowe & S. Broadie, Oxford, 2002.
Rorty, A. O. (ed.), *Essays on Aristotle's Ethics*, Berkeley, 1980.

제7장 아리스토텔레스의 정치철학

손병석

1 『정치학』의 주제와 방법론

정치학의 탐구 대상은 폴리스(polis) 또는 폴리테이아(politeia)이다. 폴리스는 '도시국가'(city-state)로, 폴리테이아는 '정체'(constitution)로 흔히 번역된다. 그런데 여기서 폴리테이아의 영어 번역인 constitution이 자칫 헌법이나 법률들에 의해 조직되고 구성되는 정체로 생각될 수 있다는 데 문제가 있다. 폴리테이아를 단순히 법적인 형식이나 정부 체계 또는 정치권력의 관점에서 이해할 경우 자칫 시민들의 일상적인 "삶의 방식"(tropos tou biou)과 활동이라는 폴리스가 담고 있는 본래의 의미가 간과될 수 있기 때문이다.(『정치학』, 1295a40~1295b1)

이것은 폴리스나 정체를 논의 대상으로 삼는 『정치학』이 규범적인 특성을 가짐을 의미한다. 즉, 아리스토텔레스에 따르면 시민들의 삶의 방식은 어떤 좋음(agathon)을 목표로 하며, 그것도 자족적이며 잘 사는 삶과 같은 최고선(to ariston)을 지향하는데, 참된 의미의 폴리스 또는 폴리테이아라면 바로 이러한 인간의 목적(telos)을 실현해줄 수 있어야 한다. 물론 아리스토텔레스는 『정치학』 제4권부터 제6권에 걸쳐 다양한 현실 정체를 경험주의적으로 분석하고 있는 것이 사실이다. 그러나 이러한 경험적인 논의가 『정치학』 제7권과 제8권에서 기술되는 아리스토텔레스가 "희망"(euchē)하는 최선의 정체와 분리되어 이해되기가 어렵다는 점에서 『정치학』의 규범적 성격은 유효하다.

　　『정치학』의 규범적 성격은 그것이 '윤리학'과 밀접한 관계를 갖는다는 점에서도 드러난다. 무엇보다 폴리티케(politikē)라는 말이 "인간에 관한 철학", "인간적인 선"과 동일한 의미를 갖고 사용되고 있다는 점이 고려될 필요가 있다. 넓은 의미의 폴리티케는 아리스토텔레스에게서 "숭고함과 정의로운 것들"을 추구하는 학문이라는 의미에서 윤리학과 정치학을 아우르는 의미를 갖고 있는 것이다. 이것은 아리스토텔레스가 『니코마코스 윤리학』(*Ethica Nicomachea*) 제10권 끝부분에서 "이제 우리는 다시 탐구를 시작해야 한다"라고 말하면서 인간철학의 완성을 위해서는 '정치학'으로의 이행이 필요함을 역설하는 데서도 알 수 있다. 따라서 『정치학』은 윤리학의 연속선상에서 이해될 필요가 있고, 그런 점에서 폴리티케는 『니코마코스 윤리학』과 『정치학』의 두 부분으로 구성된 하나의 논문으로 볼 수도 있다. 그리고 바로 이런 이유로 아리스토텔레스는 폴리티케를 첫 번째 기술 자격(architektonikē)의 가장 주되고 최고의 지식이자 학문인 것으로 말하고 있다고 이해할 수 있다.

　　그런데 『정치학』 전체 8권의 순서에 대한 논란이 있어왔다. 『정치학』의 배열이 재구성되어 이해될 필요가 있다는 것이다. 대표적으로 예거(Werner Jaeger)는 『정치학』의 순서에 대한 발전론적 해석을 제기하였다. 예거의 주장에 따르면 정치학의 순서는 현재의 제3권 이후에 제7권과 제8권이 오고, 그다음에 제4권부터 제6권이 오는 순서로 재정렬되어야 한다. 제4권과 제5권, 제6권은 경험주의적인 요소가 강하기 때문에 아리스토텔레스의 성숙한 시기로, 제7권과 제8권은 플라톤의 영향을 받은, 그래서 초기의 이상주의적인 성격이 강한 내용을 담고 있다는 것이다. 예거의 주장에 따르면 결국 『정치학』에는 두 개의 다른 시기의 작품이 혼재되어 있고, 플라톤의 영향을 강하게 받은 제7권과 제8권, 그리고 아리스토텔레스의 후기에 해당되는 경험주의적인 특성이 강한 제4권부터 제6권까지의 두 개의 체계로 구분된다. 그러나 이러한 예거의 주장에 모든 학자들이 동의하는 것은 아니다. 무엇보다 제7권과 제8권이 플라톤의 이상 국가에 대한 동조가 아닌 비판의 연속선상에서 이해될 필요가 있다는 점을 근거로 들 수 있다. 많은 학자들이 현재의 『정치학』의 순서를 인정하고도 아리스토텔레스의 견해를 이해하는 데 큰 문제가 없다는 데 지지를 표하고 있다.

　『정치학』에 대한 우리의 이해를 어렵게 하는 중요한 이유 중의 하나는 아리스토텔레스의 기술 방식이다. 『정치학』에서 아리스토텔레스의 말은 압축적이고 생략되거나 모순된 기술로 나타나고 있다. 아리스토텔레스는 자신의 의견을 단정적으로 밝히지 않고 대부분 숨긴다. 이것은 정치철학적인 탐구 주제와 관련하여 최대한 객관적이면서도 합리적으로 문제를 접근하고자 하는 아리스토텔레스의 이른바 변증술적 탐구 방식과 무관하지 않다. 아래에서 우리는 폴리스의 자연성, 여성과 노예론, 플라톤의 이상 국가 비판, 정체와 정의, 민주주의론, 최선의 정체 그리고 교육론에 대한 아리스토텔레스의 견해를 통해 이것을 어느 정도 확인할 수 있을 것이다.

2 폴리스와 개인의 관계

　아리스토텔레스에 따르면 폴리스는 자연적 존재이다. 폴리스는 인간이 본성상 추구하는 자족적이며 잘 사는 삶, 즉 행복을 실현해줄 수 있는 최고의 완성된 공동체 형태이기 때문이다. 이때의 본성 (physis)이란 말은 무엇보다 목적(telos)의 의미로 이해될 수 있다. 예를 들어 도토리 씨앗의 본성은 우람한 도토리나무가 되는 것을 그 목적으로 한다는 것이다. 그렇다면 인간의 본성은 자족적이며 행복한 삶을 실현하고자 하는 목적을 갖고 있으며, 폴리스가 바로 이러한 인간의 목적을 실현할 수 있는 공동체이다. 가족은 일시적인 필요성만을, 마을은 이보다 좀 더 크고 지속적인 필요성을 충족해주지만, 아직까지 인간은 이러한 종류의 공동체 속에서 자족적이며 윤리적인 삶을 실현하지 못한다. 공동체의 마지막 형태인 폴리스만이 이러한 목적을 실현할 수 있다. 그래서 아리스토텔레스는 "폴리스가 자연적으로 존재하고, 인간이 본성적으로 폴리스적 동물이라는 것은 명백하다"라고 말한다.(『정치학』, 1253a1~3) 그러나 모든 폴리스가 반드시 인간 본성이 목표로 하는 바를 실현해주는 것은 아니다. "자연은 어떤 것도 목적 없이 만들지 않는다"(『정치학』, 1256b21)라는 아리스토텔레스의 말은 그렇기 때문에 자연이 실패할 수도 있음을 부정하는 것이 아니다. 마찬가지로 폴리스 역시 인간의 행복을 반드시 보장해주지만은 않는다. 다만 아리스토텔레스가 생각하기에 참된 폴리스라면 본성상 그 목적이 최대한 실현될 수 있도록 해야만 한다. 폴리스는 이렇듯 가족이나 마을에서 실현할 수 없는 인간의 충동으로서의 자족과 잘 사는 삶(eu zēn)을 실현할 수 있다는 점에서 자연적 존재인 것이다. 폴리스는 소피스트들이 규정하는 것처럼 인위적인 산물이 아닌 것이다.

앞에서 말한 것처럼 아리스토텔레스에 따르면 "인간은 본성적으로 '폴리티콘 조온'(politikon Zōon), 즉 폴리스적 동물이다". 물론 이 때의 폴리티콘이란 말은 넓은 의미의 '사회적' 의미로 이해될 수 있다. 그러나 폴리티콘이란 말을 함께 모여 사는 사회적 동물이란 의미로만 새기게 되면 그것은 정확한 이해가 아니다. 사회적 동물인 인간뿐만 아니라 벌이나 개미도 군거적(群居的) 동물에 속하기 때문이다. 그렇다면 폴리티콘이란 말은 앞에서 언급한 것처럼 가족이나 마을이 아닌 공동체의 최고의 마지막 단계에 오는 폴리스의 의미로 생각할 수 있다. 따라서 "인간은 본성적으로 폴리스적 동물이다"라는 말은 인간만이 다른 동물과 달리 윤리적이며 자족적인 삶이 가능한 공동체로서의 폴리스에 살 수 있는 존재라고 이해할 수 있다. 아리스토텔레스에 따르면 본성적으로 폴리스적이지 못한 자는 짐승에 가까운 존재이거나 인간보다 우월한 어떤 존재, 즉 신에 가까운 현자로 생각할 수 있다. 이와 다르게 우연하게 폴리스 없이 사는 경우도 생각해볼 수 있다. 그러나 현자처럼 그 본성상 자족적인 경우나 로빈슨 크루소처럼 우연하게 외딴 섬에서 고립된 삶을 살아가는 예외적인 경우를 아리스토텔레스가 염두에 둔 것으로 보기는 어렵다. 어떤 경우든 인간의 자족적이며 윤리적인 삶은 홀로된 삶의 방식보다는 폴리스와 같은 공동체에서 타인과 함께 살아감으로써 성공 가능성이 높아질 수 있다는 것이 아리스토텔레스의 기본적인 생각이기 때문이다.

그런데 여기서 폴리스와 개인의 관계에서 문제가 발생한다. 씨앗이 나무로 성장할 수 있는 본성적인 충동을 갖고 있는 것처럼, 아리스토텔레스는 인간 역시 폴리스에 살려는 본성적인 충동(hormē)을 가지고 있다고 말한다. 그러나 인간은 폴리스에 살려는 충동만으로 아무런 문제 없이 폴리스적 동물이 되는 것으로 보기는 어렵다. 올림픽 경기에서 금메달을 따고자 하는 충동만으로 올림픽 경기의 우승자가 될 수는 없기 때문이다. 승리의 월계수 관을 머리에 쓰기 위해서는 승리를 향한 충동 외에 이성에 의해 짜인 철저한 운동 계획과 그에 따른 혹독한 경험적 훈련이 뒷받침되어야 한다. 여기서 우리는 충동 이외에 폴리스의 성립을 가능하게 해주는 중요한 다른 요소로서 로고스(logos), 즉 이성이 필요함을 알 수 있다. 그래서 아리스토텔레스는 "인간만이 로고스를 가진 동물이다"(『정치학』, 1253a9~10)라고 말한다. 새가 소리를 통해 단순히 고통과 쾌락의 감각을 전달할 수 있는 것과 달리, 인간은 이성을 통해 좀 더 복잡하고 차원 높은 공동의 일을 수행할 수 있다. 특히 이때의 로고스는 인간들 사이의 의사소통의 언어능력뿐만 아니라 옳고 그름, 선과 악 같은 윤리적이며 실천적인 판단능력으로서의 이성을 의미한다. 아리스토텔레스에 따르면 "법과 정의로부터 멀어질 경우 인간은 모든 동물들 중에서 최악의 존재가 될 수 있기 때문이다."(『정치학』, 1253a31~33) 인간은 이렇게 이성을 통해 최고의 완성된 공동체 형태인 폴리스를 건설할 수 있는 것이다.

문제는 이때의 이성이 인간이 태어나면서부터 가지게 되는 자연적 능력이라기보다는 후천적인 경험을 통해 획득하게 되는 능력이 아닌가 하는 것이다. 이것이 문제가 되는 이유는 앞에서 폴리스는 인간의 자연적 충동의 목적을 실현하기 위해 존재하는 것으로 보았는데, 이성에 의해 폴리스가 탄생되는 것으로 볼 경우 폴리스는 자연적 존재가 아닌 인위적 존재로 보아야 하기 때문이다. 무엇보다 아리스토텔레스가 입법가나 정치가가 일종의 장인처럼 "실천지"(phronēsis)를 통해 폴리스를 건설하는 역할을 하기 때문에 폴리스에 가장 큰 시혜를 베푸는 자로 말한다는 데서 그렇다. 여기서 입법가나 정치가의 실천지는 자연적인 요소라기보다 후천적인 요소로 볼 수 있다는 점에서 폴리스는 정치술과 같은 제작의 산물로 보아야 한다는 반론이 제기되는 것이다. 그렇기 때문에 폴리스의 자연성에 대한 아리스토텔레스의 관점이 모순된 것이라고 해석하는 학자도 있다. 여기서는 입법가의 실천지와 같은 이성에 대한 이해를 아리스토텔레스 철학 전체 속에서 이해하는 것이 요구된다. 먼저 이때의 실천지와 같은 이성을 가능태적 이성과 현실태적 이성으로 구분하여 이해할 필요가 있다. 그리고 앞의 가능태적 이성은 정의와 선을 파악할 수 있는 인간의 자연적 이성으로 볼 수 있다. 인간만이 로고스적 동물이라는 아리스토텔레스의 말은 바로 인간은 본성적으로 다른 동물에게서는 찾을 수 없는 이성적 능력을 갖고 태어남을 의미한다. 이런 관점에서 볼 때 입법가나 정치가가 발휘하는 후천적인 의미의 실천지 역시 인간이 태어날 때부터 소유하는 가능태적 이성과 분리되어 이해돼서는 안 된다. 또한 이때의 실천지는 단지 폴리스를 건설하기 위한 수단적인 이성이 아니라 "인간 전체의 삶", 달리 말해 인간의 자연적 충동의 목적이 되는 자족적이며 잘 사는 삶을 위하여 행사되는 것으로 이해될 필요가 있다. 이것은 입법가의 실천지가 장인의 제작지(technē)와 구별되어야 함을 의미한다. 인간의 목적에 대한 충동은 입법가의 정치술이 무엇을 지향하고 무엇을 실현해야만 하는지를 규정하는 목적인이자 형상인인 것이다.

폴리스와 개인의 관계에 관하여 우리가 오해하지 말아야 할 아리스토텔레스의 또 다른 중요한 언급은 "폴리스는 본성상 개인에 우선한다"(『정치학』, 1253a25)라는 말이다. 몇몇 학자들이 아리스토텔레스의 이 말에 근거하여 아리스토텔레스 정치철학 내에 전체주의적 또는 권위주의적 요소가 있음을 강조한다. 즉, 아리스토텔레스에게서는 개인보다 전체로서의 폴리스가 강조되며, 따라서 개인은 폴리스의 목적과 선을 이루기 위한 수단으로 간주되고 있다는 것이다. 실상 아리스토텔레스에게서 폴리스가 강조되고 있는 것은 사실이다. "폴리스의 선이 개인의 선보다 더 크고, 더 완전한 것이다"(『정치학』, 1094b7~8)라든지 "시민들 중 어느 누구도 자기 자신에 속하는 것으로 생각해서는 안 되며, 그들 모두가 폴리스에 속하는 것으로 생각해야만 한다"(『정치학』, 1337a27~29)라는 아리스토텔레스의 말은 폴리스의 우선성이나 폴리스 중심주의적인 사고를 보여주는 것으로 이해할 수 있다.

그러나 앞에서 말한 것처럼 이때의 폴리스의 우선성은 폴리스가 인간이 궁극적으로 추구하는 목적, 즉 '자족적이며 잘 사는 삶'을 실현해줄 수 있는 공동체라는 전제 하에서 인정된다. 이것은 아리스토텔레스의 형이상학적인 개별 존중 사상이 여전히 폴리스와 개인의 관계에서도 견지되고 있음을 의미한다. 물론 아리스토텔레스는 인간은 손과 발이 몸으로부터 분리되어서는 존재할 수 없기 때문에 폴리스가 개인에 우선한다고 말한다. 그러나 이 말이 곧 폴리스에 대한 인간의 종속 내지 개인은 폴리스를 위한 수단으로서 개인의 선은 폴리스의 선을 위해 희생될 수도 있음을 의미하는 것은 아니다. 오히려 그 반대로 폴리스를 개인의 행복을 실현하기 위한 수단으로 이해하는 것이 타당하다. 폴리스가 추구하는 목적인 에우다이모니아(eudaimonia), 즉 행복은 어디까지나 인간의 행복이지 폴리스 자체를 위한 것이 아니기 때문이다. 아리스토텔레스는 개개인의 행복과 이익이 실현되지 않으면 폴리스 자체의 행복이 이루어지지 않음을 개인과 폴리스 관계의 기본적인 원리로 삼고 있기 때문이다.

3 여성과 노예 그리고 가정 경영

아리스토텔레스에 따르면 폴리스는 여러 가정들(oikiai)로 구성된다. 그리고 가정의 구성 요소는 주인과 노예, 남편과 아내 그리고 아버지와 자식의 관계로 이루어진다. 이 세 유형은 지배와 복종의 관계에 있다. 먼저 여성과 관련하여 아리스토텔레스는 여성이 숙고할 수 있는 이성을 소유하고 있다는 점에서 노예와 기본적으로 다르다고 말한다. 노예가 불완전한 영혼을 가진, 그래서 자기 자신이 아닌 타인, 즉 주인에 속한 존재인 반면에 여성은 노예의 주인으로서 노예를 다스릴 수 있는 이성의 능력을 소유하고 있다. 아리스토텔레스는『정치학』제1권 제13장에서 여성을 노예와 아이 그리고 남성과 비교하여 규정한다. 이곳에서 여성은 노예나 미성숙한 아이와 달리 숙고 능력(bouleutikon)을 갖고 있는 것으로 말해진다. 그런데 문제는 아리스토텔레스가 남성의 이성과 다르게 여성의 숙고적 이성 능력을 공적 영역에서는 주된 힘(kyrion)을 발휘하지 못하는 것으로 평가한다는 점이다. 그러면 여성의 숙고 능력이 남성의 그것처럼 주된 힘을 갖지 못하는 이유는 무엇일까?

이와 관련하여 아리스토텔레스는 여성의 감정을 지적한다. 다시 말해 여성은 욕구에 의한 감정을 강하게 느끼기 때문에 올바른 판단을 내리기가 어렵다는 것이다. 여성의 숙고 능력은 욕구를 통제할 수 있을 정도의 이성의 힘을 갖지 못하기 때문이다. 이에 반해 남성의 이성은 욕구를 통제할 수 있는 힘을 갖는다. 그렇기 때문에 아리스토텔레스는 남성과 여성은 성품적 덕을 양자 공히 갖지만 동일한 정도로 갖는 것은 아니라고 말한다. 치자(治者)인 남성은 완전한 형태의 성품적 덕을 갖지만 여성은 그렇지 않다. 예를 들어 남성과 여성 모두 용기의 덕을 갖지만, 남성의 용기는 다스리는 자의 용기이고, 여성의 용기는 복종하는 자의 용기라는 점에서 다르다. 그렇기 때문에 아리스토텔레스가 보기에 여성이 남성과 마찬가지로 덕을 소유할 수는 있지만, 그러한 덕의 정도와 적용에서는 남성과 다르게 이해되어야 한다.

이런 관점에서 여성의 숙고 능력은 그 활동 반경이 가정으로 한정된다. 여성의 이성적 능력은 가정에서 노예를 부리고 가축을 길러 재산을 늘리는 일에만 적용되어 행사될 수 있다. 다시 말해 여성의 이성이 가정 경영술(oikonomikē)에는 주된 힘을 갖고 발휘될 수 있지만, 공적인 영역에서 올바른 판단을 내릴 수 있는 정치술(politikē technē)의 발휘에는 그 권위가 유효하지 않게 된다. 여성의 이성은 가정의 울타리를 넘어 정치적 영역까지 확장될 경우 무력화(akyron)되기 때문이다.(『정치학』, 1260a13) 예컨대 여성의 분노와 같은 감정이 공적 영역에서 표출될 경우 공동체 전체에 나쁜 영향을 줄 수 있는 것이다. "남성은 본성상 우월하고 여성은 열등한 존재이다. 남성은 지배해야 하고, 여성은 그에 종속되어야 한다"(『정치학』, 1254b13~14)라고 아리스토텔레스가 말하는 이유가 여기에 있다. 아리스토텔레스에게서 여성은 노예와는 다르지만 공적 영역에서 이성의 사용이 제한된다는 점에서 '부자유스러운 자유인'이라는 역설적 위상을 갖는 것으로 보인다.

가정을 구성하는 또 다른 형태는 주인과 노예의 결합체이다. 노예제에 관한 아리스토텔레스의 언급은 가장 논란이 되는 주제 중의 하나로서 『정치학』 제1권에서 상당한 양에 걸쳐 다루어지고 있다. 아리스토텔레스에 따르면 노예는 기본적으로 폭력이나 힘에 의해 노예가 된 인위적인 노예와 "본성에 따른 노예"(physei doulos)로 구분된다. 여기서 아리스토텔레스의 주된 논의 대상은 본성에 따른 노예이다. 즉, 본성상 노예와 본성상 자유인이 있다. 그리고 본성상 노예와 본성상 주인은 서로를 필요로 한다고 말해진다. 남성과 여성이 종족 보존을 위해 서로를 필요로 하는 것처럼, 주인과 노예는 서로의 유지를 위해 상대방을 필요로 한다. 아리스토텔레스에 따르면 주인이 노예를 필요로 하는 이유는 노예가 일종의 살아 있는 도구와 같기 때문이다. 노예는 도구 중에서 살아 숨을 쉬고 있는 최고의 도구인 것이다. 농부에게 농사일을 위해 소나 괭이가 필요하듯이, 주인 역시 자신의 일을 수행하는 도구로서 노예가 필요한 것이다. 그러면 노예도 주인을 필요로 할까? 노예가 주인의 지배를 받는 것이 왜 노예에게 이익이 되는가? 이에 대해 아리스토텔레스는 노예가 숙고할 수 있는 이성적 능력을 결여하고 있기 때문인 것으로 말한다. 즉, 본성상 노예는 "이성을 갖지는 않으나 그것을 이해할 정도로 이성에 관여한다."(『정치학』. 1254b22~23) 그래서 노예는 불완전한 영혼을 가진 존재로서, 자기 자신이 아니라 본성적으로 타인에 속한 자다. 그런데 아리스토텔레스에 따르면 좀 더 우월한 것이 지배하고 열등한 것은 우월한 것의 지배를 받는 것이 좋다. 육체가 영혼의 지배를 받는 것이 좋은 것이듯이, 이성을 결여한 불완전한 영혼을 가진 노예는 보다 완전한 이성을 소유한 주인의 지배를 받아들여 복종하는 것이 이익이 된다는 논리다. 주인은 실천지(phronēsis)를 갖고 있지만 노예는 올바른 실천을 할 수 있는 실천지를 결여하고 있기 때문이다. 이런 이유로 아리스토텔레스는 노예가 주인의 명령에 따르는 것이 양자에게 이롭고 정당하다고 말한다.

　　본성상 노예와 관련하여 선뜻 이해하기 어려운 점은 주인과 노예 간 친애(philia)의 존재 여부이다. 아리스토텔레스는 전체에 좋은 것은 부분에도 좋은 것이며, 노예는 주인의 부분이기 때문에 양자 사이에 친애가 가능하다고 말한다. 아리스토텔레스의 친애론에 따르면 참된 의미의 친애라면 상호 간에 호의가 있어야 하며, 이것은 상대방의 좋음 그 자체를 위한 것이어야 한다. 친애는 또한 서로 간의 이익이나 유용성 또는 쾌락의 공유가 담보될 때도 가능하다. 그렇다면 노예에 대한 주인의 호의와 사랑은 노예가 주인의 재산의 일부분이기 때문에 유용성의 측면에서 자연스러운 감정이라고 할 수 있다. 주인은 노예에게 일을 시켜야 하기 때문에 노예의 건강과 복지에 최소한의 관심과 배려를 제공할 필요가 있는 것이다. 그렇다면 주인에게 일차적인 이익은 자신의 이익이고, 노예의 이익과 안전은 부차적인 것으로 볼 수 있다. 그런데 노예도 주인의 이익을 기뻐하고 주인의 생명과 안전을 걱정해야 하는지는 선뜻 이해하기 어렵다. 무엇보다 노예의 인지적 능력이 문제가 된다. 다시 말해 아리스토텔레스는 노예를 "살아 있는 도구이고 도구는 생명이 없는 노예다"(『정치학』, 1253b30~1254a1)라고 말하는데, 이처럼 이성을 결여하고 있는 노예가 어떻게 주인의 이익이 자신의 것과 동일시될 수 있음을 이해할 수 있는지 분명하지 않기 때문이다. 주인과 도구—설사 그 도구가 살아 숨 쉰다 할지라도—로 간주되는 본성상 노예 사이에 어떻게 친애가 가능한지 의심스러운 부분이다. 오히려 주인과 노예 사이의 친애가 가능하다면, 그것은 전쟁이나 노예사냥에 의해 강제로 노예가 된 인위적인 노예의 경우에 적용해 생각해볼 수 있다. 이러한 방식에 의해 포로가 된 노예는 이전에 이성을 갖고 있었을 것이며, 이 경우 이성을 가진 노예와의 친애는 가능할 수 있기 때문이다. 아리스토텔레스의 본성상 노예에 대한 언급이—본인의 의도이든 아니든—노예제의 문제점을 지적하는 측면보다 당시의 노예제를 정당화하는 논리로 작용한 측면이 강했을 것이라는 의심이 드는 이유이다.

아리스토텔레스가 『정치학』 제1권에서 가정 관리와 관련하여 중요하게 다루는 또 다른 주제가 재산 획득술(chrēmatistikē)이다. 가정에서의 재산 증식에 관한 오이코노미아(oikonomia), 즉 가정 경영은 아리스토텔레스의 현실 중시적 견해를 보여준다는 점에서 간단하게나마 살펴볼 필요가 있다. 『니코마코스 윤리학』에 따르면 인간의 행복은 덕에 따른 영혼의 활동에 의해 가능하다. 그런데 아리스토텔레스는 부와 같은 외적인 좋음 역시 인간의 행복에 기여한다고 말한다. 인간의 삶 내지 활동은 생존을 위해 물질적 재화를 필요로 하기 때문이다. 그래서 아리스토텔레스는 부를 추구하는 경제적 활동 기술을 오이코노미케(oikonomikē)라고 말한다. 그리고 이러한 가정 경영술에서 아리스토텔레스가 중요하게 생각하는 것은 부의 추구에 한계가 있어야 한다는 것이다. 이것은 참된 부는 한계를 갖지만 그릇된 종류의 부는 무한한 부를 추구함을 의미한다. 따라서 아리스토텔레스에 따르면 전자의 부는 자연적 경제활동이고, 후자의 부는 비자연적 경제활동이 된다. 요컨대 크레마티스티케(chrēmatistikē), 즉 부의 획득술은 '사용'을 위한 경제활동일 때 긍정적으로 평가될 수 있지만, 부의 무한한 축적 자체가 목적이 될 때 그것은 카펠리케(kapelikē), 즉 축재술로서 부정된다. 특히 고리대금업과 같은 축재술은 시작과 끝이 돈이 되는(M-C-M′) 비자연적인 경제활동으로서 인간의 다양한 활동을 부의 무한한 축적 활동으로 환원한다는 점에서 위험성을 안고 있다. 아리스토텔레스가 이처럼 돈 자체를 목적으로 해서 이루어지는 축재술을 그릇된 경제활동으로 보는 이유는 그것이 무엇보다 인간의 윤리적이며 관조적인 활동과 충돌하기 때문이다. 이것은 또한 공동체 내에서 부에 대한 무한한 탐욕을 통해 부자가 된 이들을 다수의 빈자들이 시기하고 질투함에 따라 공동체의 친애와 안정이 위협받을 수 있다는 아리스토텔레스의 현실 인식이 반영된 것으로 보인다.

4 플라톤의 이상 국가에 대한 비판

아리스토텔레스는 『정치학』 제2권에서 플라톤의 이상 국가에 대한 비판을 통해 자신의 최선의 정체에 대한 청사진을 만들어간다. 플라톤에 대한 아리스토텔레스의 비판은 기본적으로 플라톤의 공유제(共有制)에 향해 있다. 아리스토텔레스에 따르면 공유의 형태는 '아무것도 공유하지 않거나', '모든 것을 공유하거나', '특정한 것을 공유할' 경우로 나누어진다. 첫 번째 경우는 예컨대 시민들이 동일한 땅을 공유하고 있는 것에서 알 수 있듯이 가능하지 않다. 두 번째 경우는 플라톤에 의해 주장되며, 이것이 아리스토텔레스의 주된 분석 대상이 된다. 아리스토텔레스가 보기에 플라톤이 모든 것의 공유를 주장하는 목적은 '국가의 단일성'(mia)을 실현하기 위해서다. 플라톤에게 최고선은 국가가 가급적 통합되어 국가의 단일성이 실현되는 것이기 때문이다. 플라톤에게서 이것의 실현은 시민들이 특정한 것에 대해 '나의 일'로 느끼는 감정의 공유가 이루어질 때 가능하다. 그렇기 때문에 아리스토텔레스의 주장에 따르면 플라톤의 이상 국가 개념은 가능한 한 국가보다는 마을에, 마을보다는 개인에게 적용되는 것이 바람직하다. 이것은 마치 한 개인이 육체와 영혼을 공유하는 것처럼 어느 특정한 신체 부위가 아플 때 몸 전체가 그 고통을 공유하는 것과 다를 바 없다. 그리고 플라톤이 이러한 국가의 단일성을 실현하기 위해 제시하는 방책이 재산과 가족의 공유이다.

그러나 아리스토텔레스는 이러한 공유제를 플라톤의 근본적인 오류로 평가한다. 무엇보다 플라톤은 다양성(plēthos)을 부정하고 있기 때문이다. 아리스토텔레스가 보기에 단일성에 대한 플라톤의 지나친 강조는 결국 인간을 위한 자족적인 삶을 실현할 수 없게 함으로써 폴리스를 파괴하는 것이 된다. 아리스토텔레스에 따르면 폴리스의 단일성은 "마치 음악에서 화음을 동음으로 만들어버리거나 리듬을 하나의 박자로 처리하는 것과 마찬가지로 결과적으로 가장 나쁜 폴리스를 만드는 것이 된다."(1263b32~35) 그렇기 때문에 폴리스의 다양성은 플라톤이 말하는 것처럼 악의 근원이 아니라 폴리스의 자족을 위한 선(善)으로 간주되어야 한다는 것이 아리스토텔레스의 기본적인 생각이다. 폴리스의 자족은 단일성에 의해서보다 공동체의 각기 상이한 역할을 담당하고 있는 다수의, 다양한 종류의 개인들의 능력과 그들의 봉사에 의해 실현될 수 있기 때문이다.

그러나 플라톤이 과연 아리스토텔레스가 비판하는 것처럼 다수성을 부정했는지는 의심스럽다. 실상 플라톤 역시 『국가』 제2권에서 국가의 발생을 논하면서 각각의 기능을 탁월하게 발휘할 수 있는 다양한 직분을 통한 국가의 발전을 언급하고 있기 때문이다. 그렇다면 플라톤이 주장하는 단일성은 다양한 직분을 가진 시민들 사이의 한마음 내지 공감(共感)과 같은 의미로 이해할 수 있다. 플라톤은 시민들의 대립하는 다양한 소리나 의견에 의해서는 국가의 단일성이 실현되기 어려운 것으로 보는 것이다. 이에 반해 아리스토텔레스는 국가 내의 다양한 시민들의 의견이나 대립은 부정되거나 제거되어야 할 악이 아니며, 오히려 그러한 다양성을 통해 폴리스의 좋음이 실현될 수 있는 것으로 보았다고 할 수 있다. 이것은 아리스토텔레스에게서도 폴리스의 다양성만큼 단일성과 통합이 중요함을 의미한다. 다시 말해 아리스토텔레스는 잘 못된 방식에 의한 지나친 국가의 단일성을 비판하는 것이지, 국가의 조화와 통합이라는 의미의 단일성을 부정하는 것은 아니다. 다만 그는 국가의 단일성과 통합이 플라톤이 생각하는 것처럼 처자 공유나 사적 소유를 부정하는 공유제 방식으로는 실현되기 어렵다고 본다는 점에서 차이가 있다. 아리스토텔레스가 생각하기에 플라톤의 공유제는 다음과 같은 몇 가지 문제를 갖기 때문이다.

첫째는 인간은 본성상 '자신의 것'(to idion)에 좀 더 많은 애착을 갖고 좀 더 많이 배려한다는 것이다. 다시 말해 인간으로 하여금 어떤 대상에 관심을 갖고 그 대상을 사랑하도록 만드는 중요한 동기는 그것이 자신의 '소유'라는 것과 그것이 '좋아하는 대상'이라는 것이다. 이는 공동체의 모든 구성원들이 공유하고 있는 것에 대한 느낌과 태도는 실제로 각자 소유하고 있는 것에 대한 느낌이나 태도와 다름을 의미한다. 어떤 것이 자기 것이라고 생각하는 것은 그 사람이 느끼는 쾌락의 정도에서 매우 큰 차이를 발생시키기 때문이다. 가령 공동의 동일한 것을 '나의 것'이라고 부르는 것은 '나에게만 속하는 것'이 아니라 '다른 사람들에게 속하는 만큼 나에게 속한다'는 집합적인 의미를 가진다. 풀어 설명하면 '한 아이'를 1000명의 성인이 '나의 아들'이라고 말하는 것은 1/1000씩만 아들로 사랑함을 의미할 수 있다는 것이다. 공동의 것에는 그만큼 신경을 덜 쓰게 마련인 것이다.

다음으로 국가의 단일성을 위해 공유제를 주장하는 것은 '절제'(sōphrosynē)나 '관대함'(eleutheiotēs)과 같은 덕들의 실현을 어렵게 한다는 점에서 문제가 있다. 절제란 특히 남의 아내에 대한 성적인 관심을 자제하는 것이며, 이것은 자신을 통제한다는 점에서 훌륭한 도덕적 행위이다. 관대함이란 재산을 적절하게 사용하는 일과 관련된 덕이다. 이것은 타인을 위한 이타성을 보여준다는 점에서 공동체에 필요한 덕이라 말할 수 있다. 그런데 아리스토텔레스에 따르면 절제의 덕은 처를 공유하게 되면 발휘될 수 없고, 관대함의 덕은 재산 없이는 발휘될 수 없다는 문제점을 야기한다.

　마지막으로 처자 공유제는 친애(philia)의 실현을 어렵게 한다. 아리스토텔레스가 생각하기에 처자를 공유하게 되면 친애가 약해져 오히려 국가의 단일성이 실현되기 어렵기 때문이다. 아리스토텔레스에 따르면 친애는 공동체 구성원들의 일치감 내지 한마음(homonoia)을 도모할 수 있는 최고선 중의 하나로서, 특히 시민적 친애(politikē philia)는 폴리스의 단합과 조화를 실현할 수 있는 기초가 된다. 그런데 처자를 공유하는 국가에서는 마치 소량의 포도주에 다량의 물을 넣으면 그 맛을 감지할 수 없듯이 가족 간의 유대감 역시 약해진다는 것이 아리스토텔레스의 비판이다. 서로가 부자(父子)나 형제로 대할 이유가 없기 때문에 배려와 애정의 감정을 느끼지 못하기 때문이다. 인간의 본성은 내 것과 소중한 것에 좀 더 많은 친애를 느끼기 마련이기 때문이다.

　상술한 것처럼 아리스토텔레스가 생각하기에 플라톤의 처자 공유나 사적 소유 부정을 통한 공유제 주장은 여러 문제점을 노출하고 있다. 그것은 공동의 재산이 남용되거나 악용되고 그래서 이른바 '공유지의 비극'(the tragedy of the commons)이라는 최악의 결과를 초래할 위험에 노출되어 있기 때문이다. 플라톤이 제안하는 공유제가 매력적이고 인간적인 제도로 보일 수 있으나, 그것은 플라톤이 의도하고 기대했던 것보다 더 많은 악을 발생시킨다는 것이 아리스토텔레스의 기본적인 생각이다. 사적 소유 인정으로 인한 많은 악들, 예컨대 고소나 위증, 살인이나 비방 등은 공유제의 부재로 인한 결과가 아니라 오히려 인간 본성의 사악함에서 비롯되었다는 것이다. 그렇기 때문에 이러한 악들의 제거는 플라톤의 공유제에 의해 치료될 수 있다기보다는 교육에 의해 가능하다는 것이 아리스토텔레스의 대안이다.

5 정체론과 분배 정의 그리고 민주정

아리스토텔레스는 『정치학』 제3권에서 정체에 대해 논하면서, 정체의 정의를 "다수의 시민들"(politēs)로 구성된 공동체로 정의한다. 정체가 법이나 권력 개념이 아닌 자유 시민 개념을 통해 정의되고 있다는 것은 주목될 필요가 있다. 시민 개념의 정체성이 곧 정체의 정체성을 규정하고 있기 때문이다. 이런 점에서 아리스토텔레스가 생각하는 참된 정체란 주인과 노예의 관계처럼 전제적 통치 방식이 아닌 참정권이 자유로운 시민들에 의해 교대되는 것이 보장된 공동체이다. 아리스토텔레스에 따르면 정체는 통치자의 수와 공익 추구 여부에 따라 여섯 가지로 분류된다. 일인 혹은 소수 혹은 다수가 공익(公益)에 기여하는 통치를 한다면 올바른 정체들이 되고, 군주정, 귀족정, 혼합정(politeia)이 각각 여기에 해당되는 정체가 된다. 그러나 공익이 아닌 사익을 목표로 일인 혹은 소수 혹은 다수가 통치하게 되면 타락한 형태들로 각각 참주정, 과두정, 민주정이 된다. 그러나 아리스토텔레스에 따르면 현실적인 주된 정체는 과두정과 민주정이다. 마치 사람들이 북풍과 남풍을 바람의 주된 두 종류로 보고 나머지 서풍은 북풍의 일종으로, 동풍은 남풍의 일종으로 보는 것처럼, 귀족정은 소수의 지배이므로 과두정의 일종으로, 이른바 혼합정은 민주정으로 간주하기 때문이다. 현실적으로 부를 많이 가진 자와 적게 가진 자들의 갈등이 강하기 때문이다. 이것은 과두정과 민주정의 본질적인 차이가 소수 지배냐 다수 지배냐가 아닌 부자 지배인가 빈자 지배인가에 의해 규정됨을 의미한다. 결국 과두정과 민주정은 부자들과 빈자들이 국가권력의 장악을 각각 부와 자유에 근거하여 주장하고 자신들의 정의(正義)를 통해 정당화하는 정체라고 할 수 있다. 그러나 아리스토텔레스가 보기에 "무엇이 폴리스의 최고 권위가 되어야만 하는가"의 물음과 관련하여 각각의 정체가 내세우는 주장은 정의(to dikaion)에 대한 주관적이며 잘못된 해석으로 인해 완전하게 올바른 것으로 간주되기 어렵다. 즉, 민주정이 내세우는 자유뿐만 아니라 과두정이 내세우는 부 또는 귀족정이나 한 사람의 왕이 주장하는 덕(aretē) 역시 부분적인 정의만 주장하고 있다는 점에서 문제가 있다. 그러면 아리스토텔레스가 생각하는 올바른 의미의 분배 정의는 어떤 것이며, 그것은 어떤 종류의 정체에서 실현될까?

먼저 아리스토텔레스에게 분배 정의는 "명예, 재화 또는 정체의 구성원들에게 나누어질 수 있는 그 밖의 것들의 분배에서의 정의"(『니코마코스 윤리학』, 1130b31~3)로 규정된다. 문제는 아리스토텔레스가 보기에 "모든 사람들이 분배에서의 정의는 어떤 가치에 근거해야 한다는 데 동의함에도 불구하고, 그 가치가 무엇이냐에는 의견의 일치를 보지 못하고 있다"(『니코마코스 윤리학』, 1131a25~29)는 점이다. 그러면 아리스토텔레스가 분배 정의를 실현하기 위한 기준으로 제시하는 axia, 즉 가치는 어떻게 이해되어야 할까? 아리스토텔레스에 따르면 분배받아야 할 사람을 각각 A, B라 하고, 이들의 가치에 따른 분배의 몫을 각각 C, D라 할 때 가치에 비례한 공정한 분배란 A:B=C:D로 표시될 수 있다. 이러한 분배가 공정한 이유는 (A+C):(B+D)=A:B라는 등식이 성립되기 때문이다. 달리 말해 분배될 수 있는 재화의 총 몫이 10이고 A와 B의 기여도가 각각 2와 3이라면, 그에 상응하는 몫은 비례에 따른 분배 원칙에 입각해 4와 6이 되는 것이다. 즉, 아리스토텔레스가 생각하는 가치는 산술적 정의가 아닌 기하학적 비례(geometrikē analogia)에 따른 공정한 분배라고 할 수 있다. 결국 아리스토텔레스의 분배적 정의(dianemētikon dikaion)는 가치에 비례하여 분배 대상들이 분배되어야 하는 것이다. 그래서 아리스토텔레스에 따르면 올바른 의미의 분배적 정의는 공공 재화가 각각의 사람이 "기여한 몫들"(ta eisenechthenta)에 비례하여 분배되는 것이다. 다시 말해 아리스토텔레스는 구성원들의 사회 공익에 대한 기여도에 따른 차등 분배 원리를 주장하는 것이다. 요컨대 공동체에 기여한 공적(desert)에 상응하여 분배가 이루어져야 한다. 따라서 아리스토텔레스가 생각하는 정의로운 나라는 공공 자산을 무차별적 평등 원리에 따라 분배하는 것이 아니라,

각각의 사람이 공동선에 기여한 공적에 따라 분배받는 사회라고 할 수 있다. 이것은 동등한 자들이 동등치 않은 몫을 분배받았거나, 동등치 않는 자들이 동등한 몫을 갖게 되었을 때 문제가 됨을 의미한다. 이럴 때 폴리스는 정의롭지 못하기 때문에 사회적 갈등이나 분쟁에 휘말려 들게 된다는 것이 아리스토텔레스의 진단이다.

그런데 문제는 앞에서 말한 것처럼 모든 사람이 분배의 기준이 가치가 되어야 한다는 점에는 동의하면서도, 그 가치가 무엇인가에 대해서는 "민주주의자들은 이것〔가치〕을 자유인의 신분이라 하고, 과두정의 지지자들은 부 또는 좋은 혈통이라 하고, 귀족정의 지지자들은 덕"(『니코마코스 윤리학』, 1131a25~29)이라 주장한다는 점이다. 이것은 정체에 따라 가치 내지 공적 기준이 달라짐을 의미한다. 과두정은 부를, 민주정은 자유를, 귀족정은 덕을 각 정체에 기여할 수 있는 가치로 제시하고 있기 때문이다. 여기서 다음과 같은 물음들이 발생한다. 아리스토텔레스가 생각하는 이상적인 나라는 어떤 가치에 근거하여 올바른 분배적 정의가 실현되는 것으로 볼 수 있을까? 아리스토텔레스가 정의로운 나라 건설을 위한 자신의 청사진에서 제시하는 분배 원리로서의 공적은 어떤 것에 기반을 두고 있는가?

이러한 물음들과 관련하여 아리스토텔레스는 『정치학』 제3권에서(1282b14~1283a3) 유명한 '피리 연주'의 비유를 통해 가능한 답을 제시하고 있다. 이곳에서 아리스토텔레스는 먼저 정치가 추구하는 것은 정의(to dikaion)라는 선(agathon)이며, 특히 공동 이익(to koinei sympheron)이 최고선임을 분명히 한다. 그리고 정의는 일종의 평등 추구인데, 이러한 평등은 개인이 내세우는 우월성(hyperochē)에 의해 주장된다고 말한다. 여기서 아리스토텔레스가 정의로운 분배가 어떠해야 하는지를 밝히기 위해 드는 비유가 피리의 분배 문제이다. 그리고 그의 생각은 피리의 목적이 연주에 있기 때문에 피리는 그것을 잘 불 수 있는 자에게 주어져야 한다는 것이다. 좋은 출생이나 준수한 외모가 아니라 "기능에서의 우월성"(kata to ergon hyperechon)이 피리 분배의 기준이 되는 것이다. 아리스토텔레스는 이러한 논증을 일종의 후건 부정식(modus tollens) 논리법을 통해 주장한다. 다시 말해 좋은 가문과 뛰어난 외모를 가진 자에게 피리가 주어질 수 있기 위해서는 이러한 요소들이 피리 연주에 기여할 수 있어야 하는데, 그렇지 않기 때문에 피리는 연주 기능이 뛰어난 자에게 주어지는 것이 합당한 분배가 된다.

아리스토텔레스가 이후의 계속적인 논의를 통해 좋은 출생이나 외모에 근거한 주장이 수용될 수 없는 또 다른 이유로 드는 것이, 부나 외모와 같은 요소들이 피리 연주 능력과 비교될 수 없다는 점이다. 아리스토텔레스에 따르면 키와 같은 양적인 것이 능력과 같은 질적인 것과 통약 가능할 수는 없다. 양자를 동등하게 측정할 수 있는 또 다른 기준이 없기 때문이다. 결국 피리의 비유를 통해 우리가 얻을 수 있는 공정한 분배의 기준은 '기여도'와 분배 영역에서의 '적합성'이라고 할 수 있다. 다시 말해 달리기 운동경기냐 비극 경연 대회냐에 따라 요구되는 적합성과 기여도의 기준이 달라질 수 있는 것이다. 전자에서는 올림픽과 같은 운동 영역에서의 민첩성이 그에 적합한 기여의 기준이 될 것이고, 후자의 경우는 관객들의 마음을 정화(katharsis)할 수 있어야 그것이 훌륭한 연극에 적합한 작품으로 인정될 수 있을 것이다. 그렇다면 우리가 관심을 갖는 관직(timē)의 분배와 관련해서 아리스토텔레스가 생각하는 국가의 중요 관직은 어떤 기준에 따라 배분되어야 하는 것으로 볼 수 있을까?

이와 관련하여 아리스토텔레스는 정의로운 분배는 공동 이익과 같은 보편에 기여할 수 있는 자에게 주어져야 하는 것으로 말한다. 즉, 배분의 기준은 공동선에의 기여도(symballesthai)이다. 그러나 문제는 이러한 공동선에의 기여라는 기준이 구체적으로 어떤 것에 근거하느냐이다. 피리를 분배받기 위한 기준이 피리 연주 실력이듯이 정치적 관직의 분배를 근거짓는 요소는 무엇인가? 이 물음이 제기될 수밖에 없는 이유는 앞에서 언급한 것처럼 각 정체에서 주장되는 분배 기준이 각기 다르기 때문이다. 민주정은 자유를, 과두정은 부를, 귀족정은 덕을 제시하고 있다. 다시 말해 이 정체들에서는 자유나 부 또는 덕이 각각의 정체의 공동선에 기여할 수 있는 가치로 보는 것이다. 아리스토텔레스는『정치학』제3권 제10장부터 제13장에 걸쳐 이 문제를 논하면서 일단 국가의 존립과 생존을 위해서는 자유나 부 또는 전사의 용기가 필요하기 때문에 이 모든 요소들이 관직을 요구하는 것에 대한 정당한 근거가 됨을 인정한다. 그러나 아리스토텔레스는 공동체의 최종적 완성 형태인 폴리스 또는 국가의 목적을 생각한다면 그 기준은 달리 생각되어야 하는 것으로 본다. 다시 말해 국가의 본질이 무엇인가에 입각해 그 적합한 기여도의 기준이 찾아져야 한다는 것이다. 아리스토텔레스에 따르면 최선의 정체는 단순히 부자들만의 나라가, 자유인들만의 나라가, 또는 귀족만의 나라가 되어서는 안 되기 때문이다. 그러면 아리스토텔레스가 염두에 둔 국가의 본질은 무엇인가? 이 물음에 이미 우리는 앞에서 아리스토텔레스가 생각하는 폴리스의 존재 목적이 '자족적이며 잘 사는 삶'에 있음을 살펴보았다. 즉, 폴리스가 추구하는 최고선은 폴리스의 자연성이 최대로 실현된 나라로서 최선의 정체는 시민 개개인들에게 덕에 따른 삶을 선택하여 훌륭하게 잘 살 수 있는 조건을 제공할 수 있어야 한다. 결국 아리스토텔레스에게 최선의 나라는 시민들 모두의 공동 이익 실현을 목표로 삼는 정체이며, 이러한 훌륭한 삶의 구현은 "덕에 따라"(kata areten) 이루어진다고 할 수 있다.

　덕의 관점에서 평가할 때 현실 정체로서의 민주정과 과두정이 아리스토텔레스가 생각하는 최선의 정체가 되기는 어렵다. 그러나 민주정에 대한 아리스토텔레스의 견해가 부정적인 것으로만 이해돼서는 안 된다. 특히『정치학』제3권 제11장에서의 민주정의 시민인 데모스(dēmos)가 집합적 지혜(the collective wisdom)를 통해 어떻게 우월한 정치적 판단을 내릴 수 있는지 논증한 부분은 민주정에 대한 아리스토텔레스의 우호적인 견해를 보여준다는 점에서 주목할 가치가 있다. 아리스토텔레스의 주장에 따르면 한 접대주가 제공한 식사보다 공동으로 추렴하여 차린 식사가 더 나을 수 있듯이 민회에서 각각의 개인은 그

질에서는 보잘것없지만, 전체적으로는 소수의 훌륭한 자 못지않게 잘 판단할 수 있다. 또한 다중(多衆)이 시나 음악과 같은 예술 작품을 판단하는 데서도 좀 더 폭넓게 평가할 수 있듯이, 정치적 판단에서도 소수 전문가의 판단보다 나을 수 있다고 말한다. 비유를 통한 아리스토텔레스의 이러한 논증이 과연 다른 정체에 대한 민주정의 상대적인 우월성을 설득력 있게 설명하고 있는지에 회의적인 시각이 제기될 수 있다. 그러나 특수한 판단과 관련해서도 사용자 이론(user's theory)[1]에 근거해 다수의 집합적 판단이 유효할 수 있다거나, 다중이 소수의 부자들보다 덜 타락할 수 있다는 점, 한 사람의 영원한 통치는 폴리스적 통치에 위배된다는 아리스토텔레스의 주장은 민주정에 대한 그의 우호적인 평가를 뒷받침한다는 점에서 주목할 필요가 있다. 그러나 또한 아리스토텔레스가 다중이 갖고 있는 부정의라든지 무분별로 인해 다중이 폴리스의 최고 관직을 차지하는 것은 위험한 것으로 본다는 것 역시 간과될 수 없다. 그래서 그는 일종의 사려 있는 다중과 소수의 훌륭한 자들 사이에 권력이 분립된 혼합 형태의 정체를 지지한다. 최고의 관직은 실천지를 소유한 훌륭한 자들에게 부여하고 다중은 심의 기능과 사법 기능에 참여하는, 통치에서의 역할 분담론을 주장하고 있는 것이다.

6 이상 국가론

아리스토텔레스가 생각하는 이상 국가는 어떤 정체인가? 『정치학』 제7권과 제8권에서 아리스토텔레스는 자신이 "희망하는"(kat' euchēn) "최선의 정체"(aristē politeia)에 관하여 기술한다. 아리스토텔

---

1) 어떤 물건을 직접 만든 사람 못지않게 그것을 사용하는 사람이 그 물건에 대해 나름대로 판단할 수 있다는 것이다. 예를 들면 집이 잘 건축되었는가는 그 집을 만든 목수 못지않게 그 집에 들어와 살 사람도 판단할 수 있다.

레스에 따르면 운동 코치가 운동선수를 우승자로 만들기 위해서는 어떤 운동법이 가장 효과적인지 알아야 하는 것처럼, 훌륭한 입법가나 참된 정치가는 외적인 장애가 없다면 어떤 종류의 정체가 가장 이상적일 수 있는지 생각해야만 한다. 물론 이러한 이상 국가에 관한 논의가 『정치학』 제4권부터 제6권에 걸쳐 제시되고 있는 현실 정체에 대한 경험주의적인 접근 방식과 어떤 관계를 갖는지에는 논란의 여지가 있다. 중요한 것은 아리스토텔레스가 이러한 "희망에 따른" 최선의 정체를 구현하는 것이 녹록지 않음에도 불구하고, 그것의 실현이 "불가능하지"(adynaton) 만은 않다(VII. 4, 1325b39)고 말한다는 점이다. 이런 점에서 아리스토텔레스의 이상 국가는 플라톤이 생각하는 하늘에 그려진 본으로서의 국가처럼 현실 정체를 초월한 것이 아니다. 아리스토텔레스가 제시하는 참된 정치가는 가능한 한도 내에서 현실 정치 속에서 구현 가능한 최선의 정체를 지향하기 때문이다.

먼저 아리스토텔레스가 생각하는 최선의 정체는 폴리스의 목적과 관련되어 이해될 필요가 있다. 앞에서 이미 강조한 것처럼 아리스토텔레스적인 의미의 폴리스는 단순히 생존과 외부의 적들로부터의 방어만을 위한 것이 아니라, 무엇보다 시민들에게 최선의 잘 사는 삶을 실현해줄 수 있어야 한다. 최선의 정체에 관해 논의되고 있는 『정치학』 제7권에서 우리는 이것을 확인할 수 있다. 이곳에서 아리스토텔레스는 "최선의 정체는 분명 누구나 가장 훌륭하게 행동할 수 있고, 행복하게 살 수 있는 제도를 갖고 있어야 한다" 또는 "훌륭한 입법가가 할 일은 국가나 인간 종이나 모든 다른 공동체가 어떻게 훌륭한 삶과 그들에게 가능한 행복에 참여할 수 있는지 고찰하는 것이다"라고 말한다. 요컨대 아리스토텔레스에게 최선의 정체란 "동등한 자들의 공동체이고, 그 목적은 가능한 최선의 삶이다." 그런데 아리스토텔레스의 최선의 정체는 그의 분명하지 않은 언급으로 인해 다음과 같은 몇 가지 논쟁거리를 제공한다.

첫째는 이상 국가의 목적인 최선의 삶이 시민 모두에게 적용되는 것인지 아니면 특정한 사람들에게만 적용되는 것인지이다. 만약 후자의 의미라면 최선의 삶은 특정한 사람들에게는 향유될 수 있지만, 다른 사람들에게는 최선의 삶보다 못한 또는 아예 최선의 삶이 아닌 것이 주어질 수 있다. 이와 관련하여 아리스토텔레스는 "나라의 시민들이 각각 개별자로서 선한 한에서 정치적 배열은 전체로서 선하다" 또는 "행복하기 위해서는 덕을 갖춰야 하고, 한 국가를 행복하다고 말할 때는 시민의 일부가 아니라 전부를 염두에 두어야 한다"라고 말한다. 이러한 언급들은 아리스토텔레스의 최선의 국가는 시민 모두의 행복을 지향해야 함을 알 수 있게 해준다. 아리스토텔레스는 훌륭한 국가가 되려면 국정에 참여하는 시민들 모두가 훌륭해야 하며, 그러한 시민들의 덕이 구현됨으로써 최선의 정체가 실현될 수 있는 것으로 보는 것이다.

그러나 문제는 이상 국가에서의 시민의 자격과 관련하여 아리스토텔레스가 농부와 장인 그리고 상인 계층과 같은 몇몇 부류를 시민의 자격에서 제외한다는 데 있다. 이 계급들은 덕의 연마를 위한 여가(scholē)를 확보할 수 없어 덕과 행복이라는 폴리스의 본질적 목적에 참여할 수 없기 때문이다. 그래서 이러한 부류의 계급들은 최선의 국가에 필요한 보조자들(anagkaioi)이 될 수는 있어도, 국가의 부분(meros)으로서의 시민들에는 포함될 수 없게 된다. 또한 앞에서 언급한 것처럼 이상 국가에서는 여성과 노예 역시 통치에 참여할 수 있는 시민의 자격을 갖지 못한다. 반면에 군사적 · 정치적 · 종교적 기능에 종사하는 사람들은 시민으로 간주된다.

아리스토텔레스가 이처럼 덕을 위한 공교육에서 노예나 여성뿐만 아니라 상인이나 농부 계급까지 배제한다는 점에서 계급이나 성에 대한 그의 차별은 시대적 한계를 극복하지 못한 것으로 볼 수 있다. 또 그렇기 때문에 이것이 우리를 불편하게 하는 것이 사실이다. 그러나 아리스토텔레스의 이러한 주장은 여성에 대한 근대 이후의 철학자들, 예를 들어 루소나 밀의 이중적인 주장에서도 어렵지 않게 발견된다. 또한 여성의 정치적 권리로서의 보통선거권이 19세기 초에야 비로소 인정되었다는 것은 인권과 평등을 추구하는 민주주의의 역사가 아리스토텔레스의 생각과 단절하는 데 결코 녹록지 않은 여정을 걸어왔음을 암시해 준다.

둘째는 '최선의 국가를 구체적으로 어떤 정체로 보아야 하는가'이다. 이상적인 국가는 올바른 정체들로 간주되는 왕정이나 귀족정 또는 혼합정(politeia) 중의 어느 한 정체로 보아야 하는지, 이들 정체 중 둘 이상의 혼합된 유형인지, 아니면 이들 정체를 초월한 새로운 형태의 어떤 다른 정체인지가 문제다. 먼저 올바른 정체로서의 왕정을 최선의 정체가 될 후보로 생각해볼 수 있다. 아리스토텔레스에 따르면 능력과 덕에서 월등한 자가 통치하고 다른 사람들은 복종하는 것이 고상하고 정의로운 것이기 때문이다. 그러나 아리스토텔레스는 이러한 월등한 덕을 소유한 자를 현실적으로 찾을 수 있을지에 강한 의문을 제기한다. 또한 1인의 왕에 의한 통치는 많은 시민들의 정치적 참여를 어렵게 만듦으로써 그들이 참된 시민의 자격이 아닌 노예의 위상으로 전락하게 된다는 점에서 왕정이 이상 정체가 되는 것으로 보기는 어려울 것 같다.

그러면 귀족정과 혼합정은 어떤가? 문자 그대로 최선의 정체(aristē politeia)라는 말의 의미를 그대로 살리면 덕을 갖춘 소수의 덕인(德人)들에 의해 통치되는 귀족정이 최선의 정체가 될 수 있다. 다수가 선한 덕인들이 되는 것이 현실적으로 어려울 수 있기 때문이다. 그러나 앞에서 이상 국가는 '시민 전체의 덕과 행복을 실현해주는 것을 목표로 해야 한다'라는 말을 고려하면, 다수의 시민단이 덕을 소유하는 것이 가능할 수 있고, 그렇기 때문에 혼합정을 최선의 정체로 볼 수 있는 가능성이 배제될 수 없다. 그러면 아리스토텔레스의 최선의 정체는 모든 또는 대부분의 사려 있는 시민들이 통치하는 정체인가 아니면 소수의 탁월한 시민들이 통치하는 정체인가? 아리스토텔레스는 최선의 정체에 대하여 분명한 언급을 회피했으므로, 어느 경우든 가능하면서 가능하지 않은 것으로 볼 수 있다. 문제는 어느 정도 선에서 덕의 실현이 가능할지에 따라 정체의 유형이 결정될 수 있을 것으로 보인다. 중요한 점은 아리스토텔레스가 자유롭고 평등한 덕 있는 시민들이 교대로 통치하고 통치받는 정체를 인간의 참된 행복을 실현해줄 수 있는 최선의 정체로 보고 있다는 것이다. 더 중요한 것은 아리스토텔레스가 '우리의 바람에 따른' 최선의 정체의 실현이 불가능한 것이 아니라고 말하고 있다는 점이다.

셋째로 이상 국가에서 최선의 삶은 철학적 삶(philosophikos bios)인가 아니면 정치적 삶(politikos bios)인가?『니코마코스 윤리학』제10권에서 아리스토텔레스는 최선의 완벽한 삶을 관조적 활동에 따른 철학적 삶으로 말한다. 실천적 활동에 따른 정치적 삶은 차선의 행복한 삶의 유형이 되는 것이다. 그러나 『정치학』제7권 제1장과 제2장에서 아리스토텔레스는 이러한 주지주의적인 행복론을 자신의 이상국가론에서 그대로 견지하지 않는 것으로 생각된다. 이상 국가의 시민들이 참여할 수 있는 좋은 삶은 철학적 삶만으로 이루어지는 것이 아니라 실천적 삶과 함께하는 것으로 보기 때문이다. 그렇다고 아리스토텔레스가 최선의 삶의 후보에서 철학적 삶을 부정하고 정치적 삶만을 인정하는 것으로 보기도 어렵다. 아리스토텔레스가 생각하기에 어느 한쪽의 삶만을 최선의 삶으로 주장하는 것은 문제가 있기 때문이다. 먼저 철학적 삶을 지지하는 사람들은 부나 명예와 같은 외적인 것들에 대한 의존으로부터 자유로운 사람의 삶이 그렇지 않은 사람의 삶보다 더 낫다고 주장한다는 측면은 아리스토텔레스가 보기에 옳았다. 그러나 철학적 삶을 최선의 삶으로 주장하는 사람들은 정치적 삶을 마치 노예와 주인의 지배 관계와 같은 전제적 통치 형태로 본다는 점에서 잘못 생각하고 있다는 것이다. 정치적 삶은 타인을 노예처럼 지배하는 것이 아니라 어디까지나 자유롭고 동등한 자들 사이에서 교대로 통치의 참여가 이루어지는 활동이 될 수 있다는 점에서 좋은 삶이 될 수 있기 때문이다. 철학적 삶을 최선의 삶으로 주장하는 사람들은 또한 비활동(apraktein)을 활동보다 상위에 있는 것으로 잘못 생각한다는 점에서 문제가 있다. 이들의 생각에 따르면 활동은 외적인 것에 의존하기 때문에 오직 비활동적인 삶만이 진짜로 자유롭고 자족적인 것이라고 역설한다. 그러나 아리스토텔레스가 생각하기에 행복은 필연적으로 활동을 포함하기 때문에 이들의 주장은 옳은 것일 수 없다.

같은 이유로 아리스토텔레스는 정치적 삶을 최선의 삶이라고 주장하는 사람들의 견해를 모두 옳다고 평가하지도 않는다. 최선의 삶이 활동에 따른 것은 분명하지만, 정치적 삶을 지지하는 사람들이 생각하는 것처럼 철학적 삶이 비활동적인 것으로만 볼 수는 없기 때문이다. 순수 사고와 같은 철학적 사고 역시 최상의 활동이기 때문이다. 결국 철학적 삶과 정치적 삶을 두고 단적으로 어느 한쪽이 우월하고 다른 쪽이 열등한 삶의 유형이라고는 말하기 어렵다. 아리스토텔레스는 최선의 정체에서 살아가는 훌륭한 시민은 성품적 덕과 같은 실천적 삶과 철학적 삶을 공히 향유해야 하는 것으로 생각하기 때문이다. 최선의 정체라면 시민들이 이 두 활동을 함께할 수 있는 방식으로 구조화될 수 있어야 하는 것이다.

7 시민 교육

앞에서 살펴본 것처럼 아리스토텔레스는 우리가 이상적인 정체로 희망하는 최선의 정체가 "불가능한 것"만은 아니라고 말한다. 그리고 이러한 최선의 정체가 적실성을 갖고 현실에 구현될 수 있는 구체적인 방안으로 제시되는 것이 『정치학』 제7권과 특히 제8권에서의 교육론이라고 할 수 있다. 즉, 최선의 정체의 실현 주체가 되는 시민들의 덕 함양의 중요한 수단이 바로 교육(paideia)이라는 것이다. 아리스토텔레스는 『정치학』 제7권 제13장에서 교육에 관한 논의를 시작하면서, 최선의 정체의 목적이 행복이고 이것의 완벽한 실현이 시민들의 덕의 실천에 의해 가능한 것으로 본다.(VII. 13, 1331b24~6; VII. 13, 1332a9) 이러한 이유로 아리스토텔레스에게서 참된 입법가의 목적은 좋은 습관을 통해 "시민들을 어떻게 선하게 만들 수 있는가"에 있다. 그리고 덕을 소유한 훌륭한 시민을 만든다는 것은, 달리 말해 쾌락과 고통에 대한 감정을 적절하게 함양하는 것이다. 이것은 어렸을 때부터 올바른 방식에 의해 행동하도록 습관화됨으로써 길러질 수 있다. 따라서 한 정체의 입법가가 좋은 습관을 통해 시민들을 선하고 덕스럽게 만들면 그것이 좋은 정체가 되고, 그렇지 않으면 나쁜 정체가 되는 것이다. 달리 말해 아리스토텔레스의 '최선의 정체는 국가가 최대의 행복을 누릴 수 있는 정체인데, 이것은 시민들 전체가 덕을 소유함으로써 가능한 것'이다. 따라서 아리스토텔레스에 따르면 교육은 최선의 정체를 실현하는 데서 핵심적인 역할을 한다. 왜냐하면 교육을 통해 정체의 삶의 방식과 가치가 시민들과 그 후손들에게 전달될 수 있고, 그렇게 함으로써 최선의 정체가 유지될 수 있기 때문이다.

이러한 이유로 아리스토텔레스는 최선의 정체를 건설하기 위한 덕의 습관화 교육이 국가의 법에 의해 규정되어야 함을 분명히 한다. 국가가 추구하는 하나의 목표, 즉 모든 시민들을 행복하게 만들기 위한 덕의 교육이 바로 국가에 의한 "공교육"(hē koinē paideia)을 통해 이루어져야 한다는 것이다. 물론 아리스토텔레스가 가정에서의 덕의 습관화 교육을 부정하는 것은 아니지만, 그것에는 한계가 있다고 본다. 『니코마코스 윤리학』 제10권 제9장에서 기술되듯이 사람은 본성상 고통은 피하고 쾌락을 추구하는 감정에 따라 살려는 성향이 강하기 때문에, 덕의 교육이 어린 시절부터 가정에서 올바르게 이루어지기가 결코 녹록지 않기 때문이다. 젊은이에게 덕의 습관화 교육은 즐거운 일이 아닌 것이다. 이런 이유로 아리스토텔레스는 가정에서 아버지가 자식에게 내리는 지시가 효과적으로 작용할지, 또는 가정에서 여성이 실시하는 교육이 장차 공적 영역에서 요구되는 시민 덕의 함양에 실질적으로 기여할 수 있는지에 의문을 제기한다. 가정에서의 덕 교육은 자칫 외눈박이 퀴클롭스가 자신의 아이들과 아내에게 전제적인 법을 부여하며 통치하는 것과 같은 문제를 발생시킬 수 있기 때문이다.

아리스토텔레스가 생각하는 '덕 교육'은 시민들을 선하고 정의롭게 만들려는 목표를 가지고 이루어진다. 그리고 이러한 덕 교육은 그것을 가능케 하는 "어떤 힘을 가진 지성과 힘을 가진 올바른 질서에 따라"(kata tina noun kai taxin orthen ecousan ischyn) 진행되어야 한다. 즉, 덕의 습관화와 그 교육은 법이나 정치적인 제도를 통해 그것의 실질적인 효과를 담보할 수 있고, 또 본래의 목적을 달성할 수 있다는 것이다. 결국 최선의 정체가 되기 위해서는 모든 시민들이 자족적이며 잘 사는 행복한 삶이 실현될 수 있어야 하는데, 이것은 국가적인 제도 차원에서 법에 따라 시행되는 공교육에 의해 가능한 것이다. 요컨대 국가적 차원의 최우선 과제, 달리 말해 입법가의 주된 임무는 바로 폴리스의 모든 시민들에게 덕의 습관화를 위한 공교육이 실현될 수 있도록 공평한 교육 수혜 환경을 제공하는 것이다.

　　아리스토텔레스의 교육론에서 우리가 주목해야 할 중요한 몇 가지 논점을 꼽으면 다음과 같다. 첫째는 교육에서 고려해야 될 세 가지 요소는 본성(physis), 습관(ehtos) 그리고 이성(logos)이다. 먼저 인간이 덕을 소유할 수 있는 본성 자체를 갖고 있지 않다면 덕의 발휘는 애초에 불가능하다는 점에서 덕의 본성이 인정된다. 그러나 타고난 자연적 덕은 저절로 완전한 덕이 되는 것이 아니다. 그렇게 되려면 습관화 과정이 필요하다. 더 나아가 아리스토텔레스는 습관이 자연적 성향을 아예 그것에 반대되는 방향으로 바꿀 수도 있다고 말한다. 덕은 단순한 자연적 느낌이나 감정에 의해 형성되는 것이 아니라, 우리가 그것들을 특정한 방향으로 이끌고자 하는 선택의 방식을 포함하고 있기 때문이다. 여기서 선택을 한다는 것은 곧 실천지와 같은 이성적인 숙고(bouleusis)와 결정(proairesis)을 통해 이루어진다는 뜻이다. 그렇기 때문에 자연적인 덕을 완전한 덕으로 습관화한다는 것은 합리적인 숙고를 거친 자발적인 선택을 통해 특정한 방식으로 생각하고 느끼고 행동하는 성향을 계발함을 의미한다. 결과적으로 아리스토텔레스가 말하는 '선한 자'는 자발적으로 알게 된 숙고의 과정을 거쳐 행위 자체를 위해 그것을 하기로 결정하고 행하는 자이다. 요컨대 아리스토텔레스에게서 올바른 덕의 행위는 '알고서'(eidōs), 의도적인 숙고적 과정을 거친 자체적인 '결정을 통해'(proairoumenos), 그리고 '확고한 성품'(ametakinetōs echon)을 통해 이루어지는 것이다.(『니코마코스 윤리학』, 1105a31~33) 결국 인간 본성이 고정되어 있다 할지라도 습관과 이성에 의한 교육을 통해 "어떤 다른 과정이 더 나은 것으로 설득된다면" 인간은 다른 좋은 것을 배울 수 있다.

다음으로 최선의 정체를 구현하기 위한 교육계획에서 아리스토텔레스가 중요하게 고려하는 것이 "여가"(scholē)를 목적으로 하는 자유교육(liberal education)이다. 오해되지 말아야 할 것은 이때의 여가 개념이 단순히 일하다가 남는 시간, 휴식을 의미하는 것이 아니라는 점이다. 아리스토텔레스에게 최선의 여가 이용은 지혜를 추구하는 철학적 활동이 된다. 참된 여가는 전쟁을 위한 것도, 정치적 활동을 위한 것도 아닌 이론적 관조 활동인 것이다. 이런 이유로 여가는 단순한 유흥이나 재미와 구별된다. 양자 모두 쾌락을 제공하지만, 여흥이나 놀이가 주로 일로부터의 이완 수단으로서 가치를 갖는다면 여가는 즐거움뿐만 아니라 행복을 포함하기 때문이다. 아리스토텔레스에 따르면 쾌락은 활동(energeia)과 분리될 수 없으며, 최고의 쾌락은 최선의 활동으로부터 온다. 그런데 최선의 활동은 "방해받지 않는 활동", 곧 관조적인 이론적 활동이므로, 그것으로부터 최고의 쾌락이 온다는 것이다. 게임이나 놀이와 같은 재미는 그 자체로 가치 있는 것이 아니라 그것들이 좀더 많은 일들을 위해 우리를 긴장으로부터 이완시켜 에너지를 새롭게 하는 데 도움을 줄 수 있는 한에서 부차적으로 가치가 있다. 따라서 교육은 단순히 유용한 것이나 여흥과 관련되어서는 안 된다. 그것은 또한 아이들에게 디아고게(diagōgē), 즉 여가적인 삶을 준비하는 법을 가르치는 것이 되어야만 한다.

다음으로 교육 커리큘럼과 관련하여 아리스토텔레스는 네 가지 과목을 언급하는데, 읽기와 쓰기, 그리기, 체육교육 그리고 음악이 그것들이다. 읽기와 쓰기 과목은 일상적인 삶에서의 실용적 유용성뿐만 아니라 다른 종류의 학문을 가능하게 한다는 점에서 중요하다. 체육교육은 용기를 북돋우기 위해 필요한 과목이다. 그러나 아리스토텔레스는 운동선수를 만들 의도를 띤 강도 높은 신체 교육은 비판하는데, 그것이 아이들 몸의 발달을 방해하기 때문이다. 아리스토텔레스가 스파르타의 교육제도를 비판하는 것도 과도한 신체 교육에만 역점을 둠으로써 아이들을 용기 있게 만드는 것보다 야만적이게 만들 수 있기 때문이다. 그것은 단지 군사적 승리만을 스파르타인들에게 가져다줄 뿐이어서, 참된 교육은 전쟁의 승리를 위한 것이 아니라 평화를 위한 교육이어야 한다는 원리에 배치된다.

음악교육과 관련하여 아리스토텔레스는 상대적으로 많은 설명을 펼친다. 음악교육의 목적으로는 크게 세 가지, 즉 재미, 성격 형성 그리고 여가를 고려할 수 있다. 음악은 즐거움을 주는 과목이며, 더 나아가 플라톤이 강조하는 것처럼 성격 발달에 중요한 역할을 한다. 음악은 "올바른 판단을 형성하는 데 그리고 좋은 성격과 고상한 행동들에 기쁨을 느끼는 데" 도움을 준다. 젊은이들에게 올바른 종류의 음악교육은 올바른 판단과 성품적 덕의 구성 요소가 되는 감정을 획득하는 수단이다. 더 나아가 아리스토텔레스는 음악이 여가 활동의 중요하면서도 주된 소재라고 말한다. 음악은 참다운 여가 활동의 한 전형이라는 점에서 전통적 교육의 중요한 부분으로 간주된다. 그것은 최고의 자체적인 목적을 수행하는 이론적 이성의 활용 시간일 수 있기 때문이다. 따라서 여가 시간의 활용을 위한 음악은 돈벌이나 가정 경영 또는 정치와 같은 실용적 목적을 위한 것이 아니다. 아리스토텔레스에 따르면 음악교육은 어디까지나 젊은이들을 자유롭고 고상한(kalon) 영혼을 소유할 수 있도록 훈련하는 것이다. 그러나 아리스토텔레스는 음악교육이 지나치게 이루어지는 나머지 변질되어서는 안 된다는 점도 잊지 않고 강조한다. 음악교육이 자체적인 활동이 아니라 타인을 위해서 혹은 돈을 벌기 위해서 이루어진다면, 그것은 일종의 직공(banausos)의 노동과 같은 것으로 변질된 연주인 것이다. 전문적인 음악 연주자를 만들기 위한 교육 역시 다른 활동들을 방해하고 결과적으로 아이의 정신적·육체적 발달을 저해할 수 있기 때문에 참된 음악교육이 아니다. 자유교육에 걸맞은 음악교육은 다른 사람들을 위한 연주가 아니라 자기 자신의 발전을 위한 것이 되어야 한다.

음악교육에서 알 수 있는 것처럼 아리스토텔레스는 유용성이나 삶의 필요성을 목표로 하는 교육을 참된 의미의 자유교육으로 간주하지 않는다. 그렇다면 이상 국가의 시민들이 여가 활동을 통해 배워야 할 교육은 어떤 종류의 교육인가? 여가 활동이 비여가적인 활동보다, 비실용적인 것이 실용적인 것보다 더 가치 있는 것으로 가르쳐져야 한다면, 실천적 활동이 제작적 활동보다 더 상위의 가치 있는 활동이 될 것이고, 이것은 도덕적 또는 정치적 활동이 수공업적 장인의 활동보다 더 가치 있음을 의미한다. 그렇다면 관조적 활동이 정치적인 실천적 활동보다 더 여가적 활동이라는 점에서 철학교육이 자유교육에 합당한 교육이 된다고 할 수 있다. 이것은 앞에서 살펴보았듯이 관조적 활동이 비활동적이기 때문에 정치적 삶이 더 낫다는 주장에 대해 철학적 활동이 더 활동적인 것으로 볼 수 있다는 아리스토텔레스의 언급에서도 알 수 있다. 또한 정치적 활동은 타인과 관련된 활동인 반면에 철학적 활동은 자체적인 활동이라는 점에서도 철학교육은 자유교육에 적합한 것으로 생각할 수 있다. 아리스토텔레스는 철학적 활동이 비실용적이고 유익하지 않기 때문에 곧 무가치하고 쓸모없는 교육이라고 평가하지는 않는 것이다.

이런 점에서 아리스토텔레스의 이상 국가에서는 시민들을 덕스럽게 만들기 위한 두 종류의 자유교육이 있다고 할 것이다. 하나는 자유롭고 평등한 시민들 사이에서 교대로 통치가 이루어지는 정치적 삶을 위한 교육과, 자체적인 활동을 목표로 하는 비실용적이면서도 비생산적인 철학적 활동을 위한 교육이 그것이다. 이 두 삶에 참여하여 교육을 받은 사람만이 아리스토텔레스적인 의미에서 자유인이라고 할 수 있다. 아리스토텔레스에게서 진정한 의미의 자유인은 다른 것을 위한 활동이 아니라 자체적인 활동을 하면서 자신의 자유를 더 잘 실현할 수 있는 사람이다. 그렇다고 해서 이것이 곧 아리스토텔레스가 자신의 이상 국가에서 모든 시민들이 철학교육을 받아야 한다고 주장한 것으로 보기는 어렵다. 중요한 것은 아리스토텔레스가 그리는 이상 국가에서의 시민은 교대로 통치하고 통치받는 통치 교육도 받아야 하지만, 통치술을 통해 궁극적으로 실현하고자 하는 것이 무엇인가에 대한 이해도 하고 있어야 한다는 것이다. 다시 말해 최선의 정체의 시민들은 전문적인 철학자들까지 될 필요는 없지만 적어도 잘 사는 삶이 선과 정의 같은 보편적 가치와 조화되어야 한다는 점을 알 정도로 기초적 소양을 갖출 필요는 있는 것으로 볼 수 있을 것이다.

상술한 것처럼 아리스토텔레스의 교육론은 그가 꿈꾸는 최선의 국가의 적실성을 담보해준다는 점에서 그 의의가 크다. 특히 참다운 교육은 유용성만을 목표로 해서는 안 된다는 점은 오늘날에도 여전히 유의미하다. 아리스토텔레스가 생각하기에 최선의 정체를 위한 교육은 이성적 능력을 발휘할 수 있는 영혼의 훈련이어야 하고, 장차 나라의 훌륭한 시민이 될 아이들에게 공적인 일에 참여할 준비를 할 수 있도록 가르치는 교육이 되어야 한다. 물론 최선의 정체에서 이루어지는 공교육의 대상에서 여성과 노예, 농부와 장인 그리고 상인들과 같은 비(非)시민들을 제외한 것은, 지금의 관점에서 보면, 아리스토텔레스가 주창하는 모든 시민들을 위한 최선의 국가가 말 그대로 유토피아적인 국가가 아닌지 의심하게 만든다. 오늘날 수공업에 종사하면서 월급을 받아 살아가는 많은 시민들은 아리스토텔레스가 생각하는 좋은 삶에 참여할 수 없는 것으로 간주될 수 있기 때문이다. 그러나 수공업적 노동 활동이 어디까지나 여가 활동을 확보하기 위한 수단적 활동일 경우 아리스토텔레스가 그 가치를 부정하지는 않을 것으로 생각된다. '어떤 일을 가치 있게 만드는 것은 일 그 자체가 아니라 그것이 지향하는 목적과 의도'라는 아리스토텔레스의 견해는 이것을 뒷받침한다.

■ 참고 문헌

아리스토텔레스, 『정치학』, 천병희 옮김, 도서출판 숲, 2009.

Aristotle, *Politics*, trans. H. Rackham, Loeb Classical Libr., Harvard Univ. Press, 1977.

Aristotle, *Politics*, Books I and II, revised by T. Saunders, Oxford: Clarendon Press.

Aristotle, *Politics*, Books III and IV, translated with introduction and comments by R. Robinson, Oxford: Clarendon Press.

Aristotle, *Politics*, Books V and VI, translated with a commentary by D. Keyt, Oxford: Clarendon Press, 1999.

Aristotle, *Politics*, Books VII and VIII, translated with a commentary by R. Kraut, Oxford: Clarendon Press, 1997.

Keyt, D. and Fred. D. Miller (eds.), *A Companion to Aristotle's Politics*, Oxford: Blackwell Pub. 1991.

Patzig, G. (ed.), *Aristoteles' Politik*, Akten des XI. Symposium Aristotelicum, Göttinggen, 1990.

Kraut, R., *Aristotle Political Philosophy*, Oxford Univ. Press, 2002.

제8장 아리스토텔레스의 '시학'과 '수사학'

김 헌

1 『시학』과 『수사학』의 자리

아리스토텔레스의 저작 가운데 『시학』(詩學)과 『수사학』(修辭學)은 다른 저작들에 비해 철학자들의 주목을 덜 받아왔다. 두 작품에 대해서는 오히려 문학 전공자들이 더 큰 관심을 보여왔다. 『시학』은 시인의 창작을 다루며 『수사학』은 표현법의 기교를 다룬다는 인상을 주기 때문이다. 그래서 두 저술은 문학의 영역 안에서 밀접하게 연결되는 것처럼 보인다. 그러나 아리스토텔레스가 활동하던 그리스 고전기 아테네에서 두 저술이 관계를 맺는 곳은 정치의 영역이었다. 『시학』과 『수사학』은 모두 도시국가(polis) 아테네의 민주주의 체제 안에서 시민들에게 공표되는 '말'(logos)을 다루기 때문이다.

『수사학』(*rhētorikē*)은 시인이 아니라 '연설가'(rhētōr)를 위한 책이다. 연설가의 기술인 수사학[1]은 아테네의 직접민주정이라는 정치적 맥락 안에서 발전하였다. 아테네 시민들은 의회에 나가 직접 자신의 입장을 피력할 수 있었고, 소송의 당사자가 되면 법정에 나와 판정관들

---

1) '수사학'으로 번역된 rhētorikē는 연설가(rhētōr)의 솜씨(-kē)며, 기술(technē)이라는 뜻을 가지고 있다.

앞에서 검사나 변호사처럼 연설을 해야 했다. 법정은 1년에 거의 200일 정도 열렸고, 모든 시민들이 참여하는 민회(enklēsia)는 1년에 30~40회 소집되었다. 따라서 연설의 기술인 수사학은 아테네 '시민이 공공 생활을 하는 데에 필요한 능력'(politikē)이었다. 이 능력에 대한 대중적 수요로 등장한 사람들이 바로 소피스트였다. 그들 가운데 많은 수가 각종 법정 소송에서 상대를 이기고 의회에서 대중을 사로잡아 자기 의견을 관철하는 연설의 비법을 가르쳐주겠다고 선전하며 돈을 벌었다.

한편 비극과 희극 경연은 애호가를 위한 제한적인 예술 공연이 아니라 시민 모두를 위한 축제에서 거행되었다. 겨울부터 3월까지 포도주의 신 디오뉘소스를 숭배하는 일련의 제의는 3~4월경에 열리는 '대(大)디오뉘시아'에서 절정에 이르는데, 가장 중요한 행사는 비극 경연이었다. 비극은 예술적인 의미에 그치지 않고 종교적이며 제례적인 색채를 띠었다. 한 해 농사가 시작되기 전에 도시의 더러운 기운을 '정화'(katharsis)함으로써 신들의 재앙을 피하고 풍년과 평화를 기원했던 것이다. 또한 수많은 시민들이 관객으로 모인 축제는 정치 지도자들에게는 공적인 정치 교육과 공동체 의식을 고조시킬 수 있는 절호의 기회였다. 그들은 사회교육을 위한 교실로 극장을 활용할 수 있었다. 이렇듯 극장은 공적인 '예배당'이었고 학교였다.

아테네 시민들의 공적인 생활에서 매우 중요했던 연설과 비극에 대한 아리스토텔레스의 철학적 반성의 결과가 바로 『시학』과 『수사학』이었다. 아리스토텔레스는 수사학과 정치학의 관련성을 비교적 선명하게 보여준다. "수사학은 분석론적인 지식과 성격에 관련된 정치학으로 이루어져 있으며"(『수사학』, 1359b9~11) "병법이나 가정경제학 또는 수사학처럼 가장 높이 평가받는 능력들까지도 정치학 밑에 놓여 있음"을 명시한 바 있다.(『니코마코스 윤리학』, 1094b3) 실제로 수사학이 작동하는 영역 자체가 법정과 의회, 국가적인 제전이나 공식 행사라고 규정한 것 자체가 수사학과 정치학의 필연적인 관계를 보여준다.[2] 그러나 그는 시학의 정치적인 중요성을 의식적으로 보여준 적은 없으며, 정치학이나 수사학과 맺고 있는 상호 연결성을 크게 부각하지도 않았다. "옛날 작가(poiētēs)들은 정치가처럼 말하도록 짓는 반면, 요즘 작가들은 연설가처럼 말하도록 짓는다"(『시학』, 1450b7~8)라는 언급 정도가 시학과 정치학 그리고 수사학의 연결성을 특정한 시각에서만 보여줄 뿐이다.

아리스토텔레스가 시학과 수사학을 한 범주 안에 묶는 것은 정치적 영역보다는 학문의 분류 체계에서다. 그는 『형이상학』에서 '지식'(epistēmē)을 '이론'(theoria)과 '실천'(praxis)과 '제작'(poiēsis)으로 나누면서 학문의 체계를 밝혔다. 이를테면 물리, 생물, 기상, 천체, 영혼 등은 '이론 지식'(epistēmē theōrētikē)으로, 정치, 윤리 등은 '실천 지식'(epistēmē praktikē)의 대상으로 보았다. 마지막으로 구체적인 작품을 만들어내는 '기술'(technē)을 '제작 지식'(epistēmē poiētikē)으로 규정하였는데, 바로 여기에 『시학』과 『수사학』이 포함되었다. 수사학은 정치와 법률의 영역에서 청중을 설득할 수 있는 '말'(logos, 연설)을 만들어내는(poiein) 기술이며, 시학은 관객을 감동시키며 인생을 통찰할 수 있도록 해주는 '이야기'(mythos)를 지어내는(poiein) 기술이다. 그의 스승이었던 플라톤은 수사학과 시학이 진리가 아니라 그에 대한 허상 내지 환영(eidōlon)을 만들어내어 우매한 관중을 혼란에 빠뜨릴 위험성을 강하게 비판했지만, 아리스토텔레스는 두 창작 기술이 갖는 진정성과 진실성의 측면에 초점을 맞추었다.

아리스토텔레스가 남긴 저작 가운데 제작 지식에 해당하는 것이 건물이나 함선, 무기나 가구 등 구체적인 유형의 물건을 만들어내는 기술이 아니라 무형의 '담론'(logos/mythos)을 만들어내는 '말/글짓기'라는 사실은 흥미롭다. 그것은 공학적인 기술(technology)이 아니라 '스

---

2) 반면 플라톤은 수사학을 경계하였다. 그는 수사학이 마치 요리술이 의술의 탈을 쓰고 입에는 달콤하지만 정작 몸에는 좋지 않은 음식을 제공하듯이, 연설술은 사법술의 탈을 쓰고 청중을 현혹하는 아첨술이라고 비판한다. 그러나 그 비판도 정치적 맥락에서 이루어지고 있다는 사실은 주목할 만하다.(『고르기아스』, 464b~467a)

토리텔링'(Story-telling)이나 '내러톨로지'(Narratology)에 가깝다. 그런데 사실(fact)과 허구(fiction)의 경계가 모호함을 적극적으로 인정하는 현대에는 역사와 신문 기사, 방송의 보도조차 '이야기 만들기'와 다를 바 없으며, 진실이나 진리라는 것도 결국 그렇다고 믿는 사람들의 믿음에 불과하다는 통찰이 부각되면서, 아리스토텔레스의 시학과 수사학에 대한 철학적 반성은 새로운 국면을 예고한다.

2 아리스토텔레스의 '시학'

'시학'으로 번역된 '포이에티케'(poiētikē)는 앎과 학문의 분류에서 이론 지식이나 실천 지식과 어깨를 나란히 하는 제작 지식으로서, '작시술(作詩術)'뿐만 아니라 제작 기술이나 '짓기 솜씨' 전체를 포괄할 수 있는 일반적인 개념이다. 집을 짓는 일도, 배를 짓는 일도, 구두를 짓는 일도 모두 '짓기'로서 '포이에시스'(poiēsis)이며, 그런 짓기 일반에 필요한 기술이 포이에티케인데, 아리스토텔레스는 오직 '말(logos)을 짓는 일'만을 대상으로 두 권의 저술, 즉 '연설을 짓는 수사학'과 '이야기를 짓는 시학'만을 남겼다. 특히 이야기를 짓는 일에 대해서는 다른 용어를 쓰지 않고 제작 기술 일반을 가리키는 '포이에티케'를 그대로 가져다 썼다. 물론 아리스토텔레스가 처음으로 그랬다고 할 수는 없지만, 그로 인해 포이에티케는 돌이킬 수 없이 문학의 영역을 대표하는 개념이 되었다.

그가 『시학』에서 다루는 제작 기술은 '이야기 짓기'(mython poiein)와 관련된 것이다. 그는 책의 첫머리에서부터 "짓기(poiēsis)가 아름답기 위해서 이야기(mythos)는 어떻게 구성되어야 하는가?"라는 물음을 던지고 있으며, 책 전체는 바로 이 물음에 대한 대답에 전념한다. 그런데 왜 아리스토텔레스에게 '이야기 짓기'가 그렇게 중요한가? 일찍이 플라톤은 '아름다운 국가'(kallipolis)에서 시행되는 교육은 이야기 교육에서 시작한다고 밝힌 바 있다. 그에 따르면, 좋은 이야기로 아이들을 교육하면 좋은 시민이 되지만, 나쁜 이야기는 사람을 망치며, 나쁜 이야기가 판을 치는 국가는 엉망이 될 것이었다. 그만큼 이야기를 짓는 사람의 역할은 교육과 정치에서 중요하다. '이야기 작가'(mythopoios)는 좋은 이야기를 지어냄으로써 훌륭한 사람을 만들어낼 수 있고, 나아가 이상적이고 아름답고 행복한 나라를 만들어낼 수 있기 때문이다.

사람이 세상을 어떻게 이해하며 어떤 태도로 '그' 세상을 살아가느냐는 것은, 그가 세상에 관해 어떤 이야기를 자신의 세계관으로 받아들이고 살아가느냐를 의미한다. 이야기에 그려진 대로 세상을 이해하고 이야기가 말해주는 가치관과 처세술에 따라 살아가기 때문에, '어떤 이야기'를 신념으로 받아들이느냐는 '어떤 세상'을 진리로 받아들이느냐를 결정한다. 따라서 '이야기를 짓는 사람'(mythopoios)은 그 이야기를 받아들여 세상을 이해하는 사람의 '세계를 짓는 사람'(kosmopoios)이라고 할 수 있다. 아리스토텔레스가 이와 같은 의식을 명확하게 갖고 있었는가는 분명하지 않지만, '이야기 작가'의 작업에 관해 심혈을 기울였던 아리스토텔레스의 의도를 평가하는 데에 이와 같은 의식은 매우 중요한 시사점을 준다.

1) 모방의 구분

아리스토텔레스는 '짓기'(poiēsis)의 여러 종류를 열거하면서, 이들을 모두 '모방'(mimēsis)이라고 부른다. 여기에는 짓기의 핵심이 모방이라는 전제가 깔려 있다. 그런데 그가 관심을 갖는 것은 모든 종류의 짓기가 아니라 음악, 미술, 문학과 같은 이른바 '예술 창작'으로서의 짓기다. 논의의 대상을 제한하는 태도는 논의의 진행 과정에서 더욱 분명해진다. 그는 모방의 다양한 종류(eidos)를 구분하면서 모방의 대상과 수단, 방식을 구분의 기준으로 제시하는데, 구분을 진행해 나가면서 논의는 음악과 시각예술(그림과 조각)을 서서히 제쳐두고 최종적으로 문학 창작의 영역에 초점을 맞춘다.

　먼저 그는 모방의 수단을 통해 다양한 예술 활동을 구분한다. 악기 연주가는 피리나 기타 등 악기의 '소리'를 이용하여 감정이나 성격, 특정 행위를 모방하고, 화가는 물감의 '색깔'을 이용하여 화폭 위에 그림을 그려 대상을 모방한다. 조각가는 칼을 이용하여 재료를 깎아내면서 '모양'을 새겨 넣음으로써 대상을 모방하고, 무용가는 몸을 이용하여 '동작'을 만들어내고 '형태'를 그려내면서 대상을 모방한다. 이때 수단으로 부각되는 것은 악기나 물감, 석고나 청동 등 구체적이며 물질적인 재료들이 아니라, 그런 재료들로 구현되는 소리, 모양, 형태, 동작 등이다. 그의 관심은 최종적으로 리듬(rhythmos)과 언어(logos)와 선율(harmonia)에 집중되며, 이를 통해 그는 운율 없이 말로만 이루어지는 산문, 예를 들면 '소크라테스의 대화편'과 '운율(=리듬+언어)'만 이용하는 서사시 그리고 이 모두를 다 이용하는 비극과 희극을 구분한다. 이 가운데 음악성을 갖춘 마지막 세 장르가 최종적인 탐구의 대상이 되며, 산문은 논의에서 제외된다.

　모방의 대상을 기준으로 보면, '고귀하고 진지한 인물'(spoudaios)들의 행위를 모방하는 서사시와 비극은 함께 묶이며, '비천하고 천박한 인물'(phaulos)들의 행위를 모방하는 희극과 선명하게 나뉜다. 이와 같은 구분에는 윤리적인 기준이 한몫 거든다. 사람의 성격은 고귀함과 비천함으로 나뉘며, 그 나뉨에는 '나쁨'(kakia)과 '훌륭함'(aretē, 또는 덕德)의 구분이 전제되어 있기 때문이다. 이 가운데 고귀하고 진지한 인물의 행위를 모방하는 서사시와 비극, 특히 비극은 아리스토텔레스의 『시학』에서 핵심이 되는 장르다. 그가 웃음의 가치를 폄하했으리라는 증거는 없으며, 그가 희극을 무시했다고 단언하기 어렵다. 희극을 다룬 부분이 저술되었다고 확신하는 일은 가능하지만, 텍스트의 전승 과정에서 사라졌기 때문에 우리는 그가 희극에 관해 어떤 생각을 가지고 있었는지 정확하게 알 수 없을 뿐이다.

　모방의 방식을 기준으로 보면, 희극은 비극과 함께 묶이면서 서사시를 이질적인 장르로 떼어놓는다. 서사시는 기본적으로 음유시인 혼자서 모든 내용을 낭송하는 독주 형태로 관객에게 제공된다. 공연자는 자기 목소리 그대로 사건을 서술하기도 하고, 등장하는 인물인 양 직접 화법으로 연극의 효과를 낼 수도 있다. 하지만 그는 이야기의 모든 내용을 말로 재현하되, '장단단격(♩ ♪♪)'의 리듬이 반복되는 육각 운율(hexametrum)에 담긴 말을 수단으로 사용한다. 반면 비극과 희극은 이야기 속의 등장인물을 배우가 직접 맡아서 말하고 '행동한다'. 관객은 이야기를 듣고 장면을 상상하는 것이 아니라, 무대 위에서 배우들의 연기를 통해 재현되는 등장인물들과 그들의 행위를 직접 본다. 그래서 비극과 희극을 '드라마'(drama)라고 하는데, 이야기가 '배우들의 행동(dra-)으로 시각화되기(-ma)' 때문이다. 작가의 이야기는 무대 위에 시각화되어 풍부한 볼거리를 제공할 뿐만 아니라, '단장격(♪ ♩)' 이암부스(Iambus) 운율에 담긴 배우들의 대사와 함께 분장한 코러스가 부르는 다양한 리듬과 선율의 노래도 듣는다. 아리스토텔레스는 모방의 대상의 '고귀함'에서는 물론, 모방의 수단과 방식이 발휘하는 비극적인 효과에 여러 측면에서 매료되었음이 분명하다.

모방에 관한 서론적인 통찰을 제1장에서 제5장에 걸쳐 보여준 아리스토텔레스는 논의의 초점을 비극에 맞춘다. 제6장부터 비극에 관한 논의가 시작되어 제19장까지 이어지며, 제20장에서 제22장까지의 '말하기', 즉 창작의 '언어 표현'(lexis)을 논의하는 부분도 비극에 대한 논의의 연장선상에서 진행된다. 또한 제23장에서 제26장까지 이어지는 서사시에 관한 논의도 비극의 논의에 맞추어 서사시의 특징을 부각하는 방식으로만 논의되며, 특히 마지막 부분에서는 서사시와 비극을 비교하여 비극의 우수성을 강조하고 있어, 전체 논의에서 비극이 차지하는 비중을 가늠할 수 있다. 앞에서 잠깐 언급했듯이, 가장 큰 문제는 '희극'에 관한 논의가 없다는 것이다. 아마도 사라진 것으로 추정되는 『시학』 제2권에서 희극이 '카타르시스' 개념과 함께 따로 다루어졌을 것이다. 여러 학자들이 1839년에 크라머(J. A. Cramer)에 의해 소개된

'트락타투스 코이스리니아누스 120' 필사본 3장에 근거하여 아리스토 텔레스의 희극론을 재구성하려고 시도하였지만 여전히 논쟁적이다.[3]

2) 모방의 효과, 비극의 효과

비극의 효과가 무엇인지를 이야기할 때, 가장 먼저 부각되는 말은 '카타르시스'일 것이다. 좋은 영화나 연극, TV 드라마를 본 사람들은 자연스럽게 '카타르시스'를 느꼈다고 말하곤 한다. 이 말이 아리스토텔 레스의 『시학』에서 왔다는 것도 어느 정도 상식처럼 통한다. 하지만 이 개념은 『시학』에 단 한 번밖에는 나오지 않으며, 아리스토텔레스도 이 에 관해 직접적으로 설명하지 않기에, 그만큼 이 개념이 생각보다는 명 확하지 않으며, 『시학』을 연구하는 사람들 사이에서도 의견이 분분하 고 논쟁이 여전히 뜨겁다는 사실은 덜 알려져 있다.

'카타르시스'는 주로 예술적인 모방, 특히 비극의 효과를 설명하는 것으로 이해되어왔다. 카타르시스 개념이 등장하는 비극의 정의 부분 자체가 그런 효과를 암시하는 뉘앙스를 주기 때문이다. "비극은 고귀 하며 완결된, 크기를 가진 행위의 모방인데, 그 부분들 안에서 종류들 각각에 맞게 따로따로 '양념된 말'을 써서 낭송을 통해서가 아니라 '행 동하는 사람들'에 의해 이루어지며, 연민과 공포를 통해 그와 같은 격 정적인 것들의 '카타르시스'를 수행하는 모방이다."(1449b24~28) 비 극이 '연민과 공포를 통해 그와 같은 격정적인 것들(pathēmata)의 카 타르시스를 수행한다'라는 구절은 일견 비극이 관객 안에 일으키는 효과를 말해주는 것 같다. 실제로 레싱(G. E. Lessing)이나 베르나이스 (J. Bernays)와 같은 학자들은 비극이 관객의 마음속에 쌓여 있는 격정

---

3) 1922년에 쿠퍼(L. Cooper)가 발표한 *An Aristotelian Theory of Comedy: With An Adaptation of The* Poetics *and A Translation of The* Tractatus Coislinianus (New York); 1984년에 잔코(R. Janko)가 발표한 *Aristotle On Comedy, Towards a Recon-struction of* Poetics II (London); 2012년에 왓슨(W. Watson)이 발표한 *The Lost Second Book of Aristotle's Poetics* (Chicago)가 대표적이다.

을 제거하거나 진정시켜줌으로써 감정을 정화하고 순화해주는 효과가 있다고 해석했으며, 정신분석학자들은 최근까지도 '동종 요법'으로서의 카타르시스를 아리스토텔레스의 시학 이론에서 차용하고 있다.

분명히 비극은 관객의 감정에 미치는 효과가 있다. 아리스토텔레스는 '아름다운 비극'이 관객에게 연민과 공포를 불러일으킨다고 생각하고 있다. 문제는 그 효과가 과연 카타르시스라는 개념으로 해석될 수 있느냐다. 카타르시스가 의학 용어로서는 '배설'과 '설사'를 의미한다. 잘못 먹은 음식 때문에 체하여 얹혔을 때, 약물 투입을 통해 배설을 강요하여 묵은 체증을 가시게 하는 것이 의학적 카타르시스다. 이와 같은 의학적 효과를 비극에 적용한다면, 비극이 무대 위에서 재현해주는 극단적인 행위는 관객들의 마음에 연민과 공포를 일으키며, 인위적으로 생성된 감정은 투여된 약물이 환자의 체증을 풀어주듯이 마음에 응어리진 '감정의 체증'을 해소하여 상쾌함을 느낄 수 있게 한다는 것이다. '감정의 치유' 그리고 그에 따른 '영혼의 정화', 이것이 곧 비극의 효과라는 해석이다. 비극의 백신 효과를 주장하는 사람도 있다. 미리 연민과 공포를 일으키는 비극을 관람한 사람들은 일종의 백신을 맞은 것이며, 향후 실생활에서 그와 같은 불행한 사건과 격정적인 참사를 겪게 되더라도 견뎌낼 수 있는 내성을 갖게 된다는 주장이다. 이래저래 그리스의 극장은 시민들의 정신 건강을 지키는 '병원'으로 기능했다는 말이다.

아리스토텔레스도 비극이 그와 같은 '감정의 치유'에 효과적이라는 사실을 무시하지는 않겠지만, 분명하게 적극적으로 이야기하지도 않는다. 그가 저술에서 강조하고자 하는 것은 감정적인 측면이 아니라 이성적이며 인지적인 부분이다. 그가 비극을 비롯해서 이야기를 짓는 예술적 모방이 교육적이며 인식론적인 효과를 낸다는 점을 분명하게 밝히고 있기 때문이다. 그에 따르면, 모방은 다른 동물들에 비해 인간에게 가장 많이 발견되는 타고난 본성이다. 사람들은 모방을 통해 처음 세상을 배우고, 모방된 것을 보고 깨달음으로써 기뻐한다. 잘 그려진 그림을 보는 관람객은 구현된 빛깔과 정교한 기교에 감탄하며 '감성적'이고 '정서적'인 쾌감을 느낄 수 있지만, 무엇보다도 모방을 통해 모방의 대상에 관해 중요한 것을 깨닫기 때문이다.[4] "그것을 바라볼 때 그각각이 무엇인지를, 예컨대 '이것은 바로 그것이로구나!' 하는 식으로추론하고 배우기 때문에 기쁜 것이다."(1448b15~17) 모방으로 탄생한작품은 감상자로 하여금 '추론하게'(syllogizesthai) 만들며 추론에 의해 모방 너머의 세계 혹은 모방된 것과 그 너머의 세계 사이의 관계에관해 '배우도록' 한다. 비유하자면, 아리스토텔레스는 극장을 시민들의감정적인 건강을 지켜주는 '병원'이 아니라, 지성적인 깨달음을 제공하는 '학교'로 보았다는 것이다.

그렇다면 모방을 통해 배우는 것은 무엇인가? 특히 '이야기 짓는이'(poiētēs tōn mythōn)가 짓는 비극과 희극, 서사시는 관객과 독자에게 무엇을 가르쳐주는가? 이 물음에 답하기 위해 '역사'와 '짓기'를 비교한 아리스토텔레스의 말에 주목할 필요가 있다. "짓는 이의 임무는'일어났던 일'이 아니라 오히려 '일어날 수 있었던 일', 즉 '개연성이나필연성에 따라 가능한 일'을 말하는 것임이 분명하다." 역사가는 일어난 사실을 충실하게 기록하면 되지만, '이야기 짓는 이'는 이른바 '가능세계'를 그려줘야 한다. 그것은 일어났던 것일 수도 있지만, 이야기 짓는 이는 구체적인 사실성에 얽매이지 않는다. 그의 상상력은 개별적인사실을 주목하되 개별적인 사실성에서 벗어나 자유롭게 펼쳐지면서 인간의 행위가 어디까지 가능하며, 이를 통해 인간은 어떤 존재이며 어떤존재일 수 있을지 타진한다. 그런 점에서 '이야기 짓는 이'의 작업은 역

---

4) 아리스토텔레스는 비극을 구성하는 여섯 가지 부분이 있다고 말한다. 이 여섯 가지는 '이야기'(mythos)와 '성격'(ēthos), '생각'(dianoia)과 '말하기'(언어 표현, lexis), '노래'(melos, meolopoiia)와 '볼거리'(opsis)이다. 이 가운데 노래와 볼거리는 청각과 시각에 쾌감을 주는 감각적인 측면이 강한 부분들인 반면, 이야기와 성격, 생각과 말하기는 지성적인 부분과 연결되어 있다. 그는 비극과 서사시의 논의에서 감각적인 부분인 노래와 볼거리에 대해서는 논외로 하고 있는데, 이를 통해서도 우리는 아리스토텔레스가 비극과 서사시(그리고 희극)에 대해서 지성적인 측면을 강조하고 있음을 알 수 있다.

사의 개별성을 넘어서 인간과 세계의 보편성을 지향하며, 그래서 역사보다 훨씬 더 철학적인 성격을 갖는다.

'미메시스'이면서 동시에 '포이에시스'인 이야기 작가의 작업은 인간과 세상을 실감나게 모방하면서도 존재하지 않았던 세상과 사건과 행위를 만들어낸다.[5] 이것이 가능 세계가 갖는 현실성, 아니 진실성일 것이다. 아리스토텔레스의 '시학'은 바로 그런 모방적 창작, 창조적 모방의 철학적인 함축과 가치를 진지하게 탐구하고 있다. 그것은 단순히 연민과 공포를 일으키는 비극과 서사시가, 웃음을 터뜨리게 하는 희극이 관객의 감정과 심리적 상처를 치유하는 수준에 머무르지 않음을 통찰한 결과다. 철학자 아리스토텔레스는 예술적 창작, 시인의 상상력을 철학적 지평 위에서 분석하고 있는 것이다. 그런 점에서 '카타르시스'는 전혀 다른 함축을 지닐 수 있다.

3) 이야기 짓기의 아름다움

세상과 인간의 보편적인 본성을 탐구하는 방법으로서의 '이야기 짓기', 세상만사를 지배하는 보편적인 본질을 가상적인 개별 사건의 창의적이고 모방적인 구성을 통해 파악하고 표현하려는 이야기 작가의 철학적 야심, 이것이 바로 아리스토텔레스가 탐구하고자 하는 가장 중요한 주제다. 그는 저술을 시작하면서 "짓기(poiēsis)가 아름다우려면 이야기(mythos)는 어떻게 구성되어야 하는가?"라고 묻는다. 짓기의 아름다움, 그 아름다움은 감각적이고 미학적인 차원에 머무르지 않는다. "어떻게 가장 지혜로운 것이 더 아름다워 보이지 않겠는가, 친구?"(『프로타고라스』, 309c)라고 말한 플라톤의 '소크라테스'처럼, 아리스토텔레스가 말하는 아름다움도 궁극적으로는 세상에 대한 통찰과 깨

---

5) 미메시스와 포이에시스, 모방과 짓기의 개념이 갖는 상반된 성격을 하나로 통합하여 시인의 작업을 설명하려는 아리스토텔레스의 노력에 대해 인식론적인 관점에서 읽어보려는 노력에 관해서는 A. Marcos (2012), *Postmodern Aristotle*, Cambridge, 특히 Ch. 7 "Mimesis and Poesis"(pp. 107~30)를 참조할 것.

달음에서 비롯된다. 아름다움에서 얻는 진정한 쾌감은 감각적인 것이라기보다 이성적이며 철학적이다.

"아름다운 것은 생명체든 부분들로 구성된 사물 전체든 그 부분들이 정렬되어 있어야 할 뿐만 아니라, 마구잡이의 크기를 가져서는 안 된다. 아름다움은 크기와 배열(taxis) 속에 깃들기 때문이다."(1450b34~37) 아리스토텔레스가 말하는 아름다움의 일반적인 원리는 이야기에도 마찬가지로 적용된다. 이야기의 부분들이 어떻게 배열되는가에 따라 이야기의 크기가 결정되며, 그에 따라 이야기가 아름다울 수도 있고 추할 수도 있게 된다. 따라서 가장 큰 문제는 사건들의 배치와 구성이다. 무대에 올릴 등장인물들의 '행위'(praxis)를 모방한다는 것(mimēsis)도, 그래서 이야기를 짓는다는 것(poiēsis)도 모두 사건들을(pragmata) 어떻게 구성하느냐(synthesis, systasis)에 달렸다.(1450a3~5) 유능한 이야기 작가는 버릴 것을 버리고 취할 것을 취해서 남은 사건들을 논리적인 필연성과 개연성에 맞게끔 재구성하여 전체가 하나의 행위로 완결되도록 깨끗하게 갈무리한다. 하나의 작품을 '깨끗게 하기', 그것이 '카타르시스'라는 개념을 사용한 아리스토텔레스의 뜻일지도 모른다. 지저분한 군더더기 하나 없이 깨끗하게 정돈되고 가지런하게 배열된 이야기는 아름답기 때문이다.

호메로스는 아리스토텔레스가 꼽는 최고의 이야기 작가다. "호메로스는 다른 점에서도 돋보이지만, 이 점도 알았던 것 같은데 참 아름답다."(1451a22~24) 아리스토텔레스가 호메로스의 '아름다운 장점'으로 꼽은 것은 이야기 구성을 '깨끗하게 할 줄' 알았기 때문이다. 그는 불필요한 사건들은 과감하게 제거하며, 꼭 필요한 사건만 골라내어 이야기를 지었다. "오뒷세우스에게 일어난 모든 일들, 예컨대 파르낫소스 산에서 입은 부상과 병사 소집 당시 미친 척한 것 등은 짓기에서 뺐는데, 그것들 중 어떤 것이 일어났을 때 다른 일이 일어나는 것이 필연적이거나 개연적이지 않았기 때문이다. 그는 우리가 논의하는 것처럼 하나의 행위에 관련해서 『오뒷세이아』를 구성했고 『일리아스』도 마찬가지였다."(1451a25~29) 아리스토텔레스는 호메로스가 이와 같은 이야기 구성 능력에서 가히 "신적인 경지"(thespesios)를 보여준다고 극찬한다. 역사가라면 '트로이아 전쟁'을 처음부터 끝까지 사건들을 시시콜콜 열거하며 기록하였겠지만, 호메로스는 전쟁 전체를 짓기에 넣지 않았다. "그는 (전쟁의) 한 부분을 뽑아내 취하고, 그것들 가운데 많은 것을 삽화로 이용하였다."(1459a35~36) 그는 하나의 행위를 통일성 있게 구성하기 위한 '취사선택'의 미학적 원리를 구현했던 것이다.

이야기의 핵심에는 하나의 행위가 있다. 그 행위에는 수많은 사람들과 사건들이 연루되어 있으며, 그 행위와 같은 시간에 벌어진 사건들도 무수하게 많다. 이야기 작가는 그 모든 것을 담아낼 이야기를 지을 필요가 없고, 그래서도 안 된다. 하나의 행위를 구심점으로 삼아, 간추려낸 일부의 요소들을 필연성이나 개연성의 논리적 관계에 담아 재구성해야만 한다. 짓는 이는 간추림의 취사선택에서 '비논리적 것', '납득할 수 없고 설득력이 없는 것', '모순된 것', '관련이 없는 것', '거슬리는 것', '개연성도 가능성도 필연성도 없는 것'과 같이 이야기의 흐름과 관객의 감상을 방해하는 지저분한 요소들은 제거하고 이야기를 깨끗하게 배열해야만 한다.

그것은 그야말로 '일어난 일을 있는 그대로 말하기'가 아니다. 인위적인 조작과 창의적 재구성에 의해 새롭게 정돈되고 '만들어진' 사건이며 행위다. 그것은 '사실 세계'가 아니라 '가능 세계'와 '가상 세계'에서 벌어진다. 그래서 그것은 사실 세계의 모방이면서 동시에 새로운 세계, 실재하지 않지만 가능한 세계의 창작이다. 작가는 번잡한 일상과 복잡한 현실 세계 속에서 우발적이며 비본질적인 요소들에 의해 가려진 대상의 '고유한 모습'(idia morphē)을 깨끗하게 아름답게 재현할 수 있어야 한다. 그 고유한 모습을 가리고 있던 수많은 우연적이고 비본질적인 요소를 걸러내 새롭게 재현할 수 있어야 한다. "비극이 우리보다 더 뛰어난 인물들의 모방이기 때문에, 짓는 이는 좋은 초상화가를 모방해야만 한다. 그들도 (대상의) 고유한 모습을 드러내주고 비슷하게 만들지만 더 아름답게 그려주기 때문이다."(1454b8~11) 그런 작가만이 관객들에게 세상과 인간의 본성에 관한 깊은 깨달음을 줄 수 있다. 깨 끗하게 정돈되어 '창작된' 가능 세계는 사실 세계와 '모방의 관계'에 있 기 때문에 관람객은 작품 안에 모방된 행위를 통해 세상의 비밀스러운 본성을 깨닫게 된다. '아, 이것은 바로 그것이로구나!'

4) 훌륭함(덕)과 행복의 '윤리학' 및 '정치학'

비극과 서사시의 주인공은 '고귀한 사람'(sphoudaios)이다. 그 의 성격은 '훌륭함'(aretē)에서 비롯된 것이다. 일찍이 아리스토텔레 스는 '훌륭함'과 '고귀함'이 의미상으로 명사와 형용사의 관계에 있다 고 밝힌 적이 있다.(『범주론』, 10b6~9) 그리고 '훌륭함'을 갖춘 사람 은 '고귀하며' '좋은' 사람이고 따라서 행복하다고 주장한다. 반면에 훌 륭함에 반대되는 '나쁨'(kakia)에서 비롯되는 '나쁘고'(kakos) '비천 한'(phaulos) 사람은 행복하지 못하고 비참한 삶을 살게 된다. 또한 '고 귀한 사람'은 이성적 판단에서도 뛰어나다. "고귀한 사람은 각각의 것 을 올바르게 판단하며, 또 각각의 경우에서 그에게 보이는 것은 진실로 그러한 것이다. 사람들은 각각의 품성 상태에 따라 나름대로 '아름답고 즐거운 것들'을 고유하게 갖지만, 아마도 '고귀한' 사람은 각각의 경우 에서 진실된 것을 보는 데에 가장 두드러질 것이다. 마치 본인이 그것 들〔아름답고 즐거운 것들〕의 규준이자 척도인 듯이 말이다."(『니코마코 스 윤리학』, 1113a29~b1)

반대로 희극의 주인공은 '비천한 사람'인데, 이런 사람들은 '고귀 한 사람'과는 정반대의 길을 갈 수밖에 없다. 그들은 아름다운 것들과 즐거운 것들에 대해 올바로 알지 못하고 판단하지도 못한다. 좋지 않은 즐거움도 좋다고 착각하며, 고통스럽지만 좋은 것도 좋지 않다고 피하 는 과실을 저지를 수 있다. 참된 앎으로 즐거우며 아름다운 것을 볼 줄 아는 사람, 덕을 갖추었기에 좋은 사람, 그래서 삶을 행복하게 누릴 수 있는 사람, 그가 바로 고귀한 사람이며, 그렇지 못한 사람이 비천한 사람이다. 인간에게 고유한 것은 영혼이며 영혼에서 가장 핵심적인 것은 이성적인 능력이라고 생각했던 아리스토텔레스다운 구별이며 규정이다. 이성적인 탁월함을 보여주는 훌륭함이 어떤 사람을 고귀한 사람으로 만들어주며 그에게 행복을 가져다준다니 말이다.

아리스토텔레스는 『니코마코스 윤리학』에서 인간의 모든 선택과 행동, 기예와 탐구가 '좋음'을 목표로 하며 좋음의 궁극적인 지점에 '행복'이 있다고 했는데, 『정치학』에서도 "모든 사람은 잘 사는 것과 행복을 목표로 한다"라고 밝힌다. 그런데 행복이란 훌륭함을 완전하게 실현할 때, 그래서 고귀한 사람이 될 때 성취되는 것이다.(『정치학』, 1328a37, 1332a9~10; 『니코마코스 윤리학』, 1098a17) 그런데 이 모든 규정들은 개인적인 생활에서뿐만 아니라 폴리스라는 공동체 안에서 더욱더 의미 있게 작동한다. 따라서 덕을 인간에게 적용하여 그 의미를 규정하려고 할 때, 구체적으로 도시국가 폴리스 체제의 맥락에서 살펴보아야만 한다. 가장 좋은 정체에 사는 사람들이 가장 잘 지낸다는 것은 타당하기 때문이다.(『정치학』, 1323a18~19) 그의 결론을 간단하게 정리하면 '훌륭함을 갖춘 고귀한 사람과 고귀한 국가는 행복하다'는 것이다.

"고귀한 국가가 되려면 국정에 참여하는 시민들이 고귀해야만 한다. 그런데 우리의 시민들은 모두 국정에 참여한다. 따라서 우리는 어떻게 해야 사람이 고귀해질 수 있는지 고찰해봐야 한다. 시민 각자가 고귀하지 않아도 시민 전체가 고귀할 수는 있겠지만, 시민 각자가 고귀한 것이 더 바람직하다. 각자가 고귀하면 전체도 고귀할 것이기 때문이다."(『정치학』, 1332a32~38) 고귀한 국가는 아리스토텔레스가 생각한 바람직한 국가를 표현하는 말의 하나다. 고귀하다는 것이 훌륭함을 갖추었음을 의미한다는 점을 되새기면, 국가가 국가 노릇 제대로 하며 시민이 시민 노릇 제대로 하는 국가, 즉 국가의 덕과 시민의 덕이 충분하게 구현되는 나라를 말한 것이다.

한편 개인에 관해서 "고귀한 사람은 가난과 질병 그리고 다른 비천한 운들이 닥쳐도 상황을 아름답게 이용해 나갈 수 있을 것이다"(『정치학』, 1332a19~22)라고 말했다. 이에 따르면 고귀한 사람은 비천한 상황이 닥쳐도 그에 굴하여 패배하거나 천박하게 행동하지 않으며, 불행에 빠지지도 않는다. 오히려 그런 불리한 상황들을 아름답고 우아하게 이용할 줄 안다. 아름답고 즐거운 것들에 대해 참된 지식을 가지고 있기 때문이다. 그가 행복한 까닭은 그의 바깥에 있는 조건들이 좋기 때문이 아니다. 마치 현악기 뤼라에서 청아한 선율이 흘러나오는 것은 악기 때문이기도 하지만 가장 중요한 것은 결국 연주자의 역량인 것처럼, 아름다운 삶, 행복한 인생은 그것을 누리는 사람의 훌륭함 때문이며, 진정 좋은 것을, 참으로 아름답고 즐거운 것을 올바르게 아는 지혜와 윤리적인 결단 그리고 훌륭함을 온전하게 실현할 수 있는 실천 때문이다. 이런 사람이 바로 아리스토텔레스가 윤리학과 정치학의 지평에서 말하는 고귀한 사람이다.

아리스토텔레스의 『니코마코스 윤리학』과 『정치학』은 사람이 행복을 누리고 좋은 사람이라는 평가를 받으려면 고귀한 사람이어야 한다고 말해준다. 고귀한 사람은 인간에게 기대되는 자질과 능력, 품성을 고루 갖추고 인간 노릇을 제대로 하는 사람, 한마디로 인간의 덕, 영혼의 훌륭함을 갖춘 사람으로서 아름다움과 즐거움에 대한 올바른 지식을 가지고 있어야 한다. 그리고 이 모든 지식과 품성과 실천은 국가라는 공공의 영역에서 종합적으로 규정되어야 한다. 바로 이런 사람이 행복하다. 왜냐하면 "행복은 완전한 덕에 따라 이루어지는 영혼의 어떤 활동"이기 때문이다.(『니코마코스 윤리학』, 1102a5)

5) 고귀한 사람의 불행을 드러내는 '시학'

그런데 『시학』에서 아리스토텔레스는 사뭇 다른 이야기를 해준다. 특히 도덕적으로나 정치적으로 훌륭한 자질과 성격을 가지고 있는 사람들, 사회적인 신분도 고귀하며 다른 사람들의 존경을 받는 고귀한 사람들이 곧바로 행복한 것은 아니라는 역설을 보여준다. 모방의 구분에서 살펴보았듯이, 고귀한 사람은 비극과 서사시의 주인공이며, 비천한 사람은 희극의 주인공이다. 문제는 고귀한 사람으로 규정되는 비극의 주인공들이 '시학'의 틀 안에서 겪게 되는 운명이다. 비극의 주인공은 "큰 명성과 성공을 누리던 인물들에 속하는 사람인데, 가령 오이디푸스와 튀에스테스 그리고 그와 같은 가문 태생으로 두드러져 보이는 인물들을 예로 들 수 있다."(1453a10~12) 그들은 탁월한 능력을 발휘하며 한 나라의 권력을 손에 쥐었으며, 그의 이름은 온누리에 빛났다. 그런데 이들의 운명은 불행에서 행복으로가 아니라, 그 반대로 행복에서 불행으로 바뀌어야 한다고 덧붙인다. 고귀한 사람이 행복해지는 것이 윤리학과 정치학의 틀 안에서 이루어지는 일이라면, 그와 반대로 고귀한 사람이 불행해지는 것은 시학의 틀 안에서 겪게 되는 일이라는 말이다.

물론 그가 불행에 빠지는 것은 도덕적인 결함 때문이 아니라 중대한 과실 때문이니까(1453a13~16) 윤리학 및 정치학의 주장과 완전히 대립되거나 모순되는 것은 아니다. 정치적으로나 윤리적으로 덕을 가진 사람, 즉 고귀한 사람이 그 도덕성 때문이라면 행복해야 하겠지만, 실제의 삶에서는 그도 인간인 한 의도하지 않은 실수를 할 수도 있고, 그 때문에 뜻하지 않게 불행을 겪을 수도 있으니까 말이다. 어쩌면 문학은 성격과 도덕성 그리고 행복과 불행의 어긋남을 운명처럼 그려내는 데에서 고유한 빛을 발한다고 볼 수 있다.

이렇듯 윤리학 및 정치학의 결론과는 달리 비극의 주인공으로서 고귀한 사람은 행복을 누리지 못하고 반대로 불행을 겪는다. "알크마이온과 오이디푸스와 오레스테스와 멜레아그로스와 튀에스테스와 텔레포스 그리고 무서운 일들을 겪거나 저질렀던 적이 있는 다른 모든 인물들"이 이에 해당한다.(1453a19~22) 이런 경험을 가진 사람들이라면 행복하기보다는 불행한 쪽에 가깝다. 여기에서부터 『시학』의 저자는 『정치학』, 『니코마코스 윤리학』에서의 주장과는 어긋난 시선으로 인간의 삶과 세상을 '사지향적(斜指向的)으로' 바라본다.[6] 비극의 주인공은 고귀한 사람이며, 바로 그런 측면에서 그는 좋은 사람(agathos), 더 정확하게 말한다면, 우리보다 "더 좋은 사람"(beltiōn)인데, 그들이 행복을 누리기는커녕 오히려 '불행'에 빠진다는 비딱한 시선을 제공한다는 것이다.

『시학』 안에서 윤리학과 정치학의 이상을 전혀 읽을 수 없는 것은 아니다. 아리스토텔레스는 '공정하면서도 유연한 사람들'(epieikeis)이 행복에서 불행으로 빠지는 것을 비극이 보여주는 것은 적절하지 않다고 했다.(1452b34~1453a7) 행위의 관점에서만 본다면, 착한 일을 한 사람이 그 품성과 덕성의 탁월함 때문에 불행해져서는 안 된다는 것이다. 그의 불행은 철저히 그가 자신도 어쩔 수 없이 저지른 치명적인 '실수'(hamartia)에서 비롯되어야 한다. 오이디푸스가 아버지를 죽이고 어머니를 범한 것, 그래서 끔찍하고 불행한 운명에 희생되고 처참하게 파멸한 것은 아버지를 죽이고 어머니를 범할 수는 없다는 고결한 도덕적 결심 때문이 아니라, 그런 도덕적인 숭고함에도 불구하고 그가 통제할 수 없는 실존의 상황 속에서 아무것도 모른 채 저지른 일련의 실수들 때문이라는 것이다. 인간으로서 갖추어야 할 덕을 갖춘 뛰어나고 영리하며 도덕적으로 고결하기까지 한 훌륭한 사람도 어쩔 수 없는 부분이 있다는 통찰, 고귀한 사람이어도 불행의 나락으로 몰락할 수 있다는 역설과 모순에 대한 직관, 합리성에 근거한 인간적인 훌륭함이 운명의 막강한 힘 앞에서 무력할 수 있는 것, 그것이 바로 인생이라는 통렬한 깨달음, 이런 것들이 『시학』의 테제를 이루며, 『윤리학』과 『정치학』에 대해 '반전'을 일으킨다.

그래서 비극의 주인공은 분명 덕을 갖춘 훌륭하고 고귀한 사람이

---

6) 『시학』에서 말하는 덕과 고귀함의 개념이 『니코마코스 윤리학』과 『정치학』에서 말하는 덕과 고귀함의 개념 및 '기표'는 같을지 몰라도 그 의미와 논의의 지평은 다르기 때문에 함께 묶어서 논의할 수는 없다고 반박할 수도 있다. 그러나 아리스토텔레스가 동일한 개념을 시학의 영역과 윤리학·정치학의 영역에서 완전히 다른 의미로 사용했다고 가정할 수 있을까?

면서도, 그의 덕이 불행이나 행복의 원인이 되지 못하는 인물이다. 이와 같은 취지에서 아리스토텔레스는 이런 말을 한다. "그러면 그런 사람들의 중간쯤 되는 인물이 남는다. 훌륭함과 정의에서 돋보이지는 않지만, 나쁨이나 못됨 때문이 아니라 어떤 실수 때문에 불행으로 바뀌는 인물인데, 큰 명성과 성공을 누리던 인물들에 속한다."(1453a7~10) 여기에서 "중간쯤 되는 인물"이란 아리스토텔레스의 윤리학이 권장하는 '중용'을 뜻하는 것은 아니다. 그렇다고 훌륭함도 나쁨도 없는 평범한 사람이라는 뜻은 더더욱 아니다. 비극의 주인공인 고귀한 사람은 분명히 훌륭한 덕을 갖춘 사람이기 때문이다.

"중간쯤 되는 인물"이라는 표현은 특정한 행위가 이루어지는 순간에 훌륭함과 나쁨으로 설명될 수 없다는 뜻으로 이해하면 된다. 비극의 주인공은 고귀한 사람이며 그런 관점에서 좋은 사람이지만, 그의 훌륭함이 그의 불행과는 아무런 상관이 없다는 것이다. 그의 불행은 그의 훌륭함 때문에 생기는 것이 아닐 뿐만 아니라, 행여 그가 가질 수 있는 어떤 도덕적인 결함, 즉 나쁨이 있어서도 아니다. 그의 불행은 철저히 그가 통제할 수 없었던 특정한 종류의 실수 때문이다. 인간적인 훌륭함은 그의 운명적인 불행을 막고 그를 행복으로 인도하는 데 기여하지 못한다. 오히려 그의 불행은 그의 훌륭함 및 고귀함과 함께함으로써 훨씬 더 역설적이며, 그래서 더욱더 '비극적'이다. 덕을 가진 고귀한 사람이 행복하다는 것이 윤리학적·정치학적 명제라고 한다면, 사회적 지위도 고귀하고 능력도 탁월하며 도덕성까지 갖춘 고귀한 그 사람이 불행의 나락으로 떨어질 수 있음을 통찰하는 시학은 또 다른 측면에서 인간에 대한 보편적인 통찰을 보여준다.

흔히 덕과 행복의 철학자로 불리는 아리스토텔레스는 윤리적이고 정치적인 차원에서 훌륭함을 강조하면서 행복을 모색했다. 그러나 그와 같은 철학적 기획은 낙관적이지만은 않다. 덕을 갖춘 고귀한 사람의 불행을 외면하지 않고 직시하려는 아테네 시민들의 욕망은 비극이라는 숭고한 장르를 낳았으며, 아리스토텔레스는 그 장르를 탐구하면서 새로운 비밀에 직면했기 때문이다. 인간은 영혼의 훌륭함을 갖추었을 때 좋은 사람이 되고 행복을 누릴 수 있을 것이다. 그러나 조심하라, 아무리 덕을 갖춘 고귀한 사람일지라도 불행해질 수 있음을, 그것이 인생임을. 아리스토텔레스는 인간이 비껴갈 수 없는 운명적인 역설을, 그 역설을 드러내는 비극에 맞서 시선을 돌리지 않고 직시했던 것이다.

3 아리스토텔레스의 '수사학'

수사학(rhētorikē)은 말 그대로 '연설가(rhētōr)의 기술(-ikē)'이다. 연설가의 임무가 대중을 설득하는 것이라면, 수사학은 설득의 기술이라고 규정될 수 있다. 수사학의 교사인 고르기아스는 플라톤의 작품 속에서 말한다. "나는 그것〔수사학〕을 말로 설득할 수 있는 능력이라고 주장한다. 법정에서는 재판관들을, 평의회장에서는 평의회 의원들을, 민회에서는 민회 의원들을, 정치 집회에 해당하는 모든 집회에서 말로 설득할 수 있는 능력이다."(452e) 이 작품에서 플라톤은 수사학을 "말로 설득할 수 있는 능력", "설득을 만들어내는 능력", "듣는 사람들의 영혼 속에 설득을 낳을 수 있는 능력"이라고 규정하는데, 모두 수사학의 실천과 성과에 초점을 맞춘 것이다. 그런 점에서 플라톤은 수사학이 체계적인 기술도 지식도 아님을 비판하고 폭로하려고 한다. 플라톤은 수사학이 기술이 아니라 '익숙한 경험'(empeiria)이며 '숙달된 기능'(tribē), 심하게 말하면 '아첨'(korakeia)이라고 말한다.(『고르기아스』, 462c, 463a)

아리스토텔레스도 플라톤처럼 수사학의 초점을 설득에 맞추지만, 설득의 성취보다는 설득을 가능하게 하는 근본적인 원리(archē)와 이유(aitia)를 고찰하는 이론적 측면을 강조한다. 참된 지식(에피스테메)의 하나인 테크네(technē)로서 수사학이 성립 가능하다고 본 것이다.[7] 그런 점에서 그의 시도는 철학적이다. 아리스토텔레스는 '지혜'(sophia)가 첫째 원인들과 원리들에 관한 것이라고 보았고, 따라서 지혜를 추구하는 '철학'(philosophia)은 첫째 원인들과 원리들을 알고자 하는 열정과 탐구를 가리킨다고 규정하기 때문이다. "수사학이란 각각의 사안에 관하여 설득을 가능하게 하는 것이 무엇인지를 고찰할 수 있는 능력이라고 해두자."(1355b25) 아리스토텔레스는 수사학이 성립하는 이론적인 지점을 설득의 '성취'가 아니라 설득을 성취하게 해주는 근본적인 원인과 이유에 대한 '탐구'와 '지식'에 두고 있는 것이다.

그럼에도 불구하고 결국 수사학은 실행의 측면에서 볼 때, 제작 지식의 하나로서 대중 연설이라는 '말'(logos)을 짓는 기술이다. 따라서 설득력 있는 말을 어떻게 지어낼 수 있는지 그 원리와 방법을 모색하는 데에서 지식과 기술의 권리를 얻을 수 있다. 그리고 그 말은 청중의 마음에 특정한 그림을 그려준다. 예를 들어 의회에서 특정 정책을 입안하고자 할 경우, 연설가는 그 정책이 작동하게 되면 이루어질 도시의 모습을 그려주고, 그 도시로 청중이 들어와 시민이 될 때 평화를 누리며 풍요롭게 살 수 있음을 느끼게 해주어야 한다. 그 정책에 반대한다면 그 정책이 작동하는 도시가 얼마나 불안하고 위험한지를 생생하게 그려주어 그런 곳에서 시민으로 살아가는 것을 거부하도록 만들어야 한다. 시인과 마찬가지로 연설가는 연설을 통해 '가능 세계'를 그려내고 그 안에서 청중이 시민으로 살 것인지를 결정하도록 하는 것이다. 즉, 담론을 구성함으로써 공적인 삶의 공간을 구성하는 것이다. 설득은 결국 말로 구성된 삶의 공간, 즉 '가능 사회'와 관련된 것이다.

---

7) 아리스토텔레스가 플라톤의 아카데미아에 몸담고 있던 청년 시절에 쓴 것으로 알려진 『그륄로스』라는 작품에서 그는 플라톤의 입장에 서서 '수사학은 테크네가 아니다'라고 주장했던 것으로 알려져 있다. 당시 플라톤의 아카데미아는 당대 교육의 주도권을 잡고 있던 이소크라테스의 학교에 맞서 수사학의 가치와 철학의 개념을 놓고 논쟁을 벌였는데, 아리스토텔레스도 이 논쟁에 일정 부분 참여한 것으로 보인다. Barnes, J. (1995), "Rhetoric and Poetics", in *The Cambridge Companion to Aristotle*, Cambridge, p. 260.

1) 설득의 세 요소: 이성, 성격, 감정

그렇다면 '설득'은 어디에서 어떻게, 왜 성립할까? 이 물음에 답하기 위해 그는 '말'이 공적으로 성립하는 세 가지 요소를 제시한다. (1) '말하는 사람'(연설가), 그의 말을 (2) '듣는 사람'(청중), 연설가가 (3) '말하는 내용', 그리고 그 각각에 특별히 '성격'과 '이성', '감정'을 연결한다.(1356a1~4) 설득이란 연설가의 소신이 말을 통해 청중에게 전이될 때 이루어지는 현상이다. 따라서 설득을 가능하게 하는 원인과 이유는 이 세 가지 요소에서 발견될 수 있으며, 세 요소의 유기적인 연관 관계를 밝힌다면 설득의 비밀을 캘 수 있다는 것이 아리스토텔레스의 생각이다. 설득은 인간의 몸이 아니라 인간의 영혼에 작용하는 것인데, 그 영혼이라는 것이 이성적인 부분과 감정과 성격으로 구성되어 있기 때문이다. 말(logos)이 핵심인 한 말을 지배하는 원리, 즉 논리적 측면이 가장 중요한 것은 사실이지만, 아리스토텔레스는 말이 이성뿐만 아니라 청중과 연설가의 품성 및 성격 그리고 감정이나 감성, 정서에 일으키는 효과와 그 힘을 함께 고려하려고 애쓴다.

먼저 그는 연설가의 '성격'(ēthos)을 강조하면서, 청중에게 연설가가 어떤 사람으로 보이는가가 설득의 가장 강력한 요인이라고까지 말한다. 사람들은 연설가가 도덕적으로나 윤리적으로, 정치적으로나 전문가로서 믿을 만한 사람이며, 실력 있고 공정하며 정직한 사람이라고 신뢰하는 순간, 연설 자체가 다소 부실하고 말솜씨가 어눌해도 그의 편이 되어준다는 것이다.(1377b24~30) 반면 말솜씨가 아무리 좋고 논리적인 언변으로 무장해도 연설가의 인격을 불신하고 있는 청중은 그에게 호의적인 판결을 내려주지 않을 것이다. '설득의 윤리학'이 필요한 이유이다. 하지만 아쉽게도 이 주제는 『수사학』에서 다루어지지 않는다.

둘째로 연설의 '논리성'(logos)을 강조한다. 사람이 이성적인 동물이라면 그리고 그 정의에 충실한 청중이라면, 연설가에 대한 호감이나 자신의 감정에 흔들리지 않은 채 연설이 논리적으로 타당하며 사실에 부합하는가를 공정하고 냉정하게 판단할 것이다. 설령 연설가에게 호의적인 인상을 가지고 있으며 그의 입장이나 연설에 감정적으로 쏠리더라도, 연설의 내용 자체가 비논리적이고 비사실적이라면 마음을 주기 힘든 것도 사실이다. 아리스토텔레스는 수사학의 논의를 시작하면서 연설의 논리성을 설득의 요체라고 보았고, 수사적인 연역 추론을 설득을 위한 입증의 몸통이라고 표현했으며, 감정에 호소하는 연설가의 노력을 편법적인 것으로 비하하기까지 했다. '설득의 논리학'이 힘을 발휘하는 대목이다.

마지막으로 청중에게서는 '감정'(pathos)의 중요성을 부각한다. "감정이란 사람들이 입장을 바꾸며 판정을 내리는 데에서 차이를 보이게 되는 원인들인데, 그것에는 고통과 쾌락이 따른다."(1378a21~22) 같은 연설이라도 청중이 분노하느냐 기분이 좋은 상태냐에 따라 받아들여지는 정도가 다르며, 설득되는지 여부도 갈라지고 판단의 향방도 결정된다. 특히 이성적인 판단과 표결에만 그치지 않고 청중을 특정한 행동으로 유도해야만 할 때, 감정은 더욱더 중요하다. 연설가의 의견이 옳다고 이성적으로 판단하면서 동시에 희망을 갖게 된다면 청중은 연설가가 권유하는 행동을 기꺼이 할 것이며, 불안과 공포, 절망을 느끼게 되면 연설가가 만류하는 행동에 참여하지 않을 것이다. '설득의 심리학'이 부각되는 이유다. 연설의 논리성을 철저하게 강조하면서도 아리스토텔레스는 연설을 대하는 청중의 심리적인 측면을 배제할 수 없었던 것이다.

2) 연설의 네 부분: 들머리, 문제 제기, 입증, 마무리

이와 같은 분석은 구체적인 연설의 작성에도 적용된다. 아리스토텔레스는 연설이 크게 두 가지로 나뉜다고 한다. 연설에서 다루려고 하는 사안(pragma)이 무엇인지를 설명하고 제시하는 부분(prothesis)과 그 사안에 관해 연설가가 갖고 있는 의견과 소신을 표명하고 입증하는 부분(pistis)이 바로 그것이다. 이와 같은 구분은, 어떤 화자든 먼저 (1) 문제(problēma)가 무엇인지 제시한 후에, (2) 그 문제에 관해 자신이 어떤 소신을 가지고 있는지 밝히고, 그 소신이 다른 어떤 의견들보다도 더 정당하다는 것을, 또는 더 이득을 가져다주거나 더 많은 칭송을 받을 만큼 더 멋지고 아름답다는 것을 증명(apodeixis)해야 말이 말로서 기능한다는 담론의 일반론에 입각한 것이다. 증명에 짝하여 논쟁 상대자의 주장이 잘못된 것임을 입증하는 논박(elenchos)이 두 번째 부분의 또 다른 몫인데, 실제로 그는 진리의 탐구 방법론인 '변증술'(dialektikē)과 필연적 전제에서 그와 같은 성격의 결론을 도출해내는 '증명'의 방식에서 이와 같은 두 요소를 끌어와 수사학에 적용한 것이다.

이 두 가지 요소는 모두 사람들의 이성적인 부분에 연결된다. 수사학의 영역에서 연설의 구성 요소를 논하는 아리스토텔레스는 이 두 가지 이성적인 부분에 다른 두 개의 부분을 덧붙인다. 정치적인 집회와 재판정에 모인 청중들을 고려할 때, 수사학이 전제하는 청중은 다른 어떤 담론의 현장에서보다도 이성적인 판단에 덜 충실하고, 연설가의 인격과 품성에 대한 인상에 더 많이 좌우되며, 자신의 감정 상태에 따라 판단을 내리는 경향이 훨씬 더 강하기 때문이다. 따라서 말이 청중의 이성적인 부분에만 호소해서는 설득에 성공하리라는 보장이 적어진다. 청중은 이성적인 부분으로만 판단을 내리지 않고 품성적인 부분과 감성적인 부분을 함께 작동시켜 판단을 내리기 때문이다.

아리스토텔레스는 '문제 제기'와 '증명'의 두 요소가 연설의 본체요 핵심이라고 강조하면서도, 그 앞뒤로 '들머리'(prooimion)와 '마무리'(epilogos)를 덧붙일 필요가 있다고 주장한다. 청중의 성격과 성향의 측면뿐만 아니라 감정적 측면에도 설득의 성패가 좌우되기 때문이다. 연설에서 가장 먼저 해야 할 일은 중구난방으로 흩어져 있는 청중의 관심을 주제로 집중시키는 일이다. 청중의 욕구와 갈망을 읽어내고 그것에 주제를 연결할 수 있어야 한다. 그리고 연설가에 대한 청중의 무관심이나 적대감을 씻어내고 호의를 심어줄 수 있어야 한다. 주제에 관한 관심과 연설가에 대한 호의, 이 두 가지가 전제되어야 청중은 연설가의 문제의식 및 그에 관한 소신과 비전을 경청하기 위해 귀와 마음을 열 것이다.

사안에 관한 연설가의 입증이 완결되었을 때, 그것만으로도 설득이 이루어질 수 있다. 하지만 청중이 충분하게 이성적이지 않다면, 입증이 끝난 후에 몇 가지 덧붙임이 효과를 볼 수 있다. 연설이 길게 진행되었을 경우에는 주장의 핵심을 간추려 강조하는 것이 좋다. 청중의 기억을 환기해 표결이나 실천으로 마음을 다잡을 수 있도록 하기 위해서다. 그와 함께 청중의 마음에 특정한 감정을 불러일으키는 것이 매우 효과적이다. 특히 연설가의 주장을 따라 행동하거나 연설가가 제시하는 정책을 수용할 경우에 잘되리라는 희망과 안도감을 불어넣을 수 있다면 청중의 마음은 연설가의 의견 쪽으로 강하게 움직일 것이다. 반대로 논쟁 상대자의 의견을 따를 경우 벌어질 사태의 위험성을 부각해서 청중의 마음에 불안과 공포, 분노를 일으킬 수 있다면, 연설가의 의견은 반사이익을 얻을 수 있다.

이와 같이 아리스토텔레스는 청중의 '영혼'을 성격-이성-감정으로 나눈 뒤에, 그에 맞게 들머리-주제설명과 입증-마무리를 구성하여 연설을 작성한다면 설득의 효과가 상승할 것이라고 확신한다. 연설을 구성하는 아리스토텔레스의 수사학적 전략은 이후 서양의 글쓰기의 기본 구성인 서론-본론-결론의 일반적인 틀을 확립하는 데에 크게 기여하였다.

3) 연설의 세 장르: 의회 연설, 법정 연설, 행사 연설

이성-성격-감정을 설득의 3요소로 구분하고 이를 연설의 필수적인 네 부분에 연결한 아리스토텔레스는 수사학적 담론(logos)이 작동하는 영역과 연설의 장르를 구분하여 수사학의 정치적인 맥락을 부각한다. '폴리스'라는 정치 공동체의 미래를 위한 정책과 법률을 제정하는 의회와, 공동체 안에서 저질러진 과거 사건의 범인을 찾아내고 잘잘못을 따지며 과오의 경중을 따지는 법정, 그리고 각종 축제나 장례식,

출정식이나 개선식과 같은 국가적인 공식 행사나 종교 의례 또는 연설가들이 대중들을 모아놓고 연설 능력을 뽐내는 시연회와 같은 공공 행사가 그것이다. 그에 맞추어 그는 정치적 심의를 위한 의회 연설(제1권 제4~8장), 특정 대상의 장점을 찬양하거나 연설가의 말솜씨를 과시하며 시범을 보이기 위한 행사 연설(제9장), 재판을 위한 법정 연설(제10~15장)로 나누어 각각에 어떤 내용이 어떻게 다루어져야 하는지를 세부적으로 논의한다. 물론 아리스토텔레스가 구분한 것처럼 세 가지 영역에서만 연설이 이루어지고 설득이 문제가 되는 것은 아니다. 결혼식과 같은 사적인 모임에서도 연설은 이루어질 수 있으며, 일대일의 대화에서도 설득의 계기는 중요하다.

하지만 아리스토텔레스의 구분 및 그 구분을 대표하는 정치적인 맥락과 상황은 충분히 일반화가 가능하며 포괄적인 외연을 가지고 있다. 이와 같은 가능성은 의회와 법정, 공적인 행사에서 이루어지는 연설에 대한 설명과 분석에서 부각된다. 먼저 그는 과거-현재-미래라는 시간의 구분을 연설의 세 구분에 연결함으로써 포괄적 외연성을 확인한다. 의회에서의 연설은 미래 사안을, 법정에서의 연설은 과거 사안을 다루며, 현재는 공적 행사에서 이루어지는 연설의 몫이다. 시간의 세 구분을 총망라하여 연설의 세 대표적인 맥락에 연결함으로써 다른 장소, 다른 맥락에서 이루어지는 모든 연설은 세 장르의 구분으로 환원될 수 있게 된다. 혼합된 형태의 연설이라면 세 장르의 구분에 따라 분석될 수 있다.

아리스토텔레스는 연설이 이루어지는 세 맥락에서 연설의 형태를 명확하게 개념화한다. 이 개념들은 각 맥락에 고유한 개별적인 면모를 규명하고 있지만, 다른 모든 영역에 확대 적용될 수 있는 유연성과 유착성을 갖는다. 과거 사안을 다루는 법정에서는 잘잘못을 따지는 일이 가장 중요하므로, 문제가 되는 인물을 고소 고발하여 공격하는 쪽과 그에 맞서 그를 변호하는 쪽으로 나뉜다. 그렇게 법정에서는 '고발'(katēgoria)의 연설과 '변호'(apologia)의 연설이 말싸움을 벌이며 청중의 마음을 사로잡기 위해 설득의 경쟁을 펼친다. 반면 미래 사안을 다루는 의회에서는 한쪽이 특정 상황에 필요한 정책을 실행해야 한다거나 도시를 이끌어갈 법안을 통과시켜야만 한다고 '권유'(protropē)하는 연설을 하면, 그에 맞서 반대하는 쪽은 제시된 정책을 실행해서는 안 된다거나 제출된 법안을 통과시켜서는 안 된다고 '만류'(apotropē)하는 연설을 한다. 한편 특정 인물이나 집단을 내놓고 '칭찬'(epainos)하거나 '비방'(psogos)하는 연설은 현재의 상황에 주로 초점을 맞추면서 특정한 행사에서 이루어진다. 아리스토텔레스는 청중 앞에 서서 설득을 시도하려는 연설가의 말은 이 세 가지 범주 안에서 조합되는 세 가지 쌍, 여섯 형태의 연설 가운데 하나로 환원될 수 있으며, 복합적인 연설도 역시 이 여섯 종류, 세 쌍의 구분에 따라 충분하게 분석될 수 있다고 보았다.

더 나아가 그는 세 종류의 연설들이 각각 서로 구별되는 특정한 가치를 지향한다고 보았다. 세 가지 가치 체계는 모든 사람의 선택을 좌우하는 기준으로 볼 수 있다. 법정 연설은 법과 관례에 비추어 '정의'(to dikaion)와 '부정'(to adikon)의 기준에 따라 고발과 변호로 나뉜다. 고소인은 상대가 법과 관례를 어기고 부정을 저질렀다고 공격하는 반면, 변호인은 그와 같은 부정을 저지르지 않았으며 법과 관례에 비추어 피고인이 정당하다고 맞설 것이다. 그들의 연설은 법적이고 도덕적인 가치를 기준으로 청중이 자신들에게 유리한 판단을 내릴 수 있도록 한다. 반면 의회 연설은 실리적인 판단 기준에 입각하여 이루어진다. 실행을 권유하는 정책이나 법안이 공동체를 이롭게 하느냐(to sympheron) 해롭게 하느냐(to blaberon)가 청중의 판단을 좌우한다. 반면 칭찬과 비방의 연설은 대상의 '아름다움'(to kalon) 및 '추함'(to aischron)과 긴밀하게 연결된다. 이와 같은 연설은 도덕적이며 윤리적이고 법치주의적인 가치판단과도 관련이 있지만, 근본적으로는 '미학적인 가치판단'에 기대고 있다.

청중의 마음을 움직이고 원하는 방향으로 표결하여 행동하게 만들기 위해 연설가는 이와 같은 구분에 충실해야만 한다. 법정에서라면 과거 사안이 문제가 되며, 법리적인 기준에 따라 정당성과 부당성을 분별하고 명확하게 잘잘못을 따져야만 성공적인 연설을 할 수 있다. 반면 의회에서라면 연설가는 정책의 합법성 여부나 도덕성보다는 공동체의 실리적인 기준에 따라 더 나은 비전을 제시할 수 있어야 한다. 제시된 정책이나 조치가 아무리 도덕적으로 올바르다고 할지라도 국가의 이익이나 시민의 복리에 치명적인 해를 입힐 수 있거나 존립 자체에 위협이 된다면 청중들의 호응을 결코 얻을 수 없기 때문이다. 법률을 제정하는 일에서도 공동체 전체의 이익과 시민들의 행복을 증진할 수 있는가에 궁극적으로 답해야만 한다. 마찬가지로 칭찬하거나 비방하려는 대상에 대해서도 어떤 기준과 가치관에 입각하여 연설을 실행해야만 하는지를 전략적으로 정확하게 설정하지 않는다면 청중은 그의 주장에 야유를 퍼부을 것이다.

4) 설득의 논리적 성격

연설가가 자신이 확신하는 특정 사안에 관한 자신의 의견을 청중의 마음속에 심을 때, 가장 중요한 것은 청중이 그것을 받아들일 수 있도록 말을 통해서 자기 의견의 가치를 '입증'(pistis)하는 것이다. 입증이 되고 나서야 청중은 설득된다는 것이 아리스토텔레스의 생각이다. 그는 입증이 설득의 원인이며 핵심 요체라고 보았던 것이다. 그래서 입증은 설득의 3요소와 연결되어 세 가지로 이루어진다. "첫째는 말하는 사람의 '성격' 안에서 이루어지는 '입증'이고, 둘째는 듣는 사람을 특정한 감정 상태로 이끄는 데서 이루어지는 입증이며, 셋째는 증명하거나 증명하는 것처럼 보임으로써 '말' 자체 안에서 이루어지는 입증이다."(1356a1~4)

설득을 위한 '입증'(pistis)의 수단과 방식 가운데 아리스토텔레스가 가장 역점을 두는 것은 논리적인 측면이다. 모든 것이 결국은 '말'(logos)로 이루어지기 때문이다. 그런 의도를 반영하듯이, 『수사

254

학』은 다음과 같은 문장으로 시작한다. "수사학은 변증술과 짝을 이룬다."(1354a1) 여기서 '짝'(antistrophos)이란, 그리스의 합창에서 한쪽이 부른 노래에 화답하여 동일한 선율로 부르는 노래를 뜻한다. 수사학은 대중을 설득하기 위한 연설의 기술인 반면, 변증술(dialektikē)은 진리를 찾기 위한 대화의 기술이다. 그는 학문의 방법론을 정초하면서 통념에서 출발하는 진리 탐구의 방법을 『변증론』에서 체계적으로 다룬 바 있다. 수사학과 변증술, 이 두 가지 말의 기술이 마치 노래를 주고받듯이 화답하며 짝을 이룬다는 것은 무슨 뜻일까? 이 표현을 이해하기 위해 수사학에 관한 플라톤의 논의를 간략하게 살펴보는 것이 좋겠다.

플라톤은 『고르기아스』에서 영혼을 위한 '정치술' 가운데 '입법술'이 몸을 건강하게 하는 '체육술'과 짝(antistrophos)을 이루며, '사법술'은 '의술'과 짝을 이룬다고 말한다.(464b) 그에 따르면, 입법술과 사법술이 영혼을 튼튼하게 해주듯이 체육술과 의술은 몸을 튼튼하게 해준다는 의미에서 서로 잘 맞는 짝이다. 반면 달콤함으로 혀를 현혹하는 '요리술'이나 겉만 번지르르하게 보이도록 하는 '화장술'(치장술)은 각각 의술과 체육술의 탈을 쓰고 있지만, 사실 완전히 다르다. 그것은 사람의 몸에는 유익을 끼치지 못하고, 단순히 사람들의 눈과 입을 현혹하는 '아첨술'이다. 아첨술이 달콤하게 현혹하기는 하지만 몸을 건강하게 만들기는커녕 결국 해롭게 한다.

이와 마찬가지로 영혼을 현혹하여 망가뜨리는 것이 바로 '소피스트의 기술'과 '수사학'이다.(465b~c) 그의 짝짓기에 따르면, 화장술과 요리술은 소피스트술과 수사학에 짝이 된다. 이와 같은 설명은 수사학에 대한 공격을 함축한다. 몸을 건강하게 해주는 의술과는 달리 요리술은 몸을 튼튼하게 해주지 못하고 입에만 아첨하듯이, 수사학도 영혼을 올바른 길로 이끌어가지 못하고 귀에 달콤한 말로 진리를 호도한다는 비판을 담고 있기 때문이다. 만약 수사학이 교묘한 말솜씨로써 의학에 관해 아무것도 모르는 사람을 의사보다 더 의사처럼 보일 수 있도록 해준다면, 공동체의 건강한 운영을 망치는 해로운 사기술에 지나지 않는

다.(459b~c)

아리스토텔레스가 『수사학』에서 내던진 첫 문장은 플라톤에 대한 반격의 '돌직구'다. 아리스토텔레스는 '수사학'을 감미로운 맛으로 사람들의 혀를 현혹하는 '요리술'의 짝이 아니라 말로써 진리를 탐구하는 '변증술'의 짝으로 격상하고 있기 때문이다. 변증술은 진리를 탐구하는 아리스토텔레스의 고유한 방법론 가운데 하나이기도 하지만, 그에 앞서 모든 존재의 참모습(Idea)에 이르기 위해 플라톤이 추천하는 철학의 방법론의 핵심이었다. 그는 스승의 개념을 이어받아 새롭게 진리 탐구의 방법론으로 다듬는 한편, 아첨술의 하나로 소피스트술과 함께하던 수사학을 건져내어 변증술과 어깨를 나란히 할 수 있도록 만든 것이다.

5) 수사적 추론: 엔튀메마와 예증법

아리스토텔레스는 자신의 학문 체계를 구축할 수 있는 방법론을 고안했는데, 이 가운데 가장 주목할 것은 이른바 '삼단논법'이라 불리는 '추론'(syllogismos)의 발명이다. 그것은 어떤 전제가 주어졌을 때, 그 전제로부터 그 전제를 통해 그 전제와는 다른 내용의 결론을 필연적으로 이끌어내는 추론이다.(『변증론』, 100a25~26; 『분석론 전서』, 24b19~20) 구체적으로는 두 개의 항(A, C)이 하나의 항(B)을 매개항으로 삼아 각각 대전제와 소전제를 이루고, 두 전제의 논리적 관계를 통해 새로운 결합 형태의 결론을 도출하는 형식의 추론이다. 또한 전제가 참이라면 형식적으로 반드시 참된 결론이 나올 수밖에 없는 연역 추론의 형식이다. 예를 들면, "모든 사람은(A) 죽는다(B). 소크라테스는(C) 사람(A)이다. 따라서 소크라테스는(C) 죽는다(B)"라는 식이다.

아리스토텔레스는 이 추론을 세 가지 영역에 적용했다. (1) 『분석론 전서』와 『분석론 후서』에서는 필연적 진리를 밝혀주는 과학적 '증명'(apodeixis)에 적용하였고, (2) 『변증론』과 『소피스테스적 반박』에서는 개연성이 높은 '통념'(endoxa)에서 출발해서 진리를 찾아가는 '변증술'(dialektikē)에 적용하였다. (3) 마지막으로 『수사학』에서는 청중을 설득하기 위한 연설술에 적용하였다.

특히 연설에 사용되는 추론은 '엔튀메마'(enthymema)라는 이름을 갖는다. 이것은 아리스토텔레스가 수사학적 설득을 위한 "입증의 몸통"이라고 표현했을 만큼 아리스토텔레스 수사학의 요체라고 할 수 있다. 이것은 주어진 전제가 '필연적으로' 참은 아니며, '대체로'(katholou) 또는 '대부분의 경우에'(hōs epi to poly)만 참이며, 따라서 필연적인 추론이 아니라 단지 개연적이고 가능성이 높은 추론이지만,(1356b16~18) 청중이 일반적으로 인정하는 통념이나 상식을 전제로 출발하여 개연성이 높은 결론에 도달하기 때문에 설득력은 크다. 그러나 이 형식은 '삼단논법'의 연역 추론만큼 엄밀하거나 체계적이지는 않다. 『수사학』에서 아리스토텔레스는 엔튀메마의 28가지 유형과 '유사 엔튀메마' 9가지 유형을 소개하고 있지만(제2권 제24~25장) 그것이 엔튀메마를 총망라한 것이라고 할 수는 없다. 또한 연설가가 다루는 주제 자체가 공동체 안에서의 인간의 행동과 관련된 것이기 때문에 반드시 특정한 방향이나 결론이 정해질 수 있는 것도 아니다. 그러므로 엔튀메마는 연역적인 논증의 성격을 갖기는 하지만, 전제도 과정도 결론도 필연성을 엄밀하게 확보할 수 있는 것은 아니다.

엔튀메마의 특징을 맛보기 위해 '반대개념을 이용한 엔튀메마'의 예를 살펴보자. 아리스토텔레스는 아테네에서 수사학 교사로 활동하던 알키다마스의 연설문 일부를 인용한다. "만약 전쟁이 지금 우리가 당면한 재앙의 원인이라면, 우리는 평화를 통해 재앙에서 벗어나야만 한다." 이와 같은 논법은 '전쟁이 나쁜 것의 원인이며, 평화는 좋은 것의 원인이다'라는 상식적인 믿음에 근거하고 있어, 청중의 귀를 사로잡을 수 있다. 하지만 엄밀하게 따져보면, 논리적으로 반드시 옳은 것은 아니다. 아니 논리적으로 이 논변이 반드시 성립한다는 어떠한 보장도 없다. 전쟁과 평화는 서로 반대되는 개념이지 모순되는 개념은 아니다. 좋은 것과 나쁜 것도 마찬가지다. 서로 반대되는 것들 중에서 하나가 부정된다고 해서 논리적으로 반드시 그 반대되는 것이 긍정된다는 보장은 없다. 전쟁도 평화도 아닌 상태, 좋은 것도 나쁜 것도 아닌 상태가 이 논변의 틈새를 차지하고 있어서 논리적 필연성은 확보되지 않는다. 하지만 사람들은 평화와 전쟁의 대립, 좋은 것과 나쁜 것의 대립을 거의 모순의 관계로 받아들이는 경향이 있으며, 또 대체로 '많은 경우'에 그것들은 모순에 가깝게 작동한다. 그렇기 때문에 대중들은 그의 말을 옳고 유익한 주장으로 받아들일 수 있다. 하나의 주장이 논리적 필연성과 엄밀성을 갖추고 있느냐도 중요한 문제지만, 더 중요한 것은 청중이 그 말을 얼마나 설득력 있는 것으로 받아들이느냐다.

한편 충분한 사례들을 모아 하나의 결론을 끌어내는 '귀납법'(epagōgē)도 진리를 추구하는 변증술의 방법론인데, 아리스토텔레스는 이것에 짝을 이루는 '예증법'(paradeigma)을 '수사학적 귀납법'으로 규정하며 수사학적 입증을 위한 논리적인 방식으로 인정한다. 그 예를 들면 이렇다. "예전에 다레이오스 왕은 이집트를 정복한 후에 그리스를 침략했다. 그리고 크세르크세스 왕도 이집트를 함락한 후에 그리스를 침략했다. 지금 저 왕(아르타크세르크세스)도 이집트를 침공하려고 하니 도와달라고 하는데, 절대로 도와서는 안 된다. 그들이 이집트를 점령하도록 놔둬서도 안 된다. 자칫 우리 그리스에게 위험한 일이 될 것이다." 역사적 사실을 예로 들어, 현재 당면한 문제에 대한 행동 방침을 제시하는 논법의 연설이다. 앞선 두 사례가 현재의 상황에도 반드시 반복되리라는 보장은 없다. 논리적 필연성을 말할 수도 없다. 하지만 두 번의 대표적인 사례는 사람들을 설득하는 데에 강력한 근거가 된다. 상식으로 통하는 역사적 사례를 근거로 펼친 개연성 높은 추론이며, (엄밀한 필연성이 있다고는 할 수 없지만) 사람들을 설득하기에 충분한 논리적 성격을 띠고 있음은 분명하다.

6) 아리스토텔레스와 고전 수사학의 체계

아리스토텔레스의 『수사학』은 크게 세 가지 주제를 다루고 있다. 첫째는 설득을 위한 입증(pistis)에 관한 내용이다. 이성(logos), 성격

(ethos), 감정(pathos)이라는 세 가지 설득의 요소에 맞추어 어떤 내용으로 연설을 구성할 것인가와 관련된다. 한마디로 연설의 '말감'을 찾아내는 일을 가리킨다. 아리스토텔레스는 이 부분에 큰 공을 들인다. 특히 연설의 논리성과 주제의 적합성을 중시하면서 연설의 논리적인 형식과 내용의 발굴에 관한 상세한 논의를 전개한다. 세 권으로 구성된 『수사학』 제1권과 제2권의 후반부가 이 내용으로 채워져 있다. 한편 제2권의 전반부는 감성 및 청중의 일반적인 성격과 성향을 설득의 전략과 연결해 다룬다. 이를 수사학의 전문 용어로 표현하면 '발견'(heuresis, inventio) 또는 '착상'이라 할 수 있다.

'착상'에 관한 논의는 '무엇을 말할 것인가?'라는 물음에 대한 답이다. 그다음 문제는 '어떻게 말할 것인가?'이다. 이 물음은 제3권에서 다시 '언어 표현(lexis)은 어떠해야 하는가?'와 '말을 어떻게 배치해야 하는가?'라는 두 가지 물음으로 나뉘어 다루어진다. 이 가운데 말의 배치는 설득의 3요소를 연설의 네 가지 부분에 맞추어 설명하는 부분에서 제시되며, 이는 제3권의 후반부를 차지한다. 한편 제3권의 전반부는 연설의 내용을 구체적으로 어떤 말로 표현하느냐는 '언어 표현'의 문제를 다룬다. 가장 먼저 강조되는 것은 '명료성'이다. "하나의 말이 아무것도 분명하게 보여주지 못한다면, 그 고유한 기능을 이룰 수 없으므로"(1404b2~3) 명확한 낱말을 사용해서 전하고자 하는 생각을 분명히 해야 한다. 문법적으로 정확한 문장의 구성과 함께 표준어의 사용 그리고 이미지를 선명하게 부각하는 은유의 사용이 권장된다. 두 번째로 강조되는 것은 '적합성'이다. 과장된 어법의 과도한 사용은 말의 진실성과 연설가의 진정성을 의심하게 만드는 위험성이 있다. 하지만 격정적인 대목에서 너무 차분한 단어를 사용하는 것은 연설의 효과를 저해할 수 있다. 청중의 눈높이에 맞는 시의적절한 언어 선택은 물론 상황에 맞는 시의적절한 언어 선택이 설득의 관건이 될 수도 있다. 언어 표현의 세 번째 덕목은 '참신성'이다. 청중의 이목과 관심을 집중시키며 사태를 새롭게 바라보게 하는 힘을 갖기 때문이다.

이와 함께 아리스토텔레스는 '연기술'도 강조한다. 그것이 비록 연설의 설득력에 본질적인 부분이라고 하기 어렵고, 청중의 이성적인 판단 능력이 뛰어나다면 잉여적인 요소라고 할 수 있지만, 현실에서 연설가의 연기술은 위력적임을 인정한다. 그는 발성의 측면에 각별히 신경을 쓰고 있지만, 배우들의 연기 능력이 비극과 희극의 성패를 좌우하듯이 연설가의 모습이 청중에 끼치는 영향이 지대함을 강조한다. 아리스토텔레스 당시 이에 관한 기술은 체계화되지 않았고 많이 논의되지는 않았지만, 이후 그리스 로마 수사학자들은 이 부분을 발전시킨다. 발성뿐만 아니라 어떤 표정을 짓고 어떤 몸동작, 손동작을 취할 것인지, 의상을 어떻게 채택하고 어떤 소품을 동원할 것인지도 연기술의 전략에 속하는 내용들이다. 하지만 아리스토텔레스는 연기술의 중요성만을 지적할 뿐, 상세한 논의는 진행하지 않는다.

그는 전통적으로 다섯 가지로 정리되는 수사학의 주요 개념 가운데 '발견/착상'(heuresis, inventio), '언어 표현'(lexis, elocutio), '배열/배치'(taxis, dispositio)를 다루었고, '연기'(hypokrisis, actio)의 중요성을 언급하였다. 후대 수사학자들은 여기에 하나의 개념을 추가한다. 그것은 바로 연설가가 연단에 서서 연설할 내용을 외우는 데 필요한 '기억'(mnemē, memoria)의 기술이다. 다룬 글의 분량이나 중요성에 대한 평가에는 심한 불균형을 보여주었지만, 아리스토텔레스는 고전수사학의 틀을 정립한 이론가로 평가받기에 충분히 공헌하였다. 무엇보다도 중요한 것은 그가 수사학을 하나의 체계적인 기술로 규정하면서 수사학에 이론적이고 철학적인 바탕을 깔아주었다는 것이다. 논리적 특성이 강조됨으로써 수사학은 전혀 새로운 국면에 들어서게 되었으며, 고품격의 담론으로서의 위상을 갖게 되었다.

제2부

아리스토텔레스 이후 전통

제9장 스토아 철학

이창우

1 학파의 역사와 텍스트 원천

　정치·사회사적으로 볼 때 알렉산더 사후(기원전 323)부터 로마 공화정의 공식적 몰락(기원전 31)까지의 역사를 흔히 '헬레니즘 시대'라고 말한다. 철학사가들은 편의상 정치·사회사적 시기 구분을 수용하여 이 시대를 헬레니즘 철학의 시기라 부른다. 헬레니즘을 대변하는 철학 유파로서는 흔히 에피쿠로스 학파, 스토아 학파, 회의주의 학파가 거론된다. 몇몇 학자들에 따르면, 이 셋 중에서도 철학사적 영향력 그리고 사회적·대중적 침투력이 가장 컸던 학파는 스토아 학파다. 그런데 철학사적으로 볼 때 헬레니즘 시기는 정확히 기원전 31년에 끝나지 않는다. 로마 공화정이 몰락하고 로마 제정이 시작된 후에도 스토아 철학의 영향력은 전혀 상실되지 않았다는 것이 철학사가들의 중론이다. 그렇다면 아리스토텔레스 사후(기원전 322) 대략 400년 이상의 시간 동안 스토아 학파는 강력한 영향력을 행사하면서 많은 추종자들을 끌고 다녔다고 할 수 있다. 이 글에서는 400년의 스토아 철학자들의 역사 중에서도 특히 초기 학파를 중심으로 이들의 철학을 소개하겠다.

　스토아 학파는 기원전 300년경 키프로스 섬의 키티움(Citium) 출신 제논(Zenon)에 의해 아테네에서 창립되었다. '스토아'라는 학파 명칭은 창립자 제논이 아테네의 아고라(광장)에 있던 공적 건물, 즉 '스토아 포이킬레'(Stoa Poikile)에서 강의를 했기 때문에 얻어진 이름이다. '스토아'는 원래 고대 그리스의 주랑(柱廊) 건축 유형을 지칭한다. 아테네에는 여러 개의 스토아가 있었는데, 그중에서도 화가 폴리그노토스(Polygnotos)의 프레스코 벽화가 있었던, 그래서 아테네 사람들 사이에서 '채색된(poikile) 스토아'라 불리는 곳에서 제논은 제자들을 가르쳤다.

초기 스토아의 대변자로는 창립자 제논(기원전 약 336~264) 이외에 아소스(Assos) 지방 출신의 클레안테스(Cleanthes, 기원전 약 331~232) 그리고 클레안테스의 뒤를 따라 학파를 이끌었던 솔리(Soli) 출신의 크뤼시포스(Chrysippos, 기원전 약 280~206)가 중요 인물로 간주된다. 이들 세 사람의 주도 하에 스토아주의의 기본적 이론들이 형성된다. 창립자 제논은 외국인 신분으로 아테네에 들어와 그때까지만 해도 여전히 지배적 위치를 점하고 있었던 플라톤주의나 아리스토텔레스주의가 설명할 수 없는 새로운 시대정신을 읽고자 했고, 또한 신흥 학파였던 에피쿠로스 학파와의 경쟁을 이겨낼 수 있는 새로운 사상의 동력을 발견하고자 했다. 제논은 사망 이후 대부분의 스토아 철학자들에게 큰 존경을 받았다. 이들은 제논에 대한 인격적 비판을 삼갔고, 심지어 학술적 비판의 표현도 아꼈다. 제논 이후 후계자들 및 후대 스토아 철학자들 사이에서 벌어진 논쟁은, 제논이 언표했던 말의 의미에 관한 해석 논쟁의 외관을 띠었을 뿐이다. 이런 점에서 400년 스토아 이론의 역사는 크게 봐서 대체로 일관성을 유지한다고 할 수 있고, 또 실제로 스토아 철학자들은 이 역사적 일관성의 중요성을 의식하고 있었다.

제논의 바로 뒤를 이었던 후계자는 클레안테스였다. 그는 제논의 사상을 헤라클레이토스의 통찰을 빌려와 재표현하고자 했으며, 특히 시적·종교적 영감과 비전을 스토아주의에 부여하려고 애썼다. 크뤼시포스는 스토아주의가 하나의 강력한 철학 그리고 하나의 수미일관적인 체계로 조직화되는 데 크게 기여했다. 크뤼시포스는 제논과 클레안테스의 교설들에 대해 섬세한 논점들을 개발하고 잘 짜인 논증적 구조를 부여함으로써, 스토아주의를 하나의 엄밀한 학문의 위치로 승격시키는 데 결정적으로 기여했다. 크뤼시포스는 705권의 책을 저술했다고 보고 될 정도로 엄청난 생산능력을 가졌을 뿐 아니라 논리학과 언어철학의 황금기를 가져올 정도로 예리한 지성도 함께 구비하였다.

초기 스토아에서 중기 스토아로 넘어가는 과도기에는 셀레우키아의 디오게네스(Diogenes, 기원전 약 240~150)와 타르소스의 안티파테르(Antipater, 기원전 약 200~129)가 있었다. 이 두 철학자는 주로 아카데미아 학파(특히 카르네아데스)의 회의주의적 공격으로부터 스토아주의를 방어하는 데 힘을 쏟은 것으로 전해진다.

중기 스토아 철학자들 중 언급할 만한 인물로는 로도스(Rhodos) 출신의 파나이티오스(Panaitios, 기원전 180~110)와 아파메아(Apamea) 출신의 포세이도니오스(Poseidonios, 기원전 135~51)가 있다. 파나이티오스는 로마 공화정 시대의 귀족 클럽인 스키피오(Scipio) 서클의 지적 후견자로서 활동하며 이들에게 직접적인 영향을 끼쳤고, 이를 통해 스토아 사상이 로마 사회에 전파되는 데 중요한 역할을 했다. 파나이티오스는 초기 스토아 윤리 사상의 강고하고도 엄숙한 톤을 다소 완화하고자 했고, 윤리적 사유의 관점을 완성된 현인(賢人, sophos)의 관점에서 도덕적 성장의 길 위에 있는 범인(凡人)의 관점으로 이동시키고자 했다. 포세이도니오스는 일부 플라톤주의적 요소를 스토아주의에 가져왔다는 점에서 사상 계승의 정통성 문제를 불러일으키기는 했지만, 크뤼시포스와 마찬가지로 스토아 사상을 하나의 엄밀한 체계로 발전시키고자 했고, 특히 인접 과학들과의 적극적인 연결과 통합을 통하여 스토아주의를 내용적으로 풍부한 보편 이론으로 만들고자 했다.

후기 스토아주의는 이론철학보다는 실천철학의 성격을 강하게 띠는데, 이것은 스토아주의가 '로마화'되는 것과 무관하지 않다. 후기 스토아주의는 흔히 세 사람으로 대변된다. 우선, 세네카(Seneca, 기원전 4~기원후 65)는 로마의 재상으로서 거의 평생 동안 정치를 한 사람이었지만 그 자신 스토아를 신봉한 철학자이기도 했다. 세네카는 마음의 평온과 사회적 책무에 관한 심원한 메시지를 스토아주의로부터 길어 올리는 데 에너지를 쏟는다. 두 번째로, 에픽테토스(Epictetos, 50~138)는 원래 노예였지만 철학자이기도 했다. 그는 "우리 손에 달려 있는 것"(외적 인상에 대해 동의 혹은 거부할 수 있는 능력)과 "우리 손에 달려 있지 않은 것"(마음 바깥의 외적 세계와 이를 구성하는 것들)을 명확히 구분함으로써 자유의 절대적 실현 가능성을 보여주고자 했다. 마지막으로, 마르쿠스 아우렐리우스(Marcus Aurelius, 121~80)는 제국의 운명을 거머쥔 황제였지만 자신의 운명을 위로해야 했던 철학자이기도 했다. 아우렐리우스는 내면화된 개별적 자아의 중요성을 강조함과 동시에 세계시민(kosmopolites)으로서의 사회적 역할의 중요성도 강조함으로써, 스토아 철학적 인간학의 두 측면, 즉 고독한 개인으로서의 인간 모습과 사회적 역할자로서의 인간 모습을 함께 드러내고자 했다.

초기, 중기, 후기 스토아 철학자들 중에서 문헌 전승사 측면에서 온전히 구제된 쪽은 맨 마지막뿐이다. 즉, 후기 스토아 철학자들이 저술한 텍스트들만 우리에게 온전히 전승되고 초기 및 중기 스토아 철학자들이 쓴 문헌들은, 소크라테스 이전 철학자들의 문헌들과 마찬가지로, 사실 거의 모두 소실되어버렸다. 초·중기 스토아 철학의 재구성을 위해 우리가 의존해야 할 문헌들은, 언급된 후기 스토아 철학자들의 저술 이외에 다음과 같은 종류들이 있다.

첫째, 스토아에 적대적이었던 중기 플라톤주의자 플루타르코스(Plutarchos, 46~120)는 스토아 철학자들을 논파하고자 했고, 이를 위해 자신의 책(특히 『스토아의 자기모순』, 『공통 관념들에 관해』)에서 스토아 철학자들을 짧게(아주 간간이 제법 길게) 직접 인용하고 있다. 이 직접 인용문들이 첫 번째 종류의 텍스트 원천이다.

둘째, 직접 인용은 아니지만 간접적인 언술의 형태, 즉 요약, 보고, 발췌 혹은 패러프레이즈(paraphrase)의 형태로 스토아 철학자들의 이론이 스토아 학파 아닌 사람들의 저술에서 전해진다. 대체로 중립적인 태도로 요약, 발췌, 패러프레이즈해주는 문헌(키케로의 철학적 문헌, 디오게네스 라에르티오스의 전기)도 있고, 자신의 당파적 입장에서 적대적인 태도(혹은 전략적 활용의 태도)로 요약 혹은 보고하는 문헌도 있다(플라톤주의에서는 플루타르코스, 회의주의에서는 섹스투스 엠피리쿠스, 아리스토텔레스주의에서는 알렉산드로스 아프로디시아스, 경험주의적 의학에서는 갈레노스, 그리스도교 교부학에서는 클레멘스 알렉산드리아).

셋째, 기원전 1세기부터 작성, 유포되기 시작한 것으로 추정되는 '스토아 교재'도 있다. 5세기 스토바이오스(Stobaios)의 선집(選集)에는 1세기 스토아 철학자 아리우스 디뒤무스(Arius Didymus 또는 Areios Didymos)에 의한 스토아 윤리학 요강(要綱, epitomē)이 포함돼 있는데, 아리우스 디뒤무스의 요강이 스토아 교재의 전형적 형태로 추정된다. 디오게네스 라에르티오스의 요약적 보고는 이런 스토아 교재에 의존하는 것으로 짐작된다. 가장 오래된 원천이자 가장 중요한 간접 원천 역할을 하는 키케로(기원전 106~43)의 보고 역시 1차 문헌 이외에도 이런 형식의 스토아 교재를 활용했을 것으로 짐작된다.

스토아는, 플라톤주의자 크세노크라테스(Xenocrates, 기원전 약 396~314)가 도입했던 철학의 구획 방식을 따라 철학을 크게 세 부분, 즉 논리학(logikē), 자연학(physikē), 윤리학(ethikē)으로 나눴다. 그런데 이 구분은 개념적인 것이지 사태적인 것은 아니다. 스토아에게 철학은 이론 이전에 삶의 실행(askēsis)이다. 삶의 실행은 하나의 모습을 취하고, 그런 점에서 삶의 형식도 복수가 아니라 하나이다. 따라서 철학도 복수가 아니라 하나이다. 삶이 통일되어야 하듯이 철학도 통일되어야 한다. 철학의 부분들의 독립성을 인정한 아리스토텔레스의 생각을 스토아는 받아들일 수 없었다. 스토아는 고대철학사에서 어떤 다른 학파보다도 철학의 부분들 상호 간의 통일적 연결을 강조했다. 나아가 논리학을 하나의 도구(organon)로 간주했던 아리스토텔레스의 생각 역시 그들은 받아들일 수 없었다. 논리학은 철학의 도구가 아니라 철학의 본질적 부분이다.

스토아 철학자들이 자주 선호하는 비유에 따르면 철학은 과수원과 같은 것이다. 논리학은 보호대 역할을 하는 울타리이고, 자연학은 흙과 나무이고, 윤리학은 과일이다. 포세이도니오스는 살아 있는 동물의 비유를 사용했다. 이에 따르면 논리학은 뼈와 힘줄, 자연학은 살, 윤리학은 영혼이다. 윤리학이 가장 중심에 있다고 해서 윤리학이 학문적으로 가장 중요하다고 할 수는 없다. 논리학-자연학-윤리학의 순서는 교육학적인 것으로 보는 것이 타당하다.

2 논리학

스토아는 그리스 일상용어 '로고스'(logos)를 하나의 전문용어, 그것도 근본 개념으로 승격시키고자 했다. 스토아 철학자들은 '로고스'의 여러 의미들(말, 계산, 이성, 법칙 등)의 분화 및 그것들의 상호 연결을 설명하고자 했고, 그들의 논리학은 이 설명의 일환이기도 했다. 따라서 인간이 단어들과 문장들을 발화하고 각각의 의미를 이해하고 앎을 형성하는 전 현상이 논리학의 설명 대상이 된다.

일단 스토아 철학자들은, 아마도 크뤼시포스의 주도 하에서, 논리학을 수사학(rhetorikē)과 변증술(dialektikē)로 나눈다. 이들에 따르면 변증술은 플라톤의 관점을 이어받아 두 사람 간의 문답식 대화 형식임에 반해, 수사학은 한 사람이 비교적 긴 말을 끊어지지 않게 이어서 하는 형식이다. 하지만 수사학은 좋은 말을 생산하는 학문이며, 좋은 말의 능력은 네 가지 수사학적 능력에 달려 있다. 관점 발견 능력(heuresis), 표현 능력(phrasis), 배치 능력(taxis), 연설 형식 능력(hypokrisis)이 그것이다.

스토아적 변증술의 이론적 출발점은 언어 현상에 관련된 두 사태를 구분하는 것이다. 사람이 말을 할 때 그 말은 때로는 무언가를 나타내거나 의미하거나 지시하는 것이기도 하고, 때로는 의미되거나 지시되거나 나타나는 것이기도 하다. 전자를 스토아 철학자들은 '세마이논'(sēmainon)이라고 부르는데, 이를 편의상 '지시하는 것'이라고 옮기자. 후자를 그들은 '세마이노메논'(sēmainomenon)이라고 부르는데, 이를 편의상 '지시되는 것'이라고 옮기자. 스토아 철학자들은 광범한 언어 현상에서 지시하는 것과 지시되는 것 각각에 해당하는 대응물을 찾고자 했고, 또 양자 사이의 관계를 탐구했다. 그들은 이 구분에 힘입어 변증술 안에 오늘날의 논리학뿐만 아니라 의미론, 문법학, 심지어 음성학도 포함할 수 있었다.

지시되는 것 모두가 비언어적 · 객관적(우리 마음 바깥에 있는) 사물인 것은 아니다. '말할 수 있는 것'(lekton)도 지시되는 것 중의 한 종류이다. 하지만 말할 수 있는 것은 어떤 의미에서 언어적이기는 하지만, 그렇다고 해서 우리 마음 바깥에 있는 객관적 사물은 아니다. 말할 수 있는 것은 스토아 유물론 체계 내에서 예외적인 지위를 가지고 있다. 지시하는 언어적 표현들도 물체이고, 지시되는 객관적 사물도 물체이지만, 말할 수 있는 것은 물체가 아니다. 말할 수 있는 것은, 우리가 언어적으로 표현하는 모든 것들을 통해, 저 객관적 사물과 함께(혹은 이것을 넘어서서) 지시되는 어떤 것이다. 그것은 언어를 이해하고 언어 사용 능력 및 언어 관련 표상 사용 능력을 구비한 자들만이 이해하는 어떤 것이다. 현대 언어철학과 비교하자면, 말할 수 있는 것은 프레게(G. Frege)의 의미와 유사하다. 따라서 말할 수 있는 것은 언어적 표현 및 사유와 항상 결부되는 것이기는 해도 나의 마음속에만 갇힌 주관적인 것이 아니라 간(間)주관적인 것이다.

스토아는 말할 수 있는 것을 두 종류로, 즉 완전한 것(autoteles)과 불완전한 것(ellipes)으로 나눈다. 불완전한 말할 수 있는 것에는 특히 술어들(katēgorēma)이 포함된다. 술어는 주격(nominative) 위치에 오는 것에 관해 우리가 말할 수 있는 어떤 것이다. 완전한 말할 수 있는 것은 술어를 포함하는 명제(axiōma)다. 그리고 진리치를 담지할 수 있는 유일한 것은 명제이다. 스토아 철학자들은, 동사에 의해 표현되는 술어, 예컨대 '걷다'는 그 자체로 언어적 기능을 수행할 수 없고, 오직 명사에 의해 제공되는 주어와 결합할 때만, 예컨대 누군가 "디온이 걷는다"라고 발화할 때만 언어적 기능을 수행한다고 생각했다. 이 때문에 그들의 의미론은 명제 중심적이라고 할 수 있다.

완전한 말할 수 있는 것의 전형은 평서문이고, 스토아 철학자들도 그렇게 생각했다. 하지만 그들은 의문문("디온은 걷고 있는가?")과 명령문("걸어라, 디온!")과 청유문("걸읍시다, 디온!")도 완전한 말할 수 있는 것에 포함함으로써 화용론적 의미론의 가능성도 열어놓는다.

스토아는 완전한 말할 수 있는 것들, 즉 명제들을 둘로 나눈다. 하나는 단순(hapla)명제들이고, 다른 하나는 복합(ouch hapla)명제들이다. 이 중에서 단순 명제는 스토아적—좁은 의미의—논리학의 원자적 단위이다. 부정어 기호 '아님'(ou, Not)은 아리스토텔레스 논리학 체계에서는 술어 앞에 위치하지만, 스토아 체계에서는 전체 명제 앞에 위치한다. 다른 한편, 명제는 또 주어 항의 논리적 성격에 따라 셋으로 분류되기도 한다. 즉, "이자가 걷는다"는 발화와 함께 특정 개체를 명시적으로 바로 지시하므로 '한정적 명제'이고, "어떤 자가 걷는다"는 '비한정적 명제'이며, 지시사가 아니라 명사가 주어 항에 오는 명제, 예컨대 "한 인간이 걷는다" 혹은 "디온이 걷는다"는 '중간적 명제'이다. 이 세 구분은, 스토아 논리학의 일반적 특징이 그렇듯이, 논증 타당성(validity)의 아이디어를 발견하기 위함이다. 비한정적 명제는 상응하는 한정적 명제 혹은 중간적 명제에 의해 도출되지만 그 역은 그렇지 않기 때문이다. 예를 들어, 어떤 논증의 대전제가 "x가 걷는다면, 그러면 …"이고, 소전제가 "그런데 y가 걷는다"일 때, "x가 걷는다"가 비한정적일 경우 논증의 타당성은 항상 보장된다. 하지만 "x가 걷는다"가 한정적이고 "y가 걷는다"가 비한정적이거나 중간적일 경우, 또 "x가 걷는다"가 중간적이고 "y가 걷는다"가 비한정적일 경우, 논증의 타당성은 보장되지 않는다.

복합명제는 두 개 이상의 단순명제의 결합이다. 결합은 논리적 연결사들, 즉 '~이고'(kai, And), '~거나'(ê, Or), '~이라면'(ei, If…)이 해준다. 따라서 복합명제는 논리적으로 연언 명제 "지금은 낮이고 밝다", 선언 명제 "지금은 낮이거나 밤이다", 조건 명제 "지금이 낮이라면 밝다"로 나뉜다.

논증은 단순명제들 혹은/그리고 복합명제들로 이루어진다. 모든 논증들은 아래 다섯 가지 형식 중의 하나이거나 이 중의 하나로 분석될 수 있다.

    (1) p라면 q이다. 그런데 p이다. 따라서 q이다.

    (2) p라면 q이다. 그런데 q가 아니다. 따라서 p가 아니다.

    (3) p이고 동시에 q인 것은 아니다. 그런데 p이다. 따라서 q가 아니다.

    (4) p이거나 q이다. 그런데 p이다. 따라서 q가 아니다.

    (5) p이거나 q이다. 그런데 q가 아니다. 따라서 p이다.

이 다섯 가지 논증 형식은 원자적 논증 형식이기 때문에 '증명 불가능한 것'(anapodeikta)으로 불린다. 이 모든 아이디어들은 논리학사에서 하나의 혁신적인 변화를 불러일으켰다. 추론논리학의 패러다임이 아리스토텔레스적 구도로부터, 즉 개념 항 중심으로부터 명제 중심으로 바뀐 것이다.

스토아의 '로고스' 연구는 논증 형식과 추론 타당성에만 국한되는 것이 아니라 언어와 언어에 대한 표상의 관계에까지 확장된다. 스토아의 근본 출발점은, 로고스 담지자로서의 인간은 세계 현실의 구조를 인식할 수 있고 이를 명제 형식으로 표현할 수 있다는 것이다. 따라서 넓은 의미의 논리학은 인식론을 포함한다. 넓은 의미의 논리학은 동물의 표상 그리고 인간의 사고 과정도 연구한다.

인간적 사고에는 선천적 관념이 내장되어 있지 않다. 선천적 관념의 아이디어는 유물론과 양립 가능하기 힘들다. 인간적 사고에는 자연이 준 타고난 능력은 있지만 타고난 관념은 없다. 외부 사물은 우리의 감각을 자극하고 의식 안에 뭔가를 찍어내는 물리적 사건(typōsis)을 불러일으킨다. 우리의 의식은 이 찍혀진 인상(phantasia)에 어떤 형식, 다시 말해서 말의 형태로 서술될 수 있는 형식('논리적 인상', logikê phantasia)을 부여한다. 인간은 이 논리적 인상들을 매개해서, 자신이 세계에 관해 획득한 인식 정보를 언어적으로 표현할 수 있고, 다른 사람과 소통할 수 있다.

스토아 철학자들은 인간이 취득하는 인식적 정보의 확실성이 인상 그 자체에서 보증된다고 믿었다. 특히 외부 현실을 충분하게 파악하도록 해주는, 문자 그대로 "꽉 붙잡는" 인상('인식적 인상', kataléptikê phantasia)이 그 보증 역할을 한다고 믿었다. 스토아 철학자들이 이 보증 역할을 분명히 규명하는 일은, 아카데미아 학파의 회의주의적 공격으로부터 자신을 방어하기 위해 요구되는 과제이기도 했다.

스토아 철학자들은 개념들 중에서도 인식적 정보의 확실성을 보증해주는 역할을 하는 것이 있다고 생각했다. 자연적으로 획득된 일반적 개념들, 즉 '자연적 개념들'(prolēpseis)이 그것이었다. 자연적 개념들은 한편으로 선천적 관념들과, 다른 한편으로 문화 의존적인 개념들과 대비된다. 그것들은 자연의 인도에 따라 우리의 경험적 의식 안에 저장되는 것이다. 인간은 자연적 개념들을 상호 비교하고 대조하고 합성하고 유비함으로써 추상 개념들을 획득하고, 이 과정을 통해 지식을 구축한다.

3 자연학

스토아 철학자들의 두 번째 근본 개념은 자연 혹은 본성(physis)이다. 자연 혹은 본성을 연구하는 철학의 부분이 자연학이다. 자연 세계의 본성을 이해하기 위해서는 가장 깊은 밑바닥 수준에서 물리적 분석을 사변에 의해 시작하는 것이 필요하다. 이 분석에 따르면 세계는 두 가지 원리(archē)로 구성되는데, 하나는 수동적인 '질료'(hylē)이고 다른 하나는 능동적인 '신'(theos)이다. 이 두 원리는 물리적으로 분리되어 있는 것이 아니라 전적으로 상호 침투한다. 두 원리의 상호작용이 세계의 모든 나머지 변화들 밑에 깔려 있다. 능동적 원리는 문자 그대로 신이며, 전체 세계가 무질서적인 것이 아니라 어떤 질서를 갖춘 합리적인 것이 되도록 해주는 인과적 힘이다. 신은 전적으로 능동적 원리이기에, 신이 자신의 작용을 가할 수 있는, 신 아닌 어떤 것이 존재해야 한다. 질료라는 원리가 바로 이 어떤 것이다. 질료는 전적으로 수동적인 것으로서, 수동성 이외에는 그 어떤 속성도 가지지 않지만 세계를 설명하는 원리적인 어떤 것이다. 이때의 질료는 우리가 경험하는 질료가 아니라, 모든 경험적 질료들 밑에 항상 놓여 있는 질료 그 자체 혹은 순수 질료이다.

그렇다면 질료와 신은 경험적인 것이라기보다는 개념적인 것이다. 질료와 신은 가장 깊은 분석적 수준에서 얻어진 원리이다. 자연에 관한 연구를 순수한 개념 분석의 방식이 아니라 관찰적 경험의 방식, 가장 깊은 밑바닥 수준의 관찰적 경험의 방식을 통해서 수행할 수도 있다. 이 수준의 관찰 경험은, 질료와 신은 상호 침투를 통해 네 요소(공기, 불, 흙, 물)로 합성되었음을 알려준다. 네 요소 역시 원리들이지만 이것들은 순전히 개념적인 것이 아니라 경험적인 것이다. 이 네 요소 중에 공기와 불은 재차 능동적인 원인으로서, 세계의 모든 곳에 침투하는, 전방위적으로 편재하는 생명력을 형성한다. 이 생명력을 스토아 철학자들은 헬레니즘 의학 이론을 차용하여 '프네우마'(pneuma, '숨')라고 부른다. 반면에 흙과 물은 본질적으로 수동적인 요소들로서, 질료적 역할을 한다. 흙과 물 안에 프네우마가 침투, 편재함으로써 흙과 물은 복합적인 사물로 주조된다. 따라서 관찰 가능한 가장 밑바닥 수준에서는 흙과 물이 가장 밑바닥의 이론적 수준에서 순수 질료가 행했던 역할을 넘겨받는다. 마찬가지로, 근본적인 현상적 수준에서는 공기와 불이 프네우마로서 짝을 이루어 또 다른 원리(신)의 역할을 넘겨받는다.

숨 쉬어진 공기와 뜨거움(불)의 결합으로서의 프네우마는 개별적 생물의 생명력일 뿐 아니라 우주 전체의 생명력이기도 하다. 스토아적 우주는 생명들의 합계 혹은 단순한 집합이 아니라 그 자체가 살아 있는 유기체이며, 프네우마는 이 살아 있음의 원인이다. 프네우마는, 세계 안에 편재하고 세계를 지배하는 신적 이성(logos)의 담지자이다. 스토아 철학자들은 '프네우마', '신', '이성', '지성', '자연'이라는 단어를 때로는 동일한 지시체를 지시하는 것으로 사용한다.

프네우마는 모든 곳에 편재하지만 그 긴장 혹은 탄성의 정도에 따라 속성을 달리한다. 프네우마의 긴장성과 섬세함의 정도가 가장 높은 형태에서는, 프네우마의 일부는 인간의 이성(logos)으로 기능한다. 그 다음 긴장성 정도의 형태에서는 프네우마가 동물의 영혼(psychē)으로 기능한다. 그다음 긴장성 정도의 형태에서 프네우마는 좁은 의미로 '퓌시스'(physis)라 불리는데, 퓌시스는 식물적 수준의 생명력이다. 마지막으로, 가장 덜 정제된 형태의 프네우마가 개별적으로 분리된 사물(예컨대 돌 혹은 컵) 안에 존재한다. 개별적으로 분리된 사물 안에서 이 사물을 붙들고 있는 프네우마를 '헥시스'(hexis, '붙들기', '상태')라고 부른다. 프네우마가 이 컵 안에 편재해 있기 때문에 이 컵은 무너지지 않고 응집력을 갖춘 채 하나의 개별적 사물로서 존재할 수 있는 것이다. 이성–동물의 영혼–퓌시스–상태의 각 단계는, 아리스토텔레스가 생각했던 방식과 마찬가지로 위계적이다. 즉, 위의 단계는 아래의 단계들을 자신 밑으로 포섭하기 때문에, 아래 단계들의 기능적 특징들을 자동적으로 자신 안에 구비하게 된다.

능동적인 것은 수동적인 것 안에 편재한다는 것은 어떻게 표상될 수 있을까? 스토아 철학자들은 편재의 물리적 모델을 찾고자 했으며, 이를 위해 그들은 사물의 세 가지 섞임 종류를 구분하고자 했다. 첫째 섞임은 단순 병치이다. 곡식의 낱알과 낱알이 섞이는 것이 여기에 해당하며, 다름 아니라 원자론자들의 세계 설명 방식이 이 모델에 부합한다. 둘째 섞임은 융합(synchysis)이다. 융합을 통해 두 구성 요소들은 상호 침투하며 각각의 특징적 속성을 회복 불가능할 정도로 상실하고 그 대가로 제3의 새로운 사물을 생성한다. 세 번째 섞임은 혼합(krasis)으로서, 병치와 융합 사이에 있다. 혼합을 통해 두 구성 요소들은 완전히 상호 침투하지만 각각의 특징적 속성을 상실하지는 않는다. 예를 들자면, 불은 벌겋게 달아오른 쇳덩어리와 혼합되어 있다. 불은 쇠와 문자 그대로 공외연적(共外延的, coextensive)이다. 이 혼합 내에서는 불이라는 물체의 그 어떤 작은 부분조차 쇠의 어떤 부분과도 유리되어 있지 않다. 불의 어떤 한 부분의 사건과 활동은 쇠의 모든 부분들에 전달되게끔 되어 있고 그 역도 성립한다. 두 물체가 상호 침투하는 만큼 두 물체 각각의 사건들은 상호 침투한다. 그럼에도 불구하고 불과 쇠는 자신의 특징적 속성을 그대로 유지한다. 프네우마가 질료적 기체와 관계 맺는 방식은 혼합이다. 따라서 편재는 혼합이다.

넓은 의미의 퓌시스(physis), 즉 자연 혹은 본성은 우주 전체를 생성하고 유지하는 원리이다. 스토아 철학자들은 헤라클레이토스의 비전을 이어받아 자연을 "생성을 향해 자신의 정해진 길을 가는, 기술적으로 주조하는 불(pyr technikon)"로 정의한다. 스토아에서 '불'은 상징 이상의 것이다. 세계 전체의 생명력인 프네우마는 불과 공기의 결합이다. 또 신적 자연은 정의상 기술적으로 일하는 불이다. 그리고 이 세계는 불로 시작해서 불로 끝난다. 무슨 말인가 하면, 이 세계는 정해진 삶의 주기가 있지만 결국 완전한 '대(大)화재'(ekpyrōsis)로 끝난다. 그렇지만 대화재 이후 또 다른, 그러나 이전과 동일한 세계가 계승된다. 동일성이 계속되는 이유들 중의 하나는 최고의 좋음이라는 아이디어에 놓여 있다. 이 세계는 가능한 한 최고로 좋은 것이다. 그리고 최고로 좋은 것이 더 이상 최고로 좋은 것이 아니라 덜 좋은 것으로 쇠락할 가능성이 있다면, 그것은 최고로 좋은 것이 아니다. 이전 세계는 최고로 좋은 세계였기 때문에, 질적 하락을 조금이라도 가져오는 변화는 최고의 좋음과 반대되는 방향으로 흘러갈 것이다. 따라서 대화재 이후 다시 태어날 세계는 대화재 이전 세계와 동일할 것이다. 이런 사유에 의해 스토아는 동일한 세계들이 끊임없이 계기적으로 지속한다는 결론에 도달한다. 역사는 아주 작은 미세한 부분에서조차 스스로를 반복한다. 동일한 것, 동일한 삶, 동일한 경험이 영원히 회귀한다. 나의 이 삶과 이 경험은 영원히 그리고 동일하게 반복된다.

각 세계의 주기가 대화재에 의해 종료되지만, 이 종료는 어떤 점에서 세계의 멸망이 아니라 완성이다. 대화재 시점은 기술적으로 일하는 불의 물리적 상태가 가장 순수해지는 때이다. 이 세계의 신적 속성은 대화재 시점에서 가장 순수해진다. 이 시점에서 세계는 가장 가벼워진다. 이 시점에서 존재하는 것은 순수한 지성뿐이다. 반면에 우리가 사는 세계에서 기술적·창조적 불이 물리적으로 집중된 곳은 태양이다. 이 때문에 몇몇 스토아 철학자들은 태양을 세계의 '중심부 기관'(hegemonikon, '심장')이라고 부른다.

대화재 시점에서 지성은 다음 세계를 상세하게 계획한다. 대화재 시점 이후 뜨거운 원초적 기체는 4요소로 분화 및 성층화된다. 지성은 이 단계에서 이미 자신 안에 '종자적(種子的) 원리들'(spermatikoi logoi)을 포함하고 있다. 종자적 원리들은 우주 생성 및 분화의 핵심 유전정보와도 같은 것이다. 종자적 원리들은 개별적 유기체들 및 사물들의 생성과 발전을 이끄는 일종의 청사진이다.

창조자와 피조물은 분리되지 않는다. 창조자 신은 사물들을 통해 그리고 사물들 안에서 자신을 형성하며 현현한다. 역으로 사물들은 자신 안에서 그리고 오직 자신 안에서만 신을 표현하고 신과 연결돼 있다. 신은 땅 위의 모든 유기체들의 욕구와 운동을 통해 그리고 이 욕구와 운동 안에서 자신도 욕구하고 운동한다. 유기체들의 운동과 신의 운동은 물리적으로 합치한다.

따라서 세계는 그 자체로 신적이며, 스토아 철학자들은 실제로 종종 세계 자체를 '신'이라고 부르기도 한다. 자연 세계의 본성을 철저히 물리적인 것으로 이해하고 재구성하는 작업은 세계 전체의 궁극적 의미를 사변하는 작업, 즉 철학적 신학으로 확대된다. 자연학은 개념상 신학을 자신 안에 포함한다.

세계를 물리적인 것으로 이해하는 방식과 세계를 합리적인 것으로 이해하는 방식은 충돌하지 않는다는 것이 스토아 철학자들의 생각이다. 세계가 곧 신적이기 때문에 세계는 내재적 지성에 의해 처음부터 끝까지 합리적으로 그리고 섭리적으로 조직되었고, 또 그렇게 지배된다. 이 철저한 목적론적 사고방식은 소크라테스-플라톤의 유산이다. 플라톤의 『파이돈』 96~99에 의하면, 소크라테스는 우주 전체에 합리적 목적을 부여하는 아이디어를 지지하지만 이 아이디어를 이론적으로 발전시킬 수 없다고 고백한다. 스토아 철학자들은 이런 점에서 소크라테스가 세계를 바라보는 관점을 완성하는 자들이기도 하며, 또 스스로를 소크라테스의 후계자로 인식하고 있었다. 스토아가 볼 때, 좋음의 아이디어 그리고 이와 직결되는 목적 아이디어가 없다면, 우리는 우리가 경험하는 이 물리적 세계를 합리적으로 설명할 수 없다. 좋음 및 목적 아이디어가 없다면 이 세계는 무질서가 된다. 하지만 여기서 좋음과 목적의 아이디어가, 예컨대 플라톤이 생각했던 것처럼, 어떤 비(非)물리적 혹은 비물질적 기반을 가진다고 생각할 필요는 없다. 세계 그리고 세계를 이루는 구성 요소들은 철저히 물리적 혹은 물질적이지만, 동시에 좋은 것이고 목적적인 것이다. 유물론적으로 세계를 해석하는 일과 목적론적으로 세계를 해석하는 일은 양립 가능하다.

그러므로 이 세계 자체가 곧 신이기 때문에, 신의 존재를 증명하는 일과 세계의 합리성을 증명하는 일은 서로 다르지 않다. 우리가 무신론자 앞에서 이 세계가 합리적으로 짜여 있음을 증명하기만 하면, 우리는 그에게 신의 존재를 입증한 셈이다. 세계의 불합리성을 예시하는 것들, 예컨대 죄 없는 아이들의 죽음과 고통, 대재앙, 끔찍한 전쟁, 인간의 보편적 비도덕성은 일견 불합리한 것으로 보일 뿐이다. 그런 것들은 가능한 한 가장 좋은 세계의 구조화를 위한 불가피한 부산물일 수도 있고, 아니면 더 큰 좋음에, 이 좋음이 무엇인지 우리 인간이 인식적으

로 알지 못한다 할지라도, 봉사하는 국지적 겪음 혹은 지엽적 악일 수
도 있다.

4 윤리학

퓌시스(physis), 즉 자연 혹은 본성이라는 키워드의 힘은 윤리학에
서도 그대로 유지된다. 자연학과 마찬가지로 윤리학의 출발점도 퓌시
스, 즉 자연 혹은 본성에 놓여 있다. 사회 관습이나 전승되는 규범들이
윤리학의 출발점일 수는 없다. 어떻게 살아야 하고 어떻게 행위해야 할
것인가에 관한 생각을 이끄는 규준의 토대는 사회적·문화적 편견으
로부터 자유로운 곳, 즉 자연 혹은 본성에 놓여 있다. 따라서 문제는 이
것이다. 윤리학적 사고를 이끄는 자연 혹은 본성은 어디에서 발견할 수
있다는 말인가? 때 묻지 않은 자연적 가치, 그러나 인간의 삶의 완성을
위한 가치는 어디에서 발견할 수 있는가? 이 질문은 에피쿠로스 학파
와 스토아 학파에서 동일한 문제의식의 틀을 형성했고 동일한 방법론
을 유도했다. 동일한 방법론이란 유아 혹은 동물들의 행동을 관찰하는
것이다. 두 학파의 철학자들은 유아와 동물들은 관습과 규범으로부터
자유로운 존재이기에 이들의 행동 동기에는 저 자연적 본성이 숨어 있
으리라 가정하였다. 에피쿠로스 학파 철학자들은 이 관찰로부터 유아
와 동물들의 유일한 행동 동기는 쾌락 획득과 고통 회피라고 생각했다.

스토아 철학자들은 동일한 문제의식의 틀과 동일한 발견적 방법
론을 가지고 있었기에 마찬가지로 유아 및 동물의 행동을 관찰했다. 하
지만 동일한 관찰로부터 이끌어진 결론은 에피쿠로스적 결론과 판이하
게 다를 뿐만 아니라 양립 불가능했다. 스토아 철학자들은 하나의 영향
력 있는 압축적 개념을 동원하여 이 관찰을 해석한다. 이 개념은 '자기
화'(oikeiōsis, '자기 것으로 만들기')이다. 자기화는 말 그대로 어떤 것
을 자신의 것으로 만드는 과정이다. 동물이 태어나자마자 첫 번째로 행

하는 자기화는 그 자신 혹은 자신의 신체적 온전함을 목적 대상으로 삼는다. 동물은 쾌락이 아니라 자신을 보존하는 것을 목적으로 삼는다. 자연적 본성은 쾌락 획득이 아니라 자기화에 놓여 있다. 동물은 먹을 것을 자신의 것으로 만듦으로써 자신의 생명을 보존하고 자연적인 신체 발달을 꾀한다. 즉, 동물은 외부 사물을 자기화함으로써 자신을 자신의 것으로 만들어 나간다. 동물은 외부 사물에 대한 욕구를 통해 자신에 대한 욕구를 만족시킨다. 유아가 동물적 수준에서 인간으로 성장한다는 말은 자기화의 대상과 자기화의 경험이 확대된다는 말이다. 아이는 커감에 따라 형제와 부모를 자신에 속하는 것으로 여기게 되고, 자신을 돌보듯 이들을 돌본다. 또 아이가 더 성장하게 되면, 이웃과 동료 시민들마저 자신에게 속하는 것으로 여기게 되고, 마지막에 가서는 인류 전체를 자신에 속하는 것으로 받아들일 줄 안다. 세계시민주의 사상은 자기화 이론의 부산물이다.

　스토아 윤리학의 논제들 중에서도 아마 가장 독특한 것 가운데 하나가, 오직 덕만이 좋은 것(선)이고 오직 악만이 나쁜 것(악)이라는 논제일 것이다. 그리고 행복을 위해서는 덕만으로 충분하다는 논제도 이와 결부된다. 그러므로 관습적으로 긍정적 혹은 부정적 가치로 생각되었던 모든 것들, 예컨대 재산 혹은 가난, 건강 혹은 질병, 가족들이 잘되는 것 혹은 가족을 잃어버리는 것, 심지어 생명 혹은 죽음은 행복에 대해 "아무 차이가 없는 것들"(adiaphora, indifferent), 즉 상관없는 것들이다. 그것들은 좋은 것도, 나쁜 것도 아니다. 보다 현대적으로 해석해서 말하자면, 스토아 철학자들은 관습적 가치와 도덕적 가치를 엄격히 구분하고자 했다. 이 구분을 통해서 그들은 '좋다'라는 형용사를 엄격하게 도덕적인 의미로 사용하는 사고방식을 처음으로 합리화해주는 첫걸음을 디딘 자들이라고 할 수 있다.

　하지만 "아무 차이가 없는 것들"은 그 자체로 도덕적 가치는 아니지만 자연적 가치이기는 하다. 건강이 우리를 행복하게 만들어주지는 않지만 정상적인 상황에서 건강은 추구할 만한 자연적인 것이고, 그 반대는 회피할 만한 것이다. 건강하게 지내는 것은 전적으로 자연과 일치하는 것이며, 젊은 나이에 병에 걸리는 것은 자연과 일치하지 않는 것이다. 질병보다는 건강을, 가난보다는 부유함을, 불명예보다는 명예를, 망명자가 되는 것보다는 자유 시민의 지위를 추구하는 것이 자연이 우리에게 일러주는 지침에 따르는 것이다. 따라서 자연과의 일치라는 과제 수행을 위한 출발점은 자연의 지침에 따라 건강, 부유함, 명예를 그리고 자유 시민의 지위를 선택하는 것이다. 그러나 성장함에 따라 이 자연의 지침에 대한 해석을 다르게 받아들여야 할 상황이 발생할 수도 있음을 우리는 배운다. 특별한 예외적 상황이 우리를 찾아왔을 때, 자연이 우리에게 맞춰놓은 계획에 우리가 따라야 할 옳은 길은, 가난해지거나 병이 들거나 망명자가 되거나 심지어, 소크라테스의 마지막 선택이 보여주듯이, 죽어야 하는 것임을 우리는 깨닫는다. 이 특별한 상황에서 이런 선택이 왜 우리를 위한 이성적인 그리고 자연적인 일인지를 이해하게 되면, 우리는 이런 선택을 기꺼이 받아들이며 이를 통해 우리 삶을 자연에 일치시키는 원래 과제를 폐기하는 것이 아니라 오히려 더 완성해 나가게 된다.

따라서 건강이나 재산 같은 "아무 차이가 없는 것들"은 "자연에 따르는 것"(ta kata physin)이기 때문에, 이것들은 그런 점에서 '가치'(axia)를 가지며, "선호되는 것들"(proēgmena)이다. 즉, 정상적 상황에서 이것들은 우리에 의해서 "선택되어야 할 것들"(lēpta)이다. 마찬가지로, 질병이나 가난 같은 아무 차이가 없는 것들은 "자연에 반대되는 것"(ta para physin)이고 그런 점에서 '반(反)가치'(apaxia)이다. 그런 것들은 "불호(不好)되는 것들"(apoproēgmena)이고 "선택해서는 안 되는 것들"(alēpta)이다.

스토아 윤리학의 핵심을 이해하는 길 중의 하나는 선택되는 것의 가치와 선택하는 일 자체의 가치를 구분하는 것이다. 우리가 흔히 관습적으로 긍정적 가치를 부여하는, 저 자연에 따르는 것들은 내재적 가치를 지니지 않는다. 그것들은 선택을 위한 도구적 가치를 지닌다. 다시 말해 그것들은 우리의 선택을 위한 일종의 '질료'로서 기능한다. 우리가 그것들을 선택하는 행위를 하는 것은, 선택되는 그것들의 가치 때문이 아니라 자연과의 일치 혹은 자연에 따르는 삶이라는 목적 때문이다. 우리는 그것들을 체계적으로 그리고 일관되게 선택하는 일 자체를 통해 자연에 따른다. 그리고 그것들 역시 자연에 따르는 것들이다. 따라서 자연에 따르는 것들을 일관되게 선택하는 것 그리고 왜 선택해야 하는지를 이해하면서 선택하는 것, 이 일 자체가 또한 자연에 따르는, 그것도 탁월하게 따르는 것이다. 일차적으로 자연에 따르는 것들에 대한 욕구는 이것들을 일관되게 선택하는 일 자체, 다시 말해 자연과 일치하는 일 자체에 대한 욕구로 전환된다. 인간은 성장 초기 단계에서 일차적으로 자연에 따르는 것들을 욕구하고 자신의 것으로 삼으면서 자신을 만들어 나가지만, 성숙 단계에 접어들게 되면 저 자연에 따르는 것들을 선택하는 일 자체 그리고 선택하는 경험들 자체를 욕구하고 자신의 것으로 삼으면서 자신을 만들어 나간다. 합리성과 이성은 한 인간 안에서 이런 방식으로 성장한다. 그리고 이런 방식으로 합리성과 이성 역시 자기화의 대상이 되기 시작한다. 합리성과 이성은 선택적 욕구들의 함수이다.

자연적으로 선호되는 것들을 지시하는 명사(구)는 도덕적 규칙의 명령법 문장 안에 목적어로서 집어넣을 수 있다. "건강을 돌볼 것", "부모를 공경할 것", "경제적 자립을 할 것", "친구들과 교제할 것" 등이 그런 명령법 문장들의 예이다. 이런 규칙 문장이 규정하는 것을 스토아 철학자들은 "적합한 행위"(kathēkon, 혹은 "적합한 기능")라고 부른다. 키케로는 이것을 '오피키움'(officium, 의무)이라고 번역한다. 적합한 행위는 "행해졌을 때 그럴 법한 정당화 이유를 가지는 것"이라고 정의된다. 합리적 성인의 입장에서 그럴 법한 정당화 이유를 가지는 것과 자연적인 것은 일치하기 때문이다.

적합한 행위들은 "중간적인" 행동 유형을 나타낸다. 즉, 그것들은 현인과 비(非)현인 모두에게 열려 있는 행동 유형이다. 우리는 적합한 행위들을 매개해서 현인으로 성장한다. 현인과 비현인은 엄격히 이분(二分)된다는 스토아 철학자들의 강조에도 불구하고, 적합한 행위라는 개념으로 인해 현인의 행동과 비현인의 행동 사이에는 어떤 연속성이 확보된다. 비현인들이 행하는 적합한 행위와 현인들만이 행하는 "옳은 행위"(katorthōma)는 외연적으로 완전히 동일하다. 단, 현인들은 그 동일한 행위를 할 때, 그것의 동기 욕구가 선호되는 대상들이 아니라 자연과의 일치에 겨냥된 채 그리고 자신의 행위에 대한 체계적 이해를 가진 채 그 행위를 한다.

덕을 성취하지 못한 비현인 모두는 악의 상태 혹은 영혼의 열등한 상태에 놓여 있다. 우리들 대부분은 탐욕, 불안, 근심, 두려움, 분노, 괴로움, 좌절, 후회, 허망함, 시기, 질투 등 온갖 감정(pathē)에 시달린다. 감정은 흔히 이성에 반(反)하는 것, 따라서 감정 그 자체는 합리적 속성을 결여하거나 합리성과 상관없는 것이라고 생각된다. 스토아 철학자들은 감정을 "이성에 반하는 것"이라고 표현하는 언어적 방식은 수용하지만, 감정이 합리성 혹은 합리적 속성과 상관없는 것이라는 생각은 받아들이지 않는다. 그들에 따르면, 감정은 본질적으로 우리의 합리성이 작동되어 얻어진 하나의 인지적 판단, 그것도 거짓 판단이다. 예를 들어, 내일 기말시험에 대한 나의 두려움은 어떤 거짓 판단이거나 거짓 판단으로 완전히 환원된다. 나의 두려움은 "낮은 학점은 나에게 나쁜 것이다"라는 판단 때문에 생기는데, 이 판단은 거짓이다. 왜냐하면 낮은 학점은 단지 불호(不好)되는, "아무 차이가 없는 것" 중의 하나이기 때문이다. 그러므로 어떤 판단이 나에게 달려 있는 만큼 그 판단 때문에 생긴 감정도 나에게 달려 있다. 내가 그 판단을 작동시킨 책임자인 만큼 감정도 나의 책임이다.

인간의 감정은 비합리적인 충동이 아니라 어떤 인지적 요소로 분석, 확인될 수 있다는 스토아적 아이디어는 철학사에서 귀중한 발견 중의 하나이다. 우리는 일상에서 자주 자신의 감정에 시달린다. 이 문제를 극복하는 길은 결국 거짓 판단을 없애는 일, 나아가 거짓 판단을 산출하는 우리의 합리성의 어떤 문제점과 결점을 고치는 일이다. 따라서 철학은 감정 문제를 극복하기 위한 가장 훌륭한 그리고 심지어 아마도 거의 유일한 치료책일 것이다.

5 영향사

　공화정 말기부터 적지 않은 로마의 보수적 지식인들은, 그리스에서 건너온 스토아 사상이 전통적인 로마적 덕 문화와 잘 어울린다고 생각했다. 그들은 강건함, 용기, 인내, 절제, 고매함, 자기 검열, 원칙 준수, 가족과 공동체에 대한 헌신과 충성 등 로마의 전통적 덕목들이 스토아 사상 안에서 세련되고도 체계적인 방식으로 표현되고 있다고 느꼈다. 그들은 로마가 공화정에서 제정기로 넘어가면서 전통적 덕목들이 쇠퇴해감을 한탄하였고, 그래서 스토아 사상을 한편으로 이 쇠퇴에 대한 도덕적 방어책으로서, 다른 한편으로 이 사상을 절대 권력(황제)의 지배와 전횡에 대한 정신적 저항의 무기로서 활용하고자 하였다. 카토(Cato)의 자살 사건(기원전 46)은 스토아주의에 기반을 둔 정치적 저항으로 간주되었다. 이른바 "로마적 스토아주의"(Roman Stoicism)는 이런 문화적 환경과 정치적 정세에서 탄생되었다.
　기원후 3세기 이후 테르툴리아누스(Tertullianus), 성 퀴프리아누스(Cyprianus) 등 교회 교부(敎父)들은 스토아주의를 이교도 철학으로 간주하고 경계했지만, 스토아주의의 주요 아이디어들이 교부들의 가르침 속으로 흘러들어오는 것을 막을 수는 없었다. 로고스(말씀), 섭리, 덕, 프네우마(성령) 등과 같은 스토아적 키워드들이 초기 그리스도교 교리 용어로 수용되기 시작했다. 이 시기의 스토아적 영향은 단순히 이론적 용어 차원에 국한되는 것이 아니었다. 스토아적으로 세상을 바라보고 세상을 경험하는 근본적 태도는 초기 그리스도교의 정신적·문화적 지향성을 강화했다. 세속적 가치들의 덧없음과 일시성에 대한 끊임

없는 경고, 세상사의 온갖 변전(變轉)에도 불구하고 내적 자유를 잃지 않으려는 의지, 인간은 신과 혈연적으로 묶여 있다는 믿음, 인간의 마음 안에 집요하게 존재하는 도덕적 악에 대한 자의식 등 당대의 그리스도교 문화를 지배했던 정신적 태도들은 스토아주의 수용에 의해 더 강화되었다.

스토아와 초기 그리스도교 문화가 공유했던 저 정신적 태도들은 고대-중세 과도기를 살았던 보에티우스(Boethius)에 의해 서양 중세의 전통으로 전승된다. 보에티우스는 『철학의 위안』(524)에서 스토아적 문제의식을 이어받아 '좋음'과 '나쁨'에 관한 엄격한 개념 정립의 문제, 우연 개념의 위상 문제, 신적 예지(叡智)와 인간 자유의 양립 가능성 문제를 논의하였고, 이 문제들은 중세철학의 토픽으로 자리잡게 된다.

또 다른 중요한 스토아적 · 중세적 토픽은 법의 기원 문제였다. 인간들 모두에 의해 알려질 수 있으며 또 인간들 모두가 자연적으로 따라갈 수 있고 지킬 수 있는 어떤 법이 존재한다는 스토아적 생각은 로마 법률가들의 이론화를 거쳐 중세로 전승된다. 보편적인 법으로서의 자연법과 보편법의 특수화로서의 실정법을 구분하는 로마인들의 생각은 12세기 존 샐리스버리(John of Salisbury)와 13세기 토마스 아퀴나스(Th. Aquinas)에 의해 세밀하게 분절된다.

스토아는 중세 시대를 위해 토픽만을 전달한 것은 아니었다. 개념 분석, 개념과 개념의 구분, 용어를 정의하면서 논증하기, 새로운 이론적 용어들을 생산하기, 용어들 사이의 논리적 관계망을 명시화하기, 짧은 연역 논증에 의해 목표 논제를 증명하기와 같은 12~13세기 스콜라 철학 스타일은 스토아로부터 물려받은 것이었다.

후기 르네상스 및 근대 초기를 살았던 립시우스(J. Lipsius, 1547~1606)는, 스토아주의를 인간 본성에 관한 철저한 인문주의적(그리고 그리스도교적) 철학으로 재해석하고자 하였다. "본성과의 일치"라는 스토아적 통찰을 근대적 휴머니즘으로 복권하려는 그의 노력으로 인해 근대 초입에 이른바 '신스토아주의'(Neo-Stoicism) 운동이 형성되는 계기가 마련된다. 뒤베르(G. du Vair)에 의한 스토아 도덕철학의 대중화, 샤롱(P. Charron)에 의한 스토아적 지혜 개념의 재발견, 그로티우스(H. Grotius)에 의한 자연법 전통의 근대화, 스피노자(B. Spinoza)에 의한 범신론(汎神論) 수용은 모두 신스토아주의 운동의 예들이다.

계몽주의자 칸트에게서도 스토아의 족적은 분명하다. 관습적 가치와 도덕적 가치를 날카롭게 이분하는 것 그리고 '좋음'의 아이디어를 엄밀히 도덕적 의미로만 제한하려는 경향은 칸트가 스토아에게서 물려받은 것이었다.

■ 참고 문헌

앤소니 롱, 『헬레니즘철학』, 제4장 「스토아주의」, 이경직 옮김, 서광사, 2000.

Arnold, E. V., *Roman Stoicism* (1911), reprinted by BiblioLife, 2009.

Becker, L., *A New Stoicism*, Princeton University Press, 1999.

Diogenes Laertius, *Lives of Eminent Philosophers*, translated by R. D. Hicks, Harvard Uni. Press, 1925 (Book 7).

Gould, J. B., *The Philosophy of Chrysippus*, New York, 1970.

Inwood, B. (ed.), *The Cambridge Companion to the Stoics*, Cambridge Univ. Press, 2003.

Inwood, B. & L. Gerson (ed. & tr.), *The Stoics Reader: Selected Writings and Testimonia*, Hackett Pub Co., 2008.

Long, A. & D. Sedley (ed. & tr.), *The Hellenistic Philosophers*, vol. 1 & 2, Cambridge Univ. Press, 1987.

Mates, B., *Stoic Logic* (1953), reprinted by University of California Press, 1973.

Sambursky, S., *The Physical World of the Greeks*, second edition, Routledge and K. Paul, 1960.

Von Arnim, H., *Stoicorum Veterum Fragmenta*, 4 vols., Leipzig, 1905-24.

제10장 에피쿠로스주의: 치유로서의 철학

오유석

　　헬레니즘 시대 다른 철학 유파와 마찬가지로 에피쿠로스주의자들은 철학의 제일 목표가 행복을 얻는 것이며 그 목표를 달성하려면 먼저 고통의 주요한 원인들을 제거해야 한다고 보았다. 다시 말해 에피쿠로스주의에 따르면, 인생의 목표 혹은 최대의 행복이란 "육체적 고통과 마음의 동요가 부재한 상태(ataraxia)"이며, 철학은 영혼의 질병(즉, 마음의 불안과 동요)을 치유해서 건강한 자연적 상태로 되돌리는 것을 목표로 한다.

　　그렇다면 정신적 동요는 어째서 생겨나는가? 에피쿠로스주의자들은 정신적 동요의 주요한 원인을 두 가지(신들에 대한 공포와 죽음에 대한 공포)로 제시했으며, 이를 제거하기 위해 노력했다.

　　무엇보다 에피쿠로스주의자들은 정신적 동요와 두려움을 무지와 헛된 생각의 결과라고 간주했다. 가령 지진에 대한 공포는 지진이 왜 그리고 어떻게 생겨나는지 알지 못하기 때문에 발생한다. 마찬가지로 대중들이 죽음과 신들을 두려워하는 까닭은 자연현상의 궁극적 원인을 올바로 알지 못하기 때문이다. 이런 이유로 에피쿠로스주의자들은 잘못된 생각들을 제거하는 동시에 우리 마음속에 올바른 믿음을 심어줌으로써 죽음과 신이 두려워할 만한 것이 아님을 입증하고자 했다. 이처럼 죽음에 대한 공포를 제거하고 진정으로 행복한 삶을 사는 사람이야

말로 신과도 같은 사람이다.[1)

그렇다면 에피쿠로스주의자들이 말하는 자연 세계의 진실은 무엇이며, 우리는 그것을 어떻게 알 수 있는가? 또한 대상 세계에 관한 진실을 깨달은 자는 어떠한 삶을 사는가?

1 학파와 문헌

에피쿠로스(기원전 341~270)는 사모스섬에서 아테네 출신 이주민의 아들로 태어났다. 그는 플라톤주의자 팜필로스에 의해 철학 탐구에 입문했던 듯하며, 데모크리토스의 추종자 나우시파네스로부터 초기 원자론에 관해 배웠다. 18세가 되었을 때 에피쿠로스는 병역의무 때문에 아테네에 왔다. 이때 그는 크세노크라테스(기원전 약 396/5~314/3)의 강의를 듣기 위해 아카데미아를 방문했다고 전해진다.

헬레니즘 시대 당시 아테네는 철학의 중심지이자 문화적 메카로 자리잡고 있었으며, 청중을 찾아 도처에서 모인 사상가들과 배우기 위해 모인 젊은이들로 가득했다. 가령 메가라 학파의 철학자 스틸폰(기원전 약 360~280)이 아테네를 방문했을 때 사람들은 일을 멈추고 그를 보기 위해 몰려들었으며, 소요학파 철학자 테오프라스토스(기원전 약 371~287)의 장례식에는 대부분의 시민들이 참석했다고 전해진다. 아마도 이처럼 뜨거운 아테네의 교육열은 에피쿠로스를 자극했던 듯하다. 그래서 그는 미튈레네와 람프사코스를 거쳐, 기원전 307년 아테네에서 '정원'(kepos)이라는 공동체를 설립했으며, 사망할 때까지 거기서 활동했다.

그런데 에피쿠로스가 세운 공동체는 아카데미아나 뤼케이온 등

---

1) 에피쿠로스주의에 따르면, 자연현상의 원인에 대한 올바른 앎이야말로 마음의 동요를 제거함으로써 쾌락의 원천이 된다.

헬레니즘 시대의 다른 학원과 본질적으로 달랐다. 다시 말해 에피쿠로스의 '정원'은 오늘날의 학교나 연구소가 아니라 일종의 대안 공동체와 유사했다. 즉, 에피쿠로스주의자는 특정한 교육과정을 공부하는 사람이라기보다는 특정한 삶의 방식을 따르기로 한 사람이었다. 이런 이유로 세네카는 다음과 같이 말했다.

> 메트로도로스나 헤르마르코스 그리고 폴뤼아이노스를 위대한 인물들로 만든 것은 에피쿠로스의 학원이 아니라 한 지붕 아래 생활[2]이었다네.(『도덕적 서한』, 1.6.6)

에피쿠로스주의자들이 특별히 중시했던 덕목이 우정이었는데, 우정을 실현할 무대를 제공했던 것이 바로 '정원'이었다. 고대 희랍 사회에서 여성이나 노예는 시민에 속하지 않았던 반면, '정원' 공동체 구성원에는 어린이와 노예가 있었으며 여성들도 포함되어 있었다. 그중 Hedeia(쾌락)라는 이름을 가진 여성은 아마도 예전에 창녀였던 듯하다. 이처럼 '정원' 공동체 구성원 가운데 노예나 심지어 창녀까지 있었기 때문에 에피쿠로스를 비방하고 중상하는 사람들도 있었지만, 그를 비웃는 사람들조차 에피쿠로스와 그 추종자들 간의 친밀한 우정 관계는 부러워하지 않을 수 없었다.[3]

에피쿠로스의 공동체가 학술 공동체라기보다는 일종의 생활공동체였기 때문에 '정원'에는 다른 학파처럼 공식적 커리큘럼이 없었지만, 그 구성원들이 에피쿠로스의 저술을 읽고 토론했던 듯하며 특히 그의 『주요한 견해들』(*Kyriai doxai*)은 암송되었던 듯하다. 일부 구성원은

---

2) contubernium이란 본래 로마 군대 조직의 가장 작은 단위(오늘날의 분대)를 가리키는 용어였는데, 이들은 한 막사에서 공동으로 생활했으므로 이 단어는 '같은 막사에서 함께 병영 생활을 함'을 뜻하게 되었다.

3) 가령 에피쿠로스는 죽기 직전 쓴 편지에서, 동료들과의 우정 어린 대화를 기억함으로써 상상할 수도 없이 큰 고통을 이겨낼 수 있었다고 고백하고 있다.

에피쿠로스의 저술을 정리하고 필사하는 일에 종사했다.

에피쿠로스는 많은 저서를 저술했다. 디오게네스 라에르티오스(약 3세기 초)에 따르면, 에피쿠로스는 41권의 책을 지었다고 전해진다. 하지만 이것은 주 저서이고, 실제로는 두루마리 300개 정도나 됐다고 한다. 저서의 분량에 관한 한, 에피쿠로스는 이전의 모든 사상가를 능가했다. 불행하게도 에피쿠로스가 쓴 책은 대부분 소실되어서 현재 거의 남아 있지 않다.

그럼에도 불구하고 디오게네스 라에르티오스는『유명한 철학자들의 생애와 사상』의 마지막 권(제10권) 전체를 에피쿠로스 철학에 할애하고 있는데, 여기에 에피쿠로스의 서한 세 편과『주요한 견해들』을 인용하고 있다.『헤로도토스에게 보내는 편지』는 자연학 체계(주로 원자론)에 관한 가르침을 담고 있는데, 에피쿠로스 자연학 체계를 이미 알고 있는 독자들에게 비망록 형식으로 주요한 내용을 요약 정리하고 있고,『퓌토클레스에게 보내는 편지』에서는 천체 현상을 설명하고 있으며,『메노이케오스에게 보내는 편지』와『주요한 견해들』은 주로 윤리학에 연관된 내용을 담고 있다.

한편 1888년 바티칸에서 에피쿠로스의 어록이 발견되었고, 1752～54년 베수비우스 화산 근처 헤르쿨라네움에서는 에피쿠로스의 저서『자연에 관하여』의 단편과 함께 기원전 1세기경의 에피쿠로스주의자 필로데모스의 저서들이 발굴되어서 에피쿠로스 철학에 관한 정보를 제공하고 있다. 흥미롭게도 필로데모스는 철학자인 동시에 시인이기도 했는데, 에피쿠로스주의의 비판자였던 키케로(기원전 106～43)[4]조차

---

4) 키케로나 플루타르코스(46～120)는 에피쿠로스주의에 반대했지만, 이들의 저서에도 에피쿠로스주의의 철학적 견해가 인용 및 설명되고 있다. 한편 세네카는 스토아 철학자였음에도 불구하고 에피쿠로스 철학을 매우 잘 알고 있었으며 특히 필로데모스의 저술을 잘 알고 있었다. 그는 자신의 서한에서 에피쿠로스를 자주 인용하고 있으며, 에피쿠로스의 쾌락주의와 신론을 거부하면서도 에피쿠로스의 경구들을 스토아 철학의 근본 개념들과 접목하고자 했다.

필로데모스의 철학적 견해와 더불어 그의 시를 칭송했다.

에피쿠로스주의 사상가이자 시인이었던 또 다른 인물로 루크레티우스(기원전 약 99~55)를 들 수 있다. 그는 에피쿠로스 자연학의 주요한 내용을 운문 형식으로 논했다. 그가 쓴 『사물의 본성에 관하여』는 철학적으로 중요한 전거일 뿐 아니라, 베르길리우스나 호라티우스 등 로마 시인들에 영향을 끼침으로써 문학사적으로도 매우 중요한 저서로 남았다.

이 밖에도 2세기경 소아시아(오늘날 터키 남서부) 오이노안다 지역의 부자 디오게네스는 광장 한쪽에 주랑을 세우고 벽에 에피쿠로스 철학의 주요한 이론을 요약해서 새겨 넣었다. 최근의 복원에 따르면 비문은 80미터 길이에 3미터 이상 되는 높이로 새겨졌다고 한다. 여기 기록된 내용에는 에피쿠로스의 서한들과 에피쿠로스주의 윤리학 및 자연학에 관한 논문뿐 아니라 노령(老齡)에 관한 논문이 포함되어 있었다.

에피쿠로스주의 철학 체계는 플라톤이나 아리스토텔레스 및 다른 헬레니즘 철학 유파의 철학 체계에 비해 단순했으며, 에피쿠로스주의는 큰 변화나 발전 없이 수백 년 이상 그대로 지속되었다. 왜냐하면 에피쿠로스에게 철학이란 이론 체계라기보다는 일종의 철학적 생활방식이었기 때문이다.

'에피쿠로스'라는 이름은 희랍의 고유명사로 흔치 않은 것이었는데, 어원상 '다른 사람을 돕기 위해 온 자', 다시 말해 '도우미'를 뜻한다. 그리고 그의 이름이 시사하듯, 철학사에서 오랜 기간 에피쿠로스는 2류 철학자로 간주되었다. 플라톤이 황금 종족의 철학자라면 에피쿠로스는 은 종족의 철학자에 불과했던 것이다.[5] 하지만 그럼에도 불구하고 에피쿠로스의 추종자들에게 에피쿠로스는 인류를 고통으로부터 구

---

5) 플라톤의 『국가』 415a에 따르면, 신들은 이상 국가의 수호자들을 만들 때 가장 귀한 물질인 황금을 섞어서 만들었던 반면, 그들을 돕는 도우미들(epicuroi)을 만들 때는 은을 섞어서 만들었다. 에피쿠로스는 이를 패러디해서 플라톤을 조롱하면서 "황금의 플라톤"이라고 불렀다.

원한 영웅이자 구세주로 여겨졌다. 루크레티우스는 에피쿠로스가 신이었다고 말한다.

2 원자론

에피쿠로스 자연학은 기본적으로 다음과 같은 원자론에 기초하고 있다.

첫째, 모든 물체는 분할 불가능하고 불변하는 미세한 물체[6]이거나 미세한 물체들로 구성된 결합체이다. 즉, 에피쿠로스에 따르면 원자는 물체의 본성을 이루고 있다는 점에서 원리들(archai)이다. 이를 원자 가설이라고 불러보자.

둘째, 『헤로도토스에게 보내는 편지』 39~44에서 에피쿠로스는 원자 가설에 기초해서 다음과 같이 주장한다.

① 어떤 것도 존재하지 않는 것에서 생겨나지 않으며, 존재하지 않는 것으로 사라지지도 않는다.(38~39)
② 존재하는 것의 총체는 물체들과 허공뿐이다.(39~40)
③ 물체들 중 어떤 것은 결합체이며, 다른 것은 결합체의 구성 요소(즉, 원자들)이다.(40~41)
④ 존재하는 것의 총체는 원자들의 수나 허공의 크기에 있어서 무한하다.(41~42)
⑤ 원자들의 모양은 헤아릴 수 없이 다양하다.(42~43)
⑥ 허공의 무한한 크기 때문에 원자들은 영원히 움직인다.(43~44)

이처럼 원자들의 결합과 분해가 자연에 관한 다른 모든 이론

---

6) 원자를 가리킨다. 희랍어로 atamos는 분할 불가능하다는 뜻이다.

적 설명의 출발점이 된다는 점에서 에피쿠로스 철학은 물질주의(materialism)라고 규정될 수 있다. 그런데 에피쿠로스는 오직 원자들만 물체라고 주장하는 대신 결합체도 물체라고 주장한다. 만약 에피쿠로스의 원자론이 환원론(reductionism)이라면, 모든 결합체의 속성은 이를 구성하는 원자들의 속성으로 환원되어야 할 것이다. 이때 모든 사건의 원인은 원자에 귀속되며, 결합체로서 인간도 자신의 행동에 대해 자발성과 책임을 가질 수 없게 된다. 하지만 에피쿠로스는 원자뿐 아니라 결합체도 물체라고 주장함으로써 환원주의의 어려움을 피하고 있다.

한편 에피쿠로스는 존재하는 것이 오직 물체뿐이라고 주장하는 대신, 비물질적 실체로서 허공의 존재를 인정한다. 즉, 원자들은 허공에 의해 서로 분리되며 허공 안에서 운동한다. 또한 원자와 허공이 운동의 필요조건이라는 점에서, 에피쿠로스는 원자들과 허공을 원인이라고 부른다. 이렇게 볼 때, 에피쿠로스 자연학이 원자론에 기초하고 있으므로 물질주의라고 규정될 수 있지만, 그럼에도 불구하고 우리는 에피쿠로스가 비물질적 실체인 허공의 존재를 인정했음을 염두에 두어야 한다.

그런데 원자 가설은 원자들이 결합체 구성의 필수적 요소임을 밝혀줄 뿐, 구성 요소인 원자들이 어떻게 결합체를 구성하는가에 관해서는 침묵한다. 바로 이것이 원자론의 가장 치명적인 난점이었다. 이를테면 아리스토텔레스가 보기에 초기 원자론자들은 단지 질료인만 알았을 뿐 운동인, 형상인, 목적인을 몰랐기 때문에 운동을 설명하지 못했다. 더구나 원자론적 질료 개념은 수준 높은 통일체가 원자들로부터 어떻게 생겨나는지 설명할 수 없다. 그러면 도대체 원자론은 원자들의 운동 및 결합체의 생성을 어떻게 설명할 수 있는가? 에피쿠로스는 이 물음에 다음과 같이 답하고자 했다.

1) 원자의 형태 (모양과 크기)

디오게네스 라에르티오스는 에피쿠로스가 데모크리토스의 책을 읽고 나서 철학을 시작했다고 말한다. 이것이 사실이든 아니든 이는 에피쿠로스 철학 내에 데모크리토스의 유산이 있음을 보여준다. 하지만 에피쿠로스는 초기 원자론의 유산을 맹목적으로 수용한 것이 아니라 비판적으로 계승하고자 했다. 에피쿠로스의 개혁은 크게 세 가지 방향(원자들의 형태, 원자들의 구조 그리고 원자적 운동의 다양성)이었다.

먼저 원자의 형태와 관련해서 논의해보면, 데모크리토스는 원자들이 수적으로 무한할 뿐 아니라 그 형태도 무한히 다양하다고 주장했다. 이 때문에 모든 현상과 사건이 발생할 수 있다는 것이다. 하지만 원자의 형태가 무한히 다양하다고 가정할 경우, 우주만큼 큰 원자도 존재할 수 있다는 결론이 나온다. 물론 데모크리토스 자신이 우주만큼 큰 원자의 존재를 인정하지는 않았겠으나, 에피쿠로스는 원자의 형태가 무한하게 다양하지는 않으며 다만 헤아리기 힘들 정도로 많다고 주장했다.

2) 원자의 구조

데모크리토스에 따르면 원자는 분할될 수 없다. 하지만 아리스토텔레스는 원자가 수학적으로 분할 가능함을 피할 수 없다고 주장했다. 아리스토텔레스에 따르면, 분할 불가능한 것은 움직일 수도 없으며 어떤 식으로든 변화할 수 없다. 즉, 움직이는 모든 것은 필연적으로 분할 가능하다.

에피쿠로스는 이러한 반박에 답하기 위해 원자가 물리적으로 분할 불가능하지만 최소 부분을 가진다(따라서 수학적으로는 분할 가능하다)고 보았다. 물론 원자를 구성하는 최소 부분은 원자로부터 분리될 수 없으며, 그 자신이 독립적으로 운동이나 결합을 산출하지도 못한다. 이러한 원자의 최소 부분은 시각으로 파악 가능한 가장 작은 점에 비유될 수 있다고 여겨졌다.

3) 원자의 운동

① 운동의 원리

원자론 전통에서 운동의 실재는 일종의 공리처럼 받아들여졌다. 즉, 운동의 존재는 더 이상의 증명을 필요로 하지 않는다. 이를테면 에피쿠로스에 따르면, 운동은 시작도 끝도 없고 결코 멈추지 않으며, 결합체 내에서도 항상 미세한 운동(원자들의 진동운동)이 유지된다.

하지만 운동의 원인과 관련해서 에피쿠로스는 초기 원자론과 견해를 달리하고 있다. 데모크리토스는 원자들의 상호 충돌이 원자적 운동의 유일한 원인이라고 간주했던 반면, 에피쿠로스는 원자들이 그 무게 때문에 자연적으로 아래로 움직인다고 주장했던 것이다. 또한 에피쿠로스에 따르면, 원자의 무게는 크기에 비례하지만 원자들은 그 무게와 무관하게 동일한 속도로 허공 속에서 움직인다. 다만 원자들의 상호 충돌로 인해 그 운동 방향이 전환될 따름이다.

② 원자의 빗나감(이탈)[7]

원자의 빗나감은 초기 원자론과 비교했을 때 매우 결정적인 차이점이다. 에피쿠로스가 보기에, 데모크리토스는 모든 자연현상을 필연성에 종속시킴으로써 원자들의 자발적인 운동이 있음을 간과했다. 하지만 만약 자발성이 존재하지 않는다면 도덕적 책임도 불가능해진다.

원자들의 빗나감을 정당화하기 위해 루크레티우스는 다음과 같은 상황을 가정한다. 만약 무게가 원자적 운동의 유일한 최초 원인이라면 원자들이 마치 빗방울처럼 무한히 큰 허공 속에서 아래로 떨어져야 하

---

7) 현대 학자들 중 어떤 이들은 에피쿠로스가 말년에 원자들의 빗나감을 주장했으며, 이 때문에 『헤로도토스에게 보내는 편지』에 그 내용이 포함되어 있지 않다고 생각한다. 반면 다른 이들은 본래 『헤로도토스에게 보내는 편지』에 빗나감이 언급되어 있었으나 그 텍스트가 오늘날까지 온전한 상태로 전승되지 못했다고 주장한다. 또 다른 이들은 빗나감이 에피쿠로스 자신의 견해가 아닐 수도 있다고 주장한다.

지 않겠는가? 하지만 이 경우 원자들이 어떻게 서로 충돌할 수 있으며, 도대체 어떻게 자연이 모든 대상을 만들어낼 수 있겠는가? 따라서 우리는 약간의 빗나감이 원자들의 최초 운동에 영향을 끼쳤다고 생각해야 한다.

흥미롭게도 원자들의 빗나감은 원자들의 최초 운동 가능성을 설명해줄 뿐 아니라, 인간의 자발적 혹은 의도적 행동의 가능성에 대한 근거로도 사용되고 있다. 하지만 루크레티우스의 텍스트에 근거해서 빗나감과 자발적 행위 사이의 관계를 명확히 설명하는 일은 힘들다. 물론 빗나감은 물리적 인과의 필연적, 기계적 사슬을 깨도록 해준다. 그럼에도 불구하고 빗나감은 의지의 과정 그 자체를 속 시원하게 해명해주지는 못한다.

더구나 루크레티우스의 텍스트는 빗나감이 드문 현상인지, 아니면 빗나감이 우리의 모든 행동과 관련해서 욕망과 의지의 조건으로 작용하는지도 분명히 밝히지 않았다. 어쩌면 텍스트의 불명료함은 의도적인 듯하다. 즉, 빗나감의 인과적 기능을 과대평가하지 말라는 것이다. 에피쿠로스주의자들은 빗나감이 우리의 자발적인 행동에 구체적으로 어떻게 영향을 끼치는지 명확히 밝히지 않고 있다. 하지만 데모크리토스나 스토아 학파의 견해와는 달리, 에피쿠로스주의에 따르면 자연에는 필연성이 있으나 그것은 전능하지도 않으며 모든 행동을 통제하지도 않는다.

4) 생성의 이론으로서 원자론

루크레티우스가 빗나감을 정당화한 이유 중 하나는 결합체 형성의 원인을 설명하기 위해서였다. 즉, 루크레티우스가 보기에, 빗나감은 모든 배열의 생성의 필요조건이며, 빗나감이 없다면 자연은 어떤 것도 창조하지 않았을 것이다.

그런데 루크레티우스는 목적론을 부인하고 있지만, 다른 한편으로는 세계를 조직하는 원리로 자연을 기술하고 있다. 즉, 자연은 창조

자이고(natura creatrix) 다스리는 자(natura gubernans)이며 강제한다
(natura cogit). 다시 말해 자연은 규약을 만들어서 자연현상의 상대적
안정성을 보장해준다. 물론 자연 자체는 원자들의 결합 외에 어떠한 창
조력도 가지지 않으며 의도적으로 행위하거나 결정하지도 않는다. 원
자들이야말로 질료이자 사물들의 제1원리이며 첫 번째 물질이고 사물
들의 씨앗 혹은 사물들을 생성하는 원인이다.

하지만 데모크리토스가 마치 빅뱅 이론처럼 원자들의 소용돌이를
통해 우주의 생성을 설명했던 것과는 달리, 에피쿠로스는 적절한 씨앗
들(spermata)이 존재한다고 주장한다. 여기서 씨앗은 원자를 가리키는
것 같은데, 세계 형성에 적절한 원자들이 있을 경우 세계가 생겨난다는
것이다. 즉, 단순히 원자들이 무한히 많았기 때문에 무한히 많은 수의
세계가 생겨난다고 주장하는 대신, 에피쿠로스는 무한 속에 자발적인
선택이 존재한다고 간주한다. 아마도 이런 이유로 세상은 특정한 형태
만을 띨 수 있게 된다.

만약 이처럼 원자들이 단순히 세계의 구성 요소일 뿐 아니라 생성
의 원리이기도 하다면, 이는 원자들의 개별적인 성질 때문이 아니라 원
자들의 특정한 총합에 의해 그러하다. 그 안에서 선택의 자발적 원리가
생겨날 수 있게 되는 것이다. 다시 말해 원자들은 특정한 총체를 형성
하고 그 안에서 원자들의 다양한 모양과 크기가 선택의 기계적 과정 속
에서 기능함으로써 세계 생성의 원리가 된다.

에피쿠로스의 원자론이 성공적이라고 평가될 수 있는지는 차치하
고라도, 이는 단순히 물질적 구성을 주장하는 이론이 아니라 자연적 대
상의 생성과 운동을 설명하는 우주론이었다. 에피쿠로스는 세상이 어
떻게 결합하고 분리되는지, 어떻게 사물(생명체이든 무생물이든)이 생
겨나고 소멸하는지 설명하고자 했던 것이다.

3 감각과 인식

1) 진리의 기준

그래서 에피쿠로스는 『규준』(*kanon*)에서 감각과 선(先)개념 (prolepsis) 및 감정(pathos, 고통과 쾌락의 느낌)이 진리의 기준이라고 말한다.(디오게네스 라에르티오스, 『유명한 철학자들의 생애와 사상』, 10.31)

규준(kanon)이란 본래 곧게 뻗은 막대기를 가리켰는데, 목수들은 이 막대기를 가지고 어떤 건축물이 평평한지 여부를 평가했다. 그래서 이 단어는 나중에 "판단 기준"(kriterion)이라는 의미로도 사용되었다. 에피쿠로스의 철학에 따르면, 규준(kanon) 또는 판단 기준(kriterion)은 참과 거짓을 분별해줄 수 있는 진리 판단의 근거이며, 그 스스로 자명하다. 그런데 에피쿠로스는 감각적 증거의 명증성(enargeia)을 진리의 기준 혹은 학적 탐구의 출발점으로 삼았다.[8] 여기서 명증성이란 인식 대상을 가까이 눈앞에서 지각하는 것이며 어떤 부가적 믿음도 가미되지 않은 것이다. 결국 학적 추론의 토대는 감각 경험에 의해 제공되는 정보이며, 아직 이성적 해석이 가미되지 않은 원(原)자료이다.

문제는 에피쿠로스가 모든 감각이 참이며 사실적이라고 주장한다는 점이다. 에피쿠로스에 따르면 심지어 꿈속의 영상이나 미친 사람들에게 보이는 영상도 그들에게 그렇게 보였다는 점에서 참이다. 이처럼 모든 감각이 참이라는 대담한 주장은 많은 비판에 직면해야 했다. 도대체 에피쿠로스는 참과 거짓의 차이를 어떻게 설명할 수 있는가? 더구나 감각은 일종의 사적 경험인데, 과연 주관적인 감각 인상을 학적 탐구의 토대로 삼는 일은 위험하지 않은가?

---

[8] 감각의 중요성을 강조하기 위해 루크레티우스는 마치 건축할 때 측량하는 척도가 휘어졌다면 건물이 무너지듯이, 잘못된 감각에서 이성이 출발하면 이성도 무너질 것이라고 말한다.

에피쿠로스는 감각의 수동성을 강조함으로써 위와 같은 물음에 답하고자 했다. 즉, 에피쿠로스에 따르면 외부 대상으로부터 쉴 없이 분리되어 나오는 필름처럼 얇은 겉껍질(eidolon 또는 typos, 영상)이 감각기관에 충돌할 때 우리는 대상을 감각한다. 이처럼 영상(eidolon)이 외부 대상에서 기원해서 우리 눈의 망막에까지 도달하는 과정은 전적으로 수동적이므로, 감각은 수동적이다. 또한 감각을 획득하는 데 이성적 판단은 아무런 기여도 하지 않는다는 점에서 감각은 이성과 무관하다(alogos). 따라서 감각은 영상(eidolon)으로부터 제공된 감각 데이터의 내용을 있는 그대로 재현해주고 있다는 점에서 참이고 사실적이다.

하지만 만약 영상(eidolon)이 외부 대상의 모습을 그대로 유지하지 않는다면, 결국 우리의 감각은 외부 대상과 상응하지 않을 것이다. 이런 이유로 에피쿠로스는 우리 망막에 맺힌 상이 영상(eidolon)의 모습과 일치할 뿐 아니라 외부 대상의 실제 모습과도 일치한다고 주장했다. 영상(eidolon)의 모습이 왜곡되는 경우(가령 물에 들어간 노가 휘어져 보이거나 네모난 기둥이 멀리서 보면 둥글게 보이는 경우)도 있지만, 이런 현상이 생기는 까닭은 영상(eidolon)이 멀리 떨어진 외부 대상에서 우리 눈까지 이동하는 동안 중간에 있는 다른 원자들과 부딪쳐서 그 모습이 왜곡되었기 때문이다. 반면 왜곡되지 않은 영상(eidolon)은 외부 대상의 외형과 속성을 그대로 유지하기 때문에 이런 영상을 통해 획득된 감각은 외부 대상의 본성을 정확히 전해준다. 결국 명증적 감각 경험은 단순히 영상(eidolon)과 상응하는 것이 아니라 궁극적으로 외부 대상과도 상응한다.

그러면 오류는 어디에서 생겨나는가? 에피쿠로스에 따르면 오류는 감각 자체에서 발생하는 것이 아니라, 감각 데이터가 실제 대상의 모습과 일치할 것이라는 잘못된 믿음에서 생겨난다. 이를테면 물속에 들어간 노가 휘어져 보이는 감각 경험 자체는 허위가 아니지만, 그 노가 실제로 휘어져 있다고 우리가 믿게 될 때 이러한 믿음에서 오류가 생겨난다는 것이다.

2) 탐구의 선행 요인으로서의 선개념

여기까지 우리는 에피쿠로스에게 진리 판단의 기준이자 탐구의 출발점이 감각 경험의 명증성임을 살펴보았다. 그런데 에피쿠로스는 감각에 이어서 선(先)개념(prolepsis)을 두 번째 진리의 기준으로 제시한다. 에피쿠로스에 따르면 감각적 증거뿐 아니라 선개념(즉, 최초의 개념)도 명증적인데, 왜냐하면 선개념이 감각적 관찰의 증거로부터 생겨난 것이기 때문이다. 선개념(pro-lepsis)이란 축적된 감각 경험에 대한 기억이며 탐구에 앞서서 파악된 개념을 가리키는데, 이런 개념을 파악하지 않고서는 어떠한 탐구도 가능하지 않다. 가령 저기 멀리 서 있는 대상이 소인지 말인지 밝히려면 우리는 먼저 소나 말이 무엇인지 미리 알고 있어야 한다.

그런데 만약 선개념이 축적된 기억에 불과하다면 도대체 선개념을 획득할 때 마음은 어떤 기여를 하는가? 기원전 1세기경 필로데모스는 선개념이 추론의 방법, 즉 유사성에 의한 전환(kath' homoioteta metabasis)을 통해 얻어지는 것이라고 주장했다. 필로데모스에 따르면, 선개념은 많은 감각적 사례들을 조사하고 규칙적으로 관찰된 유사성 혹은 차이에 근거해서 어떤 대상이 다른 대상과 필연적으로 연결되는지 결정하는 것(가령 물체가 필연적으로 무게를 가지며, 인간이 필연적으로 이성적 존재라는 것)이며, 선개념이야말로 유일하게 타당한 추론 방법이다. 한편 키케로는 우리가 신들에 관한 선개념을 유사성과 전환에 의해(similitudine et transitione) 얻는다고 말하는데, 이 구절이 무슨 뜻인지 논란의 여지가 있지만 아마도 키케로도 필로데모스처럼 선개념을 일종의 추론으로 간주하는 듯하다. 루크레티우스와 섹스토스 엠피리코스 또한 신들에 관한 선개념이 각각 현상에 관한 숙고의 과정과 전환(metabasis)에 의해 생겨난다고 간주함으로써 선개념이 일종의 추론임을 뒷받침해주고 있다.

그러나 이러한 해석은 심각한 문제를 일으킨다. 만약 선개념이 일종의 추론이라면, 그것을 축적된 기억이라고 부르는 것이 옳은가? 더구나 에피쿠로스는 감각이 참인 것은 그것이 전적으로 수동적이기 때문이며 오류란 감각 자체가 아니라 부가된 의견에서 생겨난다고 주장하는데, 만약 선개념이 일종의 추론이라면 선개념 형성에도 오류가 개입될 가능성이 존재하지 않겠는가?

클레멘스는 선개념이 명증적인 것에 대한 집중(epibole)이라고 해석하며, 키케로는 마음이 외부로부터 오는 것에 집중함으로써 신들에 관한 선개념을 얻는다고 말하는데, 이렇게 볼 때 선개념을 형성하는 과정에서 우리 마음은 외부로부터 제공되는 감각 데이터에 어떤 정보를 부가하지는 않으나 그럼에도 불구하고 집중의 행위를 통해 감각 데이터에 반응한다고 생각된다. 이러한 집중을 일종의 (무의식적) 판단이라고 볼 수도 있겠지만, 이는 단순히 주어진 감각 소여들 간의 연관성을 인지하는 것에 불과하며, 여기에는 아직 이성적 사유나 해석이 가미되지 않는다. 만약 이러한 해석이 옳다면, 모든 선개념은 외부 대상으로부터 생겨난 감각 인상의 기록일 뿐 믿음이나 이성적 추론으로부터 자유롭다.

3) 확증을 요하는 것과 확증 불가능한 것에 관한 탐구

감각과 선개념을 탐구의 출발점으로서 확립한 후, 에피쿠로스는 구체적 탐구 방법에 관해 논의한다. 에피쿠로스에 따르면 두 가지 추론, 즉 확증을 요하는 것(to prosmenon)에 관한 추론과 확증 불가능한 것(to adelon, 불분명한 대상)에 관한 추론이 존재하는데, 우리는 두 추론 모두의 표지로서 감각과 느낌(pathos, 내적 감각)을 사용해야 한다.

먼저 확증을 요하는 대상의 경우를 살펴보면, 가령 기둥이 멀리서 둥글게 보일 때 그 기둥이 실제로 둥글 수도 있지만 네모난 기둥이 둥글게 보일 수도 있다. 따라서 우리는 가까이 다가가서 사실 여부를 확증해야 한다. 반면 확증 불가능한 것(이를테면 200만 광년 떨어진 별의 모습 혹은 허공과 원자의 존재 여부)은 사실 여부에 대한 감각적 확인이 불가능하다. 따라서 이런 경우에는 확증 이외의 탐구 방법이 필요한데,

에피쿠로스는 확증 불가능한 대상이 반증되지 않는다면(즉, 감각적 증거와 양립 가능하다면) 참인 것으로 인정되는 반면 반증된다면(즉, 감각적 증거와 양립 가능하지 않다면) 거짓으로 인정된다고 주장한다.

그런데 감각적 증거와의 양립 가능 여부는 어떤 이론적 믿음(가령 원자에 관한 믿음)이 참인 것으로 받아들여지기 위한 최소한의 조건이지만, 단순히 양립 가능성만으로는 어떤 이론의 타당성을 입증하기에 부족하며 그 이상의 것이 요구된다. 이 때문에 에피쿠로스는 『헤로도토스에게 보내는 편지』 46에서 영상(eidolon)을 설명하면서 원자들이 영상을 구성하는 것이 불가능하지 않다고만 언급하고 있으나, 『헤로도토스에게 보내는 편지』 49에서는 영상(eidolon)이 감각의 성립을 설명하기 위한 가장 효율적인 방식이라고 주장한다. 이렇게 볼 때, 에피쿠로스에게 원자론은 감각적 증거와 잘 부합할 뿐 아니라, 자연현상에 관한 최선의 설명 방식으로 제시되고 있는 것이다.

4 쾌락과 좋은 삶

1) 정적 쾌락과 동적 쾌락

세네카에 따르면, 에피쿠로스의 정원 현판에는 다음과 같이 써 있었다.

> 나그네여, 여기서 당신은 잘 지낼 거네. 이곳의 최고선은 쾌락이라네.(『도덕적 서한』, 79.15)

에피쿠로스에 따르면, 행동에 대한 숙고는 항상 쾌락과 관련해서 이루어진다. 즉, 인간을 비롯한 모든 동물은 출생과 동시에 쾌락을 일차적인 선으로 인식하며, 쾌락에 기초해서 어떤 대상을 선택하거나 기피한다. 이처럼 쾌락과 고통이야말로 일차적인 감정[9]이므로, 우리가 행동하는 까닭은 최대한 쾌락을 얻으면서 고통을 피하기 위해서이며, 쾌락을 얻을 수 있는 한 우리 행동은 성공적이다. 또한 에피쿠로스에게 쾌락은 올바른 판단과 행동의 기준으로서, 좋은 삶의 기초를 제공한다. 에피쿠로스는 좋은 삶을 즐거운 삶과 동일시하며, 쾌락이 단순히 좋은 것들 중 하나가 아니라 최고의 선 혹은 행동의 최종적 목표라고 말한다.

그런데 만약 에피쿠로스가 추구하는 쾌락이 일종의 주관적 느낌이라면, 즐거운 삶이란 행위 주체가 즐거운 느낌을 많이 향유하는 삶이며, 인생의 유일한 목표는 즐거운 느낌을 향유하는 것이 된다. 반면 즐거운 느낌 이외의 것들은 단지 즐거운 느낌을 산출할 도구로서만 가치가 있을 뿐이다. 하지만 이렇게 쾌락을 일종의 주관적 느낌으로 간주한다면, 어떤 사람에게 쾌락을 산출하는 행위가 다른 사람들에게도 즐거울 것이라고 간주해야 할 이유가 없다. 설령 행복한 삶이란 즐거운 느낌을 향유하는 것이라고 모두가 생각한다 하더라도, 즐거운 느낌을 얻기 위해 어떻게 행위해야 하는지는 사람마다 다를 수도 있다.

위와 같은 주관적 쾌락의 난점을 에피쿠로스는 쾌락의 종류(정적 쾌락과 동적 쾌락)를 구별함으로써 해결하고자 했다. 즉, 에피쿠로스가 추구하는 쾌락은 육체적·순간적 쾌락(동적 쾌락)이 아니라 정신적·지속적 쾌락(정적 쾌락)이다. 동적 쾌락이란 어떤 행위를 하는 것 혹은 어떤 일이 발생하는 것에서 오는 쾌락인 반면, 정적 쾌락은 육체적 고통이나 정신적 근심의 부재로부터 귀결되는 쾌락이다.

에피쿠로스는 모든 쾌락이 좋은 것이라고 받아들이면서도 모든 쾌락이 선호되는 것은 아니라고 주장했으며, 더 많은 쾌락을 추구함으로써 우리 삶이 더 즐거워지는 것은 아니라고 보았다. 다양한 동적 쾌

---

9) 이러한 쾌락과 고통의 감정은 감각 및 선개념(prolepsis)과 더불어 에피쿠로스주의가 제시하는 세 번째 진리 기준이다. 따라서 감정은 다른 진리 기준과 마찬가지로 인식적 신빙성을 가진다. 즉, 누군가에게 즐겁게 느껴지는 것은 즐거운 것이며, 고통스럽게 느껴지는 것은 진실로 고통스러운 것이다.

락들을 추구함으로써 삶을 더 즐겁게 만들고자 하는 시도는 우리가 쾌락과 고통 사이의 중간 상태[10]에 있음을 전제한다. 그런데 에피쿠로스에 따르면 고통스럽지도 즐겁지도 않은 제3의 상태란 존재하지 않기 때문에, 고통이나 근심 속에 있지만 않다면 우리는 쾌락 상태에 있게 된다. 그리고 쾌락에는 정도의 차이가 없기 때문에, 우리의 상태는 필요 이상의 동적 쾌락을 더함으로써 개선되지 않는다. 결국 쾌락이란 고통 없음(aponia)과 마음의 평정(ataraxia, 동요 없음)에 다름 아니며, 고통과 근심으로부터의 자유가 인생의 최종 목표이다.

이러한 주장을 더 성공적으로 뒷받침하기 위해, 에피쿠로스는 세 가지 종류의 욕망을 구분한다. 즉, 어떤 욕망은 자연적이고 필연적이며, 어떤 것은 자연적이지만 필연적이지 않으며, 또 다른 것은 자연적이지도 필연적이지도 않은 헛된 욕망으로서 헛된 믿음에서 생겨난다.[11] 특히 헛된 욕망은 진정으로 즐거운 대상에 대한 것이 아닌 욕망이며, 허황된 믿음(즉, 진리의 기준에 근거해서 획득되지 않은 믿음)에서 기인하기 때문에 헛되다. 이렇듯 에피쿠로스는 사람들이 세계에 관한 잘못된 생각으로부터 생겨나는 잘못된 욕망을 가질 수도 있음을 인정한다. 이 때문에 그들은 왕관이나 대중의 평판이 즐거운 일이라고 착각한다. 하지만 설령 그들이 이런 헛된 욕망을 충족하더라도 그들은 결코 진정한 쾌락을 얻지 못할 것이다. 왜냐하면 사람들이 착각하는 것과는 달리, 좋은 것은 얻기 힘든 것이 아니라 쉽게 획득 가능하며 무서운 일도 쉽사리 견딜 수 있게 하기 때문이다.

---

10) 에피쿠로스는 이러한 중간적 상태가 존재함을 부정한다. 에피쿠로스에 따르면, 고통스럽지도 즐겁지도 않은 제3의 상태란 존재하지 않는다.

11) 첫 번째 욕망은 고통의 경감을 가져오는 것에 대한 욕망(가령 먹는 것에 대한 욕망)이고, 두 번째 욕망은 고통을 제거해주기보다는 쾌락을 다양화하는 대상에 대한 욕망(가령 특정한 음식에 대한 욕망)이며, 세 번째 욕망은 왕관이나 동상을 세우는 일 등과 같은 헛된 일에 대한 욕망이다.

2) 죽음과 신은 두려워할 만한 것이 아니다

에피쿠로스에게 세계를 이해하는 것은 그 자체로 값진 일이 아니며, 우리가 자연학을 연구해야 하는 이유는 자연 세계의 본성을 알지 못한다면 가장 중요한 것들(즉, 우주와 신의 본성)에 대한 두려움을 떨쳐버릴 수 없기 때문이다. 특히 에피쿠로스주의에 따르면 사람들이 가장 두려워하는 것은 신과 죽음이다. 신과 죽음에 대한 공포는 부지불식간에 우리에게 잘못된 종류의 안전을 욕망하게 하며 이로 인해 악행을 저지르게 한다. 따라서 우리는 자연학 탐구를 통해 신과 죽음의 본성을 이해해야 하며, 이들에 대한 극심한 공포가 근거 없는 것임을 깨달아야 한다. 에피쿠로스는 신과 죽음에 대한 대중들의 공포가 근거 없는 것임을 다음과 같이 증명하고자 했다.

먼저 신과 관련해서 에피쿠로스는 신들의 존재를 인정했으며, 신들이 지극히 행복한 삶을 산다는 것을 선개념으로 받아들였다. 그런데 만일 신들이 행복하려면 그들은 인간들로 인해 기뻐하거나 고통스러워하지 않을 것이다. 인생사에 시시콜콜 간섭하다 보면 행복할 겨를이 없을 것이기 때문이다. 에피쿠로스가 보기에 분노나 호의는 나약함을 입증해주는 증거일 따름이므로, 지극히 행복하고 불멸하는 신들의 본성과는 부합하지 않는다. 따라서 신들은 인간의 행동에 무관심하며 자연 세계에서 벌어지는 사건들에 관여하지 않는다. 그렇다면 우리는 신들의 분노나 처벌을 두려워할 이유가 없다.

한편 죽음의 공포에 맞선 에피쿠로스의 논변은 단순하다. 우리는 죽은 다음에는 존재하지 않으므로 죽음은 우리에게 아무것도 아니다. 분해된 것은 감각이 없으며 감각이 없는 것은 우리에게 아무것도 아니기 때문이다. 따라서 죽은 자들이 저승에서 고통을 겪는다는 것은 허황된 이야기일 뿐이며 두려워할 필요가 없다.

3) 쾌락주의와 이기주의

에피쿠로스는 전통적 폴리스의 한계를 넘어선 친구들의 공동체를 추구했으며, 에피쿠로스의 공동체는 구성원들 간의 우정(philia)에 의해 규정될 수 있다. 하지만 이에 비판적인 사람들은 에피쿠로스의 쾌락주의가 진정한 우정을 지탱할 수 없다고 주장했다. 쾌락주의는 행위자 자신의 쾌락을 추구하는 것인 반면, 진정한 우정은 친구(즉, 타인)를 위해 애써야 할 것을 요구하기 때문이다. 만약 쾌락의 추구와 고통의 기피가 모든 행동의 최종적 목표라면, 타인에 대한 진정한 사랑이 어떻게 가능한가?

에피쿠로스는 우정이 마음의 평정을 위해 유용하다고 믿는다. 우정이 처음에는 이득을 동기로 해서 출발했지만, 그럼에도 불구하고 우정은 그 자체로 가치가 있다는 것이다. 에피쿠로스에 따르면, 우리의 관심은 우리 자신의 쾌락이지만 우리는 우리 자신뿐 아니라 친구들에게도 관심을 가진다. 왜냐하면 우정이 없다면 우리는 인생에서 지속적인 기쁨을 누릴 수 없으며, 우리가 친구들을 우리 자신만큼 사랑하지 않는다면 우정을 유지할 수도 없기 때문이다. 따라서 우정은 쾌락과 불가분의 관계를 가진다.[12]

에피쿠로스주의에 따르면, 우리가 처음 어떤 사람들과 접촉해서 관계를 형성할 때는 우리 자신의 쾌락을 위해서 그렇게 하지만, 일단 친밀감이 진전되어서 가까워지면 애정이 커져서 설령 이득이 없더라도 그 친구가 마치 자기 자신처럼 사랑스러워진다. 물론 우리는 에피쿠로스에게서 근대 공리주의적 견해(누구의 쾌락인지 무관하게 쾌락의 좋음을 인정해야 한다는 것)를 발견하지는 못한다. 즉, 에피쿠로스에 따르면 친구를 사랑할 수 있는 능력은 우리가 그와 가까워질 때 비로소 생겨나는 것이지, 우리가 전혀 알지 못하는 사람에게까지 우정이 확장되는 것은 아니다.

---

12) 이런 이유로 현자는 자신의 쾌락뿐 아니라 친구의 쾌락을 위해서도 노력한다.

하지만 이처럼 우정이 친밀한 사람에게까지만 한정된다고 간주하면 또 다른 문제가 생겨난다. 특히 정의로운 행위를 어떻게 설명할 수 있을지 의문스럽다. 왜냐하면 정의란 우리가 타인에게 애정을 가지지 않았더라도 그의 이익을 공정하게 고려할 것을 요구하기 때문이다. 그런데 에피쿠로스는 쾌락주의와 우정이 양립 가능하다고 보았듯이, 쾌락이 정의(혹은 덕)와도 양립 가능함을 주장했다. 에피쿠로스에 따르면, 최고로 좋은 것이 사려 깊음(phronesis)이며 사려 깊음은 철학보다도 귀한 것이다. 따라서 우리가 사려 깊고 정의롭게 살지 않는다면 즐겁게 살 수 없으며, 반대로 즐겁게 살지 않는다면 사려 깊고 정의롭게 살 수 없다.

쾌락과 정의의 불가분성에 관한 에피쿠로스의 주장은 정의가 그 자체로 가치 있는 것이라기보다는 즐거운 삶을 이룩하기 위한 수단으로서 가치를 가지는 것임을 전제하고 있다. 가령 에피쿠로스에 따르면, 우리가 불의한 행동을 해서는 안 되는 이유는 우리가 불의하게 행동한다면 이런 행위가 발각되지 않을 것이라고 확신하지 못한 채 처벌의 가능성으로 인해 고통받기 때문이다. 반면 우리가 다른 사람들을 정당하게 처우한다면 우리는 그들의 사랑을 받을 것이며 이로써 우리의 삶은 더 평안해질 것이다. 이렇듯 정의는 그 자체로 선택되는 것이 아니라 그것이 쾌락(마음의 평정)을 가져다주기 때문에 선택된다. 결국 에피쿠로스도 정의의 필요성을 인정하지만, 정의가 그 자체로 좋은 것이거나 불의가 나쁜 것이라고 간주하는 대신, 불의하게 행동하는 것이 정의롭게 행동하는 것보다 더 고통스럽기 때문에 정의롭게 행동해야 한다고 주장한다. 다시 말해 정의로운 삶은 근심으로부터 자유로운 반면, 불의한 삶은 극도의 근심으로 가득하다는 것이다.

5 영향사

아테네에 정착하기 전 에피쿠로스는 람프사코스와 뮈틸레네에서 제자 집단을 꾸렸는데, 제자들은 에피쿠로스주의를 지중해 지역에 확산했다. 특히 초창기에는 안티오케이아와 알렉산드리아가 에피쿠로스주의의 주요한 거점이었으나, 에피쿠로스주의는 점차 로마와 갈리아 지방으로 전파되었다. 그래서 기원전 1세기 중엽 키케로는 에피쿠로스주의 저술가들[13]이 이탈리아 전역을 장악했으며 특히 배우지 못한 자들의 지지를 받았다고 푸념하고 있다.

물론 키케로가 비난하듯 에피쿠로스주의가 무지한 대중들에게만 지지를 받았던 것은 아니며, 오히려 율리우스 카이사르를 비롯한 저명 인사들도 에피쿠로스주의에 호의적이었던 듯하다. 에피쿠로스 철학은 신의 개입이나 섭리 그리고 죽은 자에 대한 제사를 인정하지 않았기 때문에 많은 로마 사상가들(가령 스토아 철학자들 그리고 초대교회 교부들)에게 비판을 받기도 했지만, 에피쿠로스 공동체는 아카데미아 학파나 소요학파보다 오랜 기간 명맥을 유지했다.[14]

이렇듯 에피쿠로스의 가르침이 2, 3세기까지 꽃을 피웠지만, 신플라톤주의의 등장과 더불어 에피쿠로스주의는 쇠락의 길을 걷기 시작했다. 흥미로운 사실은 에피쿠로스주의가 신플라톤주의와 결합했으며 신플라톤주의의 외투를 입고 나타났다는 것이다. 플라톤주의자들은 에피쿠로스의 경험론과 쾌락주의 및 원자론을 거부했지만, 적어도 에피쿠로스주의가 좋은 삶을 발견하고자 하는 올바른 도상에 있음을 인정했으며, 에피쿠로스의 윤리적 개념들을 완전히 거부하지 않았다.

---

13) 특히 카이우스 아마피니우스(기원전 2세기 후반에서 1세기 초반경)와 그 추종자들을 가리킨다.

14) 디오게네스 라에르티오스는 에피쿠로스주의 공동체가 자신이 살았던 시대(2세기 후반부터 3세기 초반)까지 존속되었다고 말한다.

한편 초대교회의 교부들이 보기에, 에피쿠로스는 세계의 질서와 신의 섭리를 의문시한 무신론자였다. 그럼에도 불구하고 초대교회 교부들은 거짓 선지자들이나 신탁 날조자들과 싸우는 데서 에피쿠로스주의자들과 동맹을 맺었다. 또한 이유는 달랐지만 에피쿠로스주의자들과 초대 교부들은 이교도적 미신에 대한 반감을 공유했다. 초대 교부들은 대체로 에피쿠로스라는 인물에게는 존경을 표하면서도 그의 가르침은 비판했는데, 알렉산드리아의 클레멘스(약 150~215)는 에피쿠로스를 무신론자로 간주했지만, 그의 철학에서 선개념(prolepsis) 등의 용어를 차용했으며 『메노이케우스에게 보내는 편지』 초반부에 등장하는 철학에 대한 권면을 인용하기도 했다. 아우구스티누스(354~430)와 락탄티우스(약 240~320) 또한 에피쿠로스의 쾌락주의와 유물론적 신론을 비판하면서도, 에피쿠로스가 무절제한 육체적 욕구에 굴복하지 않았다는 사실은 인정했다.

하지만 중세 이후 근대 초기까지 에피쿠로스주의는 무신론과 거의 동의어로 간주되었고, 에피쿠로스주의에 대한 오해와 맹목적 비난이 계속되었다. 16세기의 종교적·윤리적·지성적 경향은 쾌락주의와 경험주의를 특징으로 하는 에피쿠로스주의를 용납하기 힘들었기 때문이다. 그래서 'epicure'(에피쿠로스의 영어식 표현)라는 단어는 '식도락가'를 뜻하게 되었고, 'epicureanism'(에피쿠로스주의)은 '식도락'이라는 의미로 사용되었다. 에피쿠로스주의에 대한 이러한 오해는 중세 이후 에피쿠로스나 루크레티우스의 글이 실질적으로 거의 알려지지 않았다는 사실과도 무관하지 않다. 『사물의 본성에 관하여』의 가장 오래된 필사본은 9세기에 등장하지만, 이 책의 라틴어판은 1675년에 이르러서야 영국에서 출판되었던 것이다.

에피쿠로스주의와 루크레티우스에 대한 관심은 이탈리아와 프랑스, 독일에서 점차 확산되기 시작했지만, 이탈리아와 프랑스 그리고 영국에서 에피쿠로스주의는 인간을 타락시키고 사회적 불안을 일으키는 세력으로 간주되었다. 그 결과 에피쿠로스와 루크레티우스를 흠모하면서 우주 안에 무한한 수의 세계가 존재한다고 주장한 조르다노 브루노(Giordano Bruno, 1548~1600)는 이단 혐의로 화형당했다.

에피쿠로스주의에 대한 관심을 다시 환기하는 데 가장 기여한 사람은 가톨릭 사제였던 피에르 가상디(Pierre Gassendi, 1592~1655)였다. 가상디는 1647년『에피쿠로스의 삶과 죽음에 관하여』를 출판했으며, 2년 후『디오게네스 라에르티오스 10권과 에피쿠로스의 철학 저술에 관한 관찰』도 펴냈다. 그는 에피쿠로스주의에 대한 오해와 비판에 맞서 에피쿠로스의 삶과 가르침을 옹호하고자 했다. 가상디의 디오게네스 라에르티오스 10권 번역과 주석은 학문적으로 매우 중요한 연구이다. 그러나 가톨릭 사제였던 그는 에피쿠로스의 자연학(특히 원자론)을 수정 없이 받아들일 수 없었다. 그래서 그는 원자론을 기독교 신학과 접목해서, 신이 원자들을 창조했으며 운동시켰다고 주장했다. 다시 말해 가상디의 해석에 따르면, 우주는 원자들의 우연한 결합에 의해 생겨난 것이 아니라 신의 선한 섭리가 표현된 결과(즉, 신의 피조물)라는 것이다. 또한 가상디는 에피쿠로스가 주장하는 것처럼 무한한 수의 원자들이 존재하는 것은 아니라고 말한다. 오직 신만이 무한하기 때문이다.

분명한 사실은 가상디가 프랑스와 영국에까지 퍼진 에피쿠로스주의의 부흥에 영향을 끼쳤다는 것이다. 가상디의 에피쿠로스주의에 영향을 받은 영국의 대표적 철학자가 토머스 홉스(1588~1679)이다. 그는『리바이어던』(1651)에서 존재하는 모든 것이 물질이며, 모든 자연 현상은 운동하는 물체에 의해 생겨난다고 주장했다.

케임브리지 플라톤주의자들과 라이프니츠(1646~1716) 등 에피쿠로스주의에 반대한 사상가들이 여전히 존재했지만, 인간을 자연 세계의 일부로 간주하는 에피쿠로스의 자연주의 철학 이론은 17, 18세기 이후 서구의 자연학과 윤리학 이론에서 점차 각광받기 시작했으며, 많은 사상가들에 의해 긍정적으로 수용되었다. 가령 존 스튜어트 밀(1806~73)은 에피쿠로스주의를 공리주의의 선구로 파악했으며, 드니 디드로

(1713~84)와 토머스 제퍼슨(1743~1826), 제러미 벤담(1748~1832) 등은 스스로를 에피쿠로스주의자로 불렀다.

■ 참고 문헌

루크레티우스, 『사물의 본성에 관하여』, 강대진 옮김, 아카넷, 2012.
_____, 『쾌락』, 오유석 옮김, 문학과지성사, 1998.
키케로, 『신들의 본성에 관하여』, 강대진 옮김, 나남, 2012.

Bailey, C., *Epicurus: The Extant Remains*, Georg Olms Verlag, 1989.
Furley, D. (ed.), *Routledge History of Philosophy Vol. 2: From Aristotle to Augustine*, Routledge, 1999.
Long, A. A., *Hellenistic Philosophy: Stoics, Epicureans, Sceptics*, 2nd ed., University of California Press, 1986 [『헬레니즘 철학』, 이경직 옮김, 서광사, 2000].
Long, A. A. & D. N. Sedley (eds.), *The Hellenistic Philosophers*, 2 vols., Cambridge University Press, 1987.
Sharples, R. W., *Stoics, Epicureans and Sceptics: An Introduction to Hellenistic Philosophy*, Routledge, 1996.
Warren, J. (ed.), *The Cambridge Companion to Epicureanism*, Cambridge University Press, 2009.

제11장 헬레니즘 시대의 회의주의

오유석

일반적으로 "회의주의"(scepticism) 혹은 "회의주의자"(sceptic)라는 용어는 "어떤 것도 명확히 알 수 없다는 철학적 입장" 혹은 "그런 입장을 견지하는 사람"을 연상시킨다. 하지만 헬레니즘 시대의 회의주의자는 아무것도 알 수 없다고 주장하는 사람이 아니었다. 본래 희랍어 단어 skepsis는 "어떤 것을 바라봄, 고려함, 숙고함"을 뜻했으며, 나중에 이 단어는 "어떤 것에 대한 방법론적 탐구"라는 뜻으로도 사용되었다. 바로 이 때문에 헬레니즘 시대의 회의주의자들은 자신들이야말로 진정한 탐구자들이라고 여겼으며, 탐구가 종착점에 도달하여 모든 가능성이 충분히 검토되기 전까지는 어떤 독단적 견해에도 만족하지 않을 것이라는 결연한 의지를 표명했다. 이들이 보기에 독단주의자들은 탐구가 끝나지도 않았는데 마치 최종 결론에 도달한 양 착각하는 자들이며, 진리가 인식 불가능하다고 주장하는 자들 또한 탐구를 포기한 독단주의자일 따름이었다. 반면 회의주의자는 아무것도 알 수 없다고 주장하지 않으며, 도대체 아무런 독단적 주장 자체를 하지 않는다. 바로 이런 이유로, 자신이 무지하다는 사실 외에는 아는 게 없던 소크라테스의 말을 빗대어, 아카데미아 회의주의의 창시자 아르케실라오스는 "나는 모른다는 사실조차 알지 못한다"라고 말했던 것이다.

하지만 만약 회의주의자가 아무런 자기주장도 하지 않는다면, 어떻게 회의주의가 헬레니즘 시대의 주요한 철학 유파로 자리잡을 수 있었을까? 과연 회의주의의 어떤 면이 호소력을 가졌던 것일까?

1 역사와 문헌

헬레니즘 철학의 주요한 관심사는 고통으로부터의 해방 혹은 마음의 평안이었다. 에피쿠로스 학파나 스토아 학파는 자연의 원리에 대한 올바른 앎을 얻음으로써 우리가 고통에서 해방되고 마음의 평안을 얻을 수 있다고 생각했으나, 회의주의자들은 감각이 진리의 기준일 수 없음을 논증하면서 진리와 허위를 판별할 기준을 발견할 수 없더라도 마음의 평안을 얻을 수 있다고 주장했다. 회의주의자가 보기에 지금까지 어떠한 철학적 의문에 대해서도 반론의 여지 없는 명약관화한 답변이 주어진 바 없으며, 앞으로도 의문이 해소될 가능성은 크지 않다. 이런 이유로 외부 대상에 관한 일체의 판단을 유보하는 것이야말로 오류를 피하는 길이라는 것이다.

그런데 헬레니즘 시대 회의주의 내에도 다양한 입장의 차이와 논쟁이 존재했던 듯하다. 급기야 퓌론주의를 대표하는 인물 섹스토스 엠피리코스는 세 종류의 탐구자(독단주의자, 아카데미아 학파, 퓌론주의자)를 구분하면서, 아카데미아 회의주의자는 진리가 파악 불가능하다고 주장한다는 점에서 일종의 독단주의(부정적 독단주의)에 빠지고 있는 반면, 퓌론주의자는 외부 대상의 본성이 파악 가능한지 여부에 관한 판단을 유보하고 탐구를 계속 진행한다는 점에서 진정한 회의주의자(혹은 탐구자)라고 주장한다. 실제로 후대의 많은 문헌에서 "퓌론주의"는 "회의주의"와 동일한 의미로 사용되었다.

하지만 섹스토스의 주장을 액면 그대로 받아들이기는 힘들다. 비록 퓌론주의가 기원전 1세기경 아카데미아 회의주의에 대한 반발로 탄생한 듯하지만, 그럼에도 불구하고 섹스토스는 퓌론주의와 아카데미아 회의주의의 결정적 차이를 밝히는 데 실패하고 있으며, 오히려 아르케실라오스나 카르네아데스 같은 초기 아카데미아 회의주의의 논증은 퓌론주의와 별반 다르지 않다.

그렇다면 헬레니즘 회의주의의 주요한 논증은 어떤 것이었으며, 퓌론주의가 아카데미아 회의주의와 결별한 까닭은 무엇인가? 우리는 헬레니즘 회의주의의 역사와 주요 쟁점을 다음과 같이 정리해볼 수 있다.

1) 아카데미아의 회의주의

철학자들의 전기를 저술한 디오게네스 라에르티오스는 호메로스를 회의주의의 창시자로 간주하는 사람들도 있다고 전한다. 왜냐하면 호메로스는 동일한 대상을 경우에 따라 상이한 것으로 말하고 있기 때문이다. 이와 마찬가지로 시인 아르킬로코스나 에우리피데스의 작품에도 회의주의적 구절들이 발견된다.(DL. IX, 71, 73)

한편 소크라테스 이전 철학자들 가운데 크세노파네스(기원전 575~475년경)는 전통적인 신인동형(神人同形)적 견해에 의문을 제기한 최초의 서양 사상가로 평가되고 있으며, 원자론자 데모크리토스(기원전 460~380년경) 또한 "실제로 각각의 사물이 어떠한지 또는 어떠하지 않은지 우리는 알지 못한다"(68B 10 DK = 550 KRS)라고 말했다. 어쩌면 회의주의적 사고방식이 생겨나게 된 것은 우리가 감각하는 바와 대상 세계의 실제 모습이 다를 수도 있다는 사실에서 오는 필연적 귀결이라고 볼 수 있다.

이처럼 회의주의적 경향은 인류 사상사에 뿌리 깊이 자리잡고 있었지만, 회의주의가 철학 유파로 자리매김하게 된 것은 헬레니즘 시대에 아카데미아의 회의주의가 성립하면서부터였다. 플라톤이 설립한 아카데미아를 회의주의로 변모시킨 장본인은 아르케실라오스(기원전 318~243년경)였다. 아르케실라오스는 본래 소아시아의 피타네 태생이며 거기에서 수학을 공부했다고 한다. 그는 아테네에 온 후 아리스토텔레스의 후계자인 테오프라스토스(기원전 371~287)의 제자가 되었으나, 얼마 후 뤼케이온을 떠나 아카데미아로 옮겼다. 그런데 아르케실라오스가 기원전 273년경 아카데미아의 지도자가 된 후, 그의 영도 아래 아카데미아 학파는 회의주의로 변모하게 된다. 무엇이 그를 회의주의로 전향시켰을까?

아르케실라오스가 회의주의를 주창한 까닭은 아카데미아의 철학적 전통 내지 플라톤 철학의 핵심이 무엇인가와 연관된다. 앞서 논의한 바와 같이 회의주의 학파가 스스로를 "탐구하는 자들"이라고 불렀다는 사실(*DL*. IX, 69; SE. *PH*. I, 7)은 탐구가 최종 목표에 도달할 때까지 어떤 가설적 결론에도 찬성하지 않겠다는 굳은 의지를 보여준다. 우리는 플라톤의 대화편들에서도 이러한 탐구 정신을 발견할 수 있다. 플라톤은 자신의 견해를 직접적으로 주장하는 대신 대화자들을 통해서 간접적으로 드러냈으며, 대화편의 주인공 소크라테스 또한 자신이 무지하다는 사실 이외에 아는 바가 없다고 고백했다. 하지만 플라톤이 죽자, 아카데미아의 지도자들은 플라톤 철학을 정리하고 체계화하는 데만 몰두한 나머지 증명되지 않은 의견들을 자꾸 늘어놓게 되었다. 이에 불만을 느낀 아르케실라오스는 소크라테스적 대화술 내지 문답술로 독단주의자들을 논파함으로써 그들의 탐구 정신을 회복해주려 한 것이다. 그 결과 아르케실라오스 이후 아카데미아 학파는 회의주의 학파로 변모하게 되었다.[1]

아르케실라오스가 주로 공격 대상으로 삼았던 독단주의는 스토아 학파였다. 아르케실라오스와 마찬가지로 스토아 학파의 창시자 제논 또한 한때 아카데미아에서 공부했지만, 이들이 갈라선 까닭은 아마도 소크라테스에 대한 해석이 달랐기 때문이라고 생각된다. 소크라테스는

---

1) 후대 사람들은 플라톤의 아카데미아를 구(舊)아카데미아(제1아카데미아)라고 부른 반면, 아르케실라오스의 아카데미아는 중기 아카데미아(제2아카데미아), 카르네아데스의 아카데미아는 신(新)아카데미아(제3아카데미아)라고 불렀다. 그러나 키케로는 아르케실라오스 이후 라리사의 필론에 이르기까지의 아카데미아를 신아카데미아라고 간주한다.

두 가지를 주장했다.

① 진리에 대한 앎이 가능하다.
② 그 자신은 이러한 앎을 가지고 있지 않다.

아르케실라오스와 제논은 모두 ①에는 동의했다. 하지만 제논은 소크라테스가 발견하지 못한 진정한 앎을 자기 스스로 찾아냈다고 주장한 반면, 아르케실라오스는 제논이 찾았다고 주장하는 앎이 결국 또 다른 의견에 불과하다고 보았다.

그런데 비록 아르케실라오스가 명석한 두뇌와 매력적인 논증으로 주목받았지만 처음에 그의 회의주의 철학은 아카데미아에서 별로 환영받지 못했다. 아카데미아 학파의 구성원들은 플라톤이 회의주의자였다는 주장을 받아들이기 쉽지 않았던 것이다. 하지만 아르케실라오스 이후 100여 년이 흐른 뒤 카르네아데스(기원전 219~129년경)에 의해 아카데미아의 회의주의가 완성되었다. 카르네아데스도 아르케실라오스와 마찬가지로 책을 남기지 않았지만, 키케로의 덕택으로 비교적 많은 논변들이 남아 있다.[2] 카르네아데스도 스토아 학파를 공격하는 데 힘썼는데, 당시 스토아 학파의 지도자는 크뤼시포스(기원전 280~205)였다. 잘 알려진 것처럼, 크뤼시포스는 아카데미아의 회의주의에 의해 공격받은 스토아 학파의 이론을 재정립한 사람이어서, "크뤼시포스가 없었다면 스토아 학파도 없을 것이다"(*DL*. VII, 183)라고까지 했는데, 카르네아데스는 이를 풍자해서 "만약 크뤼시포스가 없었다면 카르네아데스도 없을 것이다"라고 했다.

하지만 아르케실라오스와 카르네아데스는 저서를 전혀 쓰지 않았

---

2) 카르네아데스의 후계자인 클리토마코스는 스승의 논변을 뒷받침하기 위해 4백 권이 넘는 책을 썼다고 전해지지만,(*DL*. IV, 67) 이 책들은 현재 전해지지 않는다. 그러나 라리사의 필론(클리토마코스의 후계자)의 제자였던 키케로는 아마도 이 책들을 읽었을 것으로 추정된다. 따라서 카르네아데스에 관한 키케로의 논의는 신빙성이 있다고 여겨진다.

기 때문에 제자들 사이에서 혼란이 생겨났다. 이를테면 카르네아데스의 제자이자 아카데미아의 계승자였던 클리토마코스조차 카르네아데스 자신의 생각이 무엇인지 모르겠다고 말한 것(*Academica* II, 139)으로 미루어볼 때, 아카데미아 학파 내에서도 카르네아데스를 어떻게 해석할 것인가에 대한 논쟁이 있었던 것으로 추정된다.

결국 클리토마코스로부터 아카데미아를 계승한 라리사의 필론(기원전 160~83년경)은 스토아 인식론을 논박하기 위한 회의주의 논증들은 수용하면서도, 아카데미아 회의주의의 핵심 논증인 파악 불가능(akatalepsia)과 판단 유보(epoche)[3]를 거부함으로써 진리 인식의 가능성을 열어두기에 이르렀다. 그런데 필론은 이러한 견해가 자신의 독창적 견해가 아니라 플라톤부터 필론 자신에 이르기까지 모든 아카데미아 철학자들이 공유했던 입장이라고 주장함[4]으로써 사람들을 놀라게 했고,(*Academica* II, 11, 12, 18) 급기야 필론에 반발한 아스칼론 출신의 안티오코스(기원전 130~68년경)에 의해 아카데미아 학파는 둘로 나뉘게 되었다.

키케로에 따르면, 안티오코스는 천성이 매우 온화한 사람이었지만, 필론이 기원전 90~80년경 로마에서 저술한 책을 읽고 크게 화를 냈고, 그를 반박하기 위해서 *Sosus*라는 책을 썼다고 한다.(*Academica* II, 11~12) 아마도 안티오코스는 필론의 신(新)아카데미아가 아카데미아 학파의 철학적 전통을 훼손하고 있다고 간주한 듯하다. 그래서 그는 신아카데미아가 사이비 아카데미아이며, 플라톤 이래 구(舊)아카데미아의 전통은 페리파토스 학파나 스토아 학파에 의해 계승되고 있다고 주장한다.[5] 안티오코스가 보기에는, 스토아 학파의 창시자 제논

---

3) 이 책 323쪽 이하의 논의 참고.

4) 필론에 따르면 두 개의 아카데미아가 존재하는 것이 아니며, 플라톤부터 자신에 이르기까지 아카데미아 학파의 철학적 견해는 동일했다. Cicero, *Academica* I, 13.

5) 특히 안티오코스는 스토아 학파가 새로운 철학 체계를 제시한 것이 아니라 구(舊)아카데

에 대한 아르케실라오스의 논박이 곧 플라톤에 대한 논박이었던 것이다.(*Academica* II, 16) 안티오코스에 따르면 필론은 진실과 허위의 경계를 흐림으로써 결국 자신이 피하려 한 귀결(신아카데미아의 파악 불가능)로 회귀하게 된다.(*Academica* II, 18) 이러한 상황 하에서 안티오코스는 구아카데미아로의 회귀를 선언하며 사실상 스토아 철학으로 귀의했다.

2) 퓌론주의

필론에 반대해서 구아카데미아로의 회귀를 선언한 안티오코스가 스토아 학파로 전향하게 되자, 아카데미아 학파와 스토아 학파 사이의 논쟁은 결국 스토아 학파가 스토아 학파와 싸우는 꼴이 되었다. 이런 이유로 기원전 1세기경 아이네시데모스는 이제 아카데미아 학파 내에서 회의주의를 더 이상 지속시킬 수 없다고 생각했고, 보다 급진적인 회의주의 운동을 시작하고자 했다. 아마도 그는 아카데미아 학파의 전통 하에서는 회의주의 철학이 한계에 직면할 수밖에 없다고 생각했던 것 같다. 그래서 그는 퓌론을 시조로 하는 새로운 회의주의 철학을 만들었는데, 이것이 바로 퓌론주의다.

그렇다면 퓌론은 어떤 인물이었을까? 디오게네스 라에르티오스는 파악 불가능과 판단 유보 개념을 도입한 최초의 인물이 엘리스 출신 퓌론(기원전 360~270년경)이라고 전한다. 즉, 퓌론은 선악, 진위, 정의와 불의에 관한 일체의 판단을 유보했기 때문에 달려오는 마차나 사나운 개 혹은 절벽조차 피하지 않았다는 것이다. 이런 이유로 퓌론의 주위에는 제자들이 늘 동행하면서 스승을 지켰다고 한다.(*DL*. IX, 61~62) 하지만 퓌론 자신은 아무런 저서도 쓰지 않았으며 우리에게 남겨진 것은 일부 단편들이기 때문에, 우리는 퓌론의 철학적 입장을 평가할 때 각별히 주의해야 한다. 여하튼 퓌론 자신이 회의주의자였는지도 불분명하

미아의 철학(즉, 플라톤 철학)을 일부 수정한 것이라고 말한다. *Academica* I, 43.

며 퓌론의 철학적 견해를 정확히 재구성하는 일은 사실상 불가능하지만, 적어도 아이네시데모스는 새로운 회의주의의 시조를 플라톤이 아니라 퓌론으로 삼는 것이 낫다고 여겼던 듯하다.

아이네시데모스가 저술한 책들은 대체로 짤막한 요약 형태로만 전해지지만, 독단주의자들을 논박하고 판단 유보에 이르도록 그가 제시한 논변들(trope)은 섹스토스 엠피리코스의 『퓌론주의 개요』 제1권에 기록되어 있다. 오늘날 우리가 퓌론주의에 대해 가지고 있는 정보 역시 거의 대부분 섹스토스 엠피리코스의 저술에 근거하고 있는데, 섹스토스에 관해 우리가 알고 있는 사실은 그가 회의주의 철학자이자 의사였다는 것뿐이며, 우리는 아마도 그가 2세기 후반부에서 3세기 초까지 알렉산드리아와 아테네에서 활약했을 것이라고 추정한다.

섹스토스는 『퓌론주의 개요』 서두에서 탐구자를 세 부류로 나눈다.

① 탐구가 아직 종료되지도 않았는데도 최종적 진리를 발견했다고 여기는 자
② 진리 탐구와 관련된 논란이 해소 불가능하다고 간주하고서 탐구를 중도에 포기하는 자
③ 탐구가 결론에 도달하지 않았으므로 계속 탐구해 나가는 자

첫 번째 부류의 탐구자는 너무도 결론에 도달하고자 하는 열망이 큰 나머지, 아직 탐구가 진행 중임에도 불구하고 성급히 진리를 발견했다고 공언하는 자들이다. 섹스토스는 이런 부류의 탐구자를 독단주의자라고 부른다. 스토아 학파나 에피쿠로스 학파가 여기에 속한다. 한편 두 번째 부류의 탐구자는 대상 세계의 진리에 관한 다양한 학파들 사이의 논란이 해소될 수 없으며 진리 인식이 원리상 불가능하다고 주장함으로써 탐구를 중도에 포기하는데, 아카데미아 회의주의 학파가 이에 해당된다. 반대로 세 번째 부류의 탐구자는 아직까지 진리가 발견되지 않았으며 여러 학파들 사이의 논쟁이 해소되지도 않았음을 인정하면서

도, 여전히 진리가 발견될 가능성을 열어두고서 탐구를 지속한다. 섹스토스에 따르면, 세 번째 부류의 탐구자가 바로 퓌론주의자이며, 퓌론주의자야말로 진정한 회의주의자이다.

만약 섹스토스의 주장이 옳다면, 아카데미아 회의주의는 진리 인식이 불가능하다는 사실만은 참이라고 인정함으로써 사실상 독단주의(부정적 독단주의 내지 불가지론)에 빠지고 만다. 그렇다면 아카데미아 회의주의에 관한 섹스토스의 평가는 정당한가? 아카데미아의 회의주의 내에서도 도대체 플라톤 철학의 핵심이 무엇이며 회의주의가 무엇인지에 관해 논쟁이 있었다는 사실을 고려할 때, 퓌론주의가 생겼을 무렵(기원전 1세기경) 진리 인식의 불가능을 주장한 아카데미아의 회의주의자가 실제로 존재했을 수도 있다. 그럼에도 불구하고 자신이 무지하다는 사실조차 알지 못한다고 말했던 아르케실라오스가 진리 인식이 원리상 불가능하다고 독단적으로 주장했을 리는 없다. 마찬가지로 정치 사절로 로마에 파견되었을 때 첫째 날에는 로마의 정의를 칭송했으나 둘째 날에 자신이 전날 했던 주장을 완전히 뒤엎었던 카르네아데스 또한 자신의 주장이 참이라고 강변했다고 보기 힘들다. 이렇게 볼 때 섹스토스의 평가와는 달리, 적어도 초기 아카데미아 회의주의는 퓌론주의와 별반 다르지 않았다고 생각된다. 즉, 회의주의자는 어떤 것도 인식할 수 없다고 주장하는 것이 아니라, 아예 아무런 독단적 주장도 하지 않는다.

3) 텍스트

아르케실라오스와 카르네아데스는 아무런 저작도 쓰지 않았다. 반면 카르네아데스의 제자이자 계승자인 클리토마코스는 많은 책을 저술하여 스승의 가르침을 전하고자 했다. 오늘날 클리토마코스나 그의 제자 라리사의 필론 및 아스칼론 출신의 안티오코스의 저술들은 모두 사라져버렸지만, 필론의 제자였던 키케로(기원전 106~43)가 지은 『아카데미카』(Academica)가 남아 있어서 우리에게 아카데미아 회의주의에 관한 많은 정보를 제공하고 있다.

한편 퓌론주의의 시조로 알려진 퓌론 또한 아무 책도 저술하지 않았는데, 그의 제자 티몬(기원전 320~230년경)이 운문과 산문을 통해 스승의 가르침을 전했다. 티몬의 저술들도 모두 사라져버렸으나, 디오게네스 라에르티오스의 『유명한 철학자들의 생애와 사상』 중 『퓌론의 생애』에 퓌론에 관한 내용이 소개되고 있으며, 퓌론의 철학적 견해에 관한 티몬의 짤막한 요약 설명이 카이사레아의 에우세비우스에 의해 보존되었다.

퓌론주의의 창시자 아이네시데모스가 독단주의자들을 논박하기 위해 제시한 논변들은 섹스토스 엠피리코스의 『퓌론주의 개요』에 담겨 있다. 섹스토스는 헬레니즘 회의주의뿐 아니라 헬레니즘 철학 전반에 관한 상세하고 방대한 정보를 제공하고 있는데, 의사였던 섹스토스의 의술서들은 오늘날 하나도 남아 있지 않지만 『퓌론주의 개요』와 『독단주의자들에 대한 논박』(*adversus mathematikos*)이 보존되어 있어서, 회의주의와 독단주의 사이의 논쟁점이 무엇인지 가르쳐주고 있다.

2 파악 불가능

파악 불가능 혹은 감각의 불명확성(akatalepsia)은 독단주의자들을 논박하기 위한 회의주의의 대표적인 논변이다. 특히 파악 불가능은 스토아 학파의 파악적 표상(kataleptike phantasia)을 주요한 공격 대상으로 삼고 있다. 감각과 올바른 앎의 관계와 관련해서, 헬레니즘 시대의 철학 유파 중 에피쿠로스 학파는 모든 감각이 참이고 실재적이라고 주장한 반면, 스토아 학파는 감각 표상 중에 참인 것과 거짓인 것이 있으며 참된 감각이 올바른 앎의 기초가 된다고 주장했다.

그렇다면 참된 감각 표상과 허위인 감각 표상은 어떻게 식별 가능한가? 스토아 학파는 이 물음에 답하기 위해 파악적 표상(kataleptike phantasia)과 파악(katalepsis, 혹은 인식)을 제시했다. 감각 중에는 신기루 같은 허위도 있지만, 올바른 인과적 연원을 통해 형성되었기에 명석판명한 감각 표상도 존재하며,(*DL.* VII, 46; Sextus Empiricus, *Adversus Mathematicos* VII, 402) 마치 머리에 뿔 달린 뱀이 다른 뱀들로부터 구별되듯이 참된 감각 표상은 불분명하거나 허위인 감각 표상들과 구별된다(*Adversus Mathematicos* VII, 252)는 것이다. 스토아 학파는 이처럼 명석판명한 감각 표상(즉, 파악적 표상)이야말로 모든 탐구와 진리 인식의 토대가 된다고 보았으며, 파악적 표상을 "(a) 실재하는 것 (hyparchonta)으로부터 생겨나고, (b) 실재 그 자체와 일치하게, (c) 마음에 도장을 찍은 것같이 각인된 것"이라고 정의했다.

하지만 아카데미아 회의주의의 창시자 아르케실라오스는 참된 감각 표상과 허위인 감각 표상을 구별하는 것은 사실상 불가능하며, 따라서 파악적 표상이란 진리의 기준일 수 없다고 주장한다. 아르케실라오스 자신은 한 권의 책도 저술하지 않았지만, 훗날 키케로는 아르케실라오스가 스토아 철학의 창시자 제논을 다음과 같이 비판하는 장면을 재현한다.

그러자 아르케실라오스는 허위인 감각 표상과 외형상 완전히 동일하면서도 참된 감각 표상이 있더라도 파악적 표상이 존립한다고 할 수 있는지 묻는다. 이때 제논은 영리하게도 실재로부터 생기는 감각 표상이 비실재로부터 생기는 감각 표상과 완전히 똑같은 모습을 가질 경우 파악(katalepsis, 혹은 인식)이 불가능해질 것임을 알았다. 아르케실라오스는 이처럼 제논이 파악적 표상의 정의에 새로운 구절을 첨가한 일이 옳다고 인정했다. 왜냐하면 참된 감각 표상이 허위인 감각 표상과 동일하다면 파악(katalepsis)은 불가능할 것이기 때문이다. 하지만 그는 실재로부터 생기는 감각 표상이 비실재로부터 생기는 감각 표상과 동일할 수 없다는 주장을 논파하기 위해 애썼다.(Cicero, *Academica* II, 77)

위의 구절에 따르면, 제논은 아르케실라오스의 비판을 막기 위해 파악적 표상의 정의에 네 번째 항목을 첨가했다. (d) "비실재로부터 생기지 않는 것"이 바로 그것이다. 흥미로운 점은 제논이나 아르케실라오스 모두 "비실재로부터 생기지 않음"의 의미를 "실재로부터 생겨나는 감각 표상이 비실재로부터 생겨나는 감각 표상과 동일하지 않음" 혹은 "참된 감각 표상이 허위인 감각 표상으로부터 식별 가능함"과 동의어로 해석하고 있다는 사실이다. 다시 말해 위의 구절에서 비실재란 "존재하지 않는 것"이라기보다는 "실제 대상이 아닌 것"을 뜻하는 것으로 보인다. 아무리 파악적 표상이 실재하는 것으로부터 생겨나고 마치 도장을 찍은 것처럼 실재 대상에 일치하게 우리 마음에 각인되더라도, 만약 참된 감각적 표상과 식별 불가능하면서도 허위인 감각 표상이 존재한다면, 결국 우리는 우리 눈앞에 보이는 감각 표상이 파악적 표상인지 아닌지 단언할 수 없게 된다. 이 때문에 스토아 학파는 실재하는 것으로부터 생겨나는 파악적 표상이 실재하지 않는 것으로부터 생겨나는 허위 감각 표상과 동일할 수 없으며, 우리가 파악적 표상을 가질 경우 이를 그렇지 못한 감각 표상으로부터 구별할 수 있다(즉, 내가 지금 가지고 있는 감각 표상이 파악적 표상임을 증명할 수 있다)고 주장한다.

반면 아르케실라오스는 파악적 표상과 외형상 전혀 구별되지 않으면서도 파악적 표상이 아닌 감각 표상들이 존재함을 보임으로써, 스토아 학파가 주장하는 파악적 표상이 진리의 기준일 수 없음을 입증하고자 했다. 키케로는 스토아 인식론에 대한 아카데미아 학파의 반박 논변을 다음과 같이 설명하고 있다.(*Academica* II, 40~42, 83)

(a) 참인 감각 표상들도 있으나, 거짓인 감각 표상도 있다.

(b) 거짓된 감각 표상들은 파악 가능한 것(즉, 파악적 표상)이 아니다.

(c) 그런데 모든 참된 감각 표상에 대해서는 그것으로부터 식별 불가능하면서도 거짓인 감각 표상이 존재한다.

(d) 서로 식별되지 않은 감각 표상들 중 하나는 파악 가능한(즉, 파

악적 표상인) 반면 다른 것은 그렇지 않을 수는 없다.

(e) 따라서 어떤 감각 표상도 파악적 표상일 수 없다.

이 논증에서 (a)와 (b)는 모두 스토아 학파의 입장이며, (d)는 스토아 학파가 아니더라도 누구나 인정할 수 있다.(*Academica* II, 41) 따라서 문제는 (c)가 얼마나 설득력 있는가이다. 아르케실라오스는 파악적 표상(kataleptike phantasia)이 그렇지 않은 감각 표상으로부터 식별 불가능한 경우들을 지적하면서 스토아 학파를 논박했다. 키케로는 아르케실라오스의 반박 논변들에 공통적으로 적용되는 원칙을 다음과 같이 설명하고 있다. "(두 감각 표상이) **서로 식별될 수 없더라도, 이들은 서로 다르지 않다**고 간주된다."(*Academica* II, 40)

아르케실라오스가 파악적 표상과 식별 불가능하면서도 허위인 감각 표상이 존재함을 입증하기 위해 구체적으로 어떤 사례들을 제시했는지는 알려져 있지 않지만, 카르네아데스가 제시한 사례들은 키케로와 섹스토스 덕분에 지금까지 전해지고 있다.(*Academica* II, 79~96; *Adversus Mathematicos* VII, 402 이하 참고)

① 환각: 미친 사람치고 자신이 미쳤음을 시인하는 사람은 없다. 가령 헤라클레스는 미쳐서 자기 자식들을 적의 자식들이라고 착각했는데, 만약 헤라클레스가 제정신이었다면 자기 자식들을 적의 자식으로 보지는 않았겠지만, 실성한 헤라클레스에게는 자기 자식이 적의 자식처럼 보였고 그는 참된 감각 표상과 허위인 감각 표상을 구별할 수 없었다.

② 꿈: 어떤 사람이 귀신에게 쫓기는 악몽을 꾸었다고 하자. 꿈꾸고 있는 사람이 무서워서 소리치는 것은 현실 세계와 꿈속의 감각 표상을 구별할 수 없기 때문이다.

③ 착시: 배를 타고 가는 사람에게는 땅이 움직이는 것처럼 보인다. 또한 물속에 있는 노는 휘어 보인다.

④ 감각의 한계: 우리는 멀리 있는 물건을 정확히 확인할 수 없으며, 하늘에 떠 있는 태양의 크기를 분명히 알 수 없다. 또한 우리는 똑같이 생긴 쌍둥이를 구분할 수 없다.

위에서 제시된 예들 중 ①과 ②는 비정상적인 과정을 통해 생겨난 감각 표상인 반면, ③과 ④는 정상적으로 생겨났음에도 불구하고 파악적 표상이라고 볼 수 없는 감각 표상이다. 이처럼 어떤 감각 표상이 정상적인 인과적 연원을 통해 생겨나든 비정상적인 인과적 연원을 통해 생겨나든, 파악적 표상은 그렇지 못한 감각 표상과 구별될 수 없다는 것이 회의주의자들의 주장이다.

그런데 만약 회의주의자가 명석판명한 감각 표상(파악적 표상)과 그렇지 못한 감각 표상의 식별 가능성을 받아들이지 않는다면, 결국 아무것도 분명하지 않다고 주장함으로써 부정적 독단주의에 빠지게 되거나 진리 인식의 가능성을 부정함으로써 스스로 탐구자임을 포기하게 되는 것은 아닐까?

이에 대하여 섹스토스는 다음과 같이 답한다.

"모든 것이 파악 불가능하다"라고 말할 때에도, 우리는 앞서와 유사한 태도를 견지한다. 이를테면 "모든 것"이라는 단어도 앞서와 동일한 방식으로 설명하며, 이 문장에 "내가 보기에"라는 단어를 보충한다. 그러므로 그것이 의미하는 바는 다음과 같다. "독단적 탐구의 대상인 불분명한 것들 중에서 내가 검토한 모든 것들은 내가 생각하기에는 파악 불가능한 것처럼 보인다." 그런데 우리의 입장은 독단주의자들에 의해서 탐구되는 대상이 본성상 파악 불가능하다는 것이 아니다. 오히려 우리는 단지 우리 자신의 내적 느낌을 보고하고자 한다. 회의주의자는 말한다. "이러한 느낌에 따르면, 나는 지금껏 대상들 중 어떤 것도 파악하지 못했다고 생각한다. 왜냐하면 서로 대립되는 대상들이 가치에 있어서 동일하기 때문이다."(Sextus Empiricus,

Pyrrhoneae Hypotyposis I, 200)

"모든 것이 파악 불가능하다"라고 회의주의자가 말할 때, 그는 모든 대상이 **본성상 파악 불가능함**을 강변하지 않으며, 오히려 자신이 검토한 모든 것들이 **회의주의자 자신에게는 파악 불가능한 것처럼 생각된다**는 점을 보고한다. 즉, 회의주의자는 외부 세계의 본성에 관해 독단적인 견해를 가지지 않기 때문에, 외부 세계의 본성이 어떠어떠하다고 단언하지 않으며 다만 자신에게 어떻게 느껴지는지 고백할 뿐이다. 그래서 섹스토스는 회의주의자가 "~이다"라는 용어를 사용할 때, 그것은 "~처럼 보이다"라는 말 대신 사용한 것임을 분명히 밝히고 있다.(*Pyrrhoneae Hypotyposis* I, 135) 회의주의자도 보통 사람처럼 말하고 행동하지만, 그는 감각 주체인 자신에게 표상되고 느껴지는 바를 그대로 전할 뿐 외부 대상의 본성에 관해 아무런 적극적 주장을 하지 않는다. 이렇게 볼 때, 우리는 회의주의자가 부정하고자 하는 것이 올바른 감각 표상과 거짓인 감각 표상의 구별 가능성이지, 올바른 감각 표상이 아예 존재하지 않는다고 주장하는 것은 아님을 알 수 있다.

3 판단 유보와 회의주의자의 믿음

아카데미아 회의주의의 창시자 아르케실라오스와 아카데미아 회의주의의 완성자 카르네아데스는 파악 불가능성 혹은 감각 표상의 불명확성(akatalepsia)과 관련해서 동일한 입장을 견지했다. 하지만 판단 유보(epoche)에 관해 카르네아데스는 아르케실라오스와 약간 다른 논증을 제시했다.

먼저 아르케실라오스의 논증을 검토해보자.(*Academica* II, 67)

(1) 현자가 무언가에 동의한다면, 그는 때때로 억견(doxa)을 가질

것이다.

(2) 그런데 (스토아 학파에 따르면) 현자는 결코 억견을 가지지 않는다.

(3) 따라서 현자는 (억견을 피하기 위해서) 아무것에도 동의하지 않을 것이다.

스토아 학파에 따르면 현자는 허위를 진실로 받아들이지 않고,(*SVF*. II, 131; III, 548) 억견(즉, 불확실한 것에 대한 동의 혹은 나약하고 잘못된 동의)을 가지지도 않으며,(*SVF*. I, 54, 347, 625; II, 131; III, 548, 549, 550) 무지하지도 않다.(*SVF*. II, 131; III, 548) 현자가 억견을 가지지 않는 이유는 참과 거짓을 분별할 수 있어서 잘못된 판단을 내리지 않기 때문이다. 하지만 스토아 학파는 현자가 세상만사를 다 안다고 주장하지는 않았다. 때로는 현자도 사실 여부를 판별할 수 없는 경우가 있으며, 이때 현자는 오류를 피하기 위해 판단을 유보한다.[6]

아르케실라오스는 바로 이 점에 착안해서 스토아 학파를 논박하고자 했다. 즉, 스토아 학파가 주장하듯 현자가 억견(혹은 잘못된 판단)을 가지지 않으려면 거짓 감각 표상에 동의하지 않아야 할 텐데, 모든 참된 감각 표상에는 이와 식별 불가능한 거짓 표상이 대응되므로 사실상 모든 감각 표상은 거짓일 수 있다. 따라서 억견을 피하려면 현자는 모든 감각 표상에 대해서 판단을 유보해야 한다는 것이다. 스토아 학파는 감각 표상들의 차이가 궁극적으로 인과적 연원의 차이에 기초한다고 주장하지만, 아르케실라오스에 따르면 감각 표상의 인과적 연원을 낱낱이 확인하는 것은 불가능하며, 우리는 우리에게 표상되는 감각 자료만으로 감각 표상들을 분별해야 하므로, 결국 외부 대상에 관한 명석 판명한 감각 표상은 성립하지 않으며 현자도 외부 대상의 본성에 관해

---

6) Cicero, *Academica* II, 53. 스토아 현자는 때때로 파악적 표상에 대해서도 동의를 유보한다. Cicero, *Academica* II, 94, 107 참고.

판단을 유보해야 한다.

그런데 카르네아데스는 아르케실라오스의 논변을 다음과 같이 약간 변형해 스토아 인식론을 논박하고자 했다.(*Academica* II, 59, 67 참고)

(1′) 현자가 무언가에 동의한다면, 그는 때때로 억견을 가질 것이다.
(2′) 그런데 현자는 때때로 (불명료한 감각 표상에) 동의한다.
(3′) 따라서 현자도 때때로 억견을 가진다.

결론적으로 카르네아데스는 현자도 억견을 가질 수 있으며 그럴듯한 감각 표상(pithanon 혹은 probabile)에 따라 행동할 수 있다고 주장한다. 그런데 여기서 현자가 스토아 학파의 현자를 가리키는 것이라면, 구태여 카르네아데스가 자신의 논적인 스토아 현자의 행동 가능성을 친절하게 설명해줄 필요가 있었겠는가 의문이 든다. 도대체 카르네아데스는 왜 현자가 그럴듯한 감각 표상에 따라 행동하면 성공할 것이라고 말하는가? 여기서 현자는 과연 누구인가? 현자도 때때로 억견을 가지며 그럴듯한 감각 표상에 따라 행동할 수 있다고 카르네아데스가 논증한 이유를 다음과 같이 두 가지로 생각해볼 수 있다.

① 변증적 의도에서

카르네아데스의 논증을 어떻게 이해할 것인가에 관해서 제자들의 의견은 크게 둘((ㄱ) 클리토마코스의 변증적 해석 (ㄴ) 회의주의자도 자신의 견해 혹은 믿음[7]을 가질 수 있다는 필론과 메트로도로스의 해석)로 나뉘었다. 키케로는 클리토마코스의 견해를 따라, 카르네아데스가 "현자는 아무것도 인식하지 못하며 다만 억견을 가질 뿐이다"라고 논증한 것이

---

7) doxa는 "(올바른 앎에 미치지 못하는) 억견"이라고 해석할 수도 있으나 단순히 "의견" 내지 "생각", "견해", "믿음" 등을 뜻할 수도 있다.

전적으로 변증적 의도 때문이라고 해석한다.(*Academica* II, 78)

    카르네아데스의 모든 논변이 대인논증(ad hominem 논증)[8]인지는 논란의 여지가 있지만, 변증적 해석의 관점에서 보면 아르케실라오스와 카르네아데스는 다음과 같이 스토아 인식론을 논박하고 있다고 생각된다. 스토아 학파는 진리의 기준인 파악적 표상이 존재한다고 주장한다. 그런데 스토아 학파는 명석판명한 감각 표상을 얻지 못할 경우 현자도 판단을 유보할 것임을 인정한다. 결국 파악적 표상의 존재가 입증되지 않는다면, 스토아 현자는 오류를 피하기 위해서 외부 대상에 대해 판단을 유보해야 한다(아르케실라오스의 반박). 아니면 현자도 보통 사람과 마찬가지로 올바른 앎(episteme)을 획득할 수 없으며 기껏해야 억견(doxa)만을 가질 수 있다(카르네아데스의 반박).

    ② 스토아 학파의 반박에 답변하기 위해

    스토아 학파는 아카데미아의 회의주의(특히 아르케실라오스)에 대항해서 행동 불가 논증을 제시했다. 이에 따르면 외부 대상에 대한 동의 없이 정상적인 삶을 영위하는 일은 불가능하다. 왜냐하면 행동이란 믿음을 요구하는데, 어떤 것을 믿는다는 것은 (외부 대상에 관한) 감각 표상에 동의하는 것이기 때문이다. 결국 스토아 학파에 따르면 아카데

---

8) 대인논증이란 무언가 알고 있다고 공언하는 대화 상대자들에 대해 소크라테스가 제시한 논증 방식을 가리킨다. 즉, 소크라테스 자신은 아무것도 알지 못하므로 질문만 던지며, 지식을 가진 대화 상대자가 이에 답변한다. 따라서 논증의 모든 전제들은 대화 상대자의 것이며 결론 또한 대화 상대자의 것이다. 그런데 논증의 결과 최초의 전제와 양립 가능하지 않은 결론이 도출되며 이 때문에 대화 상대자는 자신의 무지를 인정하게 된다. 아카데미아의 회의주의는 바로 이 같은 소크라테스의 대인논증을 사용해서 독단주의자들을 논박하고 있다. 한편 변증적 해석이란 회의주의자가 제시하는 모든 논변을 대인논증으로 해석하는 입장인데, 이에 따르면 아카데미아 회의주의 논변의 모든 전제는 독단주의자들의 것이며 그 결론 또한 전적으로 독단주의자들의 것이다. 다시 말해 변증적 해석에 의하면, 회의주의자 자신은 아무런 주장이나 견해도 제시하지 않으며 오로지 독단주의자들을 논파할 의도로 논변을 펼칠 뿐이다.

미아 회의주의는 인간으로부터 인식이나 동의를 박탈함으로써 정신 활동 자체를 제거해버렸다.(*Academica* II, 24~25, 37~39)

스토아 학파는 진리의 파악 가능성을 부정하는 회의주의자도 적어도 한 가지(모든 대상이 인식 불가능함)는 인식해야 한다고 주장한다. 하지만 인식 불가능성을 인식한다는 것은 모순이다. 이러한 스토아 학파의 반박에 대해서 카르네아데스는 현자가 대상의 인식 불가능에 대해 오류 불가능한 앎을 가지는 것이 아니라 억견을 가질 뿐이라고 답함으로써 모순을 피하고자 했다.(*Academica* II, 148) 이렇게 본다면 카르네아데스의 논증에서 현자는 스토아 현자라기보다는 회의주의 현자여야 한다. 다시 말해 만약 두 번째 해석이 옳다면 카르네아데스의 논변은 스토아 학파를 논박하려는 것이 아니라 스토아 학파의 행동 불가 논증으로부터 회의주의를 지키기 위해 제시된 것이다.

카르네아데스는 다음과 같은 방식으로 스토아 학파의 행동 불가 논변에 답하고자 했다. 카르네아데스에 따르면 스토아 학파가 주장하는 것과 같은 파악적 표상은 존재하지 않는다. 즉, 모든 감각 표상은 오류일 수 있으므로 이에 대한 모든 진술들 또한 불명확하다. 그럼에도 불구하고 우리에게 더 그럴듯하게 보이는 감각 표상이 있는 반면, 완전히 불명확(adelon)한 감각 표상(가령 우주에 있는 별들의 수)도 존재한다. 그러므로 우리는 우리 앞에 있는 책상의 물질적 구조를 정확히 알고 있지 않더라도, 그 책상이 딱딱하게 보인다고 생각할 수 있다. 바로 이것이 회의주의자가 가질 수 있는 믿음 혹은 견해(doxa)이다. 따라서 스토아 학파의 주장과는 달리, 회의주의자도 무언가를 믿을 수 있으며 그 믿음에 따라 행동할 때 성공을 얻을 수 있다.

그런데 바로 여기서 또 다른 의문이 생겨난다. 만약 회의주의자도 믿음 혹은 자신의 견해를 가질 수 있다면 이것이 스토아 학파의 인식 혹은 동의(katalepsis)[9]와는 어떻게 다른가? 섹스토스는 이 물음에 다음과 같이 답한다.

회의주의자가 (독단적) 견해를 가지지 않는다고 우리가 주장할 때, 우리는 "견해 혹은 믿음(dogma)"이라는 말을, 어떤 사람들이 말하듯이, "일반적으로 어떤 대상들을 용인함(eu dokein)"이라는 의미로 사용하는 것이 아니다. (왜냐하면 감각 표상에 따라 필연적으로 생겨나는 느낌에 대해서는 회의주의자도 동의하기 때문이다. 가령 회의주의자는 그가 뜨거워지거나 차가워졌을 때, "나는 뜨거워지지 않았다고 생각한다" 혹은 "나는 차가워지지 않았다고 생각한다"라고 말하지 않는다.) 오히려 회의주의자가 (독단적) 견해를 가지지 않는다고 우리가 주장할 때, "(독단적) 견해"라는 말은, 어떤 이들이 주장하듯이, "불분명한 학문적 탐구의 대상에 대한 동의"를 의미한다. (왜냐하면 퓌론주의자는 불분명한 것에 대해서 결코 동의하지 않기 때문이다.) …… 따라서 만약 독단적인 믿음을 가지고 있는 사람은 자신이 믿고 있는 바를 실제적인 것으로 놓는 반면, 회의주의자가 자신의 진술이 암묵적으로 그 스스로 진리성을 무효화하도록 자신의 의사를 표현한다면, 그는 자기 의사를 표현함에 있어서 독단적 견해를 가지지 않는다고 말해질 수 있다. 하지만 가장 중요한 것은 다음과 같은 점이다. 회의주의자는 회의주의적 표현들을 진술할 때, 자신에게 보이는 바(phainomenon)를 기술하고, 독단적 믿음을 가지지 않고서 자신이 느끼는 바(pathos)를 보고하며(apangelei), 외부 대상에 관해서는 결코 확언하지 않는다.(*Pyrrhoneae Hypotyposis* I, 13~15)

　　인용된 구절에서 섹스토스는 "견해 또는 믿음(dogma)"의 두 가지 의미를 구분하고 있다.

　　(a) 감각 데이터에 대한 수동적인 용인
　　(b) 불분명한 원인에 대한 독단적 믿음

---

9) 스토아 학파에서 katalepsis는 파악, 인식, 동의 등을 의미한다.

섹스토스에 따르면, 회의주의자는 첫 번째 의미의 믿음은 거부하지 않는다. 다시 말해 회의주의자도 자신에게 감각 표상이 어떠어떠하게 보인다는 사실은 인정한다. 하지만 그는 독단주의자처럼 불분명한 외부 대상에서 감각의 원인을 찾아 헤매지 않는다. 다시 말해 우리에게 분명한 것은 감각 표상일 뿐이므로, 불분명한 외부 대상에 대해서는 판단을 유보해야 한다는 것이다.

일반적으로 우리가 p라는 명제에 동의한다는 말은 ~p에 동의하지 않음을 함축한다. 스토아 학파의 동의가 바로 그러하다. 가령 내가 "저 책상이 빨갛다"라는 감각에 동의했다면 나는 동시에 "저 책상이 빨갛지 않다"라고 생각하지 않는다. 하지만 내가 p를 믿는 동시에 (이보다는 불확실하지만) ~p도 믿는 경우를 가정할 수 있다. 가령 나는 우리 집이 불타지 않을 것이라고 믿으면서도 화재보험에 들 수 있다. 이것은 우리 집에 불이 날 확률이 적음에도 불구하고 100퍼센트 확실하게 우리 집에 불이 나지 않는다고 확신할 수 없기 때문이다. 회의주의자의 믿음이란 바로 이와 같은 것이다. 아무리 생생하고 분명하게 보이는 감각도 거짓일 수 있기 때문에 우리는 어떤 감각이 100퍼센트 참이라고 동의해서는 안 된다. 하지만 그럼에도 불구하고 우리에게 더 그럴듯하게 보이는 감각 표상이 있으며 우리는 이에 따라서 행동할 수 있다. 회의주의자도 어떤 명제에 대해 긍정 혹은 부정의 답변을 할 수 있다는 점에서, 그는 동의를 할 수 있으며 믿음을 가질 수 있다.

이런 점에서 회의주의자의 동의나 믿음은 독단주의자의 동의나 믿음과는 다르다. 독단주의자의 동의는 어떤 명제의 진위에 대한 판단을 가능케 함으로써, 어떤 행동을 해야 할지 결정할 수 있게 해준다. 하지만 회의주의자는 이에 반대한다. 사실판단과 행동의 문제는 전혀 다르다. 왜냐하면 우리는 어떤 명제가 사실인지 아닌지 모르더라도 어떻게 행동해야 할지 결정할 수는 있기 때문이다. 가령 어떤 군인이 풀숲에 매복이 있을 것이라고 생각하고 도망쳤다고 하자. 그는 풀숲에 정말로 적군이 숨어 있는지 확인하지 않았다. 따라서 매복이 있는지 없는지 알 수 없다. 하지만 그는 적군이 숨어 있을지도 모른다고 믿었기 때문에 도망치기로 결정한 것이다. 이때 군인의 믿음은 전적으로 확실한 믿음은 아니지만 그의 행동을 결정하는 데 충분하다.

물론 회의주의자가 독단적인 믿음으로부터 해방되기는 했지만, 모든 걱정으로부터 해방된 것은 아니다. 회의주의자도 배고픔을 느끼고, 목마름을 느낀다. 하지만 보통 사람들은 배고픔이나 목마름이 본성적으로 나쁜 것이라고 생각하기 때문에 더욱더 고통을 받지만, 회의주의자는 그런 독단적 믿음을 가지지 않는다. 결국 인간의 모든 고통은 외부 세계에 대한 집착에서 비롯되므로, 마치 좋은 약을 처방했을 때 병이 치료되듯이 우리가 외부 대상에 대한 독단적 판단을 유보할 때 우리 마음이 안정과 평화를 얻게 된다. 섹스토스는 우리가 고통을 겪게 되는 가장 큰 원인은 외부 대상에 대해 잘못된 믿음을 가지고 있기 때문이라고 말하면서, 우리가 독단적 믿음으로부터 자유로워질 때 마음의 평안이 자연스럽게 잇따른다고 결론짓는다.

왜냐하면 회의주의자는 감각 표상들을 평가해서 어떤 감각 표상이 참이고 어떤 감각 표상이 거짓인지 파악함으로써 마음의 평안을 얻으려는 목적으로 철학 활동을 시작했으나, (감각 표상과 관련된) 상반된 주장들이 동일한 설득력을 가진다는 사실을 알아차렸으며, 이러한 논쟁을 해결할 수 없기 때문에 결국 판단을 유보하게 된 것이기 때문이다. 그런데 회의주의자가 판단을 유보하자, 뜻밖에도 믿음과 관련된 마음의 평안이 그에게 생겨났다. 왜냐하면 어떤 사물이 본성적으로 좋거나 나쁘다고 믿는 사람은 늘 불안해하기 때문이다. 즉, 그가 좋다고 여기는 것들이 그의 곁에 있지 않을 때 그는 본성적으로 나쁜 것들로 인해서 자신이 고통받는다고 생각하며, 그가 판단하기에 좋은 것들을 추구한다. 하지만 그가 원하는 것들을 획득한다면, 그는 더욱 큰 고통에 직면하게 된다. 왜냐하면 그는 비이성적이고 정도를 넘어서 과도하게 의기양양해하기 때문이다. 더구나 그는 혹시 상황이 바뀔 수도 있다는 두려움을 가지기 때문에, 스스로 좋다고 여기는 것들을 잃지 않기 위해서 무슨 짓이든 다 할 것이다. 반면 본성적으로 좋거나 나쁜 것들에 관해서 분명한 입장을 결정하지 않은 사람은 어떤 것을 열렬하게 기피하거나 추종하지 않는다. 이 때문에 그는 마음의 평안을 얻는다.

화가 아펠레스에 관한 일화가 회의주의자에게도 적용된다. 사람들은 말하기를, 아펠레스는 말 그림을 그리면서 입가에 문 거품을 그림 속에 묘사하고자 했으나, 그의 노력은 성공적이지 못했다고 한다. 그래서 결국 아펠레스는 포기한 나머지, 붓에 묻은 물감을 닦아내는 스펀지를 집어 들고 그림에다 던져버렸다. 그런데 스펀지가 그림에 닿았을 때, 거품 모양이 그려졌다. 이와 마찬가지로 회의주의자도 보이는 것들과 생각되는 것들의 불규칙성을 해소함으로써 마음의 평안을 얻고자 했으나, 이런 목적을 이룰 수 없었으므로 판단을 유보했다. 그런데 회의주의자가 판단을 유보했을 때, 마치 그림자가 물체에 따르듯이, 예기치 않게도 마음의 평안이 회의주의자에게 생겨났다.(*Pyrrhoneae Hypotyposis* I, 26~29)

4 영향사

회의주의자들은 외부 대상의 본성에 대한 일체의 판단을 유보하는 것이 마음의 평안을 가져다줄 것이라고 말했지만, 2세기 말 이후 사람들은 혼란스러운 세상 속에서 자신의 영혼을 구원해줄 지식을 찾는 데 점점 더 집착하게 되었고, 그 결과 회의주의는 점차 영향력을 상실해갔다. 그 결과 3세기 초 이후 퓌론주의자들은 자취를 감추게 되었다. 헬레니즘 회의주의에 관한 현존하는 주요한 세 문헌(섹스토스 전집, 디오게네스 라에르티오스의 『유명한 철학자들의 생애과 사상』 중 『퓌론의 생애』 그리고 키케로의 『아카데미카』) 중 『퓌론의 생애』는 중세에 완전히 잊혀졌으며, 섹스토스의 저작들 또한 중세 사상사에 별다른 영향을 주지 못했다. 섹스토스 엠피리코스는 르네상스 시대에 와서야 서방에서 재발견될 수 있었다. 한편 키케로의 저술들은 중세 시대에 가장 잘 알려지고 많이 읽힌 고전 작품이었지만, 『아카데미카』는 거의 알려지지 않았고 소홀히 다루어졌다.

이런 와중에서 두 명의 라틴 교부(락탄티우스와 아우구스티누스)를 주목할 만하다. 락탄티우스(240~320년경)는 독단주의 철학 사상에 대한 아카데미아 회의주의의 논변이 기독교 신앙을 위한 유용한 출발점이라고 여겼으며, 아우구스티누스(354~430)는 회심한 직후 386년 가을 카시키아쿰(Cassiciacum)에 물러나서 세례를 준비하면서 몇 개의 대화편을 썼는데 그중 첫 작품이 『아카데미아 회의주의 논박』(Contra academicos)이다. 이 책에서 아우구스티누스는 회의주의를 비판하면서도 회의주의적 논변 방식이 유용함을 인정했는데, 중세 시대의 사람들은 아우구스티누스의 영향으로 회의주의 논변에 대해 약간의 지식을 얻게 되었다.

하지만 4세기 이후에는 회의주의에 관한 관심이 거의 사라지게 되었다. 서방의 경우 페트라르카(1304~74) 이전에 아카데미아 회의주의를 언급한 사람은 샐리스버리의 존(John of Salisbury, 1125~80년경)과 겐트의 헨리쿠스(Henry of Ghent, 1217~93년경) 그리고 오트레쿠르의 니콜라스(Nicolas of Autrecourt, 1299~1369년경) 정도뿐이며, 이방 민족의 침입과 약탈로부터 자유로웠던 알렉산드리아나 비잔티움에서도 사정은 크게 다르지 않았다. 5세기 비잔틴 편집자 스토바이오스는 퓌론과 섹스토스를 알고 있었던 듯하고, 9세기 포티오스도 아이네시데모스의 저서 목록 및 요약을 전하고 있지만, 12세기까지 퓌론과 섹스토스에 관해서는 단편적으로만 언급되고 있었다. 14세기에 와서야 퓌론주의에 대한 관심이 되살아났음을 간접적으로 보여주는 증거들이 등장하지만, 동방에서 퓌론주의가 얼마나 영향력 있었는지를 단정짓기는 쉽지 않다.

그런데 15~16세기가 되자 상황은 급반전한다. 회의주의의 주요 문헌들(섹스토스 전집, 디오게네스 라에르티오스의 『유명한 철학자들의 생애와 사상』 중 『퓌론의 생애』 그리고 키케로의 『아카데미카』)이 서방에서 재발견되었으며, 17세기에는 회의주의가 주요한 철학 운동으로 자리잡게 된 것이다. 회의주의는 비단 철학 사상뿐 아니라 신학이나 과학, 문학에도 영향을 끼쳤다.

회의주의 문헌은 15세기부터 이탈리아에서 재발견되고 출판되기 시작했지만, 1520~50년대 이후 이탈리아에서는 헬레니즘 회의주의에 대한 관심이 약해진 반면 알프스 이북에서는 회의주의가 점점 더 많은 사상가들의 주목을 받기 시작했다. 회의주의를 대중화하는 데 가장 중요한 사건은 섹스토스의 『퓌론주의 개요』가 1562년 앙리 에스티엔(Henri Estienne)[10]에 의해 최초로 라틴어로 번역된 것과, 7년 후 프랑스의 에르베(Gentian Hervet)에 의해 섹스토스의 『독단주의자들에 대한 논박』(adversus mathematicos)이 라틴어로 번역된 일이었다.[11] 당시는 종교개혁으로 인해 전통적 가톨릭 신앙이 도전받고 있었으며 과학의 발전(가령 코페르니쿠스의 지동설)으로 인해 아리스토텔레스의 세계관이 공격받고 있던 때였기 때문에, 회의주의가 유럽 사회에 수용될 여건은 충분했다. 특히 반대파를 공격하는 수단으로 회의주의 논변이 사용되었는데, 이를테면 에라스무스는 전통적 기독교 교리를 옹호하는 루터의 성경 해석을 회의주의적으로 비판했다. 그러자 이에 격분한 루터는 "성령은 회의주의적이지 않다"(spiritus sanctus non est scepticus)라고 반박하기도 했다.

섹스토스의 저작은 1621년이 되어서야 희랍어 원전 텍스트로 출판

---

10) 스테파누스(Stephanus)로 알려져 있다.

11) 르네상스 이후 서구 사람들의 지성사에 큰 영향을 준 것은 주로 섹스토스의 저작과 퓌론주의였다. 그것은 아마도 섹스토스의 저작이 회의주의에 관한 다른 문헌들에 비해 더 광범위하고 상세하며 명쾌하게 회의주의 논변을 소개하고 있기 때문이었을 것이다.

되었지만, 이미 많은 사람들이 라틴어 번역을 통해서 고대의 회의주의를 접할 수 있었다. 더구나 몽테뉴(1533~92)는 『레몽 스봉에 대한 변론』(*Apologie de Raimond Sebond*)을 통해 라틴어를 읽지 못하는 독자들에게까지 퓌론주의를 소개했다. 이 책에서 몽테뉴는 합리적 증명이 아니라 믿음이 기독교 신앙의 기초임을 주장하고 있다. 또한 그의 평가에 따르면 퓌론주의는 인간이 벌거벗고 텅 빈 상태이며 연약하기 때문에 높은 곳으로부터 미지의 힘을 받아야 함을 보여준다.

한편 데카르트(1596~1650)는 회의주의의 위협이 극복되어야 할 도전이라고 간주하면서도 방법적 회의라는 길을 제시함으로써 철학사의 새로운 지평을 열었다. 반면 그와 동시대에 살았던 이삭 라 페이레르(Isaac La Peyrère, 1596~1676)는 회의주의적 논변을 사용해서 인간적 학문뿐 아니라 신학까지도 의문시해보려고 시도했다. 또한 퓌론주의가 데이비드 흄(1711~76)의 사상적 원천이었음은 두말할 나위도 없다.

이렇듯 헬레니즘 회의주의는 헬레니즘 시대보다는 오히려 르네상스 이후 더 반향을 불러일으키게 되었으며, 서양 지성사에서 중요한 몫을 담당했던 것이다.

■ 참고 문헌

강철웅, 「기원전 1세기 아카데미의 플라톤주의 수용」, 『서양고전학연구』 제 37집, 2009.

섹스투스 엠피리쿠스, 『퓌론주의 개요』, 오유석 옮김, 지만지 고전선집, 2008.

오유석, 「회의주의자와 doxa: 아르케실라오스와 카르네아데스의 입장」, 『철학』 제83집, 2005.

오유석, 「적인가 동지인가?: contra academicos에 나타난 아우구스티누스의 아카데미아 학파 이해를 중심으로」, 『철학논집』 제26집, 2011.

Annas, J. & J. Barnes, *Sextus Empiricus: Outlines of Scepticism*, Cambridge University Press, 1994.

Brittain, C., *Cicero: On Academic Scepticism(Academica)*, Indianapolis/Cambridge: Hackett Publishing Company, Inc., 2006.

Burnyeat, M. (ed.), *The Skeptical Tradition*, University of California Press, 1983.

Burnyeat, M. & M. Frede, *The Original Sceptics: A Controversy*, Indianapolis/Cambridge: Hackett Publishing Company, Inc., 1997.

Burry, R. G., *Sextus Empiricus*, 4 vols., Cambridge, Massachusetts: Harvard University Press, 1971.

Furley, D. (ed.), *Routledge History of Philosophy Vol. II: From Aristotle to Augustine*, London & NY: Routledge, 1999.

Hankinson, R. J., *The Sceptics*, London & NY: Routledge, 1995.

Long, A. A. & D. N. Sedley, *The Hellenistic Philosophers*, vol. 1, Cambridge University Press, 1987.

제12장 소(小)소크라테스학파

김유석

1 들어가는 글

플라톤은 『파이돈』의 도입부에서 화자인 파이돈의 입을 빌려, 소크라테스가 죽던 날 그의 마지막을 지켜보았던 사람들의 이름을 열거하고 있다.[1] 그에 따르면, 아테네인들로는 안티스테네스와 아이스키네스 그리고 크리톤과 크리토불로스 부자 등 아홉 명이 있었고, 외국인들로는 엘리스 출신의 파이돈 자신을 비롯하여 메가라 사람인 에우클레이데스와 테릅시온 그리고 테바이에서 온 심미아스와 케베스 등 일곱 명이 있었다고 한다. 또 파이돈은 덧붙여 말하기를, 퀴레네 출신의 아리스티포스는 마침 아이기나에 머물고 있었기에 자리하지 못했으며, 얄궂게도(!) 플라톤은 아파서 올 수 없었다고 한다. 플라톤이 파이돈의 입을 빌려 거론한 사람들은 모두 소크라테스가 생전에 교류했던 친구들이거나 그를 스승으로 생각하고 따랐던 젊은이들이었다.

소크라테스는 평생 수많은 사람들과 철학적인 대화를 나누었고, 그 속에서 동시대의 젊은이들에게 깊은 영향을 끼쳤지만, 정작 자신은 언제나 무지를 자처하였으며 아무런 글도 남기지 않았다. 반면에 소

---

1) 플라톤, 『파이돈』, 59b~c.

크라테스에게 영향을 받은 많은 젊은이들은 스승의 철학적인 삶을 이어 나갔고, 스승의 대화를 흉내내었으며, 스승을 화자로 등장시킨 글을 남기기도 하였다. 그 가장 대표적인 예는 플라톤이 남긴 대화편들일 것이다. 하지만 그러한 글쓰기는 비단 플라톤뿐만 아니라, 기원전 5세기 무렵의 지식인들 사이에서 이른바 "소크라테스식 대화"(logos sōkratikos)라는 이름으로 유행했다고 한다.[2] 그렇듯 많은 제자들이 스승의 삶과 사상을 계승해 나갔고, 다시 그들을 중심으로 다양한 동아리와 학원들이 생겨났으며, 고대인들은 그들을 "소크라테스주의자들"(Sōkratikoi)이라고 불렀다.

소크라테스의 수많은 제자들이 저마다 다양한 방식으로 스승의 철학적인 삶을 이어 나갔음에도 불구하고, 정작 그들의 저술들은 대부분 소실되었다. 오늘날 단편적으로나마 그 주장의 대략을 살펴볼 수 있는 소크라테스주의자들의 집단은 셋 정도에 불과하다. 그것들은 각각 메가라 학파, 퀴레네 학파 그리고 견유학파이다. 다시 이 세 학파는 소크라테스의 직계 제자였던 세 명의 철학자와 밀접한 관계를 맺고 있는데, 그들은 각각 에우클레이데스, 아리스티포스, 안티스테네스이다. 에우클레이데스는 메가라 학파를 설립하였고, 아리스티포스는 퀴레네 학파의 시조로 간주되며, 안티스테네스는 견유(犬儒)학파의 형성에 영향을 끼친 것으로 전해진다. 그렇지만 이들은 동시대의 플라톤이나 아리스토텔레스와 같은 대가들에 비해 상대적인 무관심과 함께 아류 취급을 받았으며 철학의 소수자들로 방치되어왔다. 그러다가 철학사 서술의 전통이 확립된 19세기에 이르러, 각 학파들이 지닌 다양성에도 불구하고 그들은 모두 "소(小)소크라테스학파"라는 이름으로 서양철학사의 한 귀퉁이를 차지하게 된다.

하지만 20세기의 문헌학적인 연구 성과들에 힘입어 오늘날에는

---

2) 아리스토텔레스, 『시학』 1, 1447a28~b3; 『수사학』 III, 1417a18~21; 「시인들에 관하여」
   (=『단편』 72).

소크라테스주의자들이 활발히 재평가되고 있다.[3] 이 글에서는 이른바 "소(小)소크라테스학파"에 속하는 철학자들의 주장을 검토하면서 그들의 사유를 재구성해보고자 한다. 이를 통해서 독자들은 소크라테스주의자들이 펼친 사유의 폭과 깊이는 물론, 동시대의 다른 철학자들에게 끼친 그들의 영향력 또한 생각보다 그렇게 작지 않음을 보게 될 것이다.

2 에우클레이데스와 메가라 학파

1) 에우클레이데스(메가라, 기원전 435~365)[4]

에우클레이데스는 플라톤의 『테아이테토스』 초반에 주요 화자로 등장하기도 한다. 그는 이름난 수학자로 소개되기도 하지만, 우리가 "기하학의 아버지"로 알고 있는 알렉산드리아 출신의 에우클레이데스[5]와는 동명이인이다. 소크라테스가 죽은 뒤에 플라톤을 비롯한 몇몇 제자들이 아테네를 떠나 몸을 피했을 때, 에우클레이데스는 자신의 고향에서 그들을 맞이했다고 한다. 그런 점에서 어떤 이들은 플라톤이

---

3) 이 장(章)에서 소크라테스주의자들을 소개하기 위해 가장 자주, 또 주요하게 인용해야 할 문헌 두 편이 있다. 하나는 서기 3세기 무렵의 학설사가로 알려진 디오게네스 라에르티오스가 쓴 『유명한 철학자들의 생애와 사상』이다. 이 작품은 기원전 6세기 무렵 활동했던 일곱 현인(賢人)부터 헬레니즘 시대의 스토아 철학자들과 에피쿠로스 학파에 이르기까지, 주요 철학자들의 생애와 학설에 관한 각종 증언들과 전설들을 수록해놓은 책이다. 다른 하나는 1990년 이탈리아의 철학사가이자 고전문헌학자인 가브리엘레 잔난토니(Gabriele Giannantoni)가 편집한 『소크라테스와 소크라테스주의자들의 단편들』(Socratis et socraticorum reliquiae, 4 vols., Napoli)이다. 이 책은 지금까지 발굴된 소크라테스주의자들의 단편들 및 증언들을 총망라한 것으로서 소크라테스학파 연구에 필수적인 자료집이다. 이 글에서는 관례에 따라 디오게네스 라에르티오스의 작품을 『생애』로, 잔난토니의 자료집을 SSR로 표기하겠다.

4) 또는 기원전 450~380년.

5) 우리에게는 영어식 이름인 유클리드(기원전 약 325~265)로 잘 알려져 있다.

『테아이테토스』에 에우클레이데스를 등장시킨 것을 일종의 감사의 표시로 해석하기도 한다. 하지만 에우클레이데스가 소크라테스주의자들 가운데 가장 전문적인 철학자로 높이 평가받았다는 증언들을 고려해보면, 그가 플라톤의 작품들 중에서도 가장 전문적이라 할 수 있는 『테아이테토스』의 화자로 등장했다는 사실이 그저 우연이라고만은 할 수 없을 것 같다.

에우클레이데스는 여섯 편의 철학적 대화를 썼다고 전해지나(『생애』 II, 108 = SSR, IIA10) 모두 소실되고 오늘날에는 제목들만 남아 있다. 그는 처음에 파르메니데스의 철학을 공부했으나 나중에 자신의 학원을 설립했다. 에우클레이데스는 변증술에 깊은 관심을 보였는데, 고대의 증언에 따르면 그는 논쟁을 벌일 때, 상대 논증의 전제가 아니라 결론을 공격했다고 한다.(『생애』 II, 107) 그래서 그는 논쟁 상대가 논증을 펼치는 중간에 개입하기보다는 결론이 도출되기를 기다렸다가 비판에 착수했던 것으로 보인다. 또 그는 닮음을 통한 논증을 거부했다고 전해진다. 흔히 유비 논증으로 잘 알려진 이 논증은 자신이 주장하려는 바를 그것과 비슷한 사례를 들어 정당화하는 것이다. 예를 들어 누군가가 추첨으로 지휘관을 선출하는 일에 반대한다고 치자. 그는 "그것이 마치 올림픽 대표 선수를 실력이 아닌 추첨으로 뽑는 것처럼 어리석은 생각이다"라고 주장할 것이다.[6] 그러나 에우클레이데스는 유비 논증을 받아들이지 않는다. 그는 이렇게 주장한다. 유비 논증은 닮은 것과 닮지 않은 것의 비교를 기반으로 이루어진다. 그런데 닮음이 논증의 관건이라면, 굳이 닮은 것을 비교해가며 논증하느니 그냥 내가 주장하려는 것 자체를 다루는 것이 나을 것이다. 반대로 닮지 않음이 논증의 관건이라면, 내가 주장하려는 것과 닮지도 않은 사례를 비교할 이유는 전혀 없다.(『생애』 II, 107 = SSR, IIA34) 이렇게 에우클레이데스가 닮음을

---

6) 아리스토텔레스는 이러한 논증의 기원을 소크라테스에게로 돌린다. 예컨대, 아리스토텔레스, 『수사학』 II, 20, 1393b3~8.

통한 논증을 거부했다는 것은 소크라테스와 플라톤이 주로 사용해온 유비 논증을 더 이상 받아들이지 않았다는 뜻으로 생각해볼 수 있다.

윤리학과 관련해서 에우클레이데스는 좋음(善, agathon)이 '분별'이나 '신' 또는 '지혜' 등 다양한 이름으로 불리지만 사실은 동일한 것이라고 주장하였다. 또한 좋음에 대립되는 것들은 결코 존재하지 않는다고 주장하였다.(『생애』 II, 106) 순수하게 윤리적 측면에서 보자면, 좋음이 이름만 다양할 뿐 그 본성은 하나라는 주장은 플라톤이 초기 대화편에서 주장했던 덕의 단일성을 연상시킨다. 하지만 조금 더 나아가보면, 이러한 주장은 맥락상 다수성에 대한 부정을 함축한다는 점에서 에우클레이데스가 엘레아 학파의 일자(一者) 철학으로부터 어떤 식으로든 영향을 받았으리라는 추측도 가능해진다. "좋음에 대립되는 것들이 존재하지 않는다"라는 주장은 악을 비롯하여 여러 나쁜 것들에 실재성을 부여하지 않겠다는 것을 의미한다. 즉, 악은 허상이나 가상일 뿐이며, 실재라기보다는 운동이나 변화에 속하는 것이다. 그런데 운동이나 변화는 일어났다가 곧 사라지는 것으로서 존재에 속한다고 볼 수 없다. 따라서 좋음에 대립되는 것들의 존재를 부정하는 것 역시 어느 정도까지는 엘레아 학파의 철학과 맞닿아 있다고 볼 수 있다.

다시 유비 논증의 문제로 돌아가보자. 좋음의 단일성 논제는 그가 왜 닮음을 통한 논증을 거부했는지에 대한 설명 가능성을 어느 정도 열어주는 것처럼 보인다. 유비란 비교하려는 것과 비교 대상 간의 닮음을 전제로 한다. 그런데 닮음이란 똑같지는 않음을 함축한다. 즉, 닮음은 똑같지 않음만큼의 다름을 함께 지니고 있는 것이다. 그런데 닮음이나 다름은 바로 현실의 영역에 속하는 것들이다. 반대로 완전한 동일성은 현실에서 기대할 수 없다. 한편, 동일성은 존재의 한 속성이다. 왜냐하면 있다는 것은 자신의 동일성(자기 자신임)을 잃지 않고 계속 유지한다는 뜻이기 때문이다. 이와 달리 닮음이나 다름은 운동과 변화의 속성이다. 즉, 조금 전의 자신과 조금 뒤의 자신이 비슷하면서도 끊임없이 달라지는 것이 운동과 변화인 것이다. 에우클레이데스가 굳이 닮은 것과 비교하느니 그냥 주장하려는 것 자체를 다룰 것이요 비교 대상이 닮지 않은 것이라면 굳이 비교할 이유조차 없다고 단언했다면, 우리는 그가 이 주장을 통해서 현실 영역에 속하는 닮음과 다름을 거부하고 존재 자체의 동일성을 지지했다고 추측할 수도 있을 것이다. 그러나 그가 좋음의 단일성을 어떤 의미로, 또 어느 수준에서 주장했는지에 대해서는 더 이상 알 수가 없다.

2) 에우불리데스(기원전 4세기)

밀레토스 출신의 에우불리데스는 스승인 에우클레이데스에 비해 더 많이 알려져 있다. 그는 아리스토텔레스와 동시대인이면서 그와 가장 극렬하게 대결했던 것으로 유명하다.(『생애』 II, 109) 또 그는 아리스토텔레스를 비판하는 글을 지었다고도 전해진다.(SSR, IIB9) 아리스토텔레스 역시 『소피스트적 논박』에서 에우불리데스의 것으로 추정되는 몇몇 논변들을 소피스트적인 궤변술이라 하여 비판하고 있다.(『생애』 II, 108) 에우불리데스는 변증술적 토론에 매우 능했던 것으로 알려져 있다. 우리는 모순율에 따라 동일한 대상에 대해서는 긍정과 부정을 동시에 할 수 없다. 그런데 에우불리데스는 다양한 논변들을 사용하여 우리가 동일한 대상에 대하여 동시에 긍정과 부정을 말하도록 강제한다. 여기서는 그 가운데 몇 가지 사례들을 골라 그 내용을 검토하고 의미를 살펴보자.

우선 거짓말쟁이 논변을 들 수 있다. 그것은 어떤 사람이 "나는 거짓말쟁이다"라고 주장할 경우 그 말이 참이면 거짓이 되고 거짓이면 참이 된다는 역설이다. 사실 이와 같은 역설은 일상 언어의 혼란으로부터 종종 발생하곤 한다. 왜냐하면 말하는 사람은 그가 말하는 순간 사용하는 바로 그 용어에 대해 말할 수 있기 때문이다. 위의 예에서 "내가 '나는 거짓말쟁이다'라고 말하는 경우 나는 참을 말하는 것이다"라고 말한다면, 모순은 해결된다. 왜냐하면 이때 참은 절대적인 것이 아니라 규정된 내용에 한해서만 참이 될 것이기 때문이다.

다음으로 이른바 두건 논변을 들 수 있다. 그것은 다음과 같은 대화 형식으로 진행된다. "너는 너의 아버지를 아느냐?"—"예, 물론이죠!"—"여기 이 두건 쓴 사람이 누군지 아느냐?"—"아니요, 모릅니다."—"사실은 바로 이 사람이 네 아버지다. 그러니 너는 그를 아는 동시에 모르는 셈이다."[7] 이 논변은 "예"나 "아니오"로만 대답해야 하는 변증술적 대화 규칙의 경향을 취한다. 그런 규칙은 어느 정도 말장난처럼 보이기도 하지만, 실제로 대화 중에 발생할 수 있는 속임수나 오해의 여지를 제거할 목적으로 주요하게 사용되곤 한다. 이때 답변자가 분명하게 동의한 전제들로부터 질문자가 모순을 도출해낸다면, 답변자는 결론에 대하여 아무런 불만이나 항의도 제기할 수 없다. 그렇지만 이렇게 "예"와 "아니오"로만 대답하는 규칙은, 위에서 보았던 것처럼, 질문을 애매하게 하거나 함정을 감춤으로써 답변자를 모순에 빠뜨릴 수 있다. 위의 논증에서는 각각 다른 맥락에서 서술된 두 가지 대립된 속성 ("안다"와 "모른다")이 결론에서는 한 대상(아버지)에 동시에 부여됨으로써 답변자를 혼란에 빠뜨리고 있음을 볼 수 있다.

다음으로 들 수 있는 것은 "더미(sōritēs) 논변"이라 불리는 것이다. 이 말은 "덩어리," "무더기"를 뜻하는 그리스어 "소로스"(sōros)에서 유래한 것인데, 이 논변의 예를 들면 다음과 같다. "쌀 두 톨로는 한 덩어리가 되지 않는다. 세 톨로도 한 덩어리가 될 수 없다. 그러면 도대체 몇 톨이 모여야 한 덩어리가 되는가?" "머리숱이 얼마 없는 사람에게서 머리카락 한 올을 뽑는다고 대머리가 되지는 않는다. 두 번째 머리카락을 뽑아도, 세 번째 머리카락을 뽑아도 마찬가지다. 하지만 계속 뽑다 보면 언젠가 그는 대머리가 될 것이다. 그렇다면 머리카락이 몇 가닥이나 남았을 때부터 우리는 그를 대머리라고 부를 수 있는가?"

---

7) 이와 비슷한 논변으로 엘렉트라 논변이 있다. "아가멤논 왕의 딸 엘렉트라는 자신의 남동생이 오레스테스라는 것을 알고 있었다. 하지만 오랫동안 헤어져 있던 동생이 나타났을 때, 그녀는 눈앞의 남자가 오레스테스임을 알아보지 못했다. 그러므로 엘렉트라는 남동생을 아는 동시에 모르는 셈이다."

이 논증들은 연속과 불연속, 가능성과 현실성의 관계에 대한 문제를 제기하고 있다. 특히 이것들은 생성이나 가능 또는 시간의 점진적 활동에 호소하는 것이 이성적인 앎에 부응하지 못한다는 점을 명확히 보여준다. 즉, 이 논증들은 "더미", "대머리"와 비슷한 수많은 용어들 그리고 "크고 작음", "많고 적음" 등과 같은 짝 개념들에 들어 있는 부정확하고 모호한 성격들을 드러내 보이는 것이라고 생각할 수 있다.

마지막으로 뿔 달린 사람 논변을 살펴보자. 이 논변은 다음과 같은 대화 형식을 취한다. "네가 무엇인가를 잃어버린 게 아니라면, 너는 그것을 가지고 있겠지?"—"네."—"너는 뿔을 잃어버린 적이 있니?"—"아니요."—"그렇다면 너에게 뿔이 달려 있겠군?" 이 논변의 문제는 첫 질문, 즉 "네가 잃어버리지 않은 것을 너는 가지고 있는가?"라는 물음이 애매하다는 데서 비롯된다. 왜냐하면 그 질문은 답변자에게 "내가 잃어버리지 않고 지금껏 소유하고 있는 것"을 의미하기 때문이다. 우리는 이 명제와 역인 명제를 가정함으로써 이 논증의 성격을 좀 더 잘 이해할 수 있다. 즉, "만일 네가 어떤 것을 잃어버렸다면, 너는 그것을 갖고 있지 않다"가 주어졌다면, 참인 결론은 "만일 네가 무엇인가를 가졌다면, 너는 그것을 잃어버린 것이 아니다"이지, "만일 네가 무엇인가를 잃어버리지 않았다면, 너는 그것을 가지고 있다"인 것은 아니다.

에우불리데스의 논변들 대부분은 아리스토텔레스에 의해 논박되는 형식으로 전해지고 있다. 따라서 우리는 그 논변들이 아리스토텔레스의 논리학과 술어 이론, 잠재태와 활성태 개념을 공격할 의도로 만들어진 것이며, 아리스토텔레스는 그것들을 비판함으로써 자신의 이론을 지키려 한 것이라고 추측해볼 수 있다.

3) 알렉시노스와 메네데모스

에우불리데스의 주요 제자로는 알렉시노스가 있다. 그는 "논박가"로 불리고, 논쟁의 대가로 명성을 떨쳤으며, 스토아 학파의 제논과도 격렬한 논쟁을 벌였다고 전해진다. 또 그는 제자인 메네데모스와 관련해서도 재미있는 일화를 남기고 있다. "어느 날 알렉시노스가 제자인 메네데모스에게 요새는 아버지를 때리는 일을 그쳤냐고 묻자, 제자가 대답하기를 '나는 아버지를 때리기 시작한 적도 그친 적도 없습니다'라고 말했다고 한다. 이에 알렉시노스가 '예'와 '아니오'로 답함으로써 애매성을 걷어내야 할 것 아니냐고 꾸짖자, 다시 메네데모스는 다음과 같이 대꾸했다고 한다. '입구에서도(en pulais) 저항할 수 있는데, 굳이 당신의 영토 안으로(en nomois) 들어간다면, 그것은 웃기는 일이지요!'"(『생애』 II, 135) 이런 식의 논변은 오늘날 "복합 질문의 오류"라는 이름으로 잘 알려져 있다. 이에 대하여 아리스토텔레스는 답변자가 하나의 질문 안에 숨어 있는 서로 다른 물음들을 구별해낸 뒤에, 각각에 대하여 따로따로 대답해야 한다고 충고하고 있다.(『소피스트적 논박』 30, 181a23 이하)

4) 디오도로스 크로노스

디오도로스(기원전 약 315~284)는 세계를 설명하면서 자연을 구성하는 것들이 부분을 갖지 않은 요소들로 이루어졌다고 주장하였다. 하지만 디오도로스를 가장 유명하게 만든 것은 그가 전개했다는 이른바 "대가의 논변"(kurieuōn logos)이다. 이것은 미래에 발생할 사건에 대하여 참 거짓을 규정할 수 있는가를 둘러싼 일련의 논증이다. 디오도로스는 가능과 현실 사이에 어떠한 구별도 해서는 안 된다고 말한다. 그가 보기에는 오직 현실화되는 것만이 가능한 것이다. 발생하는 사건들은 이미 필연적인 것이다. 반면에 발생하지 않은 사건들은 언제나 불가능하다. 즉, 가능과 필연은 동일한 것이다. 따라서 미래는 과거만큼이나 확실하며, 과거처럼 규정될 수 있다.

디오도로스의 논변에 맞서 아리스토텔레스는 『명제론』에서 미래의 사건에 대해서는 참 거짓을 결정할 수 없다고 주장한다. 디오도로스에게 미래의 사건은 아예 불가능하거나 아니면 필연적이다. 하지만 아리스토텔레스는 여기에다 제3의 선택지로 우연성을 덧붙인다. 그는 이것을 해전(海戰)의 예를 들어 설명한다. 조만간 해전이 일어날 것이다. 문제는 그것이 내일 일어나느냐이다. 내일 해전은 일어나거나 아니면 일어나지 않을 것임에 분명하다. 그러나 그것이 일어나리라는 것은 필연적이지 않다. 마찬가지로 그것이 일어나지 않으리라는 것 역시 필연적이지 않다. 필연적인 것은 (둘 중 하나가) 일어나거나 일어나지 않거나라는 것이다.(『명제론』 9, 19a29~32)

5) 메가라 학파의 변증술이 겨냥한 것

메가라 학파에는 위에서 언급한 사람들 외에도 스틸폰(메가라, 기원전 약 360~280), 브뤼손, 폴뤼크세노스 등의 이름이 들어간다. 스틸폰은 에우클레이데스가 제시했던 좋음의 단일성 논제를 더욱더 심화했다고 전해지고, 브뤼손은 논리학과 기하학에 몰두했으며, 특히 구적법을 통해 원의 면적을 구하려 했다고 한다. 폴뤼크세노스에 대해서는 그가 이른바 "제3인간 논변"으로 불리는 무한 퇴행 논증의 형식을 연구했다고 전해진다.

서양고대철학사에서 "변증가들"이라는 이름은 전통적으로 메가라 학파를 지칭하는 표현들이다. 그렇다면 메가라 학파에 관해 이야기할 때 "변증술"이 무엇을 의미하는지 규정할 필요가 있다. 사실 그들이 실천했던 변증술은 플라톤이나 소피스트들이 행했던 변증술과는 구별되는 것처럼 보인다. 플라톤은 변증술이라는 방법을 통해서 가지적(可知的)인 형상의 영역을 탐구하고자 하였다. 소피스트들에게 변증술은 논쟁에서 승리하는 도구로서 기능하였다. 반면에 메가라 철학자들의 변증술에는 논박적이고 파괴적인 부분과 논리적이고 사변적인 부분이 모두 들어 있다.

우선 메가라 철학자들은 상대 주장의 특정한 측면을 논박하기 위하여 변증술을 사용하였다. 일반적인 관점에서 말하자면, 그것은 사물의 실재성에 대한 자연스러운 믿음과 즉각적인 경험의 "확실성"을 파괴하기 위한 것이었다. 이러한 파괴는 이성적인 분석과 즉각적인 경험을 일치시키는 것이 불가능함을 드러냄으로써 수행되었다. 더미 논변과 대머리 논변, 두건 논변(과 엘렉트라 논변) 역시 같은 문제의식을 담고 있다. 또한 미래의 우연적 사건을 부정하는 대가의 논변 역시 감각적인 영역의 사건들에 대한 의심과 연결된다고 볼 수 있다. 다음으로, 메가라 철학자들의 변증술이 지닌 다른 부분은 모두 "논리적인 숙고"의 항목으로 묶이며 이성의 영역에 위치한다. 그것은 모든 진술이 타당하기 위한 조건을 묻기 위한 것이다. 뿔 달린 사람 논변은 불합리함에 빠져들지 않기 위해서 언어적 관습과 규칙을 존중하는 것으로는 충분치 않음을 경고하고 있다.

그렇지만 보다 근본적인 관점에서 보자면, 메가라 철학자들은 모든 명제적 진술은 참이거나 거짓이어야 한다는 변증술의 근거 자체를 문제삼고 있는 것 같기도 하다. 거짓말쟁이 논변은 이를 잘 보여준다. 그렇다면 메가라 철학자들은 모든 앎 자체를 부정하고 마는가? 아니다. "난문에 빠진다"는 것이 "회의론"을 뜻하지는 않는다. 메가라 철학자들이 변증술에 부과한 그 모든 난제들은 결국 하나의 철학적 입장으로 수렴되는 것처럼 보인다. 그것은 신뢰할 만한 것은 오직 이성뿐이라는 주장이다. 아리스토텔레스와 달리, 메가라 철학자들은 감각적인 것과 관련하여 일체의 진리를 부정하였다. 그리고 어떤 면에서 그런 태도는 플라톤보다도 더 극단적이라 할 수 있다. 왜냐하면 그들은 플라톤의 이데아들을 감각적인 것들로부터 완전히 단절해버렸기 때문이다. 플라톤은 그들과 유사한 사람들을 『소피스트』에서 "형상의 친구들"이라고 묘사하는가 하면, 그러한 극단적 입장을 『파르메니데스』 전반부에서 상세하게 기술하고 있다. 메가라 철학자들에게 진리는 오직 이성을 통해서만 파악될 수 있는 실재들로 나타나며, 완전한 단일성과 완전한 부동성을 부여받고 있다. 또한 바로 그러한 성질들로 인하여, 플라톤의 이데아론과는 달리, 감각적인 것들과는 완전히 절연된 채 홀로 존재한다. 요컨대 메가라 철학자들의 입장에서는 완전하게 이성적 실재들과 그것들을 파악하려는 우리들 사이에는 어떠한 중간적인 것도 성립될 수 없는 것처럼 보인다. 오직 이성만이 실재에 도달하는 것을 허용할 뿐이요, 감각적인 것들에 관계하는 표상들은 아무런 일관성도 없이 떠다닐 뿐이다.

이러한 형이상학적 입장으로부터 처음에 언급했던 에우클레이데스의 윤리학이 지닌 의미 역시 분명해진다. 그는 좋음의 단일성을 주장하면서도 좋은 것들의 다양한 이름들을 부정하지 않았다. 하지만 그는 그런 다양한 것들의 이름을 관통하는 이성적 단일성을 표현하고자 했다. 또한 좋음의 대립자들을 부정했던 것은 악의 존재 및 그것의 다양한 표현들을 거부함으로써 오직 참된 실재만을 인정하려 했다고 생각해볼 수 있다.

3 아리스티포스와 퀴레네 학파의 쾌락주의자들

1) 아리스티포스

아리스티포스는 퀴레네 출신으로 소크라테스의 명성을 좇아 아테네에 왔다고 한다.(『생애』 II, 65) 그는 돈을 받고 가르친 최초의 소크라테스주의자로 알려져 있다. 이른바 쾌락주의자로서 그에 관한 일화는 수도 없이 많은데, 그중 일부를 간추려보면 다음과 같다. 그는 시간, 장소, 사람을 가리지 않고 자신을 적응시켰으며, 모든 상황에 적절하게 대처하였다. 그는 참주인 디오뉘시오스와도 거리낌없이 어울리며 대접을 받았는데, 누군가가 그의 이러한 태도를 비난하자 다음과 같이 말했다고 한다. "내가 소크라테스에게 간 것은 교육을 위해서였고(paideias), 디오뉘소스에게 간 것은 오락을 위해서였을(paidias) 뿐이다."(『생애』 II, 65) 한번은 디오뉘시오스가 그에게 세 명의 매춘부들 가운데 한 명을 선택할 기회를 주었다. 하지만 그는 세 명을 모두 선택하고는 이렇게 말했다고 한다. "파리스는 세 명의 여신들 가운데 한 명을 고르는 바람에 끔찍한 대가를 치러야 했습니다." 하지만 그는 여인들을 데리고 궁을 벗어나자마자 그녀들을 모두 보내주었다고 한다. 선택하는 것과 버리는 것에서 그는 이런 식으로 극단적이었다. 그는 또 당대의 유명한 매춘부였던 라이스와 관계를 맺으며 구설수에 오르자, "나는 그녀를 소유하지 그녀에게 소유당하지 않는다네. 가장 좋은 것은 쾌락을 피하는 것이 아니라 쾌락의 주인이 되는 것이거든"이라고 말했다고 한다.(『생애』 II, 75)

아리스티포스가 어떤 환경이나 상황에서든 자기 자신을 적응시키는 모습과 관련하여, 사람들은 그를 오뒷세우스에 비교하기도 한다. 오뒷세우스는 모피와 고급스러운 옷을 입을 때가 있었는가 하면, 누더기를 입고 바랑을 메고 다닐 때도 있었다. 때로는 칼륍소 곁에 머물며 온갖 향락을 맛보기도 했지만 폴뤼페모스의 동굴에 갇혀 고통을 겪기도 했다. 아리스티포스도 마찬가지였다. 그 역시 아무렇지도 않게 빈곤과 고통을 감내하는 한편, 아무런 거리낌도 없이 쾌락에 몰두했던 것이다.(SSR, IVA55)

그렇다면 아리스티포스는 소크라테스의 어떤 면을 보고서 쾌락주의를 주장하게 된 것일까? 우리는 플라톤의 『향연』(220a)에서 알키비아데스의 발언을 통해 그 실마리를 찾아볼 수 있다. 거기서 소크라테스는 진정으로 향연을 즐길 수 있는 유일한 사람이라고 묘사된다. 예컨대 그는 술을 많이 마시려 들지는 않지만, 어쩔 수 없이 마셔야 할 상황에서는 누구보다도 술을 잘 마신다는 것이다. 더욱이 놀라운 것은 지금껏 누구도 소크라테스가 술 취한 것을 본 적이 없다는 사실이다. 소크라테스가 쾌락(알코올)을 대하는 모습은, 필요에 따라 쾌락을 즐기되 쾌락에 제압당해 노예가 되지는 않는 것이었다. 또한 이처럼 쾌락에 의연하면서도 여유 있는 태도는, 철학자의 사회성을 보여주기도 한다. 즉, 그는 어떤 환경에서든 사람들 사이에서 일정한 균형을 유지하면서도, 자신이 속한 환경을 외면하거나 그것에 움츠러들지 않는다. 소크라테스의 이런 모습은 안티스테네스의 금욕주의보다는 아리스티포스의 쾌락주의에 한결 더 가깝다 하겠다.

아리스티포스에게서 가장 중요한 것은 편안하고 즐거운 삶을 사는 것이다.(크세노폰,『향연』, 2.1.9~10) 그런데 그의 이러한 태도는 호메로스가 묘사한 신화 속 세계에서 신들이 누리는 행복을 연상시킨다. 신적인 행복이라는 목적에 도달하기 위해 필요한 수단은 결코 외적이고 물질적인 부도, 신체의 쾌락도 아니다. 필요한 것은 내적인 강인함, 지혜, 자유 그리고 외적인 강제를 막아낼 수 있는 독립성이다. 그런 점에서 그는 비록 쾌락주의를 표방한다 하더라도 일종의 자기 절제 내지 극기(enkrateia)만큼은 일정하게 유지하고 있다고 생각해볼 수 있다. 고대의 증언들에 따르면, 아리스티포스에게는 세 명의 제자들이 있었다. 그들은 각각 프톨레마이스 출신의 아이티옵스, 퀴레네 출신의 안티파트로스 그리고 자신의 딸 아레테이다. 아레테는 자기 아들에게 할아버지의 이름을 붙이고는 자신이 배운 학설을 물려주었고,[8] 조부의 사상은 바로 이 손주인 아리스티포스에 의해 체계화되었다고 한다.

2) 퀴레네 학파의 인식론과 윤리학

우리는 키케로의 글에서 짧으나마 퀴레네 학파의 인식 이론에 관한 증언을 얻을 수 있는데, 이것은 퀴레네 학파의 윤리학을 이해하는 데 중요한 실마리가 된다. "프로타고라스의 기준은 각각의 사람에게 참으로 보이는 것이 곧 진리라는 것이었다. 이와 달리 퀴레네 학파는 내적 감응들(permotiones intimas, 인상들) 외에는 어떠한 기준도 없다고 생각했다. 그런가 하면, 에피쿠로스 학파는 진리의 기준을 감각들, 사물의 개념들 그리고 쾌락 안에다 놓았다. 반면에 플라톤은 진리의 기준이나 진리 그 자체가 의견 및 감각들과 떨어져서 사유와 정신에 속한다고 보았다."(키케로,『루쿨루스』, 142) 각각의 입장들을 비교해볼 때, 우리는 퀴레네 학파의 인식론이 인식 주체와 외부 대상 간의 관계가 아니라 외부 대상에 의해 주체가 겪는 변화(감응感應)를 강조하고 있음을

---

8) 고대 그리스에서는 할아버지의 이름을 손자에게 붙여주는 경향이 있었다.

볼 수 있다. 만일 퀴레네 학파의 주장대로 판단이 내적인 감응에만 머
문다면, 그들의 인식론은 철저하게 오감을 통해 제공되는 감각의 영역
에만 관심을 기울일 뿐이라고 할 수 있다. 또한 이러한 주장을 도덕의
영역으로 확장한다면 퀴레네 학파에게 윤리학의 모든 문제는 감각에
수반되는 쾌락과 고통의 문제로 환원될 수밖에 없을 것이라고 추측할
수 있다.

　퀴레네 학파의 윤리학은 디오게네스 라에르티오스에 의해 가장
완전하게 설명되고 있다. 먼저 그는 아리스티포스가 주장했던 윤리학
의 원리를 다음과 같이 말한다. "아리스티포스는 삶의 목적이 감각에
수반되는 쾌락이라고 설명한다."(『생애』 II, 85b) 그런데 그가 인용한
아리스티포스의 주장은 그의 후대에 활동하게 될 실질적인 퀴레네 학
파의 학설과 만나 한결 더 온전한 의미를 갖게 된다. 디오게네스 라에
르티오스는 퀴레네 학파의 윤리학을 크게 두 부분으로 나눠 설명한다.
하나는 쾌락과 고통에 관한 논의이고,(『생애』 II, 86~91) 다른 하나는
쾌락주의를 좇는 현자의 삶에 관한 논의이다.(『생애』 II, 91~93)

　먼저 전반부의 논의는 다음과 같이 시작된다. "퀴레네 철학자들은
우리가 겪게 되는 두 가지 상태(pathē)에 관해 말하는데, 하나는 고통
(ponos)이고, 다른 하나는 쾌락(hēdonē)이다. 그런데 이 둘은 사실 하
나이다. 왜냐하면 그들은 쾌락을 부드러운 운동으로, 고통을 거친 운
동으로 규정하기 때문이다."(『생애』 II, 86) 쾌락과 고통이 결국에는 운
동으로 환원된다는 생각은 사실 플라톤(『티마이오스』, 64a~65b)까지
거슬러 올라간다. 만일 그렇다면, 다음과 같은 추론이 가능하다. 쾌락
들 사이에는 오직 양적 차이만 있을 뿐 아무런 질적 차이도 없을 것이
다.(『생애』 II, 87) 그렇다면 설령 수치스러운 행위를 통해 쾌락을 얻는
다 하더라도, 질적 차이가 없기 때문에 모든 쾌락은 그저 좋을 뿐이라
는 결론이 도출된다.(『생애』 II, 88) 또한 퀴레네 학파는 우리의 일상적
경험을 근거로 들어, "쾌락은 모든 생명체에게 욕구의 대상인 반면, 고
통은 배척의 대상"이라고 주장한다. 게다가 그것을 아는 데는 어떠한

숙고도 필요치 않으며, 우리는 아주 어린 시절부터 그냥 그것을 안다. 그리고 다시 이로부터 퀴레네 학파는 쾌락을 인생의 목표라고 주장하는 것이다. 이때 "쾌락"이란 온전히 감각적인 쾌락을 의미한다.(『생애』 II, 87) 바로 이 점에서 퀴레네 학파가 설파하는 쾌락주의는 에피쿠로스의 쾌락주의와 구별된다. 에피쿠로스에게 쾌락은 지속적인 정지 상태이며, 무엇보다도 고통의 부재를 의미한다. 하지만 퀴레네 학파가 보기에, 그저 정지 상태의 쾌락만을 추구한다면 그것은 시체와 다를 바 없는 것이다.

그렇다면 쾌락에는 신체적인 것만 있을까? 그렇지는 않다. 퀴레네 학파는 정신적인 쾌락의 존재도 인정한 것처럼 보인다. 정신적인 쾌락은 영혼의 (부드러운) 운동에 다름 아니다. 그런데 영혼의 운동은 직접적이든 그렇지 않든 신체 운동의 결과들이다.(『생애』 II, 89) 사실, 정신적인 쾌락들이 신체 운동의 결과라는 것은 그 자체로 별다른 문제를 일으키지 않는다. 하지만 모든 쾌락이 신체의 운동과 관계를 맺는다고 주장한다면 상황은 달라진다. 그 경우, 다른 종류의 쾌락들, 예를 들어 재산의 증가나 조국의 번영을 보면서 얻는 즐거움 등에 대해서는 그 기원을 설명할 수 없게 된다. 요컨대 쾌락의 종류와 기원이 워낙 다양하기 때문에 신체적 운동만으로 모든 쾌락을 설명하는 데는 상당한 부담이 따르는 셈이다. 그래서 몇몇 학자들은 퀴레네 철학자들이, 논적들의 파상공세에 직면하여, 아리스티포스로부터 받아들였던 학설들을 어느 정도 양보했을 것이라고 생각한다. 그럼에도 불구하고 그들은 여전히 정신적인 쾌락보다는 신체적인 쾌락을 제일로 치는 입장을 취함으로써, 아리스티포스의 학설에 가능한 한 충실한 태도를 유지한다.

3) 쾌락과 행복 그리고 현자의 삶

퀴레네 철학자들은 삶의 목적을 쾌락으로 보았다. 행복은 지금까지 경험했고 또 앞으로 경험하게 될 쾌락들의 총체이다.(『생애』 II, 87) 그러나 살다 보면 쾌락을 축적하는 일은 온갖 종류의 장애물과 부딪힐 수밖에 없다. 따라서 우리는 현자만이 전적으로 쾌락으로 점철된 삶을 안다고 단언할 수 없다. 또한 보잘것없는 사람은 오직 고통으로만 인도될 뿐이라고 주장할 수도 없다. 요컨대 모든 것은 상대적이며 정도의 문제가 될 뿐이다.(『생애』 II, 91)

그렇다면 퀴레네 철학자들이 보기에 "현자"(sophos)라고 불리는 사람은 누구인가? 그야 물론 쾌락을 추구하는 데 모든 것을 바치는 사람이다. 그러나 여전히 실천적 지혜(phronēsis)가 개입할 필요는 있다. 왜냐하면 그는 무엇이 쾌락인지를 규정해야 하고 또 그것에 이르는 수단을 정해야 하기 때문이다. 그런데 실천적 지혜는 여기서 도덕 규칙들과 마주한다. "본성상 그 어떤 것도 올바르거나 좋거나 혹은 나쁘거나 하지 않다. 그것들은 법과 관습에 의해 그런 것이다. 그렇지만 신중한 사람이라면 형벌을 받거나 나쁜 평판을 듣지 않도록 자제할 줄 알 것이다."(『생애』 II, 93) 어쨌든 비난을 사는 행동은 효과적으로 쾌락을 추구하는 데 손해가 될 것이다. 그러므로 덕은 쾌락을 산출하는 한에서 칭송의 대상이 되기에 마땅한 셈이다.(키케로, 『의무론』 III, 116)

현자는 어떻게 행동하고 처신해야 하는가? "현자는 질투에 휩싸이지도, 사랑에 빠지지도, 미신에 사로잡히지도 않을 것이다. 왜냐하면 거기에는 헛된 의견에 속하는 것들만 있을 것이기 때문이다. 반면에 그는 괴로움과 공포를 피할 수는 없을 것이다. 왜냐하면 이것들은 자연적인 상태로부터 귀결되는 것들이기 때문이다."(『생애』 II, 91) 방금 거론된 다섯 가지 감정, 즉 질투, 사랑, 미신 그리고 괴로움과 공포는 모두 고통을 내포하고 있다. 그러나 앞의 셋은 상상에서 비롯된 것들인 반면, 뒤의 둘은 감각에서 비롯된 것들이라는 점에서 서로 구별된다. 미신을 상상의 영역에 분류함으로써, 퀴레네 학파는 무신론까지는 아니더라도 적어도 불가지론에 가까운 입장을 취했던 것처럼 보인다. 사랑에 대해서도, 특히 질투에 대해서도 마찬가지로 고려했다는 사실은, 아리스티포스가 당대의 매춘부였던 라이스와 성관계를 맺은 사실을 두고서 사람들에게 했던 말의 의미를 완벽하게 보여준다. "내가 그녀를 소유한 것이지, 그녀가 나를 소유한 것이 아닐세." 이와 달리 괴로움과 공포는 감각과 연결되어 있다. 괴로움은 고통스러웠던 과거의 기억을 통해서, 공포는 다가올 고통에 대한 예견을 통해서 우리에게 찾아오는 것이다.(『생애』 II, 92)

4 안티스테네스와 견유(犬儒)학파

1) 안티스테네스(아테네, 기원전 445~365)

안티스테네스는 소크라테스의 최측근 가운데 한 사람이었으며, 향후 견유학파의 실질적인 지도자였던 시노페 출신의 디오게네스의 스승이었다. 그가 활동하던 시기는 소피스트들의 활동이 절정에 달해 있었던 때였다. 안티스테네스는 소피스트였던 프로디코스나 히피아스와 동시대인이었고, 고르기아스의 제자이기도 했다. 그는 "퀴노사르게스"(Kynosarges)라는 이름의 체육관에서 주로 시간을 보내며 자신의 철학을 강의했다고 한다. 이 체육관은 아테네 남쪽 일리소스 강 하구에 위치해 있었는데, 그곳은 헤라클레스의 성지이면서 주로 서자들이 모임을 갖던 곳으로 알려져 있다. 하지만 그곳이 실제로 견유학파의 보금자리라고 보기는 어렵다. "퀴노사르게스"는 우리 말로 "민첩한 개" 또는 "백구"라고 옮길 수 있는데, 그것이 정확히 무엇을 의미하는지는 알 수 없다. 다만 "견유"(犬儒, kynikos)라는 이름은 여기서 유래한 것으로 전해진다.

디오게네스 라에르티오스는 안티스테네스가 썼다고 전해지는 74편의 작품 목록을 전해주고 있다. 그중에서 몇 편의 시범 연설문들이 눈에 띈다. 시범 연설은 수사학 장르 가운데 고르기아스가 개척한 분야로 잘 알려져 있다. 이것은 연설가가 자신의 언변을 과시하고 청중들을 이끌 목적으로 행하는 연설로서 일종의 광고 행위와 유사하다. 이를 위하여 연설가는 주로 많은 사람들이 익히 알고 있는 고대 신화의 일화들 가운데 하나를 정하여 가상의 연설문을 만든 뒤에, 사람들이 많이 모이는 공원이나 체육관 등지에서 연설을 했다고 한다. 안티스테네스의 시범 연설들 중에는 트로이아 전쟁의 영웅들인 오뒷세우스와 아이아스의 연설이 있다. 그들은 번갈아가며 왜 자신이 아킬레우스가 지녔던 무구(武具)의 상속자가 되어야 하는지를 주장한다. 또 그는 아가멤논의 아들 오레스테스가 복수의 여신들 앞에서 스스로를 변호하는 연설문도 썼다고 한다. 아리스토텔레스는 『수사학』 제III권 제4장에서 은유법의 모범 사례로 안티스테네스의 글을 언급하고 있는데, 이로부터 안티스테네스는 단어들의 의미 분석과 비유적 사용에 큰 관심을 가졌던 것으로 추측할 수 있다. 또한 그는 유명한 신화 속 인물을 특정한 덕목의 담지자로 해석하는 일종의 우의적 해석을 제안했던 것으로 생각된다.

안티스테네스는 매우 독특한 언어(logos) 이론을 발전시켰다. 그는 우리가 "말(a horse)은 볼 수 있어도, 말임(horse-ness)은 결코 볼 수 없다"라고 주장하였다. 왜냐하면 우리가 보게 되는 것은 언제나 특정한 것(개별 성질)이지 보편자(또는 보편 성질)는 아니기 때문이다. 따라서 안티스테네스는 "그것이 어떠한지"(poion ti estin)를 가르쳐줄 수는 있지만, "그것이 무엇인지"(ti estin)를 정의하는 것은 불가능하다고 평가한다. 그의 이러한 주장은 플라톤의 이데아론를 겨냥하고 있는 것처럼 보인다.

윤리학과 관련하여 안티스테네스는 덕이 가르쳐질 수 있는 것이라고 보았다.(『생애』 VI, 105) 따라서 어리석은 자라고 해도 강의를 들을 수는 있다. 그렇다면 구체적으로 어떤 경로를 통해서 우리는 덕에 이를 수 있을까? 먼저 우리는 좋고 나쁨에 관한 선입견들을 모두 지우고 백지상태를 만들어야 한다. 사실 그것들은 사회가 잘못된 관습과 규범을 통해 우리에게 주입한 것들이기 때문이다. 일단 잘못된 생각들이 제거되면, 우리는 덕에 필요한 앎들을 요구할 수 있다. 하지만 덕을 아는 것만으로는 완전한 도덕에 이를 수 없다. 무엇보다도 중요한 것은 도덕적인 행위를 완성하는 것이다.(『생애』 VI, 11) 잘 행하기 위해서는 그리고 행복하기 위해서는 아는 것만으로는 충분치 않다. 여기에는 앎을 실천할 수 있는 힘(ischys)이 필요하다. 그리고 이 힘을 얻기 위해서는 훈련이 필요하다. 그런 이유로 안티스테네스는 노고(勞苦, ponos)를 좋은 것으로 보았다.(『생애』 VI, 2) 이는 신체적인 고생이 그 자체로 좋기 때문이 아니라, 그러한 고생에 맞서기 위해 마련된 노력이 좋은 것이기 때문이다. 많은 고대인들은 안티스테네스가 몸소 보여주었던 굳건함(karteria)과 욕망 앞에서의 무감동(apatheia)에 관해 증언하고 있다. 이는 그가 삶을 영위하는 속에서 자신이 정한 훈련의 원칙을 실천했으리라고 추측게 해준다. 요컨대 우리는 안티스테네스의 도덕을 다음과 같이 정리할 수 있을 것이다. 안티스테네스에게 도덕은, 한편으로는 실천적 지혜(phronēsis)를 강조하고 다른 한편으로는 헤라클레스적인 힘(ischys)을 강조한다는 점에서, 수련이 더해진 주지주의를 통해 실현된다고 할 수 있다.

안티스테네스는 정말로 견유학파의 창시자일까? 디오게네스 라에르티오스처럼 선대와 후대 철학자들의 순서와 학원 승계의 질서를 따지는 사람들은 "그렇다"라고 답한다. 그들은 소크라테스, 안티스테네스, 디오게네스, 크라테스의 순서로 견유학파를 질서짓고는, 그 끝에다가 스토아 학파의 창시자인 키티온의 제논을 놓는다. 그래서 소크라테스의 제자인 안티스테네스는 디오게네스에게 무감동의 길을, 크라테스에게는 극기의 길을, 제논에게는 영혼을 굳건하게 하는 길을 열어주었다고 주장하였다. 또 몇몇 스토아 철학자들도 이에 동조하였는데, 그들은 자기들의 사상적 뿌리가 견유들을 매개로 소크라테스까지 이어진다고 생각했다. 그러나 이러한 순서는 그대로 받아들이기에는 너무나도 자의적이며 부정확하다. 다만 안티스테네스의 사상이 견유학파의 실질적인 창립자인 디오게네스에게 영향을 끼쳤다는 사실만큼은 분명해 보인다.

2) 디오게네스(시노페, 기원전 5세기 후반)

디오게네스는 기원전 5세기가 끝날 무렵 밀레토스 지방의 식민 도시인 시노페에서 태어났다. 그의 아버지는 히케시오스라는 사람이었는데 아들과 함께 위폐(僞幣)를 만들다 적발되어 추방당했다는 일화가 전해진다.(『생애』 VI. 20~21) 디오게네스가 무엇을 썼는지에 대해서는 여러 정보들이 혼란스럽게 난립하고 있다. 혹자는 그가 열세 편의 대화와 편지들 그리고 일곱 편의 비극을 썼다고 전한 반면, 다른 이들의 증언에 의하면 디오게네스의 이름으로 남은 작품들 가운데 정말로 그가 쓴 작품은 하나도 없다고도 한다. 그런가 하면, 또 어떤 사람은 디오게네스가 열네 편의 저술을 남겼지만 비극을 쓴 적은 없다고 증언하고 있다. 반면에 18세기에 발굴된 몇몇 파피루스에는 디오게네스가 '국가'라는 제목의 작품을 저술하였다는 기록이 남아 있으며, 최소한 세 편의 비극 작품의 이름이 언급되어 있다. 이렇듯 그의 저술과 관련해서는 확실한 것이 없지만, 분명한 것은 그가 우스꽝스러운 옷차림으로 기행을 일삼았다는 사실 그리고 견유(犬儒)라고 특징지을 수밖에 없는 생활 방식을 영위했다는 사실이다. 그중에서도 원하는 것이 무엇이냐고 묻는 알렉산드로스 대왕에게 햇빛이나 가리지 말라고 대꾸했다는 일화는 일체의 권력과 부에 무관심했던 디오게네스의 성격을 잘 드러내준다.(SSR, VB31~49)

디오게네스에 따르면 현자란 "말해야 할 것과 행해야 할 것을 아는 사람"이다. 그는 논리학과 자연학을 공부할 필요가 없다고 생각했다. 중요한 것은 오직 덕이 무엇인지, 악이 무엇인지를 아는 것이며, 덕과 악을 제외하고는 다 사소한 것들만 있을 뿐이다. 그러므로 안티스테네스와 달리, 디오게네스에 이르러 덕에 관한 주지주의적인 성격은 대폭 약화된다. 견유주의자는 자기들의 수련이야말로 덕과 행복으로 가는 지름길이라고 규정한다. 행복에 도달하는 데서 이성의 역할은 두 번째이다. 도덕성의 핵심은 지식이 아니라 힘에 있다. 그 힘은 훈련에서 비롯되며 우리를 실천의 길로 들어설 수 있게 해준다.(『생애』 VI. 34) 물론 디오게네스가 교육 자체를 거부했던 것은 아니다. 다만 그가 생각한 교육은 인내와 남성다움을 기르는 것이요, 신체 단련에 기반을 둔 의지력을 키우는 것이었다. 안티스테네스와 비교하여, 디오게네스는 이성주의를 버리는 대신 힘을 선택하였다. 바로 그런 이유 때문에 디오게네스는 말이든 행동이든 과도한 상황 앞에서도 뒷걸음질치지 않았다. 특히 그가 썼다고 하는『국가』에서 디오게네스는 군대가 쓸모없다고 주장하는가 하면, 짐승의 뼈로 화폐를 대체할 수 있다고 생각하며, 심지어 식인 풍습을 권장하기도 한다. 또한 여성들과 아이들만의 공동체를 제안하는가 하면, 근친상간을 포함하여 완벽하게 무제한적인 성적 자유를 주장하기까지 한다. 생활과 행위에서 일체의 이성주의를 거부하고 모든 종류의 적도(適度)를 포기하였기 때문인지, 디오게네스는 플라톤으로부터 "미친 소크라테스"라는 말을 들었다고도 전해진다.(『생애』 VI, 54)

3) 견유적인 삶과 수련 그리고 행복

견유들은 처음에는 아테네에서 활동하였고, 시간이 지난 후에는 로마에까지 퍼졌다. 어느 곳에서나 견유들은 기존의 가치와 질서에 철저하게 비판적이었다. 그들은 도덕과, 정치, 종교 그리고 철학에 걸쳐 사람들이 공유하고 있었던 가치에 대하여 전복적인 태도를 취하였다. 그러한 문제 제기의 가장 명백하고 격렬한 형태는 디오게네스가 삶 속에서 몸소 보여준 사회적 반항과 이의 제기였다. 그는 머리카락과 수염을 기른 채로 방치하였고, 맨발로 돌아다녔으며, 언제나 얼룩지고 너덜너덜해진 외투를 걸치고는 작대기를 들고 다녔다. 그는 사람들 앞에서 밥을 먹고 오줌을 누었으며, 자위행위를 하는가 하면, 아무렇지도 않게 여자와 성교를 하였다. 그는 기득권자들에게 욕설을 퍼붓는 것으로 만족지 않았다. 그는 가족과 사회와 국가에 관련된 모든 일에 일절 참여하기를 거부하면서 자신에게는 가족도 없고 조국도 없다고 주장하였다. 그러한 거부를 통해서 디오게네스는 관습(nomos)에 항거하고, 관습보다는 자연(physis)을 선호하게 된다. 그의 이러한 태도는 사람들이 공동체의 유지를 위해 정해놓은 일체의 경계와 금기의 전복을 겨냥하는 것처럼 보인다.

견유들은 자기들의 철학이 덕과 행복으로 난 일종의 지름길이라고 생각한다. 왜냐하면 그들은 사람들이 전통적으로 인정해온 철학의 세 갈림길 가운데 두 길, 즉 논리학과 자연학을 불필요한 것으로 간주하여 미리 제거해버렸기 때문이다. 견유의 길에 들어선 사람은 즉각적으로 가장 가혹한 두 명의 적(敵)들과 싸워 이겨야 한다. 그 적들은 바로 쾌락과 고통이다. 물론 견유들이 쾌락 그 자체를 거부하는 것은 아니다. 다만 문명화된 삶에서 누리는 쾌락들은 비난받아 마땅하다. 왜냐하면 인간이 쾌락에 깊이 빠져들게 되면 더 이상 그 쾌락에 대한 감각을 느끼지 못하게 되고, 점점 더 값비싼 수단을 찾아 헤매게 되기 때문이다. 심지어 쾌락에 빠져든 인간은 그것을 위협하는 두 번째 적(敵)인 고통에 맞설 수 있는 힘을 상실하게 된다. 고통에 대한 이러한 투쟁은 이후 스토아 철학자들의 중심 주제가 된다. 비록 몇몇 근본적인 점들에서 스토아 학파와 견유학파가 갈라서지만, 쾌락에 수반되는 이차적 고통에 맞선다는 점에서는 둘의 입장이 서로 이어진다고 볼 수 있다.

우리는 고통들 가운데 두 가지 유형을 구별할 필요가 있다. 하나는 "근본적인" 고통이다. 그것은 죽음이나 질병처럼 말 그대로 어쩔 수 없이 인간이 감내해야 하는 시련이다. 다른 하나는 "훈련"의 고통이다. 철학자는 훈련의 고통을 감내함으로써 언젠가 닥치게 될 근본적인 고통에 맞설 수 있도록 대비한다. 견유들이 제안하는 삶의 방식은 최소한의 필요만을 충족하는 검소함에 기반을 둔다. 의식주에서 극한의 소박함을 매일같이 연습하다 보면, 언젠가 인간은 외부 세계에 대하여 자신의 독립을 쟁취하게 된다.(『생애』 VI, 105) 디오게네스는 자신이 채택한 삶의 방식 속에서 근원적 자연 상태로 회귀하는 길에 들어섰던 것이다.

그런데 견유들이 주장하는 수련이 자연을 따르는 삶으로의 환원이라고 해도, 그것이 모든 것을 해결해주지는 않는다. 설령 인위적인 문명에서 벗어나더라도, 철학자는 완전히 행복할 수 없다. 왜냐하면 그는 여전히 인간에게 적대적인 힘들, 예컨대 질병과 죽음, 허기와 갈증, 추위와 더위 등으로부터 속박을 당할 것이기 때문이다. 견유주의자에게 자연은 전혀 이성의 지배를 받지 않는 세계이다. 우리를 괴롭히기도 하고 죽게 만들기도 하는 것이 자연인 이상, 또한 그러한 운행의 규준을 정하는 것 역시 자연인 이상, 우리는 그러한 불운을 거부하고 우리 안에 어떠한 것도 공격할 수 없는 영역을 확보하기 위해서 매일같이 훈련을 거듭해야 하는 것이다. "여름에 디오게네스는 이글거리는 모래 위를 뒹군다. 반면에 겨울에는 눈 덮인 조각상을 껴안는다. 그렇게 그는 훈련을 위해 모든 것을 활용했던 것이다."(『생애』 VI, 23) 또 "그는 맨발로 눈 위를 돌아다녔다."(『생애』 VI, 34) 이러한 수련은 일부 엘리트에게만 해당되는 것이 아니라, 누구에게나 해당된다. 선택의 유일한 기준, 그것은 훈련에 참여할 용기가 있느냐 없느냐일 뿐이다. 또한 견유주의가 지름길로 접어든 이상, 책을 읽거나 학교를 다니면서 시간을 낭비하는 것보다는 바로 훈련에 임하는 것이 더 낫다. 오직 검소하고 고통을 마다치 않는 삶을 실천할 때에만, 우리의 영혼은 행운과 불행의 타격에도 초연해지며 정념으로부터 벗어날 수 있게 된다.

그렇다면 그토록 가혹한 수련을 통해 견유들이 도달하고자 하는 행복은 과연 어떤 것일까? 그것은 바로 영혼의 고요, 즉 평정 상태일 것이다. 디오게네스는 영혼의 고요가 기쁨, 즐거움 그리고 진정한 쾌락을 동반한다고 단언한다. 즉, 아무리 엄격한 금욕주의를 취한다 하더라도, 견유들은 기본적으로 행복론(eudaimonism)의 입장에 서 있다고 할 수 있다. "좋은 사람에게는 매일매일의 삶이 축제라고 생각하지 않는가?"(플루타르코스, 「영혼의 고요에 관하여」 20, 『도덕론』, 477c) 디오게네스는 자신의 생각을 전하고자 했지만 강의나 설득과 같은 일상적인 수단을 사용할 수 없었다. 그래서 그는 사람들을 도발하거나 그들에게 충격을 주는 방법을 택했다. 견유주의가 장장 10세기 동안 지속될 수 있었고, 또 로마 제국 시대에는 "대중"철학으로 자리할 수 있었던 것은 아마 이러한 태도 때문이었을 것이다. 수많은 일탈에도 불구하고, 제국 시대의 견유들은 소크라테스적인 삶의 정신을 체현하는 데 성공했던 것처럼 보인다. 그것은 분명 지식의 획득이나 축적과는 무관한 것이었다.

　"견유"라는 이름과 관련하여 전해지는 수많은 이야기들을 하나로 모아보면 그 모습은 대체로 다음과 같이 요약될 수 있을 것이다. 논증보다는 행동을 선호하였고, 지식의 획득과 축적에는 큰 관심이 없었으며, 관습에 따른 삶보다는 자연 상태의 삶을 중요시했고, 모든 가치의 전복을 꾀했던 견유철학은 모든 확신이 사라지고 정신적으로 황폐해진 세상에서 크지는 않았지만 길고 깊은 반향을 일으켰던 사상이었다.

5 결론을 대신하여

　지금까지 우리는 소크라테스의 후예임을 자처하며 스승의 철학적 실천과 사유를 추구했던 소(小)소크라테스학파의 학설들을 에우클레이데스와 메가라 학파, 아리스티포스와 퀴레네 학파 그리고 안티스테네스와 견유학파를 중심으로 살펴보았다. 재미있는 점은 소크라테스주의자들의 주장이 제각각이었을뿐더러, 때로는 서로 대립하기까지 했다는 사실이다. 또 그 정도가 매우 심해서, 과연 그들이 한 명의 스승에게서 나온 제자들이 맞는지 의심이 갈 정도다. 하지만 그 모든 다양성의 원인은 아마도 소크라테스의 사상이 그 자신의 삶과 분리되지 않았다는 데서 찾아볼 수 있을 것이다. 소크라테스가 젊은이들에게 영향을 끼친 것은 그저 그의 학설 때문이 아니라, 그가 평생에 걸쳐 사람들을 상대로 좋음과 나쁨에 관해 끊임없이 질문을 던지며 살아온 삶 때문이었다. 따라서 젊은이들이 소크라테스에게서 주목하고 배우려 했던 것은 그의 철학 이론이 아니라 철학하는 삶이었던 것이다. 그런 점에서 소크라테스주의자들 사이의 '차이'와 '대립'은 그들이 스승이 걸어왔던 삶 가운데 어떤 측면과 태도를 강조했느냐에 따라 발생한 것처럼 보인다. 그리고 이는 소크라테스주의자들을 다른 철학 학파의 사람들과 구별짓는 기준이 되기도 한다. 여느 철학 학파들이 스승이나 설립자의 사상을 계승하고 발전시켜 나갔다고 한다면, 소크라테스주의자들은 스승의 철학적 삶과 실천에 대하여 비교적 자유분방한 선택과 전용(轉用)의 모습을 보였다고 할 수 있다.

■ 참고 문헌

1) 소크라테스주의자들의 단편들 및 간접 증언들
Decleva Caizzi, F. (ed.), *Antisthenis Fragmenta*, Milano-Varese: Cisalpino, 1966.
Döring, K. (ed.), *Die Megariker. Kommentierte Sammlung der Testimonien*, Amsterdam: Grüner, 1972.
Giannantoni, G. (ed.), *Socratis et Socraticorum Reliquiae*, 4 vols., Napoli: Bibliopolis, 1990.
Mannebach, E. (ed.), *Aristippi et Cyrenaicorum Fragmenta*, Leiden: Brill, 1961.
Muller, R. (trad.), *Les Mégariques: Fragments et témoignages*, Paris: Vrin, 1985.
Onfray, M. (trad.), *L'invention du plaisir: Fragments cyrénaïques*, Paris: Livre de Poche, 2002.
Paquet, L. (trad.), *Les cyniques grecques: Fragments et témoignages*, Paris: Le Livre de Poche, 1992.

2) 플라톤
『에우튀데모스』, 김주일 옮김, 이제이북스, 2008.

『소피스트』, 이창우 옮김, 이제이북스, 2011.

Burnet, J. (ed.), *Platonis Opera*, tom. II-V, Oxford: Clarendon, 1900-06.

Duke, E. A et alii. (eds.), *Platonis Opera*, tom. I, recognoverunt brevique adnotatione critica instruxerunt E. A. Duke, W. F. Hicken, W. S. M. Nicoll, D. B. Robinson, J. C. G. Strachan, Oxford: Clarendon, 1995.

3) 크세노폰

『향연 · 경영론』, 오유석 옮김, 작은이야기, 2005.

Marchant, E. C. (ed.), *Xenophontis Opera Omnia*, 5 vols., Oxford: Clarendon, 1900-20.

Olier, F. (éd. et trad.), *Banquet/Apologie de Socrate*, Paris: Les Belles Lettres, 2002.

Bandini, M. & L.-A. Dorion (éd. et trad.), *Mémorables*, 3 vols., Paris: Les Belles Lettres, 2000-11.

4) 아리스토텔레스

『변증론』, 김재홍 옮김, 도서출판 길, 2009.

『소피스트적 논박』, 김재홍 옮김, 한길사, 2007.

『형이상학』, 김진성 옮김, 이제이북스, 2007.

『범주론 · 명제론』, 김진성 옮김, 이제이북스, 2005.

Dorion, L.-A. (trad. et comm.), *Aristote: Les réfutations sophistiques*, Paris: Vrin, 1995.

Gauthier, R. A. & J. Y. Jolif (trad. et comm.), *Éthique à Nicomaque*, Paris: Vrin, 1970.

Ross, W. D. (ed. et comm.), *Aristotle's Metaphysics*, 2 vols., Oxford: Clarendon, 1924.

Ross, W. D. (ed.), *Topica et Sophistici Elenchi*, Oxford: Clarendon, 1958.

5) 디오게네스 라에르티오스

Dorandi, T. (ed.), *Lives of Eminent Philosophers*, Cambridge: CUP, 2013.

Marcovich, M. (ed.), *Diogenis Laertii Vitae Philosophorum*, 2 vols., Berlin: Walter de Gruyter, 2008.

Goulet-Cazé, M.-O. et alii (trad.), *Vies et doctrines des philosophes il-*

lustres, Paris: Le Livre de Poche, 1999.

6) 이차 문헌

김유석, 「아이아스, 오뒷세우스, 그리고 소크라테스—안티스테네스의 시범 연설 연구」, 『대동철학』, 71, 2015, 1~29쪽.

송유레, 「문명에 대한 냉소: 견유주의의 '반문명' 운동」, 『인물과 사상』, 2009년 11월호, 137~51쪽.

Alesse, F., *La stoa e la tradizione socratica*, Napoli: Bibliopolis, 2000.

Brancacci, A., *Antisthène: le discours propre*, Paris: Vrin, 2005.

Brisson, L., "Les socratiques", in Canto-Sperber, M. et alii, *Philosophie grecque*, Paris: PUF, 1997.

Boys-Stones G. R. & C. Rowe, *The Circle of Socrates: Readings in the First-Generation Socratics*, Indianapolis/Cambridge: Hackett, 2013.

Giannantoni, G. et alii (trad.), *Socrate. Tutte le testimonianze: da Aristofane e Senofonti ai padri cristiani*, Bari: Laterza, 1971.

Giannantoni, G. & M. Narcy (eds.), *Lezioni socratiche*, Napoli: Bibliopolis, 1997.

Gill, M. L. & P. Pellegrin (eds.), *A Companion to Ancient Philosophy*, Oxford: Blackwell, 2006.

Goulet-Cazé, M.-O. & R. Goulet (eds.), *Le Cynisme anciens et ses prolongements*, Paris: PUF, 1993.

Husson, S., *La* République *de Diogène: une cité en quête de la nature*, Paris: Vrin, 2011.

Kahn, C. H., *Plato and the Socratic Dialogue*, Cambridge: Cambridge University Press, 1996.

Romeyer Dherbey, G. & J.-B. Gourinat (éd.), *Socrate et les socratiques*, Paris: Vrin, 2001.

제13장 플로티누스

송유례

1 철학사적 위치

　플로티누스(205~270)는 신(新)플라톤주의의 주창자로 알려져 있다. 신플라톤주의는 서양 고대 후기의 대표적인 철학 사조로서 고대철학 전통을 통합하여 중세에 전하는 데 중요한 역할을 한 것으로 평가된다. 서구 라틴 중세와 비잔티움 및 이슬람은 신플라톤주의의 중개를 통해 고대 그리스 철학, 특히 플라톤과 아리스토텔레스의 철학에 접근할 수 있었다.

　신플라톤주의는 그리스도교와의 대립과 갈등에도 불구하고 그리스도교 신학의 성립과 발전에 지대한 영향을 끼쳤다. 신플라톤주의를 수용한 대표적인 신학자로 서방 교회의 아우구스티누스와 동방 교회의 니사의 그레고리오스를 들 수 있다. 신플라톤주의는 '고대의 헤겔'로 불리는 프로클로스의 영향을 받은 위(僞)-디오니시오스 아레오파기타의 권위에 힘입어 중세 기독교에 큰 영향을 끼쳤고, 『아리스토텔레스의 신학』으로 불렸지만 실상은 플로티누스의 저작을 발췌·편집한 책을 통해 이슬람과 다시금 이슬람의 영향을 받은 서구 그리스도교에 영향력을 행사한다.

　르네상스 시대 피렌체에서 활동한 마르실리오 피치노(Marsilio

Ficino)는 중세 후기 아리스토텔레스-스콜라주의에 대항하여 플라톤 철학의 신플라톤주의적 해석을 옹호했으며, 플라톤의 전작과 더불어 플로티누스의 전작을 라틴어로 번역했다. 플로티누스는 케임브리지 플라톤주의와 독일 관념론을 거쳐 베르그송의 철학에 이르기까지 영혼의 양식을 제공했으며, 철학의 영역을 넘어 르네상스 예술가들, 나아가 에머슨, 워즈워스, 콜리지, 예이츠와 같은 현대의 문인들에게도 영감을 불러일으켰다.

사실, 플로티누스는 자신을 '신플라톤주의자'라고 부르지 않았다. '신플라톤주의'는 고대 후기에 형성되고 전승된 플라톤주의를 플라톤의 철학으로부터 구별하기 위해 근대에 도입된 용어이다. 플라톤 사후 아카데미아는 '피타고라스주의적' 형이상학의 수립을 도모했지만, 기원전 3세기 초에 회의주의로 전회한다. 이 전회를 기점으로 이전의 아카데미아를 '구(舊)아카데미아', 이후의 것은 '신(新)아카데미아'라고 칭한다. 신(新)아카데미아는 헬레니즘 시대 철학의 주류였던 스토아와 에피쿠로스의 교조주의에 도전했으나, 로마 제정기에 접어들면서 구(舊)아카데미아로의 복귀 운동과 맞물려 쇠퇴한다. 이러한 분위기 속에서 플라톤의 철학을 '진리'를 담지한 이론 체계로 재구성하려는 움직임이 일군의 철학자들을 중심으로 일어났는데, 이들은 자신들을 '아카데미아주의자'와 차별하기 위해 '플라톤주의자'라고 칭했다. 플로티누스는 그러한 '플라톤주의자들' 가운데 한 사람이었다.

플로티누스는 새로운 철학의 창시자가 아니라, 오직 플라톤의 충실한 해석자이기를 자처했다. 하지만 그는 플라톤의 말을 되뇌는 추종자가 아니라, 이해하는 철학자이고자 했다. 그는 플라톤이 말하고자 하는 바가 항상 분명한 것이 아님을 지적하면서, 플라톤의 저술에 불분명하게 표현된 것을 분명하게 밝히고, 모순적으로 보이는 것을 일관적인 것으로서 드러내려고 시도했다.(Enn. V 1 [10] 8; IV 8 [6] 1)[1] 플라톤

---

[1] 지금까지 전승된 판본의 대부분은 포르피리오스가 편집한 『엔네아데스』("아홉들")로

이 다양한 사고의 가능성을 보여주는 팔색조에 해당한다면, 플로티누스는 그 다양한 가능성 가운데 하나를 철두철미하게 사고하고자 한 백조에 가깝다고 할 수 있다.

플로티누스의 플라톤 해석은 고대 후기 플라톤주의의 큰 흐름을 결정하게 된다. 플로티누스의 후예들은 로마, 아테네, 알렉산드리아, 아파메아, 페르가몬 등 로마 제국의 문화적 중심지에서 플로티누스의 플라톤주의를 다양한 형태로 계승, 발전시켰다. 특히 그들은 플라톤과 플로티누스의 저작에 대해 주석서를 집필했을 뿐만 아니라, 아리스토텔레스의 저작과 스토아주의자인 에픽테토스의 저작에 대한 주석서도 남겼다. 이런 식으로 '신플라톤주의'로 통칭되는 사조가 형성된 것이다. 대표적인 신플라톤주의자로 포르피리오스(233~305?), 이암블리코스(240/45~325), 히파티아(†415), 프로클로스(412~485), 다마스키오스(458~538), 심플리키우스(490~560), 보에티우스(480?~524?)를 꼽을 수 있다.

2 생애와 저작

플로티누스의 생애와 저작에 관한 정보의 주요 원천은 제자 포르피리오스가 쓴 『플로티누스의 생애』(*Vita Plotini*)이다. 기원후 4세기 초, 포르피리오스는 플로티누스의 전작을 편집하여 『엔네아데스』 판본을 간행하면서 그 서두에 플로티누스 전기(傳記)를 실었다. 『플로티누스의 생애』는 고대 후기 철학계의 상세한 지형도와 더불어 이상적인 철학자상을 제공하는 흥미로운 문헌이다.

거슬러 올라간다. 각 작품의 장 구분은 15세기 르네상스 철학자 마르실리오 피치노에서 유래한다. 『엔네아데스』는 Enn.으로 축약되며, 통용되는 인용 방식은 다음과 같다. Enn. V 1 [10] 1, 1 (제5군, 제1편 [작품이 쓰여진 연대에 따라 10번째] 제1장, 제1행).

플로티누스는 205년경 (아마도 이집트에서) 태어났고 28세에 철학을 배우기 위해 알렉산드리아로 갔으며, 플라톤주의자 암모니오스 사카스를 만나 11년간 사사했다. 243년 로마 황제 고르디아누스 3세를 따라 페르시아 원정길에 올랐으나, 황제의 암살로 원정이 무산되자 안티오코스로 피신했다가 244년 로마에 정착한다. 그가 페르시아 원정에 참여한 이유는 페르시아와 인도 철학에 대한 관심이었다고 전해진다. 로마에서 귀족 게미나(아마도 트레보니아누스 황제의 과부)의 집에 머물며 사설 학원을 운영했다. 269년 병세가 악화되어 캄파니아로 은퇴할 때까지 가르쳤고 270년 사망했다.

플로티누스의 학원은 성과 인종, 직종의 차별 없이 모두에게 개방되었다. 그의 문하에는 아멜리우스와 포르피리오스 같은 직업적 철학자도 있었지만, 의사와 문인 등 다른 직업을 지닌 수강생들도 있었고, 청강생 중에는 원로원 회원들과 갈리에누스 황제(재위 253~268)와 황후도 포함되었다. 로마 제정기에 철학 수업은 대체로 주요 텍스트의 강독과 해석으로 이루어졌다. 에피쿠로스 학파에서는 에피쿠로스의 작품이, 스토아 학파에서는 크리시포스의 저작이 읽혔다. 알키노스와 누메니오스 같은 플라톤주의자들은 플라톤의 대화편들을 해석하였고, 알렉산드로스 아프로디시아스는 아리스토텔레스의 저술을 분석하였다.

마찬가지로 플로티누스도 수업 시간에 주로 플라톤의 대화편들을 읽고 토론했다. 그는 다양한 해석을 제시하는 플라톤주의자들의 주해서들을 비판적으로 검토했으며, 나아가 아리스토텔레스의 저작과 그에 대한 주해서들도 참조했다. 그는 특정한 주제에 관해 자유롭게 토론하는 수업도 시행했는데, 가령 영혼과 육체의 관계에 관한 토론은 다소 혼란스러운 방식으로 사흘간이나 지속되었다고 한다. 또한 그는 전통적인 철학 문제를 넘어서 당대 대두된 문제들을 다루기도 했다. 특히 그리스도교 영지주의[2](그의 학원에도 추종자들이 있었다)는 플로티누스

---

2) '영지주의'(Gnosticism)는 로마 제정기에 창궐한 종교적 운동으로 다양한 형태로 전개

와 그의 제자들에 의해 맹렬히 논박되었다.

　플로티누스는 철학을 연구하고 가르치는 데 헌신했지만, 인간 삶의 실천적인 영역을 도외시하지 않았다. 『플로티누스의 생애』에서 그는 인간 심리를 꿰뚫어보는 심안의 소유자이자 타인에 대한 배려를 지닌 인물로 그려진다. 또한 그는 수많은 고아들의 후견인으로서 그들의 재산 관리에 정확성을 기했을 뿐만 아니라, 여러 정치적 분쟁에서 조정자로서 활약했으며, 나아가 황제에게 캄파니아에 "플라톤의 법률에 따라 통치되는" 도시, '플라토노폴리스'(Platonopolis)를 건설할 것을 제안하기도 했다고 전해진다.

　플로티누스는 49세에 저술 활동을 시작했지만 상당한 분량의 저작을 남겼다. 그의 저작은 포르피리오스의 노고에 힘입어 고스란히 전승되었다. 서양고대철학사를 통틀어 전작이 전해진 철학자는 오직 플라톤과 플로티누스뿐이다. 한 작품의 전승 여부는 종종 우연에 달려 있지만, 플로티누스의 전작이 전해진 것은 (한스-게오르크 가다머가 강조하듯이) 우연의 산물이 아니라 후대 독자들의 의식적인 선택의 산물이다. 『엔네아데스』는 이후 그리스도교의 주요 사상가들에 의해 중요성을 인정받아 보존된다.

　포르피리오스는 『엔네아데스』를 편집하면서 플로티누스의 전작을 주제에 따라 여섯 군으로 분류하고, 각 주제군에 아홉 편의 작품을 배당해서 총 54편으로 재편성했다. 그는 플로티누스의 철학을 윤리학, 자연학, 형이상학으로 삼분하고, 제1군의 아홉 논고에 윤리학을, 제2군과 제3군에 자연학을, 그리고 제4군부터 제6군에 형이상학을 배당하였다. 형이상학의 주요 삼(三)원리 중에서 '영혼'은 제4군에서, '정신'은 제5군에서, 마지막으로 '하나' 또는 '좋음'은 제6군에서 다루어진다. 이러

되었다. 영지주의는 기본적으로 최고신과 창조주를 구분하고, 이 세상을 어리석고 악한 창조주의 산물로 규정했으며, 특수한 종교적 인식, 즉 영지(gnosis, 靈知)를 통해 영적인 영혼들을 이 세상으로부터 구원할 수 있다고 주장했다. 플로티누스는 영지주의가 무엇보다도 플라톤의 가르침을 왜곡하고 오용한다고 비판했다.(Enn. II 9 [33])

한 편집 순서에 따라 플로티누스의 전작을 읽으면, 윤리학에서 자연학으로, 자연학에서 다시 형이상학으로 상승하게 되고, 최종적으로는 만물의 궁극원리에 다다르게 된다. 이러한 편집은 플로티누스 철학을 최고의 신성으로 인도하는 '오르막길'로 제시한다.

이러한 포르피리오스의 편집은 플로티누스의 전작을 체계적으로 접근하는 데 도움을 주지만, 개별 작품을 자체적으로 이해하는 데 장애가 되기도 한다. 사실, 플로티누스는 한 작품 내에서 철학의 여러 분야들을 넘나들며 글을 쓴다. 이러한 글쓰기 방식은 포르피리오스가 제안하는 분야별 읽기 방식과 잘 맞지 않다. 더욱이, 포르피리오스는 수(數)신비주의에 따라 완전성과 완결성을 상징하는 숫자인 6과 9를 사용하여 전작을 54편으로 편성했는데, 그 과정에서 작품 일부를 무리하게 여러 편으로 분할하였다. 그러므로 플로티누스의 독자는 이러한 점에 유의할 필요가 있다.

3 사상

1) 세계의 원리

플로티누스가 플라톤의 충실한 해석자이기를 원했던 만큼, 그의 철학은 플라톤의 저술에 기초한다. 로마 제정기 플라톤주의자들에게 가장 중요한 저술은 플라톤의 『티마이오스』였다. 그들은 이 책에서 이 세계의 존재와 변화에 대해 체계적인 설명을 가능하게 해주는 원리(archē)를 발견했으며, 이를 바탕으로 플라톤주의적 형이상학을 재구성했다. 플로티누스의 선배 플라톤주의자들(이른바 '중기 플라톤주의자들3))은 플라톤의 세계 제작 신화에서 세 가지 원리를 발견할 수 있다

---

3) '중기 플라톤주의'(Middle Platonism)는 플로티누스에서 시작하는 신플라톤주의 이전의 제정기 플라톤주의를 일컫는다. 대표적인 중기 플라톤주의자로 아풀레이우스, 가이오스,

고 믿었다. 이 세 가지 원리는 첫째, 세계의 본을 이루는 비감각적 형상들(이데아들), 둘째, 세계의 본에 따라 질서와 구조를 얻게 되는 원료, 셋째, 본과 원료를 사용해서 세계를 제작하는 신적인 장인('데미우르고스')이다. 이러한 견해는 여러 가지 해석상의 문제를 야기했다. 신적인 장인은 도대체 무엇인가? 그것의 작용을 어떻게 이해해야 하는가? 이 세계는 데미우르고스, 즉 조물주에 의해 언젠가 만들어진 것인가? 조물주가 세계의 본으로 삼은 비감각적 형상들은 어떤 존재인가? 무엇이 세계의 원료 내지 질료인가? 이러한 문제들에 대한 숙고를 통해 플로티누스는 자신의 형이상학적 원리론을 제시한다.

플로티누스는 이 세계가 조물주에 의해 어떤 시점에서 만들어진 것이라고 믿지 않았다. 그는 플라톤의 세계 제작 신화를 세계의 구조와 질서를 이해하는 데 필요한 원리들을 구상적으로 표상해주는 교육적 장치로 여겼다. 그래서 그러한 신화의 탈신화적인 읽기를 통해 세계의 영구적 질서를 설명하는 형이상학을 재구성할 수 있다고 생각했다. 그는 세 가지 형이상학적 원리를 제시한다. 영혼, 정신, 좋음 또는 하나가 바로 그것이다. 이 원리들은 위계적 질서를 이루는데, 가장 낮은 층위에 위치하는 것이 영혼이고, 그 위에 정신, 그 위에 만물의 최고 원리인 좋음 또는 하나〔一者〕가 자리한다.[4] 플로티누스의 형이상학에서 세 가지 원리적 기재들은 '감각계'(感覺界)를 벗어나 넓은 의미에서 '가지계'(可知界)를 구성한다(엄밀한 말해, '하나'는 가지계를 초월해 있다). 더불어, 그것들은 생성 소멸을 벗어나 불멸을 누리는 신성이다. 이처럼 플로티누스에게 신성(神性)은 다름 아닌 형이상학적 원리이다. 이런 관

알키노스, 누메니우스, 아티코스, 플루타르코스가 꼽힌다.

4) 포르피리오스는 플로티누스의 세 가지 원리를 '원리적인 기재(基在, hypostasis)'라고 불렀는데,(Enn. V 1 [10]의 제목 참조) '기재'로 옮긴 'hypostasis'는 이후 그리스도교의 삼위일체론에서 '위'(位) 또는 '위격'(位格)으로 번역되는 용어이다. 플로티누스의 원리론은 세 가지 원리들의 수직적인 위계질서를 주장한다는 점에서 교회에서 공인된 삼위일체론과 차이가 있지만, 삼위일체론의 형성과 전개에 영향을 주었다.

점에서 플로티누스의 형이상학은 곧 신학(神學)이다. 아래에서 우리는 어떻게 플로티누스가 세 가지 신적인 원리를 발견하게 되었는지를 간략히 살펴볼 것이다.

『티마이오스』에서 이 세계는 하나의 살아 있는 유기체로 묘사된다. 이 우주적 생물을 살아 움직이게 만드는 존재로서 영혼(psychē)이 도입된다. 플로티누스에 따르면, 영혼은—세계 영혼이든 개별 영혼이든—육체에 생명과 형상 및 통일성을 부여하는 원리이다. 세계의 육체와 개별 생물의 육체는 여러 가지 물체로—가장 기초적인 수준에서는 물, 불, 공기, 흙의 4원소로—이루어진 복합체이며, 영혼의 작용 없이는 구성 요소로 해체되어 구조적 통일성을 잃어버리게 되고, 그 결과 죽음에 이른다. 이처럼 영혼이 육체에 의존하는 것이 아니라, 육체가 영혼에 의존한다. 플로티누스의 자연학에서 물체는 자기를 특정한 방식으로 조직할 수 있는 힘을 가지고 있지 않다. 특정한 형태의 조직체로서 물체는 어떤 다른 힘을 전제한다. 물체를 특정한 형태로 구성하고 조직하는 역동적인 힘이 영혼이다.

플로티누스는 이 세계의 불멸성이 보장되기 위해서는 영혼이 물체와 다른 본성을 지녀야 한다고 주장했다.(Enn. IV 7 〔2〕) 그는 물체의 특성을 공간적 연장성으로 규정한다. 따라서 비(非)물체적인 영혼은 본성상 비연장적이고 비공간적인 존재이다. 그는 영혼이 상이한 감각 작용을 동시에 수행하면서 감각들을 비교하고 분별할 수 있다는 사실로부터 의식의 통일성을 이끌어내고, 그것을 근거로 영혼이 비연장적 존재이며, 물체와는 전혀 다른 방식으로 존재한다는 논변을 펼친다. (Enn. VI 4~5 〔22~23〕) 물체는 공간적으로 연장되어 있는 물질적 덩어리이며, 그것의 부분들은 각기 다른 공간을 차지하고, 어떤 한 부분도 다른 한 부분과 수적으로 동일할 수 없다. 그러나 영혼은 육체의 모든 부분에 전체로서 '현전한다'. 다시 말해, 영혼은 자기동일성을 유지한 채로 공간적으로 연장되어 있는 육체 전체에 두루 작용한다. 이때, 영혼의 '현전'(parousia) 방식은 육체에 대한 작용 방식을 가리키므로 영혼 자체의 연장성을 내포하지 않는다. 다만 그것의 작용이 미치는 대상의 연장성을 전제할 뿐이다.

이제 이 세계에서 영혼이 물체에 부여하는 구조와 질서, 형상과 통일성을 전부 제거해보자. 플로티누스의 분석에 따르면, 마지막에 남는 것은 모든 형상의 전적인 부재(不在), 이런 의미에서 비존재(非存在)로 간주되는 '질료'(hylē)이다. 중기 플라톤주의자들은 데미우르고스의 작용을 통해 형상들을 수용하게 되는 수동적 원리('수용자')를 이 세계의 물질적 원료로 간주했으며, 아리스토텔레스의 해석에 따라 '질료'와 동일시했다. 『티마이오스』에서 세계의 원료는 세계 영혼에 독립해서 존재하지만, 플로티누스의 질료는 영혼으로부터 파생된 존재이다. 따라서 질료는 플로티누스의 형이상학에서 원리로서의 위상을 잃게 된다. 플로티누스는 질료를 세계 영혼의 하위 능력인 '자연'(physis)의 산물로 제시한다. 질료는 자체적으로는 아무 형상도 지니지 못하며, 자연에 의해 형상을 '입게' 됨으로써 물체를 구성하게 된다.(Enn. III 4 〔15〕 1)

플로티누스의 영혼은 이 세계의 질료에 형상을 부여하는 작용을 통해 플라톤의 데미우르고스가 맡은 역할을 수행하는 것으로 보인다. 하지만 플로티누스는 데미우르고스를 영혼이 아니라 신적인 정신(nous)과 동일시한다. 이 데미우르고스적 정신은 이 세계의 본을 이루는 형상들을 관조하는 '이론적' 정신이다. 플로티누스의 조물주는 이 세계를 직접 만들지 않고, 그 일을 영혼들에게 위임한다.(Enn. V 8 〔31〕 13) 다시 말해, 영혼을 통해 간접적으로 세계의 형성에 관여한다.

신적 정신의 간접적인 세계 형성을 설명하기 위해 플로티누스는 플라톤주의의 전통적인 해법을 취한 것으로 보인다. 그는 데미우르고스적 정신의 모델로서 아리스토텔레스의 '부동의 원동자'를 취한다. 『형이상학』 제12(Λ)권에 나오는 신적 정신은 스스로 움직이지 않지만 "욕망과 인식의 대상"(to orekton kai to noēton, 1072a 26)으로서 세계를 움직인다. 이와 유사하게 플로티누스의 신적 정신은 영혼들에게 관조의 대상이자 선망의 대상이다. 영혼들은 세계에 구조와 질서를 부여하기 위해 세계의 본에 대한 참된 인식을 필요로 한다. 그러나 어떤 영혼도 그러한 인식을 자체적으로 소유하고 있지 않기 때문에 그것을 획득해야 한다. 따라서 그러한 인식은 영혼이 획득하기에 앞서 존재해야한다. 신적 정신은 이 세계의 본에 대한 참된 인식을 지닌 존재이며, 세계를 형성하는 영혼들에게 지혜와 영감의 원천으로 작용한다. 영혼들은 신적 정신을 본받아 그가 바라보는 본을 바라보고, 그 본을 따라 이세계를 만든다.

플로티누스는 『티마이오스』에서 조물주가 세계를 만들면서 바라본 본(paradeigma)을 이데아('플라톤적 형상')의 영역과 동일시했으며, 이 영역을 데미우르고스적 정신 안에 놓는다. 그리하여 이데아들은 신적 정신의 생각이 된다. 그는 왜 이데아들이 데미우르고스적 정신 바깥이 아니라 안에 있다고 주장했을까? 이와 관련해서 그는 인식론적으로 흥미로운 논변을 제시한다.(Enn. V 5 〔32〕) 그는 물리주의적 인식론을 겨냥한 회의주의 논변을 차용하여, 인식 대상이 인식 주체의 바깥에 있을 경우, 주체는 대상 자체가 아니라 단지 대상의 인상만을 수용하게 된다고 전제한다. 따라서 만약 이데아가 신적 정신의 바깥에 있다면, 신적 정신은 이데아 자체가 아니라 그것의 인상만 수용하게 된다. 그런데 플라톤주의 인식론에 따르면, 한 인상이 어떤 대상의 인상인지를 판단하는 데 필요한 기준이 바로 이데아이다. 따라서 만약 정신이 그러한 판단 기준을 미리 가지고 있지 않다면, 각 이데아의 인상이 어떤 이데아의 인상인지를 확인할 길이 없다. 그러므로 정신이 이데아들을 자신의 생각으로서 내부에 소유하지 않는다면, 이데아들에 대한 참된 인식은 보장될 수 없다.

플로티누스는 여기서 더 나아가 참된 인식을 위협하는 주객의 분리를 제거하며, 이데아들과 신적 정신의 동일성을 주장한다.(Enn. V 3 〔49〕) 신적 정신의 차원에서 인식의 주체와 객체(이데아들)는 개념적으로 구분될 뿐, 하나의 실재를 이룬다. 이제 신적 정신의 사유는 자기 사유이고, 그것의 인식은 자기 인식이다. 플로티누스는 '진리'(alētheia)

를 정신의 상태, 즉 참된 인식 상태로 규정하면서, 엄밀한 의미에서 진리는 신적 정신의 '자기 대응'(self-correspondence)에서 성립한다고 주장했다. 우리는 자기를 사유하는 정신을 아리스토텔레스의 『형이상학』 제12권(제7~9장)에서도 발견한다. 그러나 플로티누스의 신적 정신은 아리스토텔레스의 '나르시스적' 정신과 달리 자신을 사유함으로써 이데아들을 사유한다. 이데아들은 이 세계를 구성하는 사물들의 원형적인 형상들이며, 이 세계를 조직하는 원리들이다. 이런 측면에서 신적 정신의 자기 인식은 세계 인식을 함축한다.

아리스토텔레스와 그의 후예들은 부동의 원동자인 신적 정신을 세계의 최종 원리로 제시했다. 그러나 플로티누스는 신적 정신이 최종 원리가 될 수 없다고 생각했다.(Enn. V 1〔10〕 5) 왜냐하면 신적 정신은 통일된 다자(多者)이기 때문이다. 그것은 (가) 인식 주체와 인식 대상의 이중성을 지니고 있고, (나) 인식 대상, 즉 이데아들의 복수성을 지니고 있다. 이처럼 신적 정신은 '여럿'으로 이루어진 통일체이기 때문에 '여럿'을 '하나'로 만들어주는 통일의 원리를 전제한다는 것이 플로티누스의 논점이다. 그는 이러한 통일성의 원리로서 여럿으로 이루어지지 않은 하나, 즉 하나 자체를 내세운다. 이 '하나'(hen), 즉 일자(一者)가 플로티누스가 생각하는 만물의 궁극원리이다.

플로티누스에 따르면, 모든 것은 어떤 하나로서 존재한다. 어떤 하나가 아니고서는 아무것도 존재할 수 없다. 여기에서 어떤 하나로서 존재한다는 말은 어떤 하나로서 규정됨을 의미한다. 다시 말해, '하나임'은 규정성을 뜻한다. 강조할 사항은 모든 존재가 '하나', 즉 절대적 일자에 의해 하나로서 존재한다는 것이다. 다시 말해, 존재는 '하나'에 의존한다. 이런 관점에서 '하나'는 존재의 원인이다.(Enn. VI 9〔9〕 3; V 3〔49〕 14)

이로부터 플로티누스는 '하나'는 존재하는 것이 아니라는 논변을 전개한다. 왜냐하면 '하나'는 모든 존재를 존재하게 하는 원인으로서 존재에 앞서기 때문이다. 이처럼 존재에 앞선 '하나'를 그는 플라톤의 『파르메니데스』(137c~142a)에 나오는 절대적 일자, 즉 존재와 분리된 일자와 동일시한다. 나아가, 그는 절대적 일자가 『국가』(509b)에 언급된 '좋음의 이데아'와 같다고 생각한다. 플라톤은 '좋음의 이데아'가 '존재'(ousia)가 아니라 '힘과 품격에서 존재의 저 너머에(epekeina tēs ousias)' 있다고 기술한다. 요컨대, 플로티누스 형이상학의 최고 원리는 '하나'인 동시에 '좋음'이며, 존재를 초월해 있다.

이러한 플라톤 해석의 배경에는 플라톤의 '기록되지 않은 가르침'(agrapha dogmata)이 있다. 아리스토텔레스의 보고에 따르면,(『형이상학』, A 6) 플라톤은 대화편에 쓰지 않은 '피타고라스주의적' 원리론을 구두로 가르쳤다. 그 원리론에 따르면, 세계의 최종 원리는 '하나'(hen)와 '무규정적 둘'(ahoristos dyas)이고, '하나'는 곧 '좋음'이다. 기원전 1세기 이래 피타고라스주의의 영향을 받은 플라톤주의자들은 '기록되지 않은 가르침'에 비추어 대화편들을 해석하려고 시도했다. 그들 중 알렉산드리아의 에우도로스는 '무규정적 둘'이 '하나'로부터 도출되는 일원론적 모델을 제시함으로써 플로티누스의 형이상학적 일원론을 예고한다. 플로티누스는 만물이 하나의 원리, 즉 '하나' 또는 '좋음'으로부터 나왔다고 주장한다.

플로티누스에게 만물의 궁극원리는 '존재의 저 너머에' 자리할 뿐만 아니라, 동시에 인식의 저 너머에 자리한다. 그에 따르면, 오직 존재하는 것만이 인식될 수 있다. 다시 말해, 어떤 하나로서 규정된 것만이 인식의 대상이다. 그런데 '하나'는 존재의 규정자(peras)로서 규정된 존재가 아니기 때문에 인식될 수 없다. 그러므로 그것은 인식의 원인이지, 인식의 대상이 아니다. 그것은 인식될 수 없는 것이기 때문에 인식을 추구하는 사고와 언어를 통해 규명될 수 없다.

플로티누스는 궁극원리의 형언 불가능성에도 불구하고 그것에 대해 많은 말과 글을 남겼다. 하지만 그는 언어의 한계를 간과하지 않았고, 그것을 의식적으로 주제화했다. 우선, 그는 우리가 세계의 궁극원리를 무엇이라고 부를 때, 사실 '그것'이 무엇인지를 말하는 것이 아니라 '그것'에 의존해 있는 우리 자신의 처지를 표현하는 것이라고 주장한다. 가령 우리가 '그것'을 '하나'라고 부를 때, 우리는 우리의 비(非)일자성, 즉 다자성을 표현하는 것이다. 마찬가지로 우리가 '그것'을 '좋음'이라고 할 때, 우리는 우리의 불완전성을 고백하는 것이다. '그것' 자체는 이름이 없다. 또한 플로티누스는 '그것이 X이다'라고 말하는 대신 '그것이 X가 아니다'라고 말하는 것이 적절하다고 생각했으며, '그것'에 대해 긍정적 언명을 할 경우 언제나 '말하자면'(hoion)이라는 표현을 덧붙여 생각해야 한다고 충고한다. 사실, 그는 '그것'을 표현하기 위해 수많은 비유를 사용한다. 그러나 '그것'에 대한 모든 언명은 잠정적인 것이고, 늘 언명의 저 너머를 가리킨다.(Enn. VI 9 [9] 4)

플로티누스의 선배 플라톤주의자들은 『티마이오스』에서 세 가지 형이상학적 원리, 즉 이데아, 질료, 데미우르고스를 발견했으며, 세계가 이 세 가지 원리들의 합작품이라고 생각했다. 이에 비해 플로티누스는 질료를 원리의 목록에서 제외하고, 세계를 형성하는 힘인 영혼과 그것이 전제하는 정신(=데미우르고스=이데아) 그리고 정신이 전제하는 '하나'(='좋음')를 세계의 삼원리로 제시했다. 그런데 영혼과 정신은 직간접적으로 '하나'에 의존하기 때문에, 결과적으로 '하나'가 세계의 근본원리로 드러난다.

2) 유출설

플로티누스는 '하나' 이외의 원리들을 포함한 만물이 직간접적으로 '하나'로부터 도출된다고 생각했다. 이런 관점에서 그는 일원론자이다. 하지만 어떻게 '하나'로부터 만물이 도출될 수 있는가? 플로티누스는 '하나'로부터 만물이 도출되는 것을 종종 샘에서 물이 흘러나오는 것에 비유한다. 그래서 그의 일원론은 흔히 '유출설'(theory of emanation)로 지칭된다. 이 유출설에 따르면, '하나'에서 정신이, 정신에서 영혼이, 영혼에서 질료가 '흘러나왔다'. 그런데 '유출'의 이미지는 오해를 불러일으킬 수 있다. 물질의 유출 과정에서 원천은 고갈될 위험이 있지만, 비(非)물질적인 원리들의 유출에서는 샘이 마르지 않는다. 플로티누스의 '하나'는 항상 그대로 남아 있고, 아무것도 잃지 않으면서 준다. 그것은 늘 넘치지만 마르지 않는 샘이다.

플로티누스는 형이상학적 '유출'을 설명하기 위해 자연에서 관찰되는 산출과 생산의 패턴에 주목한다. 한편으로 그는 태양이 빛을 발하고, 불이 열을 방출하며, 얼음이 냉기를 발산하는 것을 보고서 한 실체의 내적인 작용/활동(energeia)과 그것에 따르는 외적인 작용을 구분한다.(Enn. V 3[49] 12; V 4[7] 2) 불의 예에서 내적인 작용은 불이 그 자체로 행하는 것이고, 외적인 작용은 그것이 다른 것에 작용하는 것, 즉 시린 손을 데우는 것이다. 이러한 '이중적 작용'을 유출의 설명 모델로 삼는다. 이에 따르면 정신은 '하나'의 외적 작용이고, 영혼은 정신의 외적 작용이며, 질료는 영혼의 외적 작용이다.

다른 한편으로, 플로티누스는 동식물이 성숙하면 생식에 임하는 것을 보고, 완전한 것은 생산적이라는 가정을 이끌어낸다. 그는 원리들을 일종의 '생산력'으로 파악한다. 나아가, 그는 더 완전한 원리일수록 더 생산적이라는 결론에 도달한다.(Enn. V 1 [10] 6) 『티마이오스』의 신화에 따르면 데미우르고스는 '시기하지 않는'(aphthonos) '좋은'(agathos) 존재였기에, 다른 것들도 가능한 한 자신처럼 좋게 되기를 원했고, 그래서 이 세계를 제작했다. 플로티누스는 '좋은' 존재는 아낌없이 '좋음'을 나눈다는 생각, 이른바 '선(善)의 자기 확산성' 명제를 받아들여 자신의 형이상학적 원리로 삼는다. 이 원리에 따르면 '하나'는 '좋음'이기 때문에 홀로 있을 수 없고, 다른 것들을 있게 만들 수밖에 없다. '하나'는 최고로 완전하기 때문에 최고의 생산력을 지닌다. 플로티누스는 '하나'를 아예 '만물을 생산하는 힘'(pantōn dynamis)으로 제시한다. '하나'는 만물을 직접 생산하는 대신 정신을 생산하고, 정신은 영혼을 생산하며, 영혼은 질료를 생산한다. 세계 영혼의 가장 낮은 능력인 '자연'에 의해 생산된 질료는 스스로 더 이상 아무것도 생산할 수 없는 절대적 무능(無能)이다. 자연은 질료에 형상을 부여함으로써 감

382

각적이고 물질적인 세계를 산출한다. 이 세계는 다산(多産)의 원리들과 불모(不毛)의 질료 사이에 현상하는 영원한 생성의 영역이다.

3) 악(惡)의 실체와 기원

이 세상이 궁극적으로 '좋음[善]'으로부터 나온 것이라면, 왜 나쁜 것들이 있는가? 도대체 나쁨[惡]은 어디에서 왔는가? 여기에서 나쁨 또는 악(惡)은 '도덕적인' 악에 국한되는 것이 아니라, 영혼의 무지, 육체의 질병과 추함, 자연재해 등을 포괄한다. 일반적으로 플로티누스는 나쁨을 좋음의 결핍(elleipsis)으로, 다시 말해 악을 선의 결여(sterēsis)로 이해한다.(Enn. III 2 [47] 5) 선의 결여로서의 악이라는 관념은 (종종 창조적 오해를 통해) 중세철학에 심대한 영향을 끼쳤다. 대표적으로, 아우구스티누스는 악을 하나의 실체(substantia)가 아니라 단지 선의 결여(privatio boni)로 보게 됨으로써 마니교의 선악 이원론에서 벗어날 수 있었다.(『고백』 III, 12)

플로티누스에 따르면, 한 존재의 좋음은 절제와 질서, 형상과 한정, 자족성과 안정성으로 드러나는 데 비해, 나쁨은 무절제와 무질서, 불완전한 형상과 무한정성, 부족함과 불안정성으로 나타난다. 다양한 좋음의 현상을 설명하기 위해 플로티누스는 궁극적으로 하나의 원리, 즉 '좋음'을 받아들인다. '좋음'은 만물의 척도(metron)이자 한계(peras)로서 만물에 형상과 한정성, 질서와 안정성을 부여한다.

주의할 사항은 플로티누스가 다양한 나쁨의 현상 또한 하나의 '원리'로 소급하여 설명하려고 한다는 사실이다. 그는 좋음이라는 좋음이 모조리 빠진 어떤 것, 즉 나쁨 자체를 상정한다.(Enn. I 8 [51] 6) 이때 나쁨 자체 또는 절대악은 단순히 선이 결여된 '상태'가 아니라, 모든 선을 결여한 '것'이다. 이러한 의미에서 '악'(惡)은 "척도에 준해서는 무절제(ametria)이며, 한계에 준해서는 무한정(apeiron)이고, 형상 제작 능력(eidopoiētikon)에 준해서는 무형상(aneideon)이며, 그리고 자족성에 준해서는 항상 부족하고, 항상 무규정적이며, 어디에도 안정되어 있지 않고, 온갖 영향에 종속되며, 채워지지 않는 완전한 빈곤이다."(Enn. I 8 〔51〕 3. 13~16) 플로티누스는 이러한 '악'을 일차적 악으로 규정하고, 영혼의 악덕, 육체의 질병, 자연재해와 같은 악을 일차적인 악에서 파생된 이차적인 악으로 규정한다. 이차적인 악은 그 자체로 악하거나 나쁜 것이 아니라, 일차적인 악에 동화되거나 참여함으로써 발생한다.

마침내, 플로티누스는 일차적 악 내지 나쁨 자체를 질료와 동일시한다. 질료는 이 세상의 근간에서 이 세상의 질서와 구조를 위협하는 존재이다. 그런데 그는 질료를, 앞서 보았듯이, '비존재'라고 칭한다. 이때 '비존재'는 형상의 결여, 즉 '무형상'을 의미한다. 같은 맥락에서 '존재'는 엄밀한 의미에서 존재, 즉 '형상'을 가리킨다. 따라서 비존재로서의 질료는 절대무가 아니다. 플로티누스는 그것을 일종의 그림자나 허깨비와 같은 것으로 여긴다. 플로티누스에게 악의 실체는 어떤 선도 가질 수 없고 어떤 선도 행할 수 없는 질료이다. 이러한 관점에서 질료는 절대적으로 무능하다. 그러나 그것이 아무것도 할 수 없는 것은 아니다. 그것은 악 자체로서 여타 악을 산출하는 악의 원천이다. 악을 행하지 못하는 것이 아니라 선을 행하지 못하는 것, 그것이 질료의 무능(adynamia)이다. 이 세계의 바탕에는 질료가 있기 때문에 이 세상에는 해체와 사멸, 무질서와 불안정이 있다. 질료가 없는 형상의 세계, 즉 가지계(可知界)에는 악이 없다.

이처럼 플로티누스는 선의 결여로서의 악의 관념을 제시했지만, 모종의 악의 '실체'를 상정하고(물론 엄밀한 의미에서 '실체'로 존재하는 것은 아니다. 하지만 어떤 '것'임에는 틀림없다) 그것을 심지어 악의 원리로 삼았다는 점에서 아우구스티누스가 알았다면 결코 수긍할 수 없었던 이론을 전개했다. 플로티누스의 후예들 또한 그의 이론을 비판했다. 특히 5세기 아테네 아카데미아의 수장 프로클로스는 '악'과 질료를 동일시할 수 없다는 반론을 펼쳤다.(『악들의 존재에 대하여』*De malorum subsistentia*) 프로클로스의 이론은 위(僞)-디오니시오스 아레오파기타에게 수용되어 중세철학에서 권위를 지니게 된다.

프로클로스 반론의 출발점은 '좋음'은 악의 원인이 될 수 없다는 것이다. 플로티누스의 유출설에 따르면, 질료는 만물의 원리인 '좋음'에서 흘러나온 최종 산물이다. 질료가 '악'이라면 결국 절대적 선이 절대적 악을 산출한다는 결론이 나온다. 프로클로스는 이러한 결론을 거부하며 플로티누스가 일원론적 유출설을 포기하든지 아니면 질료와 악의 동일성을 포기해야 한다고 주장한다. 그러나 플로티누스는 둘 다 포기하지 않고, 오히려 '선'에서 '악'이 나올 수밖에 없는 필연성을 주장했다. 그에 따르면, 자기 확산적인 선은 자신을 닮은 것을 산출한다. 그러나 마지막으로 산출된 것은 더 이상 선을 닮을 수 없다. 그렇지 않다면, 즉 조금이라도 선을 지니면, 그것은 선의 자기 확산성에 의거해 다음 것을 산출할 것이고 따라서 마지막이 될 수 없을 것이다. 따라서 유출에 끝이 있다면 그리고 마지막에 산출된 것이 질료라면, 그것은 완전한 선의 결여, 즉 '악'일 수밖에 없다.

4) 영혼의 상승과 하강

플로티누스는 한때 '소크라테스 없는 플라톤'으로 통했다. 이는 그의 철학에 플라톤 철학의 정치-윤리학적 측면이 빠져 있고 형이상학적 사변만이 남아 있음을 암시한다. 그가 형이상학적 문제에 관심을 기울인 것은 사실이다. 그러나 플로티누스의 형이상학은 정치-윤리학과 동떨어진 학문이 아니다. 그에게 '세계를 어떻게 이해할 것인가?'라는 문제는 '어떻게 살 것인가?'라는 문제와 긴밀히 연관되어 있다. 그는 잘못된 세계관이 우리의 삶을 오도할 수 있음을 경고한다. 특히 제정기에 번성했던 그리스도교 영지주의를 예로 들어, 염세주의적 세계관이 문명화된 인간 사회의 기본 가치와 윤리를 거부하고 또 파괴할 수 있음을 지적한다.

플로티누스가 비판하는 그리스도교 영지주의자들은 구약의 창조주를 신약의 선한 신과 구분하며, 전자가 타락한 소피아('지혜')의 자식

이며 그가 창조한 이 세계는 무지 내지 악의 산물이라고 주장했다. 그
들은 이 세계의 어떤 것도 '아름답지' 않으며, 오직 선한 신(神)의 선
택을 받은 자신들만이 구원의 드라마를 통해 '새로운 땅'으로 갈 수 있
다고 믿었다. 플로티누스는 영지주의자들이 정의와 절제 같은 덕을 무
시하고 덕을 수호하는 법을 어기면서도 '신을 보라!'라고 외치는 것
을 지적하면서, 오직 덕을 통해서만 신에 이를 수 있으며, 덕 없이 외
치는 '신'은 텅 빈 이름에 불과하다고 역설한다. 그는 진정으로 영지
(gnosis), 즉 신과 인간 구원에 대한 특권적 지식을 소유한 사람은 여기
이 세계에서부터 신에 따라 살면서 이 세계를 올바로 만들어야 할 것이
라고 주장한다.(Enn. II 9 〔33〕 15)

영지주의에 대한 플로티누스의 비판은 플로티누스에 대한 현대
독자들의 비판과 비슷하다. 언뜻 보기에 플로티누스는 이 세상만사를
모두 저버리고 초월적 신을 찾아 헤매는 고독한 철학자로 비친다. 그
러한 철학자에게 윤리학이 있다면, 그것은 아마도 은둔자의 '도피의 윤
리학' 정도가 될 것이다. 실제로 플로티누스는 일종의 '도피의 윤리학'
을 표방한다. 그러나 이때 '도피'는 인간을 속물적으로 만드는 헛된 욕
망과 죄악으로부터의 도피이다. 따라서 그것은 덕으로의 도피이다. 플
라톤은 『테아이테토스』(176b~c)에서 그러한 도피를 통해 우리가 신을
닮게 된다고 가르쳤다. 플로티누스는 플라톤주의자답게 '신을 닮기'를
철학의 목적으로 삼았고, 그 목적을 달성하기 위해 덕에 따른 삶을 추
구했다.

사실, 19세기 독일의 신학 논쟁에서 플로티누스는 헤겔과 더불어
(그리스도교 시각에서 잘못된 이론인) '철학적 영지주의'의 대표자로 거
론되었다. 당시에는 플로티누스의 철학과 그리스도교 이단 전통에 속
하는 영지주의의 근본적인 차이점이 제대로 고려되지 않았다. 플로티
누스는 영지주의자들과 마찬가지로 이 세계를 초월한 신을 받아들였
다. 그러나 플로티누스의 초월적 신은 영지주의자들이 생각하는 것처
럼 이 세계를 부정하고 그것의 종말을 가져올 신이 아니라, 이 세계의

영원한 존재를 보장하는 신이다. 플로티누스의 세계는 완벽하지 않지만, 가능한 한에서 가장 아름다운 세계이다. 무엇보다도 플로티누스는 우리가 이 세계에서 살면서도 행복할 수 있다는 점을 강조하며 이 세계를 혐오해서는 안 된다고 주장한다. 그에게 행복의 길은 신을 닮는 길이며, 그 길은 다름 아닌 덕의 길이다. 플로티누스의 신은 좋음 자체로서 덕의 반대에 서 있는 것이 아니라, 그것의 시작이자 뿌리이다.

이제 플로티누스의 덕 이론을 살펴보자. 플로티누스는 상위의 덕과 하위의 덕을 구분하여 덕의 위계를 세웠다. 하위의 덕은 '정치적'(politikē) 내지 '실천적' 덕으로 불리는데, 플라톤의 『국가』제4권에 제시된 용기, 절제, 정의, 지혜의 4주덕에 해당한다. 이러한 덕은 우리가 육체를 가진 존재이자 공동체 생활을 하는 존재로서 지녀야 한다. 강조할 점은 정치적, 실천적 덕이 신을 닮기 위해 필수 불가결한 첫 단계라는 사실이다. 이와 같이, 플로티누스가 지향하는 인간의 신성화(divinization)는 인간 삶의 실천적 측면을 포함한다. 상위의 덕은 '관조적'(theôretikē) 덕이며, 이성적 영혼의 정신적 인식에서 실현되는 덕이다.

플로티누스는 관조적 덕에 이르기 위해서는 정화(katharsis)의 과정을 거쳐야 한다고 주장한다. 이 맥락에서 그는 플라톤의 『파이돈』에서 논의된 정화의 덕을 언급한다. 이 논의에서 용기, 절제, 정의, 지혜는 정치적·실천적 덕의 차원이 아니라, 이성적 영혼이 자기 자신과의 관계에서 지녀야 할 덕의 차원에서 다루어진다. 정화로서의 용기, 절제, 정의, 지혜는 육체의 영향으로부터 해방된 영혼의 상태를 가리킨다. 플로티누스는 '정화'를 독립된 덕으로 간주하지 않았지만, 정화된 영혼만이 참된 인식에 이를 수 있다는 플라톤의 가르침을 받아들였다.[5] 하지만 그는 정화가 곧 인식을 의미하는 것이 아님을 지적하며,

---

5) 포르피리오스는 『정신적 대상들로 이끄는 출발점들』(Sententiae) 제32장에서 플로티누스의 덕의 위계론을 확장한다. 그는 정화의 덕을 인정하고, 관조적 활동을 통해 인식

인식을 위해서는 배움과 탐구의 과정을 거쳐야 함을 주장한다. 우리는 정치적 덕에서 출발하고 정화와 배움을 통해 관조의 덕에 오른다. 관조적 덕의 실현을 통해 우리는 마침내 신적 정신의 행복한 삶에 동참하게 되는 것이다.

플로티누스는 인간의 참된 자아는 육체와 영혼의 복합체가 아니라 영혼, 정확히 말해 이성적 영혼이라고 여겼으며, 이 이성적 영혼을 '우리'(hēmeis)라고 불렀다.(Enn. I 1 [53] 7; 『대(大)알키비아데스』 129, c~e 참조) '우리'는 이중적 본성을 지니고 있다. '우리'는 한편으로는 참된 인식을 추구하는 '학구적' 존재이지만, 다른 한편으로는 이 세계를 돌보는 실천적 존재이다. 이 세계에서 육체를 돌보며 사는 '우리'는 이 세계에 질서를 부여하는 데미우르고스적 역할을 수행하지만, 육체를 돌보는 데 지나치게 몰두하게 되면 자신을 돌보는 데 소홀해지고, 그리하여 자신의 지적인 본성으로부터 멀어지게 된다. 마치 물에 비친 자신의 영상과 사랑에 빠져 자신을 잃어버린 나르시스처럼, 우리의 영혼은 자신의 모상인 육체에 대한 과도한 애착으로 인해 육체에 예속된다.

플로티누스는 영혼의 자기 망각과 자기 소외가 육체에 대한 과도한 애착에서 연유한 것임을 지적하며, 그러한 애착을 경계한다. 그는 육체를 미워하라고 가르치지 않는다. 그 대신 육체를 이성적으로 다스리라고 주문한다. 사실, 인간의 육체는 영혼의 돌봄을 많이 필요로 하는 몹시도 부족한 존재이다. 이러한 육체의 부족함은 그 아래에 놓여 있는 질료의 근원적 불안전성과 결핍에 기인한다. 이런 관점에서 질료는 육체의 부족함과 그로 인해 야기된 영혼의 악덕과 불행의 원천이라고 할 수 있다.(Enn. I 8 [51] 3~5) 그러나 모든 영혼이 육체와 질료의

하게 되는 용기, 절제, 정의, 지혜를 범형적 덕으로 간주하여(플로티누스는 덕의 범형이라고 여겼다), 다음과 같이 덕의 위계를 세운다. (1) 정치적 덕(aretai politikai) (2) 정화의 덕(aretai kathartikai) (3) 관조적 덕(aretai theōretikai) (4) 범형적 덕(aretai paradeigmatikai).

부정적 영향에 내맡겨진 것은 아니다. 훌륭한 영혼은 육체를 돌보지만 육체에 종속되지 않는다. 결국, 영혼은 자신의 악덕과 불행에 대한 책임을 스스로 져야 한다.

육체의 영향으로부터 '정화된' 영혼은 참된 인식을 방해하는 감각의 현혹과 감정의 혼란으로부터 자유롭다. 이렇게 육체의 족쇄로부터 해방된 영혼이 신적 정신의 고지로 도약할 수 있다. 그곳에서 영혼은 이 세계의 정신적 원형들, 즉 이데아들을 관조하게 된다. 감각계로부터 정신계로 상승한 영혼은 오랜 방황 끝에 그리운 고향 이타카에 도착한 오뒷세우스에 비견된다. 그러나 영혼의 여행은 여기에서 끝나지 않는다. 여행의 종착점은 '아버지'가 계신 곳이다.(Enn. I 6 [1] 8; V 1 [10] 1) 달리 말해, 영혼의 상승은 최종적으로 신적 정신을 초월한 아버지 신, 즉 '좋음' 또는 '하나'를 목표로 하며, 그러한 신과의 신비적 합일(unio mystica)에서 정점에 이른다.(Enn. VI 9 [9] & 11; VI 7 [38] 34 & 36)

플로티누스는 최고신과의 합일을 비의(秘儀, mysterion)의 언어를 사용하여 묘사했으며, 그의 묘사는 동·서방 그리스도교와 이슬람교의 신비가들에게 깊은 영향을 주었다. 플로티누스는 신비적 합일의 고요한 황홀경을 묘사한다. 그의 묘사에 따르면, 신과 합일된 영혼은 신에 사로잡히거나 신들린 사람과 같지만, 동시에 고요한 고독과 동요 없는 상태에 있다. 고요한 황홀경에 든 영혼은 주신(酒神)에 씌워 광란적인 춤을 추는 마이나스(mainas, 열광적 여신도)와 다르다. 플로티누스는 그러한 영혼을 성소에서 홀로 신성을 마주하는 사제에 비유한다.

플로티누스는 신과의 합일에 이르는 방법을 플라톤의 『향연』에 제시된 '에로스의 비의'에서 발견한다. 그는 에로스를 신과의 합일을 추동하는 동력으로 보았다. 에로스의 대상은 아름다움이며, 그에 상응하여 신은 최고의 아름다움, 엄밀히 말해, 아름다움의 원천으로 제시된다. 이 자리에서 잠시 플로티누스의 미관(美觀)에 대해 부연하겠다. 플로티누스는 아름다움을 사물을 구성하는 부분들의 대칭과 균제에서 찾으려는 스토아주의에 반대하여 부분을 가지지 않은 단순한 대상들, 가령 금이나 별빛의 아름다움을 내세웠고, 무지와 불의처럼 상호 정합적일 수 있지만 아름다움을 산출하지 않는 경우도 지적했다.(Enn. I 6 〔1〕) 나아가, 그는 훌륭한 비례를 갖춘 얼굴이라도 시체의 얼굴은 아름답게 느껴지지 않으며, 다소 '못생겼지만' 살아 있는 사람이 '잘생긴' 조각상보다 더 매력적일 수 있음을 역설한다. 그는 아름다움이 사랑스러움을 지니기 위해서는 생명력과 우아함(charis)을 지녀야 하고, 그러한 생명력과 우아함이 좋음을 표출하는 것임을 주장하며, '좋음'을 사랑스러운 아름다움의 원천으로 제시한다.(VI 7 〔38〕 22)

'에로스의 비의'에서 중요한 점은 신으로 이끄는 에로스가 맹목적 사랑이 아니라는 사실이다. 비의에 입문한 영혼은 순차적으로 상위의 아름다움에 인도되고, 올바른 인도를 통해 새로운 사랑에 눈을 뜨게 된다. 이때 영혼을 올바로 인도하는 것이 철학이다. 철학의 안내 없이는 신에 이를 수 없다. 플로티누스는 신과의 합일로 이끄는 어떠한 '종교적' 지름길도 제시하지 않았다. 플로티누스적 '복음'은 우리의 영혼이 철학적 사랑을 통해 초월적 신과 하나가 될 수 있다는 것이다. 포르피리오스는 플로티누스가 실제로 신비적 합일에 여러 번 도달했다고 보고한다.(VP 23. 7~17)

그러나 플로티누스의 행복한 철학자는 신과의 합일을 이룬 후 이 세상으로 내려와야만 한다. 그는 신과의 내밀한 사귐으로부터 얻은 지혜를 다른 사람에게 나누어주어야 한다. 플로티누스의 현자는 자신이 지닌 좋음의 이상을 입법과 정치 활동을 통해 표현한다. 여기에서 플로티누스는 『국가』의 '동굴의 비유'를 재해석하는 것으로 보인다. 그는 플라톤처럼 아는 자가 다스려야 한다고 생각한 것 같다.

그런데 플로티누스의 현자는 플라톤의 철학자들처럼 억지로 동굴로 되돌아오지 않는다. 물론, 그는 저 정신적 세계에 머무는 것이 여기에서 사는 것보다 낫다고 생각한다. 그러나 그는 실재의 전체 구조를 이해하고 거기에서 차지하는 인간 영혼의 위치와 역할을 알고 있다. 인간 영혼은 본성적으로 감각계와 정신계를 오가는 '양서적'(ampibion) 존재이며, 감각계를 정신계에 따라 형성하고 통치해야 할 업무를 지닌다. 따라서 인간 영혼의 정치적 활동은 내면에서 우러나오는 자연스러운 활동이다. 자신의 본성을 제대로 아는 현자는 자신의 좋음과 지혜를 다른 이들에게 나누어주기를 아까워하지 않는다. 현자의 정치적 활동은 관조적 활동을 통해 도달한 지혜와 좋음의 실천적 발현이다. 이때 발현된 정치적 덕은 더 이상 관조적 덕에 이르기 위해 거쳐야 하는 예비적 덕이 아니라, 관조적 덕에 의해 완성된 덕이라고 할 수 있다.

이처럼 플로티누스에게는 상승의 윤리학만 있는 것이 아니라 하강의 윤리학이 있다. 플로티누스의 하강의 윤리학은 그의 섭리론에 의해 뒷받침된다. 신학적 맥락에서 '섭리'로 번역되는 희랍어 'pronoia'(라틴어 providentia)는 원래 '돌봄' 내지 '보살핌'이라는 의미를 담고 있다. 실제로 플로티누스의 섭리론의 핵심은 이 세상의 질서가 신적인 원리로부터 연유하고, 그런 의미에서 '신의 보살핌'에 의해 보장된다는 데 있다. 인간적인 돌봄도 신적인 돌봄의 일반적 질서 안에 포섭되어 있다. 따라서 우리가 자신을 돌보는 데 그치지 않고 다른 존재의 안녕에 관심을 기울이고 돌보는 것은 호의적인 세계 질서에 상응하는 것이다.

이러한 섭리적 세계 질서는 '자연의 법'에 따라 유지된다. 섭리의 법칙은 결국 자연의 이치이다. 자연의 이치는 자의적 결단의 산물이 아니다. 따라서 '섭리'는 임의적으로 작동하지 않는다. 이런 관점에서 '신적 섭리'란 인격적인 신의 의도적이고 자의적인 돌봄이라는 종교적 표상과는 동떨어진 개념이다. 이러한 자연주의적 섭리관을 바탕으로 플로티누스는 정치-윤리학적 맥락에서 플라톤주의-스토아주의적 '자연법' 사상을 계승하고, 그에 입각한 인간 사회의 윤리적·법적 제도를 옹호한다. 이런 식으로, 그에게 자연의 질서는 도덕의 정당화의 기반을 제공한다.

나아가, 플로티누스에게 섭리는 세계의 이성적 영혼, 즉 세계 이성의 작용이기 때문에, 이성적으로 작동할 수밖에 없다. 플로티누스는 우리에게 신적인 세계 이성처럼 올바른 이성을 사용하기를 요구한다. 이런 생각으로부터 우리는 인간 사회를 지배하는 윤리와 법률을 개선하기 위해서 우리의 이성을 개선해야 한다는 결론을 이끌어낼 수 있다. '이성의 완성'은 단지 이 세상에서 저 세상으로 가기 위해 필요한 숙제가 아니라, 이 세상을 저 세상에 따라 가능한 한 좋고 아름답게 질서지우기 위해 지향해야 할 목표이기도 하다. 이러한 이성의 완성을 통해서만 우리는 마침내 이성의 한계를 넘어 아름다움과 좋음의 근원인 초월적 신으로 도약할 수 있다. 플로티누스의 철학은 그러한 초월자를 향한 도약의 발판으로 제시된 것이다.

■ 참고 문헌

송유레, 「플로티누스의 세계제작자: 플라톤의 『티마이오스』의 탈신화적 해석」, 『철학사상』 제42호, 2011.

_____, 「악(惡)의 기원에 관한 플로티누스의 이론」, 『중세철학』 제18호, 2012.

_____, 「신을 향한 에로스. 플로티누스의 철학적 신비주의」, 『서양고전학연구』 제51호, 2013.

피에르 아도, 『플로티누스, 또는 시선의 단순성』, 안수철 옮김, 탐구사, 2013.

도미니크 J. 오미라, 『플로티노스: 엔네아데스 입문』, 안수철 옮김, 탐구사, 2009.

R. T. 왈리스, 『신플라톤주의』, 박규철 · 서영식 · 조규홍 옮김, 누멘, 2011.

Armstrong, A. H., *Plotinus* I-VII, trans. Cambridge, Mass (Loeb Classical Library), 1966-88.

_____, "Gnosis and Greek Philosophy", in B. Aland (ed.), *Gnosis: Festschrift für Hans Jonas*, Göttingen, 1978.

Dodds, E. R., "Tradition and Personal Achievement in the Philosophy of Plotinus", *The Journal of Roman Studies*, vol. 50, 1960.

Emilsson, E. K., "Neo-Platonism", in D. Furley (ed.), *Routledge History of Philosophy, vol II: From Aristotle to Augustine*, Routledge, 1999.

Gadamer, H.-G., "Denken als Erlösung. Plotin zwischen Plato und Augustin", *Gesammelte Werke Bd. 7. Griechische Philosophie 3. Plato im Dialog*, Tübingen, 1991.

Halfwassen, J., *Plotin und der Neuplatonismus*, München, 2004.

O'Meara, D. J., "Plotin: Die Heimkehr der Seele", in M. Erler & A. Graeser (eds.), *Philosophen des Altertums. Vom Hellenismus bis zur Spätantike*, Primus, 2000.

Song, E., "The Ethics of Descent in Plotinus", *Hermathena* 187, 2009.

제14장 고대철학과 그리스도교의 만남: 교부 전통

박승찬

1 그리스 로마 문화와 그리스도교의 첫 만남

초기 그리스도교의 교리(教理)를 체계화하고 확립하는 데 공헌한 학자들을 '교부'(教父)라고 부르며, 교부들이 이룬 학문적인 성과를 '교부철학'으로, 이들이 활동했던 2~8세기를 '교부 시대'라 부른다. 바로 이 교부 시대에 서양 문명의 두 원류라고 할 수 있는 그리스 로마 문화[1]와 그리스도교 문화의 융합이 시작되었다. 그리스도교 태동 당시 지중해 연안 전체를 장악하고 있던 로마는 자신들에게 점령된 그리스의 높은 문화와 사상에 매료되었다. 그리하여 그리스의 고급 노예들이 로마 아이들의 교육과 정치적인 자문 역할을 하기도 했다. 따라서 정신적으로는 그리스가, 정치·사회적으로는 로마가 주도권을 잡고 있던 이 시기의 문화를 '그리스 로마 문화'라고 부르겠다. 그런데 서로 다른 문화의 만남이 항상 그랬듯이, 그리스 로마 문화와 그리스도교 문화의 융합도 순조롭게 진행되지는 않았다.

---

1) 어떤 학자들은 그리스 로마 문화와 그리스도교 문화 사이의 차이를 헬레니즘과 헤브라이즘이라는 표현으로써 대비하기도 한다. 그렇지만 헬레니즘은 더 자주 알렉산드로스 대왕 이후에 발달한 그리스 문화의 세계화 과정에 한정되어 사용되기 때문에 이 글에서는 그리스 로마 문화와 그리스도교 문화라는 표현을 사용하겠다.

다신교적 종교관을 가졌던 그리스 로마 문화권에서 신과 인간은 동일한 존재의 지평에 속하는 것으로 간주되었기 때문에, 인간은 노력에 따라 신이 될 수도 있었다. 이러한 일반인들의 소박한 종교관과 달리, 신화적 신관(神觀)을 벗어나려던 철학자들은 철학적 사유로 도달할 수 있는 우주 원리로서의 신관을 발전시켰다. 그들은 세계란 시작도 끝도 없이 영원히 존재하는 것이고, 그 안에서 일어나는 사건은 끊임없이 순환한다고 믿었다.

이와 달리 그리스도교 문화는 신이 세상을 창조했으며 종말 때 신이 심판자로 온다는 유일신적 사상을 가진 유대교에 뿌리를 두고 있었다. 그리고 한 걸음 더 나아가 신의 아들이 인간이 되었고, 그의 십자가에서의 죽음과 부활이 온 인류를 구원했다고 믿었다. 이런 믿음의 배경에는 신과 인간 사이에는 넘을 수 없는 깊은 간격이 존재하기 때문에 인간이 신이 된다거나 스스로의 힘으로 구원받는 것은 불가능하며, 구원은 오직 신의 은총에 의해서만 가능하다는 생각이 깔려 있었다. 그들은 온 우주에서 일어나는 사건들이 창조의 순간부터 최종적으로 완성되는 종말에 이르기까지 직선적으로 발전해간다는 역사관을 지니고 있었다.

인생관과 자연관을 비롯하여 종교관에 이르기까지 그리스 고대철학의 영향을 받아오던 그리스 로마 문화권에 그리스도교가 전래된 것은 커다란 파문을 일으켰다. 그리스도교의 가르침은 '모든 인간이 신의 동등한 자녀'라는 숭고한 인류애를 바탕으로 하여 인간의 마음에서 마음으로 전파되어 로마 제국 전역에 불길처럼 빠르게 퍼져갔다. 이에 비해 일차적으로 '지혜에 대한 사랑'이기를 원했던 고대철학은 이렇게 분명한 확신을 가지고 있지는 못했다. 그러나 헬레니즘 시대에는 철학도 분명히 진리를 제공함과 동시에 인간을 지도해 나가는 것을 목표로 삼았다. 이렇게 목표에 있어서는 일치하면서도 이 목표에 이르는 수단과 방법을 택하는 데서는 서로 다르기 때문에, 그리스도교와 그리스 철학이 처음 만났을 때는 긴장 관계가 발생했지만 다양한 단계를 거쳐 점차적으로 융합되어 갔다.

1) 그리스도교와 그리스 로마 문화의 첫 충돌

그리스도교와 그리스 철학 사이의 만남은 이미 신약성서에 나오는 아테네 아레오파고 언덕에서의 사도 바울로(Paulus)[2]의 설교에 나타나 있다. 여기서 바울로는 그리스인들이 신에 대해 대단한 믿음을 가지고 있다고 칭찬하며, 이제껏 그들이 숭배해왔지만 알지는 못했던 신에 대해 알려주겠다는 말로 설교를 시작했다. 이 설교에서 바울로는 그리스도교의 명제를 증명하기 위해 그리스 철학자들의 말도 인용하기를 꺼리지 않았다. 그러나 이러한 바울로의 시도는 철학자들에게 어리석다는 조소를 당함으로써 실패로 돌아갔다. 바울로 자신도 오만한 이 세상의 지혜는 비난했지만, 그리스 철학을 그 자체로는 인정하며 그리스도교의 가르침을 전파하는 데 이용하려 했던 것이다.

이후 그리스도교가 로마 제국 내의 하층민과 여성들을 거쳐 귀족층에까지 퍼져 나가자 정치가들이 그리스도교를 박해하기 시작했다. 심지어는 그리스도교도들이 식인 의식을 행하고 근친상간을 하며 유일신을 선포함으로써 다신교 국가의 전복을 시도한다는 등 그리스도교를 멸시하는 헛소문이 돌았다. 견유학파에 속하는 크레센스(Crescens)를 비롯한 일부 철학자들도 이런 분위기에 편승해 그리스도교를 학문적으로 반박하거나 공격했다. 그리스도교는 본래 속죄, 구원, 사랑에 대한 가르침으로서 실제로 신에게 걸어가야 할 길을 제시하고자 했다. 그렇기 때문에 고대의 사상 체계나 학파와 경합을 벌이는 추상적이고 이론적인 철학 체계가 아니었다. 그러나 그리스도교가 급속하게 퍼져서 성장함에 따라, 그것은 유대인들과 로마 제국의 정치가들만이 아니라 로

---

[2] 철저한 유대인으로서 그리스도교를 박해하던 사도 바울로는 유대교와 단절하고 그리스도교로 개종한다. 이후 바울로는 이방인들을 위한 선교에 열정을 보였고, 선교 여행 중에 그리스 철학의 요람이라 할 수 있는 아테네의 정치적·법적 중심지인 아레오파고 언덕에서 유명한 설교(『사도행전』 17, 17-34)를 했다.

마의 지식 계급 사이에도 혐의와 적의를 불러일으키게 되었던 것이다.

그리스도교 호교론자

그래서 그리스도교는 이들의 공격에 대처하지 않을 수 없었다. 이렇게 일방적인 그리스 로마 문화의 공세 속에서 그리스도교를 옹호한 사람들이 있었으니, 바로 '호교론자'(護敎論者)로 불리는 학자들이다. 이들은 신학적인 논증만이 아니라 철학적인 논증도 사용할 수밖에 없었다. 물론 이들의 저서 가운데 철학적인 요소가 있기는 하지만, 거기서 철학적인 체계를 구하려 할 경우 그리 큰 성과를 거두기 어려울 것이다. 호교론자들의 영향을 받은 그리스도교 철학의 성장은 일차적으로 그리스도교에 대한 외부로부터의 적대적인 공격에 기인했다. 그러나 이 성장에는 가능한 한 많은 계시의 내용을 통찰하여 신앙의 관점에서 세계와 인생에 대한 하나의 포괄적인 견해를 형성하고 싶어했던 지적인 그리스도인들의 욕구도 작용했다. 그런데 그리스도인들은 전문적인 의미에서 그들 자신의 철학을 지니고 있지 않았기 때문에 당시의 지배적인 철학, 즉 그리스 철학에 의지했다. 성서에 함축적으로 담겨 있는 내용을 명시적으로 밝히기 위한 논증과 정의 과정에서는 철학으로부터 빌려온 개념들과 범주를 사용했던 것이다.

이 호교론자들 중 가장 유명한 이가 순교자 유스티누스(Justinus, 100~165년경)다. 그리스 문화권에서 자란 유스티누스는 삶의 의미를 찾는 과정에서 철학자들이 자신을 진리로 이끌어주리라 기대했다. 그렇지만 그는 자신이 찾아갔던 스토아 학파, 아리스토텔레스의 사상을 따르던 소요(페리파토스)학파, 피타고라스 학파 어디에서도 만족을 얻지 못했다. 유스티누스에 따르면, 스토아 학파 사람들은 신에 관한 궁극적인 질문에 사실상 관심이 없었고, 그 질문에 대하여 아무것도 알지 못했다. 유스티누스가 만난 소요학파 사람은 자기들의 교제가 '유익한 것이 되기' 위하여 수업료를 내라고 요구했는데, 이 모습을 본 유스티누스는 그들이 진리보다는 세속의 성공에만 관심을 보인다고 생각했다. 피타고라스 학파 사람들은 먼저 기하학과 천문학과 음악을 배우지 않으면 신께 도달할 수 없을 것이라고 확언했지만, 유스티누스는 이 학문을 공부하는 데 그렇게 많은 시간을 들이고 싶은 마음의 여유가 없었다. 유스티누스가 만난 마지막 철학자는 명망이 높은 플라톤주의자였다. 그를 만나서 얻었던 기대와 아쉬움을 유스티누스는 이렇게 말했다.

비물질적 사물들에 대한 지각은 나에게 아주 깊이 감동을 주었다. 그리고 이데아에 대한 명상은 나에게 날개를 달아주어 잠시 동안 나는 현자가 된 것으로 생각하게 했다. 그러나 그것은 나의 어리석음이었다. 나는 즉시로 신을 보기를 기대했다. 그것이 플라톤 철학의 목적이었기 때문이다.(『유대인 트리폰과의 대화』*Dialogus cum Tryphone Iudaeo*, 8)

유스티누스는 플라톤적인 명상의 삶을 살기 위하여 머물던 외딴 곳에서 존엄한 풍모를 지닌 노인 한 사람을 만나게 되었다. 신에 대하여, 인간 영혼의 본질에 대하여, 그리고 영혼이 죽은 후에 몸에서 몸으로 옮아가는지에 대하여 그 노인과 토론하던 유스티누스는 자신의 무지를 깨달았다. 그런 질문에 대한 대답은 철학자의 책에서 발견할 수 있는 것이 아니라 성경에서 발견할 수 있다는 소식을 그 노인으로부터 들었다. 유스티누스는 그리스 철학자들이 그토록 찾아 헤맸으나 찾지 못했던 지혜를 가지고 있는 그리스도교야말로 참된 철학이라고 생각하고 개종을 결심했다. 개종한 뒤 그는 그리스도교를 변호하고 전파하기 위해 역으로 그리스 철학을 이용했다. 예를 들어 그리스도교의 신을 '데미우르고스'(Demiurgos)로 표현하고 있을 때처럼 플라톤적인 용어를 자주 사용했다.(『호교론』*Apologia*, I, 8, 2)

유스티누스에 따르면 그리스도교의 진리 가운데 상당수는 이미 그리스 철학 속에 있었다. 즉, 그는 물질세계를 벗어난 존재에 관한 플라톤주의의 학설을 높이 평가하여 그 존재를 신과 동일시했던 것이다.

또한 그리스도교와 플라톤 철학은 사후의 상벌에 관해서도 유사한 주장을 펼쳤다.(『호교론』, I, 8, 4) 다만 그리스 철학의 씨앗들이 그리스도교 안에서 완전히 성장한 것으로, 근원을 따져보면 그리스 철학은 이미 그리스도교의 씨앗을 품고 있었다는 말이 된다. 따라서 그는 참된 철학자들은 그리스도교를 몰랐을지라도 그리스도교도라고 불릴 수 있다고 확신했다. 그에 따르면 이성적으로(로고스에 따라) 사는 자, 즉 소크라테스(Sokrates)와 헤라클레이토스(Herakleitos)[3] 등은 비록 비신자일지라도 그리스도교도라 할 수 있다. 더 나아가 진리를 섬기는 소크라테스의 일들이 그리스도의 완전한 사업을 위한 하나의 준비였듯이, 소크라테스가 받았던 유죄 선고는 이른바 그리스도와 그의 추종자들에 대한 유죄 선고의 한 예표(豫表)라고 볼 수 있다.

유스티누스는 예수 그리스도의 가르침이 그리스적 지혜와 모순되지 않으며 오히려 예수야말로 그 지혜를 완성한 자라고 주장했다. 그는 소크라테스를 비롯한 철학자들이 추구했고 설명하려 했던 진리가 예수를 통해 완벽하게 실현되어 있다고 가르쳤다. 플라톤주의자들이 모든 것의 근원이라 가르친 일자(一者)란 바로 예수 그리스도의 아버지, 즉 성부와 동일한 분이라는 것이다.

이렇게 호교론자라고 불리는 2세기와 3세기 초의 초대 그리스도교 신학자들은 새로운 전략을 수립했다. 그들은 엄밀한 의미에서 신학과 철학을 분명하게 구별하지 않았다. 그들에게는 오직 하나의 예지(叡智), 즉 하나의 '철학'이 있는데, 이는 그리스도 안에서 그리스도를 통해서 계시된다는 것이다. 그리스 철학에서 가장 높이 평가되었던 플라톤주의는 그리스도교 계시를 위한 하나의 준비였다. 그리스 철학자들이 과연 진리를 간파했다고 한다면, 그들은 '로고스' 자체이신 그리스

---

3) 다양하게 해석될 수 있는 가능성을 지니고 있는 헤라클레이토스의 이론 중에서 특히 우주와 인간을 관통하는 로고스(logos)의 진리를 이해하고 그것에 따라 살아가야 한다는 가르침은 성자를 신의 말씀, 즉 로고스라고 부르던 그리스도교의 전통과 합치될 수 있는 것으로 받아들여졌다.

도에 힘입어서 그렇게 했을 뿐이다.

이렇듯 호교론자들에 의해 그리스 철학은 그리스도교에 수용되기 시작했다. 그들은 자신들이 새롭게 발견한 신앙이 진리임을 증명하고, 반대자의 공격이나 비웃음으로부터 자신들의 신앙을 지키기 위해 수사학, 법학, 철학의 기술들을 사용했다. 예를 들어 유스티누스는 자신의 책『유대인 트리폰과의 대화』에서 독자에게 윤리적·철학적·역사적 주제를 더 생생하고 인상 깊게 묘사하기 위해 허구적 대화록의 형태를 사용했다. 그리스도교 저자들은 이러한 유형을 플라톤과 키케로의 작품에서 배웠던 것이다. 그렇지만 그 과정에서 기대하지 않았던 부작용이 나타났다. 정통 교리에서 벗어나는 다양한 형태의 이단이 나타난 것이다.

2) 철학의 수용 과정에서 야기된 이단들

'이단'(異端)이란 그리스도교의 정통 교리를 위협하거나 변질시킨 철학적·종교적 주장 내지 학설을 의미한다. 그 가운데 가장 강력한 것은 '그리스도교 영지주의'였다. 이러한 영지주의(Gnosticism)는 형태가 매우 다양해서 일반적으로 규정하기 어렵지만, 그리스도교 밖에서 유래한 사상이 그리스도교의 정신을 왜곡하거나 과장하게 된 것으로 본다. 영지(靈智, gnosis)는 그리스어로 '지식'을 뜻하지만, 영지주의에서는 영혼과 물질의 발생 및 본성, 그 운명에 대한 구원론적인 지식을 뜻한다. 영지주의자들은 자신들이 신의 계시로부터 구속자를 통해서 전달된 이런 지식을 소유함으로써 구원에 이를 수 있다고 주장했다. 영지주의자들은 인간성을 셋으로 구분하여, 악의 근원에 매달리는 물질적 인간은 구원될 수 없고 그리스도교 신자들과 같은 심적 인간은 고행의 대가로 구원될 수 있으며, 간택된 사람들인 영지주의자 자신들만이 영지의 능력으로 구원의 혜택을 받는다고 주장했다.

특히 영지주의자들은 구약의 신과 동일시되는 데미우르고스가 창조한 세상을 본래 악한 것으로 보았고, 이를 영적인 세계와 대립시키는 이원론적인 경향을 띠었다. 인간은 참된 본성에 따라 참된 신과 본질적으로 같으나, 인간 안에 있는 신적 섬광(閃光)은 물질적인 육체로 말미암아 데미우르고스에 예속되었다. 그러나 물질을 부정적으로 평가하는 이러한 시각은 전지전능한 절대자가 세상을 선하게 창조했으며 그의 아들이 인간을 구원하기 위해 육신을 취했다고 믿는 그리스도교 사상과 부합할 수 없었다. 그래서 영지주의자 바실리데스(Basilides)는 선의 근원인 성자가 악의 근원인 물질(육신)을 취했다는 모순을 극복하기 위해, 그리스도는 실제로 육신을 취한 것이 아니라 육신을 취한 척했을 뿐이라는 가현설(假現說, Docetism)을 주장하기도 했다. 그러나 이런 입장은 그리스도의 수난과 구원을 전적으로 위협하기 때문에 정통 그리스도교 입장에서는 받아들여질 수 없었다.

영지주의에서 발달한 이단인 마르키온주의(Marcionism)는 구약성서와 신약성서의 연속성을 거부하며 양자가 조화될 수 없다고 생각했다. 구약성서의 신 야훼는 복수와 공포의 신인 반면, 예수가 보여준 신약성서의 신은 죄인에게도 용서와 사랑을 베푸는 자비의 신이기 때문이다. 물질에 질서를 부여하는 역할을 맡은 '구약의 신'은 악의 원천인 물질을 이 세상에 남겨놓음으로써 자기 능력의 한계를 드러냈다. 이와는 대조적으로 '신약의 신'은 월등하게 높이 계시는 초월적인 신으로서 전지전능하고 본질적으로 선하기 때문에 세상을 섭리로 다스리고 인간을 구원하기 위해 인간의 모습을 취했다는 것이다. 이런 주장에 반대해서 정통 그리스도교를 대표하는 학자들(이레네우스, 히폴리투스 등)은 오직 하나의 신이 있는데, 그는 '구약성서의 신'인 동시에 '신약성서의 신'으로서 바로 이 유일신에 대해 성경이 인간들에게 계시해주었다고 주장했다.

영지주의에 버금가는 강력한 이단으로는 마니교(Manicheism)가 있었다. 바빌로니아에서 태어난 마니(Mani, 216?~276)를 시조로 하는 이 이단은 불교, 배화교, 그리스도교 등에서 발견되는 요인들을 혼합하여 극단적인 이원론을 발전시켰다. 처음에는 바빌로니아 지역을 중심으로 발전하다 페르시아 지역에 전파되었고, 3세기 중엽부터 이집트, 북아프리카, 시리아 지역 등으로 퍼져 나갔다. 마니교는 세상의 선은 선한 신에게서 유래하고 악은 악한 신에게서 유래한다는 이원론(二元論)을 주장했다. 이 세상에서는 선한 신과 악한 신의 끊임없는 싸움이 벌어지고 있는데, 선한 신이 승리하면 세상에는 정의와 평화가, 악한 신이 더 큰 힘을 얻으면 불의와 전쟁과 폭력이 난무하게 된다는 것이다. 시조인 마니는 악한 신의 세력이 극도로 커졌을 때 악의 세력을 견제하기 위해 선한 신의 사자들이 출현하며, 사자들 중에서는 붓다, 예수 등이 유명한데 그중 가장 훌륭한 자가 자신이라고 했다.

이와 같은 초기 그리스도교의 이단은 신앙을 무분별하게 철학화하려는 시도에서 나타난 것으로 보인다. 초기 교부들 중 일부는 이런 이단설과의 논쟁에서 그리스 철학을 인용하여 철학적 용어와 학파를 더욱 세련화함으로써 그리스 철학을 또 다른 차원으로 이끌어갔다. 그러나 자기 신앙의 순수성을 보존하려는 많은 그리스도인들은 철학과 관계 맺는 일 자체를 거부했다. 따라서 이단의 등장과 함께 초기 그리스도교는 철학을 거부할 것인가 수용할 것인가로 오랫동안 논쟁을 겪어야 했다.

2 그리스 철학에 대한 거부와 수용

1) 아프리카 교부들의 그리스 철학에 대한 거부

그리스도교 신앙의 순수성을 보존하려는 이들, 특히 많은 순교자를 배출하며 열정적으로 신앙을 지켜온 북아프리카(현재의 알제리와 튀니지 지역)의 그리스도인들은 그리스도교를 선포하기 위해 그리스 철학을 받아들이는 것을 거부했다. 심지어 그들 중 일부는 철학이란 인간을 파멸시키기 위해 악마가 발명한 것이므로 그리스 철학의 어떠한 매개 작용도 받아들일 수 없다고 생각했다.

이러한 아프리카 학파를 대표하는 사람이 테르툴리아누스 (Tertullianus, 160?~245?)다. 뛰어난 수사학자였던 테르툴리아누스는 "불합리하기 때문에, 나는 믿는다"(Credo quia absurdum est)[4]라는 역설적인 표현으로 신앙의 고유성을 강조했다.

신의 아들이 십자가에 못 박히셨다는 사실은 부끄러워할 일이기 때문에 나는 그것을 부끄럽게 여기지 않는다. 신의 아들이 죽으셨다는 사실은 어리석은 일이기 때문에 믿을 만한 것이다. 묻히신 분이 부활하셨다는 사실은 불가능한 일이기 때문에 확실한 것이다.(『그리스도의 육신론』De carne Christi, V, 4)

테르툴리아누스에 따르면, 철학이란 진리가 아닌 순전히 인간적인 지혜만을 대변할 수 있기 때문에 그리스도인들에게는 신앙과 그리스도의 지혜만으로도 충분하다. 더 나아가 그는 신앙과 철학을 극단적으로 대립시켰다.

철학자에 관하여 말하자면 그것은 세상의 지혜에 관한 재료이다. 또한 그것은 신의 본성과 질서에 대한 성급한 해석이다. 실로 이단자들 자신은 철학에 의하여 선동되고 있다.
나는 발렌티누스의 체계에서 무엇이 무한한 '형상'이고 무엇이 '인간의 삼위일체'인지 알지 못한다. 그는 플라톤주의자였다. 그것은 자신의 평정함으로 인하여 '보다 훌륭한' 마르키온의 '보다 훌륭한 신'의 근원이다. 마르키온의 유래는 스토아 철학이다. 다시금 영혼은 사멸한다고 말할 때 그러한 의견은 에피쿠로스 학파에서 취한 것이다.

---

4) 테르툴리아누스 자신은 credibile quia ineptum est라는 표현을 썼지만, 그 의미에 따라 '어리석은, 부적합한'이란 ineptum이 '불합리한'이란 absurdum으로 대체되어 널리 통용되었다.

육체의 부활에 대한 반대는 철학자들의 보편적인 가르침에서 취하여 진 것이다. 질료와 신을 동등하게 보는 것은 제논의 이론이며, 불의 신에 대하여 어떤 주장이 이루어질 때 등장하는 것은 헤라클레이토스 이다. 이단자들과 철학자들은 동일한 주제를 취급한다. 이들 양자는 동일한 논점을 포함하는 주제를 다룬다. ……

불행한 아리스토텔레스여! 그는 앞에서 언급된 사람들에게 변증 법, 구성하고 해체하는 기술, 억측에 억지로 첨가하고 논쟁에서 지나 치게 성급하며 수많은 논쟁을 산출하는 기술을 가르쳐주었다. 이 기 술은 언제나 문제를 다루지만 결코 어떤 것도 정립하지 않으므로 스 스로 망하게 된다. ……

아테네와 예루살렘 사이에 공통으로 존재하는 것은 무엇인가? 이 교도들과 그리스도교도들 사이에 공통으로 존재하는 것은 무엇인가? …… '스토아적', '플라톤적' 또는 '변증법적'인 그리스도교의 모든 계 획을 파괴하라! 예수 그리스도를 위하여 우리들은 어떤 미묘한 이론 도 원하지 않으며, 복음을 위하여 우리는 어떤 날카로운 탐구도 원하 지 않는다.(『이단자에 대한 항고』*De praescriptione haereticorum*, VII, 46)

이러한 진술이 담고 있는 뜻은 간단히 말해서 신앙이 인간 이성보 다 확실하다는 것이다. 그러나 이렇듯 반(反)철학적 태도를 분명히 밝 힌 테르툴리아누스의 주장들을 자세히 살펴보면 오히려 철학과 신학 의 관계가 매우 긴밀하고 복잡한 것이었음이 드러난다. 이미 호교론자 들의 시대 이래로 그리스도교 신학자들은 신앙의 합리적 가능성을 수 립하려고 언제나 열정적이었다. 이런 의미에서 초기 그리스도교 신학 자들은 모두 믿는 것이 불합리한 것이 아니었기 때문에 믿었다. 신앙의 순수성을 보존하기 위해서 수사학자였던 테르툴리아누스는 철학을 도 입하는 것을 매우 강력하게 비판하지만, 그가 말 그대로 진리의 기준을 불합리성에 두려고 의도했다고 보기에는 무리가 있다. 그런 정도의 강한 반철학적 태도는 철학적·신학적 개념의 모호성과 내용의 모순을 내포할 수밖에 없기 때문이다.

플라톤을 "모든 이교적 신념의 조달자"로 비난하는 등 테르툴리아누스는 그리스도교의 예지와 그리스 철학을 대조했지만, 자신의 신학적 사유 또한 스토아 학파를 비롯한 여러 철학 원전에 의존하고 있었다. 예를 들어 신의 실존은 신의 업적에서 확실하게 알려지고,(『죽은 이들의 부활』De resurrectione mortuorum, 2~3) 또한 신은 창조된 것이 아니라는 데서 신의 완전성은 논증될 수 있다는 것을 그는 주장하고 있다.

더욱이 테르툴리아누스는 이러한 과정에서 신까지 포함하여 모든 것이 몸을 지니며 물질적이라는 놀라운 주장을 하고 있다.

> 비록 '신은 하나의 정신'일지라도, 신이 하나의 '물질적인' 실체라는 것을 누가 부정하겠는가? 왜냐하면 정신은 자기 고유의 종류와 형태에 따른 하나의 물질적인 실체를 지니고 있기 때문이다.(『프락세아스 반박』Adversus Praxean, 7)

이러한 서술을 바탕으로 많은 학자들은, 신을 물질적인 것으로 생각했던 스토아 학파의 영향을 받아서 테르툴리아누스가 유물론적인 학설을 주장했다고 결론지었다. 그러나 테르툴리아누스에게 '물질적'(corporeus)이라는 말은 흔히 단지 실체(substantia)만을 의미하고 있어서, 그가 물질성(materialitas)을 신의 속성이라고 말할 때 그는 단지 신에게 실체성을 부여하는 데 지나지 않는다고 지적한 학자도 있었다. 더욱이 의지의 자유와 영혼의 본성적인 불멸성에 대한 그의 학설은, 논리적인 관점에서 볼 때 순수한 유물론과는 거의 일치하지 않는다. 따라서 비록 테르툴리아누스의 말에서는 가끔 꽤 조잡한 유물론 사상이 풍기고 있을지라도, 그가 말하고 있는 의미는 그의 말이 때때로 보여주고 있는 그러한 것이 아니었을지도 모른다.

그리스도교 사상에 대한 테르툴리아누스의 위대한 공헌 가운데 하나는, 라틴어로 표현된 신학 용어를 기존의 철학 용어를 바탕으로 개발한 점이다. '페르소나'(persona)라는 말을 사회적인 역할의 담지자라는 의미에서 사용하는 것은 키케로에게서도 발견될지라도, 신학에서 강조되는 주체성과 개별성을 강조하는 전문적인 사용은 테르툴리아누스의 저서에서 처음으로 발견되고 있다. 그리스도교의 신은 '위격들'(personae)로서 구별되어 있으나, 그들은 서로 달리 나누어져 있는 '실체들'(substantiae)이 아니다.(『프락세아스 반박』, 12) 제2위격 성자, 즉 말씀(Sermo, Ratio)에 대한 가르침에서도 테르툴리아누스는 분명히 스토아 학파들, 즉 제논(Zenon ho Kyprios)과 클레안테스(Cleanthes)에게 의존하고 있다.(『호교론』, 21) 이와 같이 삼위일체론을 비롯한 신학에서 사용되는 라틴어 개념들을 그리스도교에 접목한 장본인도 바로 테르툴리아누스 자신이다. 테르툴리아누스에게서 발견되는 이러한 예들은 역설적으로 신학에서 철학이 무시될 수 없음을 보여주었다.

2) 알렉산드리아 학파의 그리스 철학 수용

신앙과 이성을 극단적으로 분리한 아프리카 학파는 이단의 온상으로 생각되는 영지주의와 그리스 철학의 연관성을 과장하면서 그리스 철학에 대한 결정적인 반대를 주장했다. 이와는 대조적으로, 그리스도교로 개종한 철학자들과 수사학자들은 자신들의 이성으로 얻은 지혜를 포기하지 않고 그것을 그리스도교를 위해 사용하려 했다. 이들은 비이단적인 '영지', 즉 그리스도교의 신학적·철학적인 체계를 수립하려고 노력했던 것이다. 이렇게 그리스 철학에 호의적인 학자들이 주로 활동했던 곳은 나일 강 하류의 알렉산드리아(Alexandria)였다.

알렉산드로스 대왕의 이름을 딴 도시 알렉산드리아는 로마 제국의 정보 센터라 할 수 있었다. 이곳에는 이미 기원전 2세기에 히브리어로 된 구약성서를 그리스어로 번역(LXX인역)한 로마 제국 가운데 가장 큰 유대인 디아스포라 공동체가 있었다. 또한 그곳에는 지중해 최대의 도서관이 있었고, 플라톤주의를 중심으로 한 철학이 대중적으로 인기를 얻었다. 헬레니즘 세계의 중심지인 알렉산드리아의 이러한 분위기는 '알렉산드리아 학파'가 성립될 조건을 마련해주었다. 알렉산드리아 학파는 과거 유대인 학자 필론(Philon, 기원전 15?~기원후 45?)이 유대인의 사상과 헬레니즘 철학을 접목하려고 노력했던 것처럼, 그리스도교와 그리스 철학의 종합을 위해 노력했다. 이 학파는 눈에 보이는 세계가 단지 이데아 세계의 모상이라는 플라톤주의의 세계관에 따라 성서의 말씀 뒤에 숨어 있는 더 깊은 영적인 의미를 발견하기를 원했다. 이들은 그리스의 서사시를 해석하기 위해 세속 학교에서 사용하는 방법들을 성서 연구에 도입하기도 했다. 이러한 우의적 설명은 성서가 담고 있는 더 깊은 철학적 · 도덕적 의미를 한층 돋보이게 했다. 이 학파는 후에 문자적인 해석 방법을 중시하는 안티오키아 학파와 대립하면서 성서 해석 및 그리스도론의 논쟁과 발전에 크게 기여했다.

알렉산드리아의 클레멘스

이 학파의 대표자 중 하나인 클레멘스(Clemens Alexandrinus, 150?~219?)는 호교론자가 자신의 신앙을 지키기 위해 수사학, 법학, 철학 등을 사용했던 것처럼, 철학자에게서 발견되는 모든 진리는 부분적으로 신적인 지혜를 나누어 받은 것이라는 사실을 증명하려 했다. 아리스토텔레스 이후 잘 알려진 철학적 권고라는 문학 유형에 속하는 『이교인을 위한 권고』(Protreptikos)에서 그는 유스티누스가 그랬던 것처럼 그리스인들이 신적인 지혜를 구약성서에서 빌려와 여러 가지 의미에서 왜곡했다고 생각했다. 그렇지만 신적인 로고스의 빛이 그리스 철학자들로 하여금 많은 진리를 얻게 했다는 사실은 인정했다. 또한 비록 플라톤이 모든 철학자들 가운데서 가장 위대할지라도, 철학은 실제로 어느 그리스 학파의 특권이 아니라 정도의 차이는 인정하더라도 서로 다른 학파들 모두에게서 나타나는 일련의 진리라고 믿고 있었다.(『교육자』Paedagogus, 3, 11) 따라서 그에게 철학은 악마의 발명품이 아니라 선한 신의 섭리에 따라 주어진 선물이었다.

유대인들이 구약성서에 따랐던 바와 마찬가지로, 그리스인들은 이 철학이라는 선물에 따라 그리스도를 준비하지 않으면 안 되었다. 그리스 철학자들은 신이 어떤 유용한 목적을 위하여 창조한 자연 이성을 사용하는 예언자였다. 결과적으로 유일하게 참된 철학이 하나 있고, 그것의 원천은 "히브리인들에 의한 철학", 즉 "모세에 의한 철학"이었다. 야생 올리브나무에 참올리브나무 가지를 접붙여서 많은 수확을 얻듯이, 야생의 자연 이성에 유일신 신앙을 접붙여야 한다는 것이다. 클레멘스가 보기에 이런 작업을 이룬 그리스도교야말로 철학적 예언자들이 발전시킨 그리스 사상의 더 높은 단계이며 완성이었다.

더 나아가 클레멘스는 그리스 철학을 복음에 대한 준비와 그리스도로 향하기 위한 교육이라고 이해했다. 그리스도교 교육에서 철학의 고유한 기능은 마음을 연습하고 지성을 일깨우며 통찰력을 날카롭게 하는 것이다. 하지만 이 기능은 "그리스도 안에서 안식을 얻는 예비 훈련"으로 남는다.

〔자유 학예가〕 그 주인인 철학에 봉사하듯이, 철학은 지혜를 얻기 위하여 협동한다. 왜냐하면 철학은 지혜의 연구이며, 지혜는 신의 일과 사람의 일 그리고 그 원인들에 대한 지식이기 때문이다. 그러므로 철학이 예비적인 지적 문화를 좌우하듯이 지혜는 철학을 좌우한다.(『잡록(雜錄)』*stromata*, 1, 5)

그렇지만 철학은 단순히 그리스도교를 위한 하나의 준비였을 뿐만 아니라, 그리스도교를 이해하는 데 매우 유용한 하나의 보조 수단이기도 하다. 학문, 사색, 추론이 계시와 조화되지 않으면 진리일 수 없는 것은 분명하지만, 맹목적으로 받아들여지는 신앙은 이상적인 신앙이 아니다. 즉, 클레멘스는 그리스도교를 철학과의 관계에서 보고 신학의 체계화와 그 전개에서 사변적인 이성을 사용하려고 했던 최초의 그리스도교 학자였다.

따라서 그는 그리스 철학을 이런 사명을 수행하기에 적절하게 변형해야 한다고 생각했다. 『잡록』(제1권, 제2권과 제6권의 일부 및 제7권의 끝부분)에서 클레멘스는 철학에 관한 지식은, 한편으로 철학에서 신앙에 관한 씨앗을 캐내고, 다른 한편으로 무엇을 거부해야 하는지를 알려주는 데 유익하다고 밝힌다. 그래서 그리스도교 철학자의 첫 번째 작업은 철학에서 그릇된 모든 것을 제거하는 일이다. 그에 따르면 철학에서 탁월한 두 스승은 신에게 조명을 받은 피타고라스(Pythagoras)와 플라톤이며, 플라톤의 교리는 끊임없이 경건에 이르게 한다. 이들의 도움을 받아 인간은 "그리스도교적 영지를 지닌 자"가 된다. 클레멘스는 철학(영지)과 계시 사이의 단절을 보지 않고, 오히려 철학이 신앙을 크게 강화하는 것으로 보았다.

오리게네스

일단 세속적인 교육이 그리스도를 위한 봉사에 도입되자, 철학과 그리스도교의 더욱 큰 조화와 협력을 위한 길이 열렸다. 니케아 공의회 이전의 그리스도교 저술가들 가운데서 저작과 학식이 가장 풍부한 사람이었던 오리게네스(Origenes, 185?~254?)는 철학을 철학 자체를 위해서가 아니라 신학을 위해 사용하려 했다.

그가 철학을 이용하려 했던 이유는 당시의 철학자들, 예를 들어 178년경 켈수스(Celsus)가 그리스도교에 관해 많은 정보를 수집하고 철학의 관점에서 그리스도교를 논박하였기 때문이다. 켈수스는 당시의 플라톤 철학과 유사한 로고스에 관한 그리스도인의 가르침과 올바른 철학의 목표인 훌륭한 윤리나 모범적인 생활 방식은 인정했다. 그러나 그는 유대교·그리스도교의 메시아에 관한 특징과 그리스도가 구체적으로 메시아라는 사실이 너무나도 터무니없어 보였기 때문에 받아들일 수 없었다. 그는 그리스도가 사기꾼이고 마술사였으며 그리스도의 부활 신화는 사도들이 단지 날조한 것이라 믿었다. 그래서 그리스도교의 가르침은 유일신론 자체에서 모순을 지니고 있기 때문에 모든 관점에서 전통 철학보다 열등하다고 보았다.

오리게네스가 보기에 그리스 철학은 본질적으로 선하지도 않고 악하지도 않았다. 그것은 선하게 쓰느냐 악하게 쓰느냐에 따라 선하게도 될 수 있고 악하게도 될 수 있었다.

> 이스라엘 자손들이 이집트에서 탈출할 때 그 나라의 금과 은으로 된 도구들을 가지고 나왔던 것과 마찬가지로, 신앙도 세속적인 학문과 철학을 가지고 있지 않으면 안 된다.[5]

그는 철학자들에게 그리스도교 교리를 철학자들이 사용하는 용어 및 당시의 철학적인 문제들과의 관계 속에서 설명함으로써, 그들과의 토론을 통해 자신의 주장을 심화하려 했다. 그가 사용한 비유 "신께로 향한 영혼의 상승", "위를 향한 여행", 즉 그의 상승신학은 영혼이 신 안에 있는 자신의 근원으로 다시 올라간다는 것으로서 플라톤주의의 색채를 띠고 있는 오리게네스의 사변적인 사상을 보여준다.

오리게네스는 정통적인 그리스도인이 되기를 원했으나, 플라톤의 철학과 그리스도교를 조화시키려는 욕망과 성서를 우의적으로 해석하려는 열정으로 인해 후대에 확정된 정통적인 신앙과 일치되지 않는 몇 가지 내용을 주장했다. 예를 들어 그는 신의 자유로운 창조를 주장하는 정통 교리와 달리 창조를 필연적인 것으로 본다. 플라톤주의의 영향을 받았던 오리게네스는 순전히 정신적인 단일(monas) 또는 일자(henas)이며 진리와 이성 또는 존재와 본질을 초월하는 신이 세계를 영원으로부터 그리고 신적 본성의 필연성에 의해서 창조했다고 주장했다. 그는

---

5) 『기적가 그레고리우스에게 보낸 편지』(*Epistula ad Gregorium Thaumaturgum*), PG 11, 88~89. 「탈출기」 제3장 제22절, 제11장 제2절, 제12장 제35절을 호교론 내지 토착화 이론으로 사용하는 전통은 나지안주스의 그레고리우스, 니사의 그레고리우스, 아우구스티누스(『그리스도교 교양』, II, XL, 60)에게까지 이어졌다.

또한 플라톤주의의 영향 아래 영혼의 선재설(先在說)과 정령설을 인정했다. 그에 따르면, 신 안에서의 최후의 발출이 성령이고 이 성령 바로 아래에 창조된 신령체들이 있는데, 이 중에 높은 단계인 천사 안에도 아주 섬세하고 고귀한 물질이 있다. 그보다 하위의 어떤 신령체들은 별이 되고 어떤 신령체들은 인간이 된다. 이들은 성령의 힘을 통해서 성자와 결합하여 들어 올려져 신의 아들들이 되고 결국에는 성부인 신의 생명에 참여한다.(『원리론』De principiis, 6, 1~3) 또한 그는 인간 영혼이 상부의 광명 세계에 속해 있었으나 자유의지를 통한 범죄로 말미암아 추락하여 하부의 육신 세계에 연결되어 있다고 생각했다. 오리게네스는 영혼, 심지어 악령과 악마까지도 정화의 고통을 통해서 마침내 신과의 일치에 이르게 된다는 만물복귀설(apokatastasis panton)을 주장했다. 이 학설에 의하면 만물은 자신들의 궁극적인 근원으로 되돌아가며 또한 신은 모든 것 가운데 있는 모든 것이 된다.(『원리론』, 3, 6, 1 이하; 1, 6, 3) 이러한 그의 주장은 지옥에 관한 전통적인 교리를 부정하는 것이라고 강하게 비판받았다.

특히 그는 삼위일체론에 대해 교의상으로 큰 논란을 일으켰다. 그는 일자로부터 발출된 정신과 세계혼은 그 근원인 일자보다 낮다는 플라톤주의의 학설을 그대로 삼위일체에 적용함으로써, 성자는 성부보다 낮고 성령은 성자보다 낮다는 종속설을 주장했기 때문이다. 이는 삼위의 동등한 신성과 존귀함을 인정하는 정통 교리와 충돌을 일으켰다. 이러한 그의 학설은 그의 사후에도 오랫동안 지속될 논쟁의 씨앗을 뿌렸다. 이렇게 비정통적인 입장을 주장하게 된 이유는 그가 그리스 사상에 열중했던 나머지 철학적인 관념들을 자기 나름대로 해석한 성서의 구절과 결부했기 때문이다. 그렇지만 그는 많은 제자와 적대자들이 자신의 이상을 토대로 그리스도교를 더욱 정통적인 형태로 선포할 수 있게 신학의 학문 체계를 수립했다. 바로 그가 채용한 철학적인 관념들이 그리스도교적인 배경과 테두리 안으로 통합되었기 때문에, 그야말로 그리스도교의 최초의 위대한 체계적인 사상가로 생각되어도 좋을 것이다.

3) 니체아 공의회 이후

313년 콘스탄티누스 대제가 그리스도교 신앙의 자유를 처음으로 공인한 밀라노 칙령을 통해 그리스도교는 신앙과 경배에 대한 자유를 얻었고 로마 제국 전체에 퍼져 나갔다. 더 나아가 392년에 로마 제국의 국교가 된 그리스도교 사상은 더욱 심각한 문제에 마주치게 되었다. 헬레니즘에 기반을 둔 로마 제국이 그리스도교화할 것인가 아니면 교회가 헬레니즘화할 것인가?

많은 이단이, 예를 들어 아리우스주의 등은 그리스 철학과 밀접하게 관련되어 있었다. 훌륭한 사목자(司牧者)이자 유창한 설교가였던 아리우스(Arius, 260?~336)는 불명료하게 남아 있던 오리게네스의 삼위일체론을 명확하게 해석하고자 했다. 그는 신플라톤주의의 원리를 이용하여 이 문제를 해결하려 하였다. 신플라톤주의에 따르면 존재에는 하나의 근원만 있는데, 이 존재는 시작이 없으며 하나의 실체에만 적합하다. 아리우스는 이러한 입장을 그대로 성부에게 적용하여, 성부만이 모든 것의 근원이며 시작도 없고 창조되지 않고 따라서 영원하며 변하지 않는 한 분의 신이라고 주장했다. 이와는 대조적으로 성자는 태어났으며, "성자가 존재하지 않은 시대"가 있었기 때문에 명백히 피조물 자리에 놓여야 한다는 것이다.(아타나시우스,『아리우스파 반박 변론』 *Apologia contra Arianos*, I, 5) 물론 아리우스는 신의 아들인 성자는 모든 피조물 가운데 유일하게 탁월한 위치를 차지한다고 설명했다. 더욱이 성자는 창조 이전에 창조되었고 다른 모든 것은 단지 그를 통해 창조되었기 때문에 모든 피조물 가운데 첫째이다. 그러나 엄밀히 말해서 성자는 신이나 성부의 본성에 관여하지 않고, 따라서 서열, 권위, 영광에서 종속적이기 때문에 '참된 신'이 아니다. 그러므로 성자는 '모든 점에서 성부의 본질과 특성에 걸맞지 않으며 같지 않은' 2급 신일 뿐이다. 이러한 결론에 도달한 것은 그리스도교 초기에 전통적으로 용인되었던 교리보다도 신플라톤주의에서 수용한 철학적 체계를 진리에 도달하기 위한 더욱 중요한 기준으로 삼았기 때문이다.

이단을 통해 재발된 철학의 수용 문제는 카파도키아의 세 위대한 사상가에 의해 해결되었다. 나지안주스의 그레고리우스, 카이사리아의 바실리우스, 니사의 그레고리우스는 친구 및 형제 관계로 절친했는데, 이 세 학자는 아테네 유학 등을 통해 습득한 그리스 철학을 이용하여 그리스도교 신학, 특히 삼위일체론을 정립하는 데 크게 기여했다. 이성과 신앙 사이에서 균형을 잡은 이들은 오리게네스를 사랑하고 존경하며 당대의 학문적 지식들을 종합하여 받아들임으로써, 신에 대한 지식, 교양 교육, 그리스도교 인간론 등의 발전에 크게 공헌했다. 이들 중에서 가장 학식 있고 철학적인 입장에서 가장 흥미로운 인물은 니사의 그레고리우스(Gregorius Nyssenus, 335~394?)이다. 한편으로 그는 계시 내용은 신앙에 의해서 받아들여지는 것으로서 철학적·학문적 추론의 결과가 아니라는 것을 분명하게 설파했다. 그러나 다른 한편으로, 신앙에는 자연적인 추론에 의해서 확인될 수 있는 신의 존재와 같은 합리적인 근거가 있다고 강조했다. 따라서 그레고리우스에 의하면 신앙의 우위성이 반드시 유지되어야 하지만, 철학의 도움을 구하는 것은 매우 당연한 일이었다.

예를 들어 그는 우주의 질서로부터 신의 존재를 증명하거나 신의 필연적인 완전성에서 신의 유일성을 논증하려 한다. 나아가서 유일신 안에 위격(persona)의 삼위성이 있는 이유도 철학적인 설명을 통해 밝히려고 한다.[6) 그레고리우스는 이런 시도 안에서 중(中)플라톤주의, 신플라톤주의, 그리고 필론의 저서를 즐겨 활용하였다. 이러한 철학적 경향은 플라톤의 『파이돈』(Phaidon) 형식을 따른 대화록 『영혼과 부활에 관한 대화』(Dialogus de anima et resurrectione)에서 가장 두드러지게 나타난다. 이 작품은 그의 누이 마크리나가 죽기 바로 전에 그녀와 나눈 대화를 기록한 것이다. 예를 들어 인간의 목적으로서의 '신과 닮음'(homoiosis theo), '단독자를 향한 단독자의 날아오름', 정의

---

6) 『대(大)교리교육』(Oratio catechetica magna), PG 45.

자체, '에로스', 그리고 이상적인 미(美)로의 상승에 대한 플로티누스의 주제와 표현을 사용했다. 또한 필론의 주제와 표현도 사용했을지라도 그는 이를 언제나 플로티누스적이거나 필론적인 의미로 사용하고 있지는 않았다. 오히려 그레고리우스는 그리스도교의 교리를 설명하기 위해서 신플라톤주의의 표현을 사용했던 것이다. 예컨대 '신과의 닮음'은 인간의 노력이 아니라 신적 은총의 결과이다. 또한 정의 그 자체는 하나의 추상적인 덕도 아니고 '누우스' 안에 있는 하나의 이데아도 아니다. 그레고리우스는 교의에 관해서 인간의 사색과 추론을 사용하는 것은 옳은 일이라고 보았지만, 그 결론이 성서와 일치하지 않는다면 그는 이러한 추론을 정당한 것으로 받아들이려 하지 않았다.[7] 이와 같이 그레고리우스가 시도한 플라톤주의의 특징은 이 철학 사조를 그리스도교 사상과 세계관의 목적에 맞게 변형했다는 데 있다. 이러한 철학적 특징으로 말미암아 그는 다른 두 명의 카파도키아 교부, 즉 바실리우스 및 나지안주스의 그레고리우스와 구분되며, 후자들과 달리 심오한 철학 사상가라는 명성을 얻게 되었다.

니사의 그레고리우스는 또한 체계적인 그리스도교 신비신학의 참다운 창시자라고도 불린다. 그에 따르면 비록 인간 인식의 고유 대상이 본래 감각적인 사물일지라도 이들 사물은 완전하게 실재하는 것이 아니어서, 인간이 정신적으로 이끌리고 있는 비물질적인 실재의 상징으로서가 아니라면 그것은 망상이나 환각에 지나지 않는다. 종교적으로 표현하면 영혼은 사랑에 의해서 자신이 이끌려가고 있는 신을 알지도 못한 채 신에 이끌려서 자신의 고유한 인식 대상인 감각 사물을 떠나고 있다. 이렇게 영혼 가운데 계속해서 일어나는 긴장은 '절망'으로 이끌고 후대에 '미지의 구름'이라고 부르고 있는 '암흑'에 빠지게 된다. 신을 감싸고 있는 '암흑'은 우선 신 본질의 완전한 초월성 때문이다. 그레고리우스는 이렇게 인간의 지적인 인식보다도 이 암흑에서의 인식에

---

7) 『에우노미우스 반박』(*Contra Eunomium*), PG 45, 341B.

우위성을 부여했다. 이는 그가 인간 지성을 경멸해서가 아니라 신의 초월성을 깨닫고 있었기 때문이다. 이러한 신비주의 안에 나타나는 영혼의 상승에 관한 그레고리우스의 도식은 플로티누스의 도식과 어느 정도 유사성을 지니고 있다. 그렇지만 이는 단순히 인간 정신의 활동의 결과만이 아니라 신의 로고스인 그리스도가 활동했기 때문에 가능한 일이다. 그가 이상으로 삼았던 것은 우주적인 원리인 일자와의 정신적인 일치가 아니라 오히려 그리스도가 지니는 충만함을 실현하는 것이었다.

이렇게 초기 그리스도교의 형식과 그것을 수용한 새로운 그리스로마 문화는 알렉산드리아 학파 등의 공헌에 힘입은 대화를 통해 양자모두가 변화했다. 어느 편도 그들의 영혼을 잃지 않았으며 대화의 과정에서 새로운 것이 나타난 것이다.

3 요약

그리스 철학이 정신적인 기반을 이루던 로마 제국 안에서 그리스도교 신앙은 놀라운 속도로 확산되었다. 그리스 로마 문화 안에서 이루어진 신앙의 수용은 오늘날까지 교회가 받아들이고 있는 신학의 기초를 놓았다. 철학을 이용해서 그리스도교를 옹호하려던 유스티누스와 같은 호교론자들의 입장에 따라 그리스 철학이 수용되는 과정에서 철학을 이용한 이단들이 발생하자, 초기 교부들은 그리스 철학에 대해 대조적인 태도를 보였다. 초기 그리스도교의 저술가들이 그리스 철학을 그리스도교의 적이나 경쟁자로 보는가 아니면 유용한 도구 또는 심지어 그리스도교를 위한 섭리적 준비로 보는가에 따라서 이에 대해 상이한 태도를 취했던 것이다. 일부 교부들(미누치우스 펠릭스, 테르툴리아누스 등)은 그리스 철학을 이 세상의 어리석음과 거의 같은 것으로 보면서 부정적인 태도를 취하고 심지어 적의를 갖기까지 하였다. 그러나 대부분의 교부들(알렉산드리아의 클레멘스, 오리게네스 등)은 그리스 철학에 조예가 깊었으며 그리스 철학을 신의 한 선물로, 즉 이교 세계를 그리스도로 이끄는 교육 수단으로 보았다. 이들은 그리스도교적인 예지를 설명하고 체계화하기 위해서 그리스 철학을 유용한 도구로 사용하고자 노력했다. 결국 승리를 거두었던 것은 테르툴리아누스로 대표되는 부정적인 태도가 아니라 알렉산드리아 학파로 대표되는 수용적인 태도였다. 이러한 사실은 니케아-콘스탄티노플 신경(信經)에서 사용된 '동일 본질'(homoousios)이라는 단어에서 상징적으로 나타나고, 카파도키아의 세 교부, 아우구스티누스 등이 그리스도교의 세계관을 제시할 때에 신플라톤주의적인 사고방식을 풍부하게 사용했다는 사실에서 확인된다.

그렇지만 이러한 초기 교부들의 저서에서 하나의 체계적인 철학적 종합을 찾으려 한다면 많은 이들은 실망할 것이다. 이러한 작업은 아우구스티누스에 가서야 본격적으로 이루어졌기 때문이다. 오히려 초기 교부들은 철학과 신학의 영역을 명확하게 구별하지 않고 그리스도교를 하나의 '참다운 철학'으로 보고 있었다. 그들은 그리스 철학을 단지 그리스도교에 대한 예비 교육으로 보는 경향이 있었다. 그들에 따르면, 그리스 철학은 구약성서로부터 영향을 받았기 때문에 그리스도교적인 진리를 예상하고 있었던 반면, 인간적인 사색의 약점 그리고 독창성을 추구하는 철학자 자신들의 부당한 욕망과 허영심 때문에 그들에게 명백했던 진리로부터 일탈하고 말았다.

그렇지만 교부들의 저서에는 매우 풍부한 철학적인 요소들이 들어 있다는 사실도 간과해서는 안 된다. 예컨대 그들은 비록 완전히 발전된 체계는 아닐지라도 신의 존재에 대한 이론적인 논증, 특히 질서와 목적에 의한 논증을 사용하고 있었다. 그리고 그들은 영혼의 기원과 본성에 대해서 철저하게 사색하고 있었다.

교부들이 즐겨 사용했던 원천들은 비교적 다양했다. 회의론과 에피쿠로스 학파의 이교 다신들에 대한 반론은 교부들에게 영향을 끼쳤다. 또한 스토아 학파의 세속을 떠나는 금욕 정신, 마음의 평온을 추구하는 윤리 사상은 그리스도교와 잘 융합될 수 있는 것이었다. 이와는 대조적으로 당시 충분히 알려져 있지 못하던 아리스토텔레스의 사상은 그리 큰 영향력을 미치지 못했다. 교부들이 볼 때 단편적으로 알려진 아리스토텔레스의 신 개념은 지나치게 생명력이 없었고, 그의 윤리학은 지나치게 세속적이었다. 그러나 본질, 실체, 본성과 같은 아리스토텔레스가 즐겨 사용하고 정립한 개념들은 삼위일체론과 그리스도론을 에워싼 논쟁에서 일찍부터 커다란 역할을 하고 있었다. 이렇게 초기 교부들에게 아리스토텔레스는 종종 훌륭한 논리학자였을 뿐이었다.

교부들은 일반적으로 현세에 관심을 보이는 그리스 철학의 한계를 지적하며 이를 성서에 나오는 초월적인 관점과 연결하고자 했다. 이러한 목적에 가장 적합해 보였던 것은 바로 플라톤과 플라톤주의였다. 그들의 순수한 윤리, 세속에서의 초탈, 감각적인 것에서 초감각적인 것으로의 초월, 이데아계와 형이상학에 대한 애착, 특히 플라톤주의의 피안 사상은 교부들이 크게 공감하는 것이었다. 이들은 플라톤주의에서 말하는 '가시적인 것을 넘어서는 저편'(epekeina tēs ousias)을 성서에서 말하는 구체적인 '신의 나라'를 의미하는 것으로 이해했다. "우리들은 정의가 깃들고 있는 새로운 하늘과 새로운 땅을 기대하고 있다."(「베드로 후서」, 제3장 제13절) 플라톤은 그다음 시대 전체를 위해 신성한 언어처럼 쓰인 용어를 만들어냈으며, 이 용어로써 이미 막대한 영향을 미쳤다. 물론 이 시기에 플라톤 자신의 저작들이 어느 정도 남아 있었는지, 그의 사상이 발췌된 책이나 당시에 일반적으로 통용되던 교양에서 얻어진 것인지 여부도 흥미로운 문제이다. 그리스어를 쓰던 교부들과는 달리 라틴어를 쓰던 교부들은 키케로나 칼키디우스의 번역을 통해『티마이오스』등 플라톤 저작의 일부만 알고 있었다. 그들이 플라톤의 사상이라고 받아들였던 것은 대부분 중(中)플라톤주의, 신플라톤주의 또는 필론 등의 간접적인 원천을 통해서였다.

이렇듯 유대교로부터 발전한 그리스도교와 그리스인의 철학이라는 두 개의 강이 만나는 곳에서 중세철학의 기초가 마련되기 시작했다. 그리스도교의 탄생과 함께 사람들은 얻을 수 있는 모든 진리를 포괄하려는 야심을 지니게 되었고, 이런 야심이 이후의 중세철학, 특히 13세기에 꽃피울 스콜라 철학에 영감을 불어넣었다.

■ 참고 문헌

H. R. 드롭너, 『교부학』, 하성수 옮김, 분도출판사, 2001.
아먼드 마우러, 『중세철학』, 조흥만 옮김, 서광사, 2007.
박승찬, 『생각하고 토론하는 서양 철학 이야기 ②: 중세-신학과의 만남』, 최남진 일러스트, 책세상, 2006.
에른스트 블로흐, 『서양 중세 · 르네상스 철학 강의』, 박설호 옮김, 열린책들, 2008.
마들렌 스코펠로, 『영지주의자들』, 이수민 편역, 분도출판사, 2005.
J. R. 와인버그, 『중세철학사』, 강영계 옮김, 민음사, 1984.
정의채 · 김규영, 『중세철학사』, 도서출판 벽호, 1994.
E. 질송, 『중세철학입문』, 강영계 옮김, 서광사, 1983.
_____, 『중세철학사』, 김기찬 옮김, 현대지성사, 1997.
앤소니 케니, 『서양철학사』, 동문선, 2003.
F. C. 코플스톤, 『중세철학: 그리스도교 철학』, 박영도 옮김, 이문출판사, 1988.
_____, 『중세철학사: 아우구스티누스에서 스코투스까지』, 박영도 옮김, 서광사, 1988.
J. 힐쉬베르거, 『서양철학사(상): 고대와 중세』, 강성위 옮김, 이문출판사, 1983.

Armstrong, A. H., *The Cambridge history of later Greek and early medieval philosophy*, ed. by A. H. Armstrong, Repr. with corr., Cambridge: Cambridge Univ. Press, 1970.

Baird, F. E. & W. Kaufmann, *Medieval Philosophy*, 2nd ed. Philosophic Classics, vol. 2. Upper Skaddle River, N. J.: Prentice-Hall, 1997.

Beckmann, J. P. & L. Honnefelder, G. Schrimpf, G. Wieland, (Hg.), *Philosophie im Mittelalter. Entwicklungslinien und Paradigmen*, Hamburg: Feilx Meiner, 1987.

Burns, J. H. (ed.), *The Cambridge History of Medieval Political Thought c.350-1450*, Cambridge, 1988.

De Libera, A., *Penser au Moyen Age*, Paris, 1991.

Delhaye, P., *Medieval Christian Philosophy*, trans. by S. J. Tester, New York, 1960.

Gilson, E., *History of Christian Philsophy in the Middle Ages*, London: Sheed & Ward, 1955.

_____, *The Spirit of Medieval Philosophy*, trans. by A. H. C. Downes, New York: Charles Scribner's Sons, 1940 [*L'esprit de la philosophie médiévale*, Paris, 1948].

Henry, D. P., "Medieval Philosophy", in *The Encyclopedia of Philosophy*, vol. 5, New York: Macmillan, 1967.

Honnefelder, L., "Christliche Theologie als 'wahre Philosophie'", in C. Colpe et al. (eds.), *Spätantike und Christentum. Beiträge zur Religions/ und Geistesgeschichte der griechisch-römischen Kultur und Zivilisation der Kaiserzeit*, Berlin, 1992.

Kobusch, T. (ed.), *Philosophen des Mittelalters*, Darmstadt: Primus, 2000.

Luscombe, D. E., *Medieval Thought. History of Western Philosophy*, vol. 2, Oxford: Oxford University Press, 1967.

MacDonald, Scot & N. Kretzmann, "Medieval Philosophy", in *Routledge Encyclopedia of Philosophy*, vol. 6, London: Routledge, 1998.

Price, B. B., *Medieval Thought: An Introduction*, Oxford: Blackwell, 1992.

제15장 고대철학의 종언 혹은 새로운 모색
아우구스티누스에서 보에티우스까지

강상진

1 들어가는 말

　　서양고대철학의 역사는 기원전 6세기의 탈레스를 기점으로 잡는 다면 기원후 6세기의 보에티우스에 이르기까지 약 1,200년의 세월을 흘러온 셈이다. 우리가 이 장에서 다루는 아우구스티누스로부터 보에티우스까지의 마지막 200여 년의 역사는 탈레스에서 아리스토텔레스까지의 200여 년의 역사가 보여주었던 연속적 발전의 측면과 비교할 때 그 전체적인 면모가 잘 드러날 것이다. 탈레스에서 아리스토텔레스까지의 연속적 발전은 지역적으로 아테네를 중심으로 그리스와 그리스 식민지에 집중되었으며 고전 그리스어가 철학적 사유의 언어로 사용되었다. 아우구스티누스부터 보에티우스에 이르는 시기에는 라틴어가 철학적 사유와 소통의 언어로 사용될 뿐만 아니라, 북아프리카와 로마를 비롯해서 지역적으로도 대단히 넓게 분산되어 하나의 중심을 꼽기 어려운 상황에 이르게 된다. 물론 이러한 일은 알렉산드로스 대왕이후 헬레니즘 시기에 그리스어권이 지역적으로 크게 확장되었던 사실, 또 로마가 지중해의 패권을 장악한 후 라틴어가 제국의 언어로 등장했다는 사실과 관련이 있지만, 보다 자세하게 살펴볼 만한 이유가 있다. 군사적으로는 로마가 그리스를 정복했지만 문화적으로는 그 반대의 일이 발생해서 로마의 패권이 왕성하던 상당한 기간에도 지중해 지역의 학문과 소통의 언어는 여전히 그리스어였기 때문이다. 로마의 황제였던 마르쿠스 아우렐리우스(121~180)가 『명상록』을 그리스어로 쓴 일이나 신약성서가 그리스어로 쓰인 일[1]은 이 시기가 일종의 이중언어(bilinguality)의 시기였음을 알려준다. 철학과 소통의 언어로서 주도적인 위치를 차지하던 그리스어는 어떤 역사적 계기들을 거쳐 라틴어에 그 자리를 물려주게 된 것일까? 이 장에서는 서양 고대의 철학적 사유가 그 마지막 단계에서 라틴어를 문명의 언어로 삼게 될 차세대 주자들에게 어떻게 자신의 유산을 넘겨주는지를 살펴볼 것이다. 이미 앞 장에서의 논의를 통해 밝혀진 바와 같이, 이 과정에서 그동안 고대철학이 누려왔던 지적 주도권에 강력한 도전을 제기했던 그리스도교의 전통이 중심적 역할을 한 사실을 확인하게 될 것이다. 밖에서 보자면 문명의 언어가 그리스어에서 라틴어로 바뀌는 것이겠지만, 내적으로는 고대철학적 사유가 그리스도교화되는 과정에서 부딪혔던 수용과 거부, 변형과 발전의 모습을 따라가보는 것이 이 장의 주요한 목표가 될 것이다.

고전 그리스의 철학적 유산이 이제 언어적으로는 라틴어로, 내용적으로는 그리스도교적으로 수용 내지 변용되는 이 시기는 역사적으로는 고대 후기에 속하지만 지성사적으로는 중세 1,000년의 문명을 이끌 사상적 기반이 준비된다는 점에서 이행의 시기라고 할 수 있을 것이다. 먼저 이 시기에 콘스탄티노플을 수도로 하는 동로마 제국으로부터 분리되는 서로마 제국이 어떻게 독자적 사유 체계를 세워갔는지를 역사적으로 조망한 후, 아우구스티누스에서 보에티우스에 이르는 동안 어떻게 고대철학적 유산이 그리스도교적으로 소화되는지를 살펴볼 것이다.

---

1) 더 이상 히브리어를 모국어로 배울 수 없었던 유대인 디아스포라를 위해 만들어진 구약성경(70인역)이 그리스어 번역이었다는 점도 이 시기에 그리스어가 차지하던 위상에 대해 상당한 시사점을 제공한다.

2 역사적 조망: 지적 자립을 시도하는 라틴 문명

그리스도교가 역사에 등장한 것은 1세기의 일이지만, 라틴 세계에서 지적으로 그리스-로마의 고전 문화에 필적하는 독자적인 그리스도교적 문화를 위한 기반을 마련하기 시작한 것은 4세기 정도가 되어서부터인 것으로 보인다. 물론 이 시기에 서방 라틴 세계가 지적인 자립을 과제로 삼게 된 것은 그리스어 사용 지역인 콘스탄티노플을 수도로 하는 동로마 제국과의 관계 문제 때문이다. 이미 상당한 정도로 제국의 위상을 잃어가고 있었으며 다시는 회복하기 어려운 경제적 난국에 처한 서로마 제국과 달리 동로마 제국은 일정 수준의 정치적 안정을 누리고 있었던 것이 콘스탄티노플로의 천도를 감행한 중요한 이유였던 것으로 보인다. 하지만 두 제국이 정치적으로 멀어지기 시작하면서 이전과 같이 이중언어성은 더 이상 기대할 수 없는 문화적 환경이 되었고 신학적인 문제를 비롯한 제반 현안에서 더 이상 동로마 제국의 지식인에게 의존할 수 없는 상황에 이르렀던 것으로 보인다. 역사학자들은 아우구스티누스(Augustinus, 354~430)와 그의 회심을 이끌었던 암브로시우스 주교(Ambrosius, 339~97)나 놀라의 파울리누스(Paulinus of Nola, 355~431), 히에로니무스(Hieronymus, 347~419년경)[2]와 같은 사람들을 서방 라틴 세계의 지적 자립 과정에서 가장 중요한 기여를 한 인물들로 꼽는다. 그들은 대부분 중간에 그리스도교로 귀의한 사람들이며, 그들의 신학적 작업을 통해 라틴 세계에 독자적인 그리스도교적 문화를 위한 기반이 처음 마련되었다. 이들의 어려움은 고전적 문화의 기초 위에서 고전 문화와 대결 내지 단절하면서 새로운 문화적 힘을 쌓아 나가야 했던 점이었다.[3] 이것이 얼마나 어려운 일이었는지, 그

---

2) 국내에서는 영어식 표기인 제롬(Jerome)으로 더 많이 알려진 인물이다. 그가 라틴어로 번역한 불가타(Vulgata) 성경은 이후 1,000년 이상 정본으로서의 역할을 하게 된다.

3) Alfons Fürst, *Hieronymus. Askese und Wissenschaft in der Spätantike*, Freiburg

들이 추구한 지적 자립이 어떤 것이었는지를 알아보기 위해 히에로니무스의 편지에 전해지는 꿈 이야기로부터 시작해보자. 384년에 작성된 한 편지에서 히에로니무스는 자신이 상당히 오래전에 집이나 친척과 같은 속세의 인연, 풍성한 식사를 하는 습관으로부터 단절했지만, 로마에서 상당히 공들여 완성한 도서관은 완전히 단념할 수 없었다고 고백한다. 키케로를 정말 읽고 싶었고 플라우투스라는 로마 희극작가의 작품을 읽기도 했다고. 그러다가 자기 자신에게 돌아와서 구약의 예언서들을 읽노라면 그 조야한 말투에 질렸다고 한다. 그리스도교를 믿고 그 삶의 방식을 따르고 있지만 성경보다 그리스-라틴 고전을 더 좋아하고 더 읽고 싶었던 그의 상황 때문이었는지, 그는 곧 죽을 것 같은 병에 걸린다. 그는 이 상황에서 재판관 앞에 끌려가는 꿈을 꾸었다고 한다.

> 나의 종교에 관한 질문을 받고 나는 그리스도인이라고 대답했다. 그러자 재판관이 말했다. "너는 거짓말을 하고 있다. 너는 그리스도인(Christianus)이 아니라 키케로 추종자(Ciceronianus)이다. '너희의 재물이 있는 곳에 너희의 마음도 있다'(「마태」 6:21)라고 하지 않았더냐." 곧장 나는 할 말을 잃었고 매질을 당하면서(나를 치라고 판관이 명했기 때문이다) 매보다 양심의 불길에 더 고통스러워했다. ……
> 마침내 곁에 서 있던 사람들이 판관 앞에 무릎을 꿇어 저 젊은이를 용서해줄 것을, 자신의 잘못을 참회할 기회를 허락해줄 것을, 그가 만약 다시 이교인들의 작품을 어느 때고 읽는다면 그때 형을 집행해줄 것을 간원했다. 그토록 큰 위기의 순간에 처해 더 큰 것까지도 약속하려 했던 나는 맹세하기 시작했으며, 그분의 이름을 걸고 이렇게 말했다. "주여, 내가 만약 세속적인 책들을 다시 소유하게 된다면, 만약 내가 그것들을 읽게 된다면, 나는 당신을 부인한 것이 될 것입니다."[4]

2003, p. 143.

4) 히에로니무스, 「편지」 22.30 (PL 22, coll. 416~17), 번역은 필자.

꿈에서는 고전 인문주의를 대표하는 키케로(기원전 106~43)와 새로운 종교를 대변하는 그리스도 사이의 강력한 대비가 드러난다. 입으로는 그리스도인(크리스티아누스)이라고 답하지만 그가 마음을 두는 곳은 키케로와 같은 고전 인문이니 키케로 추종자(키케로니아누스)라는 것이다. 히에로니무스가 매보다 양심에 더 괴로워한 것은 정확히 이 지점, 즉 그가 겉으로는 혹은 생활 습관 면에서는 그리스도교를 받아들였지만, 마음속으로는 여전히 고전 인문 작품과 도서관을 사랑하고 있었음을 인정하기 때문이다. 히에로니무스의 이 이야기는 이것이 단순히 꿈이 아니었다는 증언, 즉 꿈에서 깨어보니 매를 맞은 어깨가 속으로 퍼래져 있었으며, 꿈에서 깬 후에도 매 맞은 고통을 느꼈다는 증언으로 이어진다. 히에로니무스는 이 꿈 이후로 이전에 '가사적인 것'(mortalia)들을 읽을 때는 볼 수 없었을 정도로 열심히 '신적인 것'(divina)을 읽었다는 고백으로 끝을 맺는다. 아마도 평생에 걸쳐 성경을 번역해낸 그의 열정은 이 꿈속 사건이 노력의 방향을 결정적으로 바꾸어주었기 때문에 비로소 가능했을 것이다. 히에로니무스는 적어도 독자들이 그렇게 이해하기를 바랐던 것 같다. 하지만 히에로니무스가 자신이 그토록 아껴왔던 도서관 혹은 도서관으로 상징되는 고전 문화적 기반을 하루아침에 온전히 버릴 수 있었다고 상상하기는 어렵다. 꿈 이야기는 그를 괴롭히던 갈등이 무엇이었는지, 그로부터 어떻게 극적으로 해결의 길을 찾았는지를 알려주지만, 우리는 그가 이후에 한 작업 속에서 성서에 대한 그의 열정을 고전적으로 뒷받침하고 있는 면면들을 발견할 수 있다. 히에로니무스가 성서의 정확한 번역을 위해 기울인 엄청난 노력은 잘 알려져 있고, 르네상스 시대에 성서 번역에 다시 착수했던 많은 학자들이 그의 초인적인 노력과 학문적 성실성에 경의를 표할 정도이다. 그런데 그는 왜 성서의 정확한 번역을 위해 그토록 애를 쓴 것일까? 그의 영혼을 위해서라면, 자신이 정확하게 이해한 것으로도 충분하지 않을까? 왜 그는 각자 자신에게 가능한 만큼의 지식과 이해를 통해 자신의 구원에 적당한 만큼의 영성을 추구하면서 살도록 내버려두지 않고, 다른 사람들도 정확한 번역에 의해 올바른 방향을 잡을 수 있도록 성서 번역에 이토록 매진한 것일까? 얼마든지 개인적인 문제로 치부할 수도 있는, 그리스도교적 구원과 같은 문제에 왜 이토록 엄격한 학문적 정직성을 결부하는 것일까? 그의 이러한 태도는 서양 수도원의 역사에서 이른바 '제1세대 은수자(隱修者)'로 알려진 사막의 교부들이 고전 문화와 문명에 전면적 거부의 태도를 보이면서 개인적 영성을 추구해왔던 사실과 비교하면 더욱 두드러진다. 수도사는 왜 타인의 영성뿐 아니라 자신의 삶을 넘어서 미래 세대 신자들의 영성에도, 보다 구체적으로는 영성의 기반이 되는 성서 번역의 정확성에 관심을 기울여야 하는가?

우리는 여기서 그리스도교로부터 온 금욕과 헌신의 삶이 고전적 학문의 이상과 결합하는 장면을 목격한다. 히에로니무스의 꿈 이야기는 그의 종교적 헌신이 온전해지기 위해서 넘어야 하는 갈등이 고전 문화에 대한 향수였음을 암시하지만, 꿈을 통해 갈등을 극복하고 '변화'된 히에로니무스는 자신의 종교적 헌신으로써 성서의 정확한 번역에 매진하는 모습을 통해 고전적 철학의 이상을 실천했던 것이다. 성서의 말씀을 누가 어떻게 번역하든 각자 이해하는 대로 살면 그것으로 충분하지, 왜 굳이 문제가 되는 구절에 원래 무슨 단어가 있었는지, 다르게 읽는 방식은 무엇인지, 왜 그런 차이가 있는지, 다르게 읽는 방식들에 따를 때 나오는 각각의 의미는 무엇인지를 꼼꼼하게 따져서 학문적 기반 위에 성서 번역을 기초할 필요까지 있었는지를 물을 수 있을 것이다. 히에로니무스는 아마도 계시종교의 권위를 확보해줄 성서에 관한 모든 종류의 인간적 의심과 질문을 인간에게 가능한 방식으로 해결하지 않고는 성서의 가르침이 제대로 전달될 수 없다고 생각했던 것 같다. 그리고 이때의 인간에게 가능한 방식의 해결은 자신이 번역에서 고려했던 문제들을 다른 사람들도 이해하고 추적할 수 있는 방식으로, 간단하게 말하자면 성서가 전달하고자 하는 의미에 대한 이성적인 접근로를 확보해주는 방식으로 이루어진다고 판단했던 것으로 보인다. 르네상스의 인문주의자들이 다시 성서를 번역하기 시작했을 때 실제로 히에로니무스가 번역했던 것과 내용적으로 다른 번역을 취하면서도 히에로니무스에게 감탄했던 것은 그들 역시 따르고 있으며 따를 수밖에 없는 학문적 방법과 그 근저에 있는 철학적 식견 때문이었다.

아마도 이러한 판단이 개인적 영성의 추구를 넘어서 정확한 성서 번역을 위해 엄청난 시간과 노력을 들여 그리스어와 히브리어를 배우고 자료를 수집해서 연구하는 데 작동했던 것 같다. 그렇지 않았더라면 그는 사막의 교부들처럼 문명에서 멀리 떨어진 삶의 방식을 택하거나 그가 '이해'한—남들이 잘못된 전승에 따른 오해라고 지적하든 말든—성서의 가르침을 실천하면서 살았을 것이다. 히에로니무스가 자신의 일생을 통해 실천했던 그리스도교적 삶은 문제와 이견을 이성적으로 확인하고 토론을 통해 오류를 줄여 나가는 학문적 방법 없이는 그 실천의 방식을 이해할 수 없을 정도로 고전철학적인 색채를 지니고 있다. 그의 삶과 인격 안에서 확인되는 이런 종류의 결합을 '도서관5)을 갖춘 수도원'이 학문과 교육의 보금자리로 서방 라틴 세계에 자리를 잡게 된 역사적 사실과 연결하는 것은 지나친 일이 아니다. 침묵 속에서 혼자 명상하는 수도승들이라면 굳이 모여 살 이유도 없을 것이고, 만약 생활의 편의를 위해 모여 산다고 하더라도 명상과 기도를 위한 공간만으로 충분했을 것이다. 서양의 전통적인 수도원들이 명상과 기도를 위한 공간뿐 아니라 영적 독서를 위한 책들을 모아놓고 읽을 수 있는 도서관, 혹은 양피지에 필사해서 책들을 만들 수 있는 필사실(scriptorium)을 갖추게 된 것은 그리스도교적 삶의 이상과 고전적 학문의 이념이 히에로니무스에게서 보이는 것과 같이 의미심장한 방식으로 결합한 결과이다.

---

5) 히에로니무스가 제자 네포티아누스를 칭찬하면서 했다는 말이 도서관에 관한 그의 애착을 다시금 보여준다. "그는 열심히 성서를 읽고 고이고이 되새김으로써 자기 마음을 고스란히 그리스도에 관한 도서관으로 만들었다." 「편지」, 60.10, 노성기, 「히에로니무스」, 한국교부학연구회 엮음, 『내가 사랑한 교부들』, 분도출판사, 2005, 213쪽에서 재인용.

히에로니무스는 일생 동안 그리스도교적 헌신과 고전적 학문의 정직성을 결합해 향후 1,000년 이상 정본으로 쓰이게 될 라틴어 성서 번역본을 만들어냄으로써 더 이상 그리스어의 구사를 기대하기 어려운 서방 라틴 세계의 지적인 자립에 큰 기초를 마련해냈다. 한 세계의 지적인 자립이 물론 성서와 같은 가장 기초적인 문헌의 번역만으로 이루어지는 것은 아니다. 서방 라틴 세계는 자신들이 믿고 이해하는 세계에 대한 보다 포괄적이고 철학적인 방식의 사상을 필요로 했다. 이제 중세에서 본격적으로 시작될 그리스도교 문명은 무엇보다도 고전철학과의 관계를 제대로 이해하면서 자신의 정체성을 규정하는 작업을 통해 고유한 사상적 지반을 얻게 된다. 이제는 단순히 고전철학적 세계관과 다르다는 말로는 그리스도교 고유의 세계 이해를 적확하게 표현할 수 없었다. 고전철학으로부터 수용할 수 없는 것은 무엇이며 어떤 이유에서 그러한지, 고전철학으로부터 배운 바는 무엇이며 어떤 이유에서 어느 정도로 수용하는지를 포괄적이고 체계적으로 제시하는 사상적 정산 과정을 통해 그리스도교 문명은 자신의 고유한 철학적 지반을 마련하게 된다. 그리고 이 작업은 아우구스티누스에 의해 중세 문명을 결정짓는 방식으로 수행된다.

3 아우구스티누스와 고전 문명의 사상적 정산

아우구스티누스(354~430)는 354년 북아프리카의 타가스테에서 태어나서 430년 히포의 주교로 생을 마감하기까지 생애 대부분을 북아프리카 고향 땅에서 보낸다. 그는 30세가 되던 384년에 이탈리아 로마로 건너가서 직업적 성공을 추구하다가 밀라노의 궁정 수사학자의 자리에까지 오르지만 387년 세례를 받은 후 이듬해 고향으로 돌아왔으니, 인생의 전환점이 되던 시기의 4년 정도만 고전 문명의 중심지에서 머무른 셈이다. 이 장에서 다루는 다른 인물들과 달리 그는 그리스어에

약했지만, 이 사실이 라틴 세계가 지적인 자립을 확보하는 데는 오히려 도움이 되었던 것으로 보인다. 고전철학적 세계관의 비판에 맞서 그리스도교 고유의 세계관을 정립해오던 교부철학은 아우구스티누스에 이르러 드디어 가장 포괄적이고 체계적인 방식의 사상적 정산 작업에 이르게 된다. 한정된 지면상 몇 개의 주제에 한정해서 사상적 정산 작업이 어떤 것이었는지, 중세 그리스도교 문명을 위한 어떤 철학적 토대가 만들어졌는지, 그 과정에서 무엇이 어떻게 변형되면서 계승되었는지 살펴보자.

1) 행복과 덕

행복은 자기 소원대로 사는 것이라는 당대의 상식적인 생각은 어떤 소원을 충족해야 정말 행복한 것인가라는 물음에 부딪히게 된다. 아우구스티누스는 아무 소원이든 충족되면 행복한 것이라는 생각을 부정한다. 인간에게 합당한 소망도 되지 못하는 것을 소망하고 거기에 도달하는 것은 불행이라는 것이다. 진정 행복한 사람은 사랑하는 바를 소유하는 사람이 아니라 사랑할 만한 것을 사랑하는 사람이라고 정의한다. 그렇다면 행복을 위한 첫 번째 물음은 '무엇이 사랑할 만한 것인가'가 될 것이다. 아우구스티누스는 자유롭게 향유할 수 있는 것, 즉 상실의 불안 없이 안심하고 향유할 수 있는 것이 사랑할 만한 것이라고 대답한다. 그리고 바로 이 대목에서 자기 의지에 반해 상실할 수 있는 것과 그렇지 않은 것의 구별이 등장한다. 우리는 건강하고 싶고 그러려고 노력하지만 불의의 사고와 같은 것에 의해 원하지 않음에도 불구하고 건강을 상실할 수 있다. 재물이나 명예 역시 뺏기고 싶지 않지만 전쟁이나 환난, 음해 등에 의해 원하지 않음에도 상실할 수 있는 것들이다. 아우구스티누스는 마음만 먹으면, 곧 의지만 있으면 빼앗길 수 없는 것으로 진리와 지혜를 들고, 이것들을 인간보다 우월한 것으로 놓는다. 자기 의지에 반하여 빼앗길 수 있는 것들은 인간보다 열등한 것들이고 이것들을 사랑하는 의지는 진리와 지혜로부터 분리됨을 의미한다는 것이다.

그런데 행복을 정의하면서 배제했던 상실의 불안 중 가장 큰 것은 바로 우리 삶 자체의 상실이지 않은가? 간단하게 말하자면 우리가 잠시 행복을 누릴 수는 있지만 언젠가 내가 사랑하는 사람의 죽음 혹은 나 자신의 죽음을 통해 이 소박한 행복을 상실할 수 있지 않은가? 아우구스티누스는 행복한 삶을 사랑한다면 자기가 그토록 사랑하는 삶이 영원하기를 바라지 않는다는 것은 있을 수 없다는 결론에 도달한다. 사랑할 만한 삶은 영원한 삶이지, 죽음을 통해 언젠가 의지에 반하여 상실될 수 있는 삶이 아니다. 아우구스티누스는 이렇게 행복한 삶은 영원성을 필수적 요소로 포함한다고 논증한다. 물론 아리스토텔레스라면 행복은 우리의 현실적 삶이 유한하다는 통찰 위에서 가능한 것이며 생명의 유한성 때문에 불행을 논하는 것은 우리에게 날개가 없어 불행하다는 한탄과 같은 종류의 것이라고 비판할 것이다.[6] 하지만 아우구스티누스는 아리스토텔레스가 전해준 행복(eudaimonia) 개념을 출발점으로 삼아, 진정 행복하려면 죽음의 한계를 받아들이기보다 적극적으로 넘어서야 함을 논증한다. 행복을 가로막는 것처럼 보이는 '죽음'이라는 한계에 대한 두 사람의 차이는 어디에서 유래했을까?

이미 아우구스티누스가 행복을 정의하면서 동원했던 사랑이라는 말 속에 대답의 실마리가 숨어 있다. 아리스토텔레스가 진정한 행복이 무엇인지를 '아는' 것에서부터 출발한다면, 아우구스티누스는 그토록

---

6) 아리스토텔레스가 인간의 유한성을 전적으로 수용하는 것은 아니다. 플라톤의 『향연』에서 읽을 수 있는 불멸의 이념과 마찬가지로 그는 『니코마코스 윤리학』 제10권에서 지성을 통한 불멸을 주장하고 있다. "그러니 '인간이니 인간적인 것을 생각하라' 혹은 '죽을 수밖에 없는 운명이니 죽을 수밖에 없는 것들을 생각하라'라고 권고하는 사람들을 따르지 말고, 오히려 우리가 할 수 있는 데까지 우리들이 불사불멸의 존재가 되도록, 또 우리 안에 있는 것들 중 최고의 것에 따라 살도록 온갖 노력을 기울여야만 한다."(1177b31∼34) 플라톤이 논하는 불멸에 대한 갈망 혹은 필자가 '인문적 불멸'이라고 부르는 것과 관련해서는 강상진, 「서양 고중세의 인문정신」, 한국학술협의회 엮음, 『지식의 지평 2: 인문정신과 인문학』, 아카넷, 2007, 63∼64쪽 참조.

사랑하는 행복이 영원하기를 '바라지 않을 수 없다'는 것에서부터 출발한다. 상식적으로는 진정으로 좋은 것을 안다면 그것을 당연히 사랑하는 것 아니냐고 묻겠지만, 아우구스티누스는 예민한 관찰을 통해 우리의 앎과 사랑이 그렇게 쉽게 결합되는 것이 아니라는 입장이다. "무엇이 선한 것인지를 아는 사람이 아니라 선한 것을 사랑하는 사람이 선한 사람"이라는 그의 주장[7]은 그런 의미에서 고전철학에서 문제삼지 않았던 앎과 사랑 사이의 간격을 드러내준다. 이 간격에 대해서는 다음절에서 보다 자세히 살피기로 하고, 일단 영원한 행복을 삶의 궁극목적으로 두는 것의 함의가 무엇인지 덕론을 중심으로 따져보자.

아리스토텔레스의 행복으로 가는 길은 주지하다시피 인간에게 가능성으로 주어진 품성을 탁월하게 발휘하는 것이었다. 즉, 탁월성(덕)의 함양과 발휘가 인간다운 삶, 행복한 삶을 가능케 하는 길이었다. 절제 있는 삶, 정의로운 삶, 용기 있는 삶, 지혜로운 삶 등 인간의 탁월성(덕)이 발휘되는 삶이 행복한 삶이라는 것이다. 행복이라는 목적으로 가는 길은 덕이라는 길뿐이라는 것, 혹은 덕의 활동, 탁월한 활동을 통해 인간의 고유한 행복이 실현된다는 것이다. 아우구스티누스는 이러한 덕들이 빛을 발하는 현실이 과연 어떤 것인지 묻기 시작하면서 영원한 삶을 목적으로 둘 때 바뀌기 시작하는 풍경을 보여준다. 아우구스티누스에 따르면 절제가 빛을 발하는 현실은 '육이 영을 거슬러 탐하는 내적 전쟁'의 상태이다. 현실의 인간, 이승에서의 인간이 이런 영구적 전쟁 상태에 있기에 절제라는 덕은 빛을 발하지만, 내적 전쟁을 치르고 있는 한은 절대로 행복하다고 할 수 없다는 것이다. 마찬가지로 스토아 철학자들로 하여금 죽음을 감행하게 만드는 용기는 행복한 삶을 추구하다가 더 이상 감당하지 못할 불의와 불행에 패배했음을 알려주는 덕이다. 아우구스티누스의 말대로 "인생의 위험과 수고와 고통의 위력에

---

7) 아우구스티누스, 『신국론』, 성염 옮김, 분도출판사, 2004, 제11권 제28장, 1217쪽, 번역은 일부 수정.

맞서서 저런 덕목들이 큰 도움이 되면 될수록, 그것은 인생에는 비참함이 엄연히 존재한다는 사실에 대한 더욱 신빙성 있는 증거"[8]이다.

간단히 말하자면 고전철학이 제공하는 덕의 목록은 비참한 현실을 극복하기보다는 그 안에서 살아가는 것을 어느 정도 참을 만하게 해주는 처방일 뿐이다. 비참한 현실의 극복은 육이 영을 거슬러 탐하는 전쟁 상태에서 겨우 위험을 모면하는 것이 아니라 아예 전쟁 상태 자체의 종식에서 성립할 것이며, 더 이상 크고 무거운 악의 무게에 짓눌릴 필요가 없는 삶에서 성립할 것이다. 아우구스티누스는 이러한 상태가 이생에서는 불가피하다고 본다. 이것은 한 개인의 악의나 무지에서 비롯되는 문제가 아니라 근본적으로 결점을 가진 인간들이 모여 사는 데서 발생하는 어쩔 수 없는 문제이다. 현명한 재판관이라 하더라도 판결을 내릴 수 없게 만드는 무지의 상태를 경험하면서도 인간 사회의 강요 때문에 재판을 하지 않을 수 없는 경우가 있다. 무지 때문에 판결을 내리고 싶지 않지만 어쩔 수 없이 판결을 내려서 무고한 사람이 벌을 받게 된다면, 비록 악의는 없을지라도 불행은 발생한다는 것[9]이다. 현실의 비참함에 대한 아우구스티누스의 관찰은 전쟁에서 정점에 이른다. 아무리 의로운 전쟁이라고 하더라도 전쟁을 수행하지 않을 수 없게 만든 불의라면 엄청난 것이기에, "전쟁이라는 이토록 거창하고 이토록 가공스럽고 이토록 잔혹한 악에 대해 숙고할수록 고통스러워지며, 따라서 전쟁은 비참하다"라고 실토해야 마땅하다는 것이다. 세상에 전쟁이 일어난다고 하더라도 나와 상관없다고 생각하는 사람이 있다면 그는 더욱 비참한 사람이다. 그는 인간적 감각을 상실한 대가로 자기가 행복하다고 생각하는 것이니 말이다.[10]

아우구스티누스는 고전적 덕이 나름대로 수행하는 가치를 부정하

---

8) 『신국론』, 제19권 제4. 5장, 2159~61쪽.

9) 같은 책, 제19권 제6장, 2167쪽.

10) 같은 책, 제19권 제7장, 2169~71쪽.

지 않는다. 전쟁과 구조적 한계가 악의 없는 불행을 낳는 현실에서 그나마 인간답게 살 수 있게 해주는 것은 용기나 절제, 정의와 같은 덕임을 인정하는 것이다. 하지만 개인의 훌륭한 덕으로는 넘어설 수 없는 근본적인 문제 앞에서 한계를 가질 수밖에 없다고 주장한다. 진정한 행복이 죽음의 한계를 넘어서는 영원성을 포함하듯이, 진정한 행복을 위한 길은 고전적인 탁월성(덕)을 발휘하는 것이라기보다는 고전적인 덕의 상대적 가치를 인정하게 만들었던 틀 자체, 즉 비참한 현실의 극복에서 성립한다. 영원한 삶에 대한 갈망이 죽음 이후의 세계를 신앙의 이름으로 받아들이는 것처럼, 비참한 현실의 극복 역시 지금 우리가 사는 현실과는 다른 현실을 요청한다. 아리스토텔레스가 자신의 윤리학과 정치철학이 진단하는 현실을 비교적 낙관적으로 이해하고 개인의 탁월성(덕)과 공동체의 입법을 강조했다면, 아우구스티누스는 확실히 비관적인 현실 이해에 근거해서 개인 차원이나 공동체 차원의 노력이 가지는 한계를 보다 강조한다.

비참한 현실에 대한 진단이 이처럼 분명하게 전면에 드러나는 이유는 무엇인가? 고전철학이 집중했던 현실에서는 현실에 대한 답이 주어지지 않는다는 것, 현실의 유한성과 비참함 너머로 시선을 돌리지 않고는 진정한 해결이 가능하지 않다는 것을 보여주기 위해서였을까? 고전적 덕과 공동체 이론으로 해결할 수 없는 근본적 문제에 대한 아우구스티누스의 대안은 무엇일까?

2) 자유의지

앞 절에서 언급했던 앎과 사랑 사이의 간격을 극적으로 보여주는 예는 아우구스티누스의 삶을 자전적으로 기록한 『고백록』 제8권에 등장한다. 머리로는 그리스도교가 참된 길임을 이해하지만, 자신 안에 있는 어떤 습관 때문에 온 마음이 회심하지는 못하는 시기가 있었음을 그는 고백한다. 그리스도교로 회심하면 더는 충족할 수 없는 성적인 욕망11)이 중추에 있는 이 습관을 그는 '육적인 습관'이라고 부른다. 하느님의 아름다우심에 마음이 쏠렸다가도 '모르는 사이'에 자신의 무게 때문에 미끄러지고 낮은 데로 떨어지는 경험[12]을 했다고 하는데, 이런 설명을 따라가다 보면 지성의 설득을 가로막는 것이 그의 영혼 안에 있다고 추론할 수밖에 없게 된다. 아우구스티누스는 이 무게를 다른 곳에서 '사랑의 중력'[13]으로 부르면서 물체가 무게 때문에 끌려가는 것처럼 영혼도 사랑 때문에 어떤 방향으로 끌려간다고 지적한다. 지성이 온전히 파악하지 못하는 불투명한 자아가 강력한 힘을 발휘하고 있다는 이 관찰은 고전철학과의 분명한 단절선을 만들어낸다. 고전철학이 주장해왔던 지성의 통찰은 제한된 힘을 발휘할 수 있을 뿐이며, 지성이 이해하지 못하는 영혼의 부분이 사랑의 무게에 의해 영혼을 움직이고 있는 것이라고 주장하는 것 같다. 이 불투명한 자아를 아우구스티누스는 크게 의지라는 이름으로 부른다. 앎이 욕망을 다스려서 좋은 습관, 탁월성(덕)을 만들어낼 수 있다고 주장하는 고전적 사유는 앎의 통제 범위를 벗어나는 의지의 존재에 의해 도전받는 것이다.

그런데 이 의지는 이미 사랑의 중력이라는 비유에서 암시되듯 그렇게 자유로운 것처럼 보이지 않는다. 아우구스티누스가 고백했던 '몸의 사랑'은 습관을 만들어내고, 그런 습관이 마음이 되어 지성이 온 마음을 움직이는 것을 가로막을 정도로 성장하기 때문이다. 아우구스티누스에 따르면 선택 행위는 무엇을 선택할지 알기만 하면 되는 문제가 아니다. 진정한 선택에는 사랑과 느낌이 관련되어 있다. 사람은 사랑하기 때문에 선택한다. 그런데 아우구스티누스는 앎에서부터 한 걸음 더 나아가 사랑으로 갈 뿐만 아니라, 거기서 다시 한 걸음 더 나아간다. 그는 자신의 경험을 통해 인간은 스스로 사랑하는 것을 선택할 수 없다고

---

11) 아우구스티누스는 세례를 받는 순간부터 순결한 삶을 살아야 한다는 결심을 실행에 옮겨야 한다고 생각하고 있었다.

12) 『고백록』, 최민순 옮김, 제7권 제17장, 184~85쪽.

13) 『신국론』, 제11권 제28장, 1217쪽.

확신했다. 느낌과 지식을 결합할 수 있는 능력은 인간의 자기 결정 능력 밖의 영역에서 유래한다는 것이다. "우리가 볼 수 없는 심연으로부터 당신이 볼 수 있는 모든 것이 온다."[14] 어떤 사람이 무엇을 왜 사랑하는지 알 수 없는 방식으로 사랑이라는 것이 주어진다면, 사랑을 통해 표출되는 우리의 선택 의지는 과연 자유로운가?

아우구스티누스에 따르면 자유는 사랑과 앎이 재통합되는 과정, 정확하게 말하면 치유 과정에서 점점 성장하는 것이지, 처음부터 주어진 것이 아니다. 바라기만 하면, 의지하기만 하면 선을 선택할 수 있다는 낙관론은 의지에 대한 이러한 파악 앞에서 좌초하고 만다. 물론 의지에 대한 이러한 이해는 신학적으로 원죄 및 은총에 관한 교설과 밀접히 연결되어 있다. 조심해야 할 것은, 아우구스티누스가 그리스도교를 받아들였기 때문에 의지를 이렇게 이해했다는 해석은 가능한 여러 해석 중의 하나일 뿐 유일한 해석은 아니라는 점이다. 아담의 원죄의 결과 인간의 본성이 상처를 받았으며 이 상처는 은총의 도움 없이는 치유될 수 없다는 이야기 속에서 자유의지를 읽을 수도 있지만, 이 이야기 때문에 앎과 의지의 분열이 '사실'이 되는 것은 아니다. 느낌과 지식의 분열은 그런 서술 방식과 무관하게 경험되는 사실이라고 주장할 수 있다. 우리에게는 의식이 통제할 수 없는 무의식이 있다는 설명 방식을 통해 이런 경험을 정당화할 수도 있고, 진화의 흔적을 간직한 몸은 아무리 머리가 용감하기로 결심해도 죽음의 공포 앞에서 신체적인 반응을 보일 수밖에 없다는 점을 들어 느낌과 지식의 분열을 설명할 수도 있기 때문이다.

아우구스티누스가 자유의지를 통해 말하고자 하는 바를 어떤 서술 방식을 통해 이해한다고 하더라도 변하지 않는 사실이 있다. 인간의 영혼은 고전적인 주지주의가 전제하듯 그렇게 지성이 속속들이 통찰하

---

14) 피터 브라운, 『아우구스티누스: 격변의 시대, 영혼의 치유와 참된 행복을 찾아 나선 영원한 구도자』, 정기문 옮김, 새물결, 2012, 530~31쪽.

고 제어할 수 있을 만큼 투명한 자아가 아니라, 지성의 파악과 이해에 저항하는 불투명한 측면을 가지고 있다는 사실이다. 서양 지성사에서 지성 중심의 영혼이 의지와 사랑을 중심으로 하는 영혼으로 확장되고 무게중심이 바뀌기 시작하는 것이다.

3) 정치철학: 정의에서 사랑으로

지성이 더 이상 우리의 선택과 행위를 주도하는 위치에 있지 않고 어떤 방식으로든 의지 및 사랑, 느낌과 재통합되어야 비로소 자유로운 것이라면, 이런 아우구스티누스의 통찰은 정치철학에서 어떤 모습을 보여줄까? 고전적인 정의(正義)가 공동체 이해의 열쇠로 자리잡던 구도에 현실 정치에 대한 통렬한 비판과 더불어 그리스도교적 사랑이 중심적 자리를 차지하게 된다. 법과 정의에 대한 어떤 이해를 근간으로 하는 공동체인가라는 고전적인 물음의 자리에, 무엇을 사랑하는 공동체인가에 따라 근본적으로 구별되는 두 개의 공동체가 구성된다. 아우구스티누스는『신국론』제11권부터 두 도성(都城), 즉 천상의 도성과 지상의 도성에 관한 이야기를 통해 고전 문명 속에서 새로운 문명을 준비하는 그리스도교의 입지를 다룬다. 아우구스티누스는 두 도성의 기원이 두 종류의 사랑, 즉 하느님에 대한 사랑(amor Dei)과 자기에 대한 사랑(amor sui)임을 분명하게 밝힌다.[15]

로마 공화정 말기의 키케로(기원전 106~43)에 따르면 국가(res publica)는 국민의 것(res populi)인데, 국민(populus)은 법에 대한 동의와 이익의 공통성에 의해 결속된 대중의 집합이다.[16] 그런데 아우구

---

15) 두 사랑이 두 도성을 이루었다. 하느님을 멸시하면서까지 이르는 자기 사랑(amor sui)이 지상 도성을 만들었고, 자기를 멸시하면서까지 이르는 하느님 사랑(amor Dei)이 천상 도성을 만들었다. 전자는 스스로 자랑하고 후자는 주님 안에서 자랑한다. 전자는 사람들에게서 영광을 찾고 후자는 양심의 증인인 하느님이 가장 큰 영광이 된다.『신국론』, 제14권 제28장, 1537~39쪽.

16) 키케로,『국가론』(De Republica), 제1권 제25장 39절(김창성 옮김, 한길사, 2007, 130쪽

스티누스의 견해에 따르면 이러한 정의가 진정으로 적용되는 국가는 로마 역사상 한 번도 존재하지 않았다. 불의를 행사하지 않고서는 국가가 존립하지도 운영되지도 못한다는 생각은 로마가 속주들을 통치하는 현실에서 증명되고 있다는 것이 아우구스티누스의 관찰이다. 비단 로마처럼 큰 규모의 사회에서뿐만 아니라 인간이 인간을 지배하는 모든 규모의 사회에서도 키케로가 요구했던 정의는 발견되지 않는다는 것이다. 키케로가 주장했던 국민의 정의가 진정으로 적용되지 않는 지상의 국가들을 그럼에도 '국가'로 부르기 위해 아우구스티누스는 애초에 요구되었던 법과 정의를 지우고 그 자리에 '사랑'을 대체할 것을 제안한다. 사랑하는 사물들에 대한 공통된 합의에 의해 결속된 이성적 대중의 집합으로 국민을 정의한다면, 그들이 무엇을 사랑하든지 국민이라고 부를 수 있을 것이며, 무엇을 사랑하는지가 그들이 어떤 국민인지를 알려줄 것이다. 더 선한 것을 사랑해서 합의할수록 더 선한 국민일 것이고, 더 못한 것을 두고 합의할수록 더 못한 국민일 것이다.[17] 법이 성립하기 위한 전제가 정의이며 정의가 각자에게 그의 몫을 배분하는 (cuique suum) 덕이라면, 키케로가 정의했던 국민은 각자에게 합당한 것을 배분하는, 즉 하느님을 사랑하고 이웃을 내 몸같이 사랑하는 하느님의 도성의 일원들에게만 진정으로 적용된다는 것이다.[18] 로마도 이렇게 수정된 정의에 따르면 하나의 국가이지만, 무질서하고 근본적인 결함을 가진 사랑에 기초한 만큼 참된 정의를 가지지 못했다는 것이다. "정의가 없는 왕국이란 거대한 강도떼가 아니면 무엇이겠는가?"[19]라는 유명한 말은 고전철학에서도 볼 수 있었던 현실 비판처럼 들리지만, 아우구스티누스에게서 새로운 점은 '정의가 없는' 국가를 현실 비판을

참조).

17) 『신국론』, 제19권 제24장, 2241~43쪽.

18) 같은 책, 제19권 제21장, 2219~23쪽.

19) 같은 책, 제4권 제4장, 433쪽.

위한, 혹은 현실을 개선하기 위해 가정해보는 사태가 아니라, 현실 국가는 필연적으로 정의를 결여할 수밖에 없다는 사실로서 제시되고 있다는 점이다. 역사 속의 국가들이 갖게 되는 어쩔 수 없이 불완전한 정의의 상태는 앞에서 살펴본 재판관의 예를 통해서도 드러나듯 인간 사회의 강요 때문에 무죄한 사람을 처벌하는, 악의 없는 불행을 만들 수 있다.[20] 현실을 사는 인간에게는 어쩔 수 없는 무지와 잘못된 자기 사랑 때문에 진정한 정의를 기대할 수 없다는 것이 아우구스티누스의 현실 진단이다.

고전철학에서 국가를 이해하는 데, 더 나아가 보다 나은 국가를 건설하는 데 핵심적 요소로 작용했던 정의(正義)는 이제 아우구스티누스의 『신국론』에서 그리스도교의 핵심 축인 사랑으로 전환되고 이것이 두 도성의 구성 및 작동 원리로 기능한다. 이제 아우구스티누스의 이러한 사상적 정산 위에서 사유를 시작했던 중세철학은 바로 이러한 두 도성에 관한 이론으로부터 자신들의 사회와 정치적 조직들을 건설하고 정당화하고 이론적으로 반성할 개념적 틀을 얻었던 것이다. 우리가 지상의 도성이라는 순례의 길을 통해서 천상의 도성으로 가고 있다는 이론적 설정은, 지상의 도성에 그저 길일 뿐이라는 수단적이고 제한적인 의미만 부여할 것을 요구한다. 하지만 동시에 우리가 치러야 할 벌과 같은 이 길을 적절히 이용하지 않고서는 천상의 도성에 이를 수도 없다. 우리가 사는 이 삶과 이 공동체가 일종의 벌이지만 동시에 진정한 목표를 위해 선용해야 하는 수단이라는 인식은 세상 안에 살면서도 세상에 속하지 말아야 하는 것과 같은 긴장을 요구한다. 아우구스티누스는 고전적인 정의의 이념을 불완전하고 비참한 현실과 역사 앞에서 철저하게 반성하면, 진정한 정의의 이념이 고전철학의 틀 안에서는 실현될 수 없으며 오직 그리스도교 철학의 틀 안에서 비로소 자리를 잡게 된다고 생각했다. 이 논리에 따르자면 현실 세계에서는 도저히 달성될

---

20) 같은 책, 제19권 제6장, 2165~69쪽.

수 없는 진정한 정의와 평화의 국가는 역사의 끝에 가서야 비로소 만날 수 있다. 우리가 사는 이곳의 삶에서는 지상의 국가와 섞인 채로 함께 가다가 드디어 몸으로도 분리된 모습으로 말이다.

4) 수사학과 교육

고전적 세계관에서부터 출발했지만 아우구스티누스가 그리스도 교적 방향과 의미를 부여하는 또 다른 분야는 수사학이다. 그리스도교 는 성서 자체가 수사학적 기법에 의해 쓰여 있다는 인식에 근거해서 고 전수사학의 성과를 적극적으로 수용한다. 물론 그리스도교도 고전수 사학적 분석을 사용하지만, 분석의 대상이 되는 성서의 말은 통상적인 쓰임과는 다른 방식의 해석을 허용한다. 고전수사학의 분석 틀을 성서 에 적용하거나 보다 확장해서 해석하는 방법이 일정한 성취를 보여주 었기에, 다른 학문들과는 달리 수사학은 새롭게 시작하는 그리스도교 적 문명에서도 큰 무리 없이 수용될 수 있었다. 예를 들어 고전수사학 의 기준에 따르면 제대로 전달하는 데 실패하는 것으로 평가될 수 있 는 성서의 대목을 만날 경우 이렇게 해석하는 식이다. 진리를 전달하 는 성서가 고전적 수사학의 눈으로 보았을 때 모호하게 쓰였다면, 거기 에는 틀림없이 다른 의도가 있다고 해석해야 한다는 식이다. 너무 쉽게 이해되는 것은 또 쉽게 망각되기 마련이어서 금방 뜻을 파악하기 어렵 게 만듦으로써 어렵게 발견된 진리가 마음속에 깊이 새겨지도록 한 것 이다. 이렇게 설명함으로써, 그리스도교적 구원이라는 차원을 적극적 으로 옹호한다. 이러한 이해는, 결국 고전수사학이 수단으로서는 대단 히 유용해서 그리스도교적 목적에 봉사하는 데 쓰일 수 있지만 오직 구 원을 위한 목적 때문에 정당화될 뿐 수사학 자체가 목적일 수는 없다는 생각으로 이어진다. 고전수사학은 이제 새롭게 봉사해야 할 그리스도 교적 목적으로부터 가치를 부여받는 수단적 수사학이 된 것이다. 이런 관점에 서면 고전수사학은 오직 수단일 뿐 그 자체로 목적일 수 없음에 도 '말 잘하기'에 목적적인 가치를 부여했던 수사학이 된다. 그리스도적 목적과 고전적 수단의 관계에 대해 아우구스티누스는 이렇게 말한다. "지혜(sapientia)가 제 집에서, 즉 지혜로운 자의 가슴에서 나오면, 웅변(eloquentia)은 마치 한시도 떨어지지 않는 시종처럼 부르지 않더라도 반드시 따라나선다."21) 고전수사학에서라면 오랜 시간 온 힘을 다해 노력해서 익혀야 하는 규범과 규칙들의 체계에서 비로소 가능했던 웅변이 이제 '부르지 않더라도' 따라나서는 시종처럼 변형되는 것이다. 웅변이 필요한 설교를 준비하는 최선의 전략은 듣는 사람들의 머리를 공략할 수사학적 규칙을 확인하고 가다듬는 것이 아니라, 그들이 자신의 설교를 받아들일 가슴을 갖게 해달라고 기도하는 것이다. 말보다 더 깊이 울리는 침묵의 고유한 가치를 이해하는 것이 그리스도교적 수사학에서 더욱 중요해진다. 글을 쓰거나 말을 하기 전에 기도하는 것, 하느님께서 글을 쓰는 자신을 감화해주실 것을, 하느님께서 청중 혹은 독자들로 하여금 그 말과 글에 감화되게 만들어달라고 비는 것이 최고의 준비인 것이다.

고전적 학문을 그리스도교적 목적에 봉사하는 수단으로 이해하는 일은 단순히 고전수사학의 경우에만 한정되지 않는다. 고전적 학문 일반이 그리스도교적 목적에 봉사한다는 큰 틀 안에서 그 교육적 가치를 인정받게 된다. (물론 이러한 관점에 잘 부합하지 않는 학문들은 필요 이상의 호기심이라는 이름으로 그리스도교적 교육 프로그램에서 배제되기도 한다.) 이러한 이해에 따라 드디어 문법을 배울 때 사용되는 예문들이 고전 작가들의 문장에서 성서와 교부들의 문장으로 바뀌게 된다. 중요한 것은 잘 갈고닦은 탁월성에서 성립하는 고전적인 기술이 아니라 그리스도교적으로 순결한 마음이며, 이러한 목적에 보다 충실하게 봉사하는 것은 성서와 교부들의 문장이기 때문이다.

아우구스티누스는 한때 고전수사학을 통해서 습득한 문장 감각 때문에 성서를 처음 접했을 때 그 문장들을 조야한 것, 차마 읽을 수 없

---

21) 아우구스티누스, 『그리스도교 교양』, 성염 옮김, 분도출판사, 1989, 제4권 6. 10, 313쪽.

는 것으로 받아들이고 읽기를 포기했었다.[22] 이제 그의 삶 속에서 일어난 변화와 고전적 학문에서는 바라볼 수 없었던 구원이라는 새로운 차원은 그로 하여금 성서의 문장 안에 보다 깊은 수사적 의미가 있음을 깨닫게 했다. 고전수사학을 배워야 하는 이유는 그것이 보다 높은 차원의 목적에 봉사하기 때문이다. 고전 시대가 제공하는 다른 유용한 학문을 배워야 할 이유도 이 학문들이 마찬가지로 그리스도교적 구원이라는 목적에 봉사하기 때문이다. 이 대목에서 올바른 사용이라는 이름으로 학문의 소유권까지 주장하는 점을 눈여겨볼 필요가 있다. 아우구스티누스는 이방인들의 학문을 인정한다. 그는 고전적 학문들이 '진리에 봉사하는 데 보다 적합한 교양 학문들도 갖추고 있으며 매우 유익한 도덕원리들을 포함하고 있다'고 인정하는 것이다. 하지만 그는 이것들이 궁극적으로 '신적 섭리의 광석'에서 캐낸 것이지만 부당하게 남용되기도 하므로, '복음을 선포하는 유익한 용도', 즉 '그리스도교적 용도'(usus christianus)로 전환됨으로써 그리스도교가 이방인들의 학문의 진정한 주인이 된다고 주장한다. 이러한 논리를 가지고 아우구스티누스는 고전적인 학문들이 그리스도교 문명 안에서 진정한 목적에 봉사하는 도구로서의 가치를 가짐을 입증하고 그리스도교적 교육 프로그램 안에 자리를 마련해주었다. 향후 천 년의 중세 문명을 지탱할 교육 프로그램은 고전 문명의 학문과 지적 성취들을 이런 논리와 틀 안에서 소화함으로써 성립한다.

고전적 유산에 대한 아우구스티누스의 사상적 소화 내지는 정산 작업을 통해 그리스도교는 자신의 사상 전반에 걸쳐 가장 체계적이며 웅변적인 표현을 얻게 되었다. 서방 라틴 세계는 이러한 과정을 거쳐 고전철학적 유산으로부터 새로운 문명의 토대가 될 기초를 구축하였으며, 향후 천 년의 세월 동안 그 바탕 위에서 세밀하게 내용을 채우고 다듬어가게 될 것이었다. 아직 완성된 형태는 아니지만, 아우구스티누스

---

22) 『고백록』, 제3권 제5장, 75~76쪽.

를 통해 서양의 중세 문명은 드디어 '지적인 자립'이라는 이름에 걸맞은 출발점을 확보하게 된 것이다.

4 보에티우스와 고대철학의 종언

서로마 제국은 게르만족의 용병대장 오도아케르가 마지막 황제를 폐위하는 476년에 멸망한다. 410년 영원한 도시였던 로마가 이민족에 의해 최초로 정복된 지 약 두 세대가 지난 후의 일이다. 물론 이민족에 의한 서로마 제국의 통치는 기존 귀족 집단의 협력 없이는 불가능한 것이었다. 정치 지도자는 바뀌었지만 고대 로마를 이끌어왔던 로마 귀족은 여전히 자신들의 문화적 정체성에 의문을 품지 않는다. 보에티우스(476년경~524년경)는 이 무렵 오래된 로마 귀족 가문의 아들로 태어난다. 집정관을 지낸 아버지 플라비우스는 487년에 세상을 떠나고 아버지의 친구였던 심마쿠스의 집안에 들어가서 양육을 받다가 495년 그 집안의 딸 루스틸리아나와 결혼하게 된다. 이러한 환경에서 당대에 받을 수 있는 고전 인문 교육의 최대치를 소화할 수 있었던 보에티우스는 뛰어난 그리스어 실력 외에도 음악, 수학, 과학, 공학적 분야의 능력을 축적하게 된다. 510년 단독 집정관직에 오른 그는 집정관직을 수행하면서도 뒤에 다시 논하게 될 아리스토텔레스 번역을 멈추지 않았다. 522년 자신의 두 아들이 집정관직을 수행하는 영예를 누릴 때, 본인은 로마에서의 자족적 생활보다는 라벤나에서의 정치적 삶을 선택했다. 총리직을 수행하면서 모반 사건의 혐의자를 변호하다가 본인도 모반의 희생자가 되어 524년(혹은 526년) 형장의 이슬로 사라지게 된다. 고전철학이 설파했던 탁월성(덕)을 유감없이 보여주는 그의 삶은 마지막 순간의 이해할 수 없는 비극에도 불구하고 고전철학의 마지막 영향력을 웅변적으로 대변한다. 사형 집행을 기다리는 감옥에서 집필한 것으로 알려진 『철학의 위안』에서 죽음 앞에서도 냉철한 이성을 유지하고 작품을 통해 자신이 평생 살아온 삶과 철학이 옳았음을 증명하고 있기 때문이다. 탈옥을 거부하고 독배를 마신 소크라테스의 죽음으로 시작된 지행합일의 철학은, 죽음 앞에서 자신이 믿는 신에게 모든 것을 감정적으로 맡기기보다 논증적으로 섭리와 인간의 자유의지의 양립 가능성을 논증하는 보에티우스에 의해 대미를 장식하는 것이다. 시기적으로는 아우구스티누스보다 100여 년이 지난 시기의 인물이지만, 고전문명의 중심부인 로마와 이탈리아 본토에서 고전적 철학과 고전적 삶의 방식이 여전히 유효함을 자신의 정치적 행위와 저술, 죽음을 맞이하는 자세를 통해 보여주었던 것이다.

고전철학의 마지막 단계에서 마주하게 되는 이 두 인물은 여러 관점에서 대비해볼 만하다. 아우구스티누스가 이미 100여 년 전에 고전철학이 제공하는 세계관으로는 더 이상 세상을 살아낼 수 없다는 느낌을 강력하게 피력했지만, 보에티우스는 이민족의 왕이 다스리는 로마에서도 고전철학적인 세계관이 여전히 가지고 있는 힘을 자신의 삶을 통해 보여준다. 아우구스티누스가 당대의 변방이었던 아프리카 출신으로 오직 혼자 힘으로 밀라노의 궁정 수사학 교수까지 올라갔다가 회심하여 세속적 부와 영예, 결혼 생활로부터 단절하는 삶을 살았다면, 보에티우스는 487년 집정관이었던 아버지에 이어 본인도(510년), 자신의 두 아들도(522년) 집정관이 되는 현실 정치의 삶을 살았다. 시기적으로는 아우구스티누스보다 130년 후에 태어났지만, 고전적 가치 질서에 보다 가깝게 살았던 것이다. 아우구스티누스가 고전철학으로부터 벗어나는 새로운 사유의 원심적 힘을 보여준다면, 보에티우스는 그럼에도 불구하고 여전히 고전철학에서 이후 문명으로 이어지는 연속성, 중심에서 균형을 잡아주는 고전철학의 구심력을 보여주는 것이다.

1) 고전적 행복의 이상과 고전철학의 번역 기획

보에티우스가 살던 시기는 정치적으로나 문화적으로 고전철학이 기획했던 이상적 삶이 실현되기 어려웠던 단계였지만, 그럼에도 불구하고 그의 삶은 아리스토텔레스적 행복의 이념을 시대의 한계 속에서 모범적으로 구현하는 삶이었던 것 같다. 충분한 교육을 받고 이방인의 통치 하에서이지만 고전적 삶의 이상이었던 정치적 삶과 관조적 삶을 동시에 성공적으로 살아가고 있었기 때문이다. 프랑크족의 왕이 이민족 황제였던 테오도리쿠스에게 기타 연주자를 청했을 때 혹은 해시계를 청했을 때 이 부탁을 해결해준 사람은 보에티우스였다. 100여 년 전의 북아프리카에서는 이미 사라진 라틴어와 그리스어의 이중언어성을 아직 유지하고 있는 마지막 지식인 세대로서, 보에티우스는 자신이 그리스어로 접한 이 훌륭한 정신적 자산이 지금 라틴어로 번역되지 않는다면 라틴어를 쓰는 민족에게 더 이상 남지 않을 것이라는 예감으로 플라톤과 아리스토텔레스의 전 저작을 번역할 결심을 한다. 보에티우스가 아리스토텔레스의 논리적 저작들에 대한 주석을 쓰는 일을 막 시작하던 510년 그는 정치적 삶의 최고봉이라고 할 수 있는 집정관직에 오르게 된다. 그가 아리스토텔레스의 『범주』편의 주석 서문에서 쓰고 있는 말은 고전 그리스 철학의 라틴어 번역이라는 학문적이고 이론적인 활동과 집정관직의 수행이라는 실천적 활동을 어떤 구도에서 이해하고 있는지를 잘 보여준다.

　　비록 집정관직을 수행하는 만큼 이 일[번역과 주석]에 모든 여가와 온전한 노력을 투여하는 일이 방해받기는 했지만, 학문적으로 잘 밝혀진 이론들로 시민들을 가르치는 일 역시 국가를 돌보는 일에 속하는 것이다. 로마 시민들이 예전에는 용맹함(virtus)을 통해 다른 도시들에 대한 지배권과 패권을 이 국가로 옮긴 후, 남겨진 것, 즉 그리스의 지혜와 기예들로써 내가 우리 도시의 도덕을 가르친다면 그 또한 시민들을 위해 봉사하고 공을 쌓는 일이 될 것이다. 그런 까닭에 이 일이 집정관의 의무와 상충하는 것은 아니다. 왜냐하면 어느 곳, 어느 민족의 것이든 아름답고 찬양할 만한 것이면 그것을 보다 더한 모방으로 숭상하는 것이 언제나 로마적 관습이었기 때문이다.[23]

보에티우스는 이 글을 통해 고전 그리스적 유산에 대한 자신의 입장을 분명하게 드러낸다. 정치적·군사적 패권은 이미 조상들의 업적을 통해 로마로 옮겨졌고 이제 자신이 하는 일은 그리스의 지혜와 기예들을 가지고 로마의 도덕을 가르치는 일이다. 그에게 그리스 철학의 라틴어 번역은 '보다 더한 모방'으로 아름답고 찬양할 만한 것을 숭상하는 로마적 관습의 일환이며, 로마 시민들에게 봉사하는 일의 일종이다. 플라톤과 아리스토텔레스의 번역 및 주석 작업은 그런 의미에서 대단히 정치적인 행위이다. 하지만 안타깝게도 그가 번역을 통해 개선하려 했던 현실은 그가 염원했던 '로마적' 이상과 거리가 멀어 그는 재판 없이 사형 집행을 기다려야 하는 처지가 되었다. 하지만 이 갑작스러운 단절에도 불구하고 그가 남긴 아리스토텔레스의 논리학 저작 몇몇에 대한 라틴어 번역과 주석은 12세기 중반 이후 중세가 다시 아리스토텔레스의 작품을 접할 수 있게 될 때까지 거의 유일한 고전철학과의 연결 통로 역할을 수행했다. 그의 삶과 현실이 보여주는 기가 막힌 부조화는 그의 학문적 성취가 역사적으로 수행했던 역할 앞에서 진한 여운을 남겨준다. 고전적 삶의 이상에 따라 성공적인 삶을 살던 로마의 마지막 지식인은 바로 그 삶을 좌절시킨 현실을 자신의 번역과 주석을 통해 넘어서기 때문이다. 이런 관점에서 보면 자신의 죽음을 통해 철학을 지켰던 소크라테스처럼, 이해할 수 없는 현실이 부과한 극적인 죽음이 오히려 아리스토텔레스 작품 번역의 가치와 의미를 각인하고 있는 것인지도 모르겠다. 불합리한 현실은 그의 고전적 행복을 사형으로 방해하지만, 보에티우스는 자신이 남긴 번역을 통해, 또 보다 실존적인 그의 마지막 작품『철학의 위안』을 통해 고전적 행복의 이상을 죽음 이전뿐만 아니라 죽음 이후에도 실현하고 있는 것처럼 보이기 때문이다. 이제 이해할 수 없는 현실과 죽음을 가장 고전적인 방식으로 돌파한 그의 마지막 작품을 살펴보자.

---

23) 보에티우스, 『아리스토텔레스 범주 주석 2권 서문』, PL 64, col. 201.

2) 운명에서 섭리로 : 『철학의 위안』

『철학의 위안』은 중세에 가장 많이 읽히고 주석되었던 작품 중 하나이다. 선에 대한 추구가 좌절되는 죽음 앞에서 과연 정의로운 삶은 최후의 보상을 받는 것인가라는 의문이 작품 전체를 끌고 가는 물음이다. 이 물음은 정의로운 삶과 좋은 삶, 행복한 삶의 연결을 의심치 않았던 고전적인 세계관에 대한 강력한 도전인 셈인데, 보에티우스는 이 문제를 철학의 한계와 그리스도교의 극복이라는 단순한 구도 속에서 풀지 않는다. 그는 오히려 고전철학이 운명(fatum)이라고 불렀던 것이 섭리(providentia)와 어떻게 연결되는지를 보여주는 방식으로 고전철학으로부터 뻗어 나온 중요한 축 하나를 확보한다. 물론 운명 개념에서는 확보되지 않던 새로운 차원이 '섭리'에 의해 추가되지만, 이 이성적 논증과 그에 따른 설득이 죽음 앞에서도 그리스도교에서 위안을 찾지 않고 궁극적으로 '철학'에서 위안을 찾는 모습으로 나아간다. 개인의 도덕성과 행복 혹은 좋은 삶이라는 실존적 문제가 사유를 통해 섭리와 같은 우주론적 차원과 어떻게 엮어지는지를 잘 보여주는 것이다. 작품 속에서 논증이 실제로 성공했는지 여부는 차치하고서라도 중세는 『철학의 위안』을 통해 개인의 실존적 문제가 우주 안에서 개인의 위치와 연결되는 큰 그림을 전수받게 되었다. 작품의 중요한 전환점이 되는 운명과 섭리의 구별은 다음과 같이 진술된다.

만물의 생성과 가변적인 것들의 모든 변화, 어떤 방식으로든 움직이는 모든 것은 그 원인, 질서, 형상을 신적 정신이라는 항구성에서 배정받은 것이다. 그 근원의 단순성 속에 정초된 이 정신은 세상을 다스리기 위해서 여러 겹의 양식(modus)을 제정하였다. 이 양식은 신적 지성의 순수성 안에서 고찰될 때 섭리(providentia)라고 불린다. 반면에 이 양식에 의해 움직여지고 배치되는 사물들과 관련될 때 옛사람들은 이를 운명(fatum)이라고 불렀던 것이다.[24]

인용문에서 보에티우스는 동일한 것이 그것을 바라보는 서로 다른 두 관점에 따라 서로 다른 이름, 즉 섭리와 운명으로 불린다고 주장한다. 모든 변화가 항구적인 어떤 것으로부터 원인과 질서를 부여받는다는 생각, 그리고 이 원인과 질서의 통로가 양식이라는 것까지 쉽게 따라갈 수 있다. 동시에 항구성과 단순성, 지성과 순수성이라는 한 편과, 변화, 여러 겹(multiplex), 사물과 시공간성이라는 다른 한 편 사이의 대비도 어렵지 않게 파악된다. 약간 어려워지기 시작하는 것은 이 두 편을 이어주는, 여러 겹의 양식을 바라보는 시각의 차이이다. 신적 지성의 순수성 관점에서 보면 섭리인 것이, 이 양식에 의해 실제로 움직여지고 배치되는 사물들의 관점에서는 운명인 것처럼 서술되고 있기 때문이다. 보에티우스는 아무 문제가 없다는 듯 고전철학의 운명 개념을 그리스도교의 섭리 개념과 연결하는 것처럼 보이지만, 철학에서 위안을 구하는 작품 전체의 목표에 비추어 찬찬히 음미해야 할 대목이다.

　　우선 지적해야 할 것은 운명의 무의미성과 섭리의 유의미성 사이의 대비이다. 고전적 세계관에서 운명은 현실을 구성하고 있기는 하지만 인간의 지성으로는 이해할 수 없는 것이었다. 운명은 주어진 것이지만 왜 나에게 하필 이 몫이 주어졌는지 그 이유를 근본적으로 알 수 없고, 따라서 불행한 운명이라면 어쩔 수 없이 받아들이기는 하지만 감사할 수는 없는 것이었다. 하지만 그리스도교적 섭리 이해는 불운에 대해서조차 무의미를 인정할 수 없으며, 그것을 이해할 수는 없지만 궁극적으로는 그것조차 의미가 있고 이 의미를 인정하는 한 감사와 기도의 대상임을 주장한다. 작품의 마지막에서 자신의 불행한 운명을 예언한 신탁의 작동 방식을 드디어 이해하게 된 오이디푸스가 한 일은 무엇이었던가? 자신이 이해한 운명에 대한 그의 답변은 결국 직접 보는 것을 영원히 거부하는 것, 즉 장님이 되는 것이었다. 만약 그가 기도한다면 어떤 기도를 할까, 아니 할 수 있을까? 오이디푸스는 아마 이런 운명을

---

24) 보에티우스,『철학의 위안』, 제4권, 산문 6, 7~8, 번역은 필자.

점지한 신에게 적어도 감사하기는 어려웠을 것이다. 반면에 그리스도 교적 섭리 이해에 따르면 태어나면서부터 장님인 사람도 그의 몸에 이유가 있다는 신념을 포기하지 않고, 어떤 점에서는 장애인으로 태어나게 된 점을 오히려 감사하는 데서 마지막 답변을 얻게 될 것이다.

운명에서 섭리로의 전환에서 주목할 두 번째는『철학의 위안』후반부를 관통하는 주제인 결정론과 자유의지의 양립 가능성 문제이다. 흠잡을 것 없이 훌륭하게 살아온 삶이 그런 삶에 상응하는 보상은커녕 어떻게 재판 없는 사형이라는 불의를 당하는가라는 문제는 섭리 개념을 도입함으로써 상당 부분 대답이 주어진다. 불의하게 보이는 사람이 진정으로 불의한 것은 아닐 수도 있고, 정의롭지만 시련을 통해 더욱 강해지기 위해서 불운을 허용할 수도 있으며, 불의하지만 그나마 불운 없이 삶을 사는 정도가 적절하다고 판단해서 마땅히 받아야 할 처벌을 지금까지 받지 않았을 수도 있다. 문제는 이런 종류의 설명이 그렇게 배려되고 결정된 삶에서 인간의 자유의지가 의미가 있는 것이라는 문제를 불러일으킨다는 점이다. 보에티우스는 이 문제를 자신의 상황 속에서 기도하는 것이 의미가 있는가라는 질문으로 정리한다. 보에티우스는 결정론과 자유의지의 양립 가능성에 관해 길게 검토한 다음, 특별히 자신이 제기한 기도의 의미 문제에 대한 특별한 해명 없이 문제가 이미 잘 해결된 것처럼 끝을 맺는다. 구체적 논증은 없지만 작품의 분위기로는 충분한 대답을 이미 구했다고 판단하고 있는 것처럼 보인다. 보에티우스 자신이 명시적으로 주제화하지는 않았지만 아마도 보에티우스의 섭리가 열어주는 새로운 차원은 대체로 이런 것 같다. 운명을 넘어서는 길은 운명의 마지막 실타래를 섭리적 연관 하에서 지적으로 이해하는 것이라는 점 말이다. 운명의 관점에 따라 물질화되고 다수화되며 시공간의 속박 속에 있는 인간은 그런 관점에서 고찰할수록 피할 수 없는 인과의 사슬에 묶이지만, 인간에게는 그런 속박 이상의 차원이 있다는 것이다. 그리고 그 차원은 인간이 지닌 물질성이나 동물성 이상의 차원이며, 시공간의 속박을 넘어서 순수하고 단일한 지성적 존재를 지성적으로 이해하는 길인 동시에 기도를 통해 자신의 삶의 의미를 이해하는 길로 보인다. 보에티우스의 『철학의 위안』의 마지막에 주제화되고 있는 기도의 목표는 기도를 통한 시공간 안의 운명의 변화가 아니라 시공간을 넘어선 것과의 연결과 이해인 것처럼 보인다. 운명이 이미 결정되어 돌이킬 수 없는 것이라면, 기도는 그렇게 물질화된 현실에서 돌이킬 수 없어진 것의 최종적 의미를 지성적으로 파악하고 그 이해 속에서 받아들이는 것과 연결된다. 설명할 수 없는 운명으로부터 무의미할 수 없는 섭리의 물질적 현현이라는 의미를 받아내는 셈이다. 결정론과 자유의지의 양립 가능성에 관한 그의 논변을 지면 관계상 검토할 수는 없지만, 적어도 보에티우스의 섭리 개념은 기도를 통해 운명의 근원과 지적으로 연결되는 통로를 확보해준다는 점은 분명하게 지적해야 할 것이다.

3) 마지막 로마인이면서 최초의 스콜라 철학자

운명과 섭리는 동일한 사태를 서로 다른 개념으로 부를 뿐인 것처럼 보에티우스는 설명하고 있지만, 운명에서 섭리로의 전환은 실제로 그가 생각했던 것보다 더 깊은 세계관의 차이를 함축하는 전환이다. 운명(fatum)에서 섭리(providentia)로 이행하는 과정에서 확인했듯이, 시공간을 넘어선 것[신]에 대한 이해는 고전적인 전통으로부터 물려받은 것이라고 할 수 있다. 하지만 아리스토텔레스가 설명할 수 없는 우연의 영역으로 넘긴 운명이 시공간을 넘어선 것으로부터 의미를 부여받고 있다는 통찰은 고유하게 그리스도교로부터 시작된 것이라고 해야 할 것이다. 아니 이제 그리스도교의 전통이 될 사유라고 해야 할 것이다. 운명에서 섭리로 이행하는 개념 전환이 함축하는 차이는 그리스어 문화권과 이제 라틴어를 토대로 세워지게 될 중세 문화권의 차이에도 대단히 시사적이다. 라틴 문명권 안에서 더 이상 고전적 운명 중심의 사유를 대변할 목소리를 잃은 상황에서 작가와 그가 남긴 작품의 관계처럼 작가는 죽고 작품은 살아남게 되었다. 그가 운명적 죽음 앞에서 죽음을 지성적으로 소화한 최후의 작품 『철학의 위안』은 그의 죽음 때문에 더욱 힘을 얻게 되었고, 그가 대변했던 섭리만 전파되는 상황이 되었기 때문이다. 그리스어로 사유했던 고전적 운명(fatum) 개념이 라틴어로 사유하는 문화적 맥락 안에서 섭리(providentia) 개념으로 대체되면서 라틴어를 기반으로 하는 문명의 자립성이 보에티우스의 죽음과 함께 운명적으로 혹은 섭리적으로 확보되고 있는 셈이다. 이런 역사의 우연이 다른 수많은 원인들에 더해져서, 철학의 주요 언어가 고전철학의 출발점에서 계산하자면 1,000년 이상을 지속했던 그리스어에서 라틴어로 대체되고 그 라틴어가 다시 1,000년 동안 철학을 주도하게 되었다. 왜 고전철학은 그리스어를 쓰는 문명에서 출발해서 라틴어로 사유하는 문명에서 종결되는가에 대한 답변은 그러니까 보에티우스에서 찾을 수 있는 셈이다.

정신적 자양분을 고전철학으로부터, 그리스어로 된 책으로부터 물려받은 서방 라틴 세계는 이중언어성의 끝에서, 즉 이중언어성이 더 이상 유지될 수 없는 상황에 이르러 보에티우스라는 마지막 불꽃을 만나게 된 것이다. 이중언어성의 몰락 혹은 그리스적 사유 전통과의 단절을 라틴어 번역으로 극복하고자 했던 그의 노력은 역설적이게도 라틴어로 사유하는 전통의 독자성의 토대를 놓아준 셈이다. 사형을 목전에 둔 상황에서 자신의 몰락이 의미하는 바를 섭리와 연결해 사유하는 철학자 보에티우스에 의해서 고전 그리스적 사유의 중요한 내용들이 그의 삶이라는 극적 소재와 함께 결정적으로 라틴화된 것이다. 번역자 보에티우스는 같은 내용을 서로 다른 개념으로 표현했을 뿐이라고 강조하며 두 문명 사이의 연속성을 강조하지만, 사실은 새로운 언어적 토대 위에서 새로운 세계관이 시작되는 셈이다. 보에티우스가 그리스도교적 세계관에도 불구하고 철학에서 위안을 얻는 모습을 유지하는 점에서 고전철학과의 연결이 강하게 드러난다면, 같은 내용이라고 논변하지만 자신의 비참한 운명에서 의미를 읽어내는 대목에서는 라틴어로 사유하게 될 중세 문화권 1,000년을 지속할 새로운 사유의 지평을 열었다고 해야 할 것이다.

보에티우스는 5개의 신학적 소저작들을 남겼는데, 당대의 그리스어로 쓰인 신학적 저작에 비하면 라틴적 명료성과 간결성이 무엇인지를 잘 알려주는 작품들이다. 나중에 스콜라적 방법이라고 불리는 학문적 방법은 이러한 논변 방식에서 드러난다. 그를 마지막 로마인이면서 최초의 스콜라 철학자라고 부르는 이유도 여기에 있다. 더 이상 동방의 철학적 도움 없이 스스로 사유를 통해 삼위일체와 같은 어려운 신학적 문제들을 풀어 나가야 했던 서방 라틴 세계는 보에티우스의 작품을 통해 문제를 '어떻게' 풀어 나갈지에 대한 모범을 배웠던 것이다.

보에티우스의 죽음 이후 더 이상 고대철학의 연속성을 말할 수 없는 시기에 도달한 것으로 보인다. 처음에 언급했던 그리스어-라틴어의 이중언어성을 실제로 살아냈던 마지막 로마인으로서 플라톤과 아리스토텔레스의 전 작품을 라틴어로 번역하겠다는 기획은 뜻하지 않은 정치적 죽음 앞에 좌절되고 말았다. 자신 이후에는 고대철학적 유산을 라틴어로 전수해줄 사람이 없을 것이라는 우려는 사실로 입증되어, 보에티우스 이후 더 이상의 시도는 보이지 않는다. 보에티우스가 죽은 지 몇 년이 지나지 않은 529년에 유스티니아누스 황제가 내린 아테네 아카데미아 학원의 폐쇄령은 이제 제도적으로도 고대철학의 유산을 가르칠 교육기관이 존재하지 않게 되었음을 의미한다. 같은 해에 서양 수도원의 효시로 인정받는 베네딕투스회 수도원이 몬테 카시노에서 문을 연 것은 이제 교육과 문화의 담당자가 고대적 아카데미아에서 그리스도교의 수도원으로 넘어갔음을 상징한다. 이제 서양 고대의 철학적 유산은 히에로니무스에 의해 가능해진 수도원 도서관에서 보존되다가 전혀 다른 문명적 환경에서 다시 연구될 때까지 기다려야 했다. 보에티우스 사후 7~9세기의 지중해 세계는 무함마드(571~632)가 창시한 이슬람에 의해 장악되었고, 지중해 지역을 중심으로 라틴어로 사유되던 고대철학의 자산들은 수도원 도서관에서 보존되다가 새로운 문명에 의해 연구되고 자기화되어 유산으로 인정받을 때까지 단절의 시대를 겪어야 했다. 그리스 문명을 배경으로 고전 그리스어로 쓰인 사유는 그리스도교화 과정을 거치면서, 보다 결정적으로는 지적 자립을 추구해야 했던 서방 라틴 세계에 의해 라틴어화 과정을 거치면서 새로운 상속자를 만나게 된 셈이다. 라틴어조차 모국어가 아니라 배워서 습득해야 하는 언어가 된 서양 중세 그리스도교 문명이 이 유산을 자기화하는 과정은 서양철학사의 다른 시대에서 다루어야 할 것이다.

5 서양고대철학의 종언과 유산: 대체와 종합 사이

혹자는 이 장에서 다룬 시기에 지성사에서 일어난 일을 단순한 대체의 역사로 이해할 수도 있을 것이다. 플라톤과 아리스토텔레스가 정점에 있었던 고대철학의 세계관은 헬레니즘 시기를 거치면서 다양한 학파로 계승되다가 새롭게 등장한 그리스도교적 세계관에 의해 결국 대체되어 사라지고 말았다는 방식으로 말이다. 지금까지 논의한 것에 따르자면 '대체와 종언'은 고전 문명과 새롭게 시작되는 그리스도교 문명 사이에서 일어났던 깊은 층위의 계승과 변형을 담기에 지나치게 단순한 개념들이다. 아우구스티누스와 보에티우스를 고전철학으로부터의 원심력과 구심력이라는 방향을 상징하는 두 사상가로 소개했다. 원심력이나 구심력은 모두 중심을 전제한다. 고전철학이라는 중심은 원심력을 통해 벗어나는 순간에도 여전히 얼마나 벗어나고 있는지를 측정할 좌표로 주어져 있는 셈이다. 행복 개념이든, 운명과 섭리 개념이든 이중언어성이 서서히 해체되어가던 시기에 서방 라틴 세계의 지적 자립을 위해 필요했던 고전철학적 사유의 '라틴화'는 서로 다른 두 방향에서 수행되어 새로운 문명의 토대를 쌓았던 것이다. 12세기 중반부터 시작될 '아리스토텔레스 재발견'을 통해 다시 고전 그리스어권의 사유와 접하게 될 때까지 라틴어로 철학을 하게 될 문명은 아우구스티누스와 보에티우스의 작품을 읽으면서 자신들이 건설할 중세 라틴 문명의 사상적 토대를 만들고 그에 따라 중세적 제도와 세계관을 만들어 나갔다. 우연한 운명이 만들어준 이 좁은 통로를 통해 중세 문명에 전달된 고전적 사유는 아우구스티누스의 평가대로 틀리지는 않았지만 그리스도교적 완성을 기다려야 하는 사유로 이해되는 동시에, 보에티우스가 가르쳐준 대로 따져야 하는 기본을 동시에 제공하는 사유였다.

수도원 도서관을 통해 겨우 확보되었던 고전적 사유는 보에티우스 사후 300여 년이 지나서야 다시 연구되기 시작한다. 최초로 유럽을 통일한 카롤루스 대제는 9세기가 시작되기 직전인 800년에 아헨에서 대관식을 갖고 알퀴누스를 통해 문화 정책, 이른바 '카롤링 르네상스'로 불리는 고전 부흥 운동을 시작한다. 그나마 다시 전쟁과 정치적 혼란 속에서 단절을 겪다가 10세기에 가서야 다시 연속적이고 발전적인 연구와 수용을 시작해서 본격적으로 스콜라 철학이 시작될 수 있었다. 물론 이때는 고대 후기처럼 이교 철학과 그리스도교가 공존하면서 긴장을 유지하는 수준이 아니라 그리스도교가 한 사회의 문명적 지향을 이미 결정한 수준에서 시작했다고 보아야 할 것이다. 보에티우스가 전해준 아리스토텔레스적 방법으로 아우구스티누스가 소화한 고전적 사유를 깊이 있게 따지기 시작하면 어떤 결과가 나올지, 특히 논리학을 넘어 그리스도교와 경쟁할 수 있는 합리적 세계관으로서의 아리스토텔레스 철학이 알려지기 시작한 13세기 이후의 사상적 소화와 종합의 과정이 어떤 것이었는지는 아쉽지만 이 책의 범위를 넘는다. 12세기 중반 이후 본격화된 고전철학적 유산과 그리스도교의 만남은 우리가 지금 다룬 시기와는 전혀 다른 문화적 배경과 양상을 가졌음을 확인할 수 있을 뿐이다.

아우구스티누스도 자신의 고향인 북아프리카의 언어와 라틴어를 소화한 이중언어성의 소유자였지만, 보에티우스야말로 서양고대철학의 전개 과정에서 결정적인 단계였던 그리스어-라틴어 이중언어성의 소유자였다고 할 것이다. 이중언어성의 마지막 세대로 고대철학의 정신적 자산을 라틴어로 번역하려고 애쓰지만, 외적인 운명 혹은 보다 그리스도교적 언어로 표현하자면 섭리는 그에게 아리스토텔레스의 논리학 번역과 주석에 필요한 시간만을 주었을 뿐이다. 서양 고대의 철학적 사유는 마지막 단계에서 제대로 이해한 사람에 의해 온전히 번역되어 전수되는 것도 방해받았다. 서양 고대라는 시기적 연속성은 그렇게 끝이 났고 새로운 문명이 각자의 방식으로 다시 소화할 때까지 기다려야 할 운명에 처해지게 되었다. 서양 중세 그리스도교 문명이 자신의 방식으로 소화하고, 아리스토텔레스의 재발견을 통해, 또 르네상스를 통해 재발견되어 새로운 삶을 이어가기를 기다려야 했던 것이다.

■참고 문헌

이창우, 「보에티우스의 철학의 위안: 플라톤적 요소와 반플라톤적 요소」, 『철학사상』 8, 1998.
강상진, 「서양 고중세의 인문정신」, 한국학술협의회 엮음, 『지식의 지평 2: 인문정신과 인문학』, 아카넷, 2007.
―――, 「서양 중세의 수사학: 수사학의 그리스도교화를 중심으로」, 『수사학』 4, 2006.
―――, 「아우구스티누스: 불투명한 마음」, 『마음과 철학: 서양편 상』, 서울대학교 철학사상연구소 엮음, 서울대학교출판문화원, 2012.
전광식, 『신플라톤주의의 역사』, 서광사, 2004.
에티엔느 질송, 『아우구스티누스 사상의 이해』, 김태규 옮김, 성균관대학교 출판부, 2010.

┃집필진 소개(가나다순)┃

강상진(姜相溱)은 1965년 충남 광천에서 태어나 서울대 철학과를 졸업했다. 같은 대학교 대학원에서 「아리스토텔레스의 『형이상학』에 나타난 수학적 대상에 관한 연구」로 석사학위를, 독일 프라이부르크 대학에서 12세기 철학자 아벨라르두스에 관한 논문으로 박사학위를 받았다. 플라톤, 아리스토텔레스 및 서양 중세철학에 관한 논문들을 썼고, 주요 논문으로 「아벨라르두스 윤리학의 '의도' 개념 연구」, 「안셀무스의 〈하느님은 왜 인간이 되셨는가(Cur Deus Homo)〉에 나타난 '후행적 필연성'에 관한 연구」, 「토마스 아퀴나스의 실천이성과 자연법」, 「아우구스티누스의 〈행복론〉 연구: 추구와 소유 사이의 간격을 중심으로」 등이 있다. 저서로 『스무살, 인문학을 만나다』(공저, 그린비, 2010), 『행복, 채움으로 얻는가 비움으로 얻는가』(공저, 운주사, 2010), 『마음과 철학, 서양편 I』(공저, 서울대학교 출판문화원, 2012), 『사물의 분류와 지식의 탄생: 동서 사유의 교차와 수렴』(공저, 이학사, 2014), 『중세의 죽음』(공저, 산처럼, 2015) 등이 있다. 역서로는 『니코마코스 윤리학』(아리스토텔레스, 공역, 이제이북스, 2006/도서출판 길, 2011)이 있다. 가톨릭대 인간학연구원 선임연구원과 목포대 윤리교육과 교수를 거쳐, 현재 서울대학교 철학과 교수로 있다.

김유석(金裕錫)은 1970년 서울에서 태어나 숭실대 철학과를 졸업했다. 같은 대학교 대학원에서 석사학위를 마친 후, 파리 1대학(팡테옹-소르본)에서 플라톤의 초기 대화편 연구로 박사학위를 받았다. 주요 논문으로 「플라톤 초기 대화편에 나타난 소크라테스의 엘렝코스」, 「용기의 두

얼굴: 플라톤의 『라케스』 연구」, 「이소크라테스와 개연성의 수사학」, 「개와 늑대의 시간: 소피스트 운동 속에서 바라본 소크라테스의 재판」, 「아이아스, 오뒷세우스, 그리고 소크라테스: 안티스테네스의 시범 연설 연구」, 「식물의 혼과 플라톤의 채식주의: 『티마이오스』 76e8-77c4」, 「크세노폰의 엥크라테이아에 관하여」 등이 있으며, 저서로는 『서양고대철학 1』(공저, 도서출판 길, 2013)이 있다. 역서로는 『소크라테스』(루이-앙드레 도리옹, 이학사, 2009), 『스토아주의』(장-바티스트 구리나, 글항아리, 2016)가 있으며, 주로 소크라테스와 소크라테스주의 철학 전통에 관심을 갖고 연구 중이다. 인제대 인간환경미래연구원 전임연구원을 역임했으며, 숭실대에서 강의했다. 현재 사단법인 정암학당 연구원이자 강릉원주대 학술연구교수로 있다.

김재홍(金在洪)은 1957년 충남 천안에서 태어나 숭실대 철학과를 졸업했다. 같은 대학교 대학원에서 서양 고전철학을 전공해 1994년 「아리스토텔레스의 학문방법론에서의 변증술의 역할에 관한 연구」로 박사학위를 받았다. 저서로 『그리스 사유의 기원』(살림, 2003), 『박홍규 형이상학의 세계』(공저, 도서출판 길, 2015) 등이 있으며, 역서로는 『엥케이리디온』(에픽테토스, 까치, 2003), 『그리스 사유의 기원』(장-피에르 베르낭, 도서출판 길, 2006), 『소피스테스적 논박』(아리스토텔레스, 한길사, 2007), 『변증론』(아리스토텔레스, 도서출판 길, 2008), 『니코마코스 윤리학』(아리스토텔레스, 공역, 이제이북스, 2006/도서출판 길, 2011), 『관상학』(아리스토텔레스, 도서출판 길, 2014) 등이 있다. 아울러 번역과 저술 작업을 같이 묶은 『왕보다 더 자유로운 삶』(에픽테토스, 서광사, 2013)도 있다. 캐나다 토론토 대학 '고중세철학 합동 프로그램'에서 철학 연구를 한 후, 가톨릭대 인간학연구소 전임연구원, 서울대 철학사상연구소 선임연구원 등을 역임했다. 현재 정암학당 연구원으로 있다.

김헌(金獻)은 1965년 서울에서 태어나 서울대 불어교육과를 졸업했다. 같은 대학교 대학원 철학과에서 플라톤의 『파르메니데스』편 연구로 석사학위를, 서양고전학 협동과정에서 호메로스의 『일리아스』 연구로 석사학위를 받은 후, 프랑스 스트라스부르 대학에서 아리스토텔레스의 『시학』과 『수사학』 연구로 박사학위를 받았다. 논문으로 「아킬레우스의 분노와 제우스의 뜻」, "L'influence de la légende bouddhique sur le roman de *Barlaam et Josaphat*: un cas de persuasion rhétorique et religieuse", 「아리스토텔레스의 『시학』에 나타난 창작의 원리」, "What Place Does the 'Hymns to the Gods' Occupy in Plato's *Republic*?", "Isocrates' Philosophy in Relation to Education" 등이 있으며, 저서로는 『고대 그리스의 시인들』(살림, 2004), 『위대한 연설: 아테네 10대 연설가』(인물과사상사, 2008), 『문명 안으로』(공저, 한길사, 2011), 『서양고대철학 1』(공저, 도서출판 길, 2013), 『인문학의 뿌리를 읽다』(이와우, 2016), 『낮은 인문학』(공저, 21세기북스, 2016) 등이 있다. 역서로는 『두 정치연설가의 생애』(플루타르코스, 한길사, 2013), 『일리아스와 오디세이아』(알베르토 망겔, 세종서적, 2015), 『그리스의 위대한 연설』(이소크라테스 외, 공역, 민음사, 2015) 등이 있다. 현재 서울대 인문학연구원의 HK문명연구사업단 HK교수로 있다.

박승찬(朴勝燦)은 1961년 서울에서 태어나 서울대 식품공학과와 가톨릭대 신학부를 졸업했다. 독일 프라이부르크 대학에서 신학 석사학위를 마치고, 「토마스 아퀴나스에 의한 중세 언어철학의 신학적 수용: 유비(類比)문제를 중심으로」라는 주제로 박사학위를 받았다. 박사학위 논문은 네덜란드 브릴(Brill) 출판사의 중세철학 분야 핵심 시리즈인 '중세 정신사에 대한 연구와 텍스트'로도 출간되었다. 토마스 아퀴나스, 아우구스티누스 및 중세철학에 관한 논문들을 썼고, 주요 논문으로 「스콜라철학 융성기의 언어철학」, 「유비 개념 발전에 관한 역사적 고찰」, 「토마스 아퀴나스의 유비 개념에 대한 재조명」, 「토마스 아퀴나스의 『신학대전』에 나타난 신앙과 이성」, 「토마스 아퀴나스에 의한 가능태 이론의 변형」, 「인격 개념의 근원과 발전에 대한 탐구」, 「생명의 원리에서 인격의 중심에로: 서양철학적 관점에서 본 영혼론」, 「형이상학의 대상에 대한 논쟁: 철학적 신론 vs 보편적 존재론: 스콜라철학 융성기를 중심으로」, 「인격에 대해 영혼-육체 통일성이 지니는 의미」, 「참된 교육을 위한 아우구스티누스의 실천적 조언」, 「중세 대학의 설립과 발전」 등이 있다. 저서로 『생각하고 토론하는 서양 철학 이야기 2: 중세-신학과의 만남』(책세상, 2006), 『서양 중세의 아리스토텔레스 수용사』(누멘, 2010), 『철학의 멘토, 멘토의 철학』(공저, 가톨릭대학교출판부, 2010), 『괴로움 어디서 오는가』(운주사, 2013), 『어떻게 살 것인가: 세상이 묻고 인문학이 답하다』(21세기북스, 2015), 『알수록 재미있는 그리스도교 이야기 1 · 2』(가톨릭출판사, 2015/2016) 등이 있다. 역서로는 『모놀로기온/프로슬로기온』(캔터베리의 안셀무스, 아카넷, 2002), 『토마스 아퀴나스의 형이상학』(레오 엘더스, 가톨릭출판사, 2003), 『신학요강』(토마스 아퀴나스, 나남출판, 2008), 『대이교도대전 II』(토마스 아퀴나스, 분도출판사, 2015) 등이 있다. 한국중세철학회 회장을 역임했으며, 한국가톨릭철학회장으로 활동하고 있다. 현재 가톨릭대 철학 전공 교수로 있다.

손병석(孫炳錫)은 1965년 강원도 화천에서 태어나 고려대 철학과를 졸업했다. 같은 대학교 대학원에서 석사학위를, 그리스 아테네 국립대학에서 「아리스토텔레스의 독사(doxa)론에 근거한 민주주의의 철학적 기초」로 박사학위를 받았다. 소크라테스와 플라톤, 그리고 아리스토텔레스에 관한 논문을 썼고, 주요 논문으로 「부동의 원동자로서의 신은 목적인이자 작용인이 될 수 있는가」, 「공적주의 정의론과 최선의 국가」 등이 있으며, 저서로는 『고대 희랍 · 로마의 분노론』(바다출판사, 2013), 『호모 주리디쿠스: 정의로운 인간을 찾아서』(열린책들, 2016) 등이 있다. 역서로는 『소크라테스의 비밀』(I. F. 스톤, 공역, 간디서원, 2006)이 있다. 하버드 대학 철학과 객원교수를 거쳤으며, 국제 그리스철학회 명예회원이다. 'EBS 민주주의 특강' 시리즈에서 '최초의 민주주의'에 관한 강연을 한 바 있으며, 현재 고려대 철학과 교수로 있다.

손윤락(孫潤洛)은 1963년 경북 경주에서 태어나 한국외대 스페인어과를 졸업했다. 같은 대학교 대학원 철학과에서 플라톤 연구로, 서울대 서양고전학 협동과정에서 아리스토텔레스 연구로 각각 석사학위를 받았으며, 프랑스 파리 4대학에서 아리스토텔레스의 존재론과 자연철학에 관한 연구로 박사학위를 받았다. 논문으로 「플라톤과 아리스토텔레스의 세계 해석」, 「아리스토텔레스의 수사학에서 성격과 덕 교육」, 「아리스토텔레스의 『정치학』에서 국가와 시민교육」, 「아리스토텔레스의 시민교육에서 덕−성격과 음악」, 「아리스토텔레스에 있어서 시민교육과 그 대상의 문제」 등이 있으며, 저서로 『서양고대철학 1』(공저, 도서출판 길, 2013)이 있다. 서울대 사회교육연구소 책임연구원으로 서양의 교육과 인문정신의 형성에 관한 연구를 수행했으며, 현재 동국대 다르마칼리지 교수로 있다.

송유레는 서울대에서 불어교육을 전공하고 철학을 부전공한 후, 같은 대학교 대학원 철학과에서 석사학위를 받았다. 독일 함부르크 대학에서 「플로티누스의 돌봄의 윤리학」으로 박사학위를 받았다. 주요 연구 분야는 서양 고대의 형이상학과 윤리학이며, 특히 플라톤주의 전통에 중점이 놓여 있다. 주요 논문으로 "The Ethics of Descent in Plotinus", "Ashamed of Being in the Body? Plotinus versus Porphyry", 「플라톤의 『에우튀프론』에 나타난 인간애와 경건」, 「플로티누스의 세계 제작자: 플라톤의 『티마이오스』의 탈신화적 해석」, 「덕(德)의 미메시스: 플라톤의 시(詩) 개혁」, 「역사 속의 철인왕: 율리아누스의 인간애」, 「왜 플라톤을 번역하는가? 르네상스 플라톤주의자 피치노의 대답」 등이 있고, 역서로는 『에우데모스 윤리학』(아리스토텔레스, 한길사, 2012)이 있다. 독일 함부르크 대학과 스위스 프리부르 대학에서 조수로 근무했고, 서울대 인문학연구원 HK교수를 거쳐 현재 경희대 철학과 부교수로 있다.

오유석(吳維錫)은 1971년 서울에서 태어나 서울대 철학과와 같은 대학교 대학원 석사과정을 졸업했다(서양철학 전공). 그리스 정부 장학생으로 초청되어 국립 아테네 대학에서 「스토아학파에 있어서 감각과 앎」으로 박사학위를 받았다. 헬레니즘 철학, 초대 교부철학 등에 관해 많은 논문을 썼으며, 주요 논문으로 「회의주의자와 doxa」, 「다마스쿠스의 요안네스에 있어서 자유의지와 선택」, 「적인가 동지인가: contra academicos에 나타난 아우구스티누스의 아카데미아학파 이해를 중심으로」, 「퓌론은 회의주의자였는가」, 「스토아학파에 있어서 진리의 기준」, 「고대 희랍의 가정과 여성: 크세노폰의 Oeconomicus에 나타난 아내의 품성교육을 중심으로」, 「헬레니즘 시대의 시각 이론」, 「히브리서 저자는 필론주의자였는가」, 「오리게네스에 있어서 영혼의 부분과 악의 기원」 등이 있다. 역서로는 『쾌락』(에피쿠로스, 문학과지성사, 1998), 『피론주의 개요』(섹스투스 엠피리쿠스, 지만지, 2008), 『헬라인들에 대한 권면』(미션&북, 2012), 『경영론 · 향연』(크세노폰, 부북스, 2015) 등이 있다. 충북대 인문학연구소 전임연구원을 거쳐, 현재 백석대 기독교학부 교수로 있다.

유원기(兪原基)는 충남 천안에서 태어나 서강대 철학과를 졸업했다. 영국 글래스고 대학에서 석사학위를, 브리스톨 대학에서 "Aristotle on Self-

Motion"으로 첫 번째 박사학위를 받았으며, 성균관대에서 「16世紀 朝鮮性理學 論辨의 分析的 探究: 退·高의 四端七情論辨과 牛·栗의 人心道心論辨을 中心으로」라는 논문으로 두 번째 박사학위를 받았다. 동서양 자연철학과 심리철학의 비교 연구에 많은 관심을 갖고 있으며, 특히 서양의 플라톤과 아리스토텔레스, 한국의 율곡과 퇴계 등을 연구하고 있다. 주요 논문으로 「아리스토텔레스의 심신이론과 현대 심리철학」, 「아리스토텔레스의 환타시아 개념에 대한 재음미」, 「행복의 목적론」, 「여성의 위상에 관한 아리스토텔레스의 견해」, 「아리스토텔레스의 목적론적 자연관이 지닌 의미와 한계」, 「율곡의 리기론에 대한 현대적 고찰」, 「주희 미발론에 있어서 미발의 '주체'와 '성격'」, 「조선 성리학의 논리적 특성」, "A Philosophical Analysis of the Concept *"Bal/Fa"* in the Four-Seven Debate Between T'oegye and Kobong", "Is Yulgok's Theory of Mind Consistent?" "The Problem of the Sadanpujungjŏl(四端不中節) in the Four-Seven Debate" 등이 있고, 저서로는 『자연은 헛된 일을 하지 않는다: 아리스토텔레스의 자연철학』(서광사, 2009), 『아리스토텔레스의 정치학: 행복의 조건을 묻다』(사계절, 2009), 『아리스토텔레스: 최선의 삶이 곧 행복이다』(공저, 21세기북스, 2016) 등이 있다. 아울러 주요 역서로는 『영혼에 관하여』(아리스토텔레스, 서광사, 2017 개정판), 『필레보스: 즐거움에 관하여』(플라톤, 계명대학교출판부, 2013)를 비롯하여, 『목적론』(앤드류 우드필드, 계명대학교출판부, 2005), 『고대철학사』(돈 마리에타, 서광사, 2015), 『어느 물질론자의 마음 이야기』(데이비드 암스트롱, 지만지, 2015) 등이 있다. 현재 계명대 철학윤리학과 교수로 있다.

이창우(李昌雨)는 서울대 철학과를 졸업했으며, 같은 대학교 대학원에서 석사학위를 받았다. 독일 하이델베르크 대학을 거쳐, 에어랑엔-뉘른베르크 대학에서 박사학위를 받았다. 저서로 *Oikeiosis: Stoische Ethik in naturphilosophischer Perspektive*(Verlag Karl Alber, Muenchen/ Freiburg, 2002), 『서양의 고전을 읽는다 1: 인문·자연 편』(공저, 휴머니스트, 2006), 『동서양 철학 콘서트: 서양철학 편』(공저, 이숲, 2011), 『아리스토텔레스: 최선의 삶이 곧 행복이다』(공저, 21세기북스, 2016) 등이 있으며, 역서로는 『니코마코스 윤리학』(아리스토텔레스, 공역, 이제이북스, 2006/도서출판 길, 2011), 『소피스트』(플라톤, 이제이북스, 2012) 등이 있다. 미국 애리조나 주립대학 철학과 초빙교수를 역임했으며, 현재 가톨릭대 철학과 교수로 있다.

전헌상(田憲尙)은 1969년 서울에서 태어나 서울대 철학과를 졸업했다. 같은 대학교 대학원에서 석사학위를, 미국 하버드 대학에서 *Wish, Deliberation, and Action: A Study of Aristotle's Moral Psychology*로 박사학위를 받았다. 논문으로 「아리스토텔레스의 아크라시아론」, 「아리스토텔레스와 에픽테토스 윤리학에서의 프로하이레시스」, 「플라톤의 『고르기아스』에서의 technē와 dynamis」 등이 있다. 현재 서강대 철학과 부교수로 있다.

조대호(曺大浩)는 서울에서 태어나 연세대 철학과를 졸업했다. 같은 대학교 대학원에서 석사학위를, 독일 프라이부르크 대학에서 서양고전학과 철학을 전공하고 「아리스토텔레스의 형이상학과 생물학에서 우시아와 에이도스」(Ousia und Eidos in der Metaphysik und Biologie des Aristoteles)로 박사학위를 받았다. 아리스토텔레스를 비롯한 고대 그리스 철학과 문학에 관한 논문들을 국내외에서 발표했으며, 주요 논문으로 "Drei Aspekte des Aristotelischen Begriffs der Essenz", 「형상의 개별성과 보편성」, 「기억, 에토스, 행동」 등이 있다. 저서로 *Ousia und Eidos in der Metaphysik und Biologie des Aristoteles*(Steiner Verlag, 2003), 『아리스토텔레스의 형이상학』(문예출판사, 2004), *Aristoteles Handbuch*(공저, Metzler Verlag, 2011) 등이 있으며, 역서로는 『고대 사회와 최초의 철학자들』(조지 톰슨, 고려원, 1992), 『파이드로스』(플라톤, 문예출판사, 2008/2016), 『형이상학』(아리스토텔레스, 나남, 2012) 등이 있다. 현재 연세대 철학과 교수로 있다.